国家社科基金重大委托项目
中国社会科学院民族学与人类学研究所资助

中国民族地区经济社会调查报告

总顾问 陈奎元
总主编 王伟光

玉龙纳西族自治县卷

本卷主编 木仕华

中国社会科学出版社

图书在版编目(CIP)数据

中国民族地区经济社会调查报告·玉龙纳西族自治县卷／木仕华主编.
—北京：中国社会科学出版社，2021.9
ISBN 978-7-5203-9356-0

Ⅰ.①中… Ⅱ.①木… Ⅲ.①民族地区经济—经济发展—调查报告—玉龙纳西族自治县 Ⅳ.①F127.8

中国版本图书馆 CIP 数据核字(2021)第 237110 号

出 版 人 赵剑英
责任编辑 宫京蕾
责任校对 王 龙
责任印制 李寡寡

出 版 中国社会科学出版社
社 址 北京鼓楼西大街甲 158 号
邮 编 100720
网 址 http：//www.csspw.cn
发 行 部 010-84083685
门 市 部 010-84029450
经 销 新华书店及其他书店

印刷装订 北京君升印刷有限公司
版 次 2021 年 9 月第 1 版
印 次 2021 年 9 月第 1 次印刷

开 本 710×1000 1/16
印 张 21.25
插 页 2
字 数 356 千字
定 价 118.00 元

凡购买中国社会科学出版社图书，如有质量问题请与本社营销中心联系调换
电话：010-84083683

《21世纪初中国少数民族地区经济社会发展综合调查》

项目委员会

《中国民族地区经济社会调查报告》

编辑委员会

总　序

实践的观点是马克思主义哲学最基本的观点，实事求是是马克思主义活的灵魂。坚持一切从实际出发、理论联系实际、实事求是的思想路线，是中国共产党把马克思主义基本原理与中国实际相结合，领导中国人民进行社会主义革命和社会主义建设不断取得胜利的基本经验。改革开放以来，在实事求是、与时俱进思想路线的指导下，中国特色社会主义伟大事业取得了举世瞩目的伟大成就，中国道路、中国经验在世界上赢得了广泛赞誉。丰富多彩的成功实践推进了中国化马克思主义的理论创新，也为哲学社会科学各学科的繁荣发展提供了坚实的沃土。时代呼唤理论创新，实践需要哲学社会科学为中国特色社会主义理论体系的创新发展做出更大的贡献。在中国这样一个统一的多民族的社会主义国家，中国特色的民族理论、民族政策、民族工作，构成了中国特色社会主义的重要组成部分。经济快速发展和社会剧烈转型，民族地区全面建成小康社会，进而实现中华民族的伟大复兴，迫切需要中国特色民族理论和民族工作的创新，而扎扎实实地开展调查研究则是推进民族研究事业适应时代要求、实现理论创新、服务发展需要的基本途径。

早在 20 世纪 50 年代，应民族地区的民主改革和民族识别之需，我国进行了全国规模的少数民族社会历史与语言调查，今称“民族大调查”。这次大调查收集获取了大量有关民族地区社会历史的丰富资料，形成 300 多个调查报告。在这次调查的基础上，整理出版了 400 余种、6000 多万字的民族社会历史建设的巨大系统工程——“民族问题五种丛书”，为党和政府制定民族政策和民族工作方针、在民族地区开展民主改革和推动少数民族经济社会的全面发展提供了重要的依据，也为中华人民共和国民族研究事业的发展奠定了坚实的基础。

半个多世纪过去了，如今我国边疆民族地区发生了巨大而深刻的变化，各民族逐渐摆脱了贫困落后的生产生活状态，正在向文明富裕的现代化社会迈进。但同时我们也要看到，由于历史和现实的原因，各民族之间以及不同民族地区之间经济社会的发展依然存在较大的差距，民族地区经济发展不平衡问题，以及各种社会问题、民族问题、宗教问题、生态问题，日益成为推动民族地区经济社会发展必须着力解决的紧迫问题。深入民族地区开展长期、广泛而深入的调查研究，全面了解各民族地区经济社会发展面临的新情况、新问题，科学把握各民族地区经济社会发展趋势，是时代赋予民族学工作者的使命。

半个多世纪以来，中国社会科学院民族学与人类学研究所一直把调查研究作为立所之本。1956 年成立的少数民族语言研究所和 1958 年成立的民族研究所（1962 年两所合并，以下简称“民族所”），从某种意义上讲，就是第一次民族大调查催生的结果。作为我国多学科、综合性、国家级的民族问题专业研究机构，民族所非常重视田野调查，几代学者已在中国各民族地区近 1000 个地点进行过田野调研。20 世纪 90 年代，民族所进行了第二次民族地区典型调查，积数年之功完成了 20 余部调研专著。进入新的历史时期，为了更好地贯彻党中央对我院“三个定位”的要求，进一步明确今后一个时期的发展目标和主攻方向，民族所集思广益，经过反复酝酿、周密论证，组织实施了“21 世纪初中国少数民族地区经济社会发展综合调查”。这是我国民族学研究事业发展的迫切需要，也是做好新时期民族工作的前提和基础。

在充分利用自 20 世纪 50 年代以来开展的少数民族社会历史与语言调查相关研究成果的基础上，本次民族大调查将选择 60—70 个民族区域自治地方（包括市、县/旗或民族乡）作为调查点，围绕民族地区政治、经济、社会、文化、生态五大文明建设而展开，计划用 4—5 年的时间，形成 60—70 个田野调查报告，出版 50 部左右的田野民族志专著。民族调查是一种专业性、学科性的调查，但在学科分化与整合均非常明显的当代学术背景下，要通过调查研究获得开拓性的成果，除了运用民族学、人类学的田野调查方法外，还需结合社会学问卷调查方式和国情调研、社会调查方式，把静态与动态、微观与宏观、定量分析与定性分析、典型与一般有机结合起来，突出调查研究的时代性、民族性和区域性。这是新时期开展民族大调查的新要求。

立足当代、立足中国的“民族国情”，妥善处理民族问题，促进各民族平等团结，促进各民族地区繁荣发展，是中国特色社会主义的重要任务。“21世纪初中国少数民族地区经济社会发展综合调查”作为国家社科基金特别委托项目和中国社会科学院创新工程重大项目，希望立足改革开放以来少数民族地区的发展变化，围绕少数民族地区经济社会发展，有针对性地开展如下调查研究：①民族地区经济发展现状与存在的问题调查研究；②民族地区社会转型、进步与发展调查研究；③西部大开发战略与民族问题调查研究；④坚持和完善民族区域自治制度调查研究；⑤民族地区宗教问题调查研究；⑥民族地区教育与科技调查研究；⑦少数民族传统文化与现代化调查研究。

调查研究是加强学科建设、队伍建设和切实发挥智库作用的重要保障。基础研究与应用对策研究是现代社会科学不可分割的有机统一整体。通过全面、深入、系统的调查研究，我们希望努力达成以下几个目标。一是全面考察中国特色民族理论、民族政策的探索和实践过程，凝练和总结中国解决民族地区发展问题、确立和谐民族关系、促进各民族共同繁荣发展的经验，把握民族工作的一般规律，为未来的民族工作提供坚实的理论支撑，为丰富和发展中国特色社会主义理论体系做出贡献。二是全面展示改革开放特别是自21世纪以来民族地区经济社会发展的辉煌成就，展示以“平等、团结、互助、和谐”为核心内容的新型民族关系在当代的发展状况，反映各族人民社会生活的深刻变化，增强各民族的自豪感、自信心，建设中华民族共同体，增强中华民族凝聚力。三是深入调查探寻边疆民族地区经济社会发展中存在的问题，准确把握未来发展面临的困难与挑战，为党和国家全面了解各民族发展现状、把握发展趋势、制订未来发展规划提供可靠依据。四是通过深入民族地区进行扎实、系统的调研，收集丰富翔实的第一手资料，构筑我国民族地区社会发展的基础信息平台，夯实民族研究的基础，训练培养一支新时期民族问题研究骨干队伍，为民族学研究和民族地区未来发展奠定坚实的人才基础。

我们深信，参与调查研究的每一位专家和项目组成员，秉承民族学、人类学学界前辈学人脚踏实地、不怕吃苦、勤于田野、精于思考的学风，真正深入民族地区、深入田野，广泛汇集干部、群众的意见，倾听干部、群众的呼声，运用多种方式方法取得丰富的数据资料，通过科学严谨的数据分析和系统深入的理论研究，一定会取得丰硕的成果。这不仅会成为

21 世纪我国民族学与人类学学科建设的一座重要里程碑，也一定会为党和政府提供重要决策参考，为促进我国民族理论和民族工作的新发展，为在民族地区全面建成小康社会，为实现中华民族的伟大复兴做出应有的贡献。

王伟光

目　录

导言 …………………………………………………………………… (1)

第一章　政治文明建设与政治发展 ……………………………… (10)
　第一节　民族区域自治制度的建立与《民族区域自治法》的贯彻实施 ……………………………………………… (10)
　　一　民族区域自治制度的建立 ……………………………… (10)
　　二　《民族区域自治法》的贯彻实施 ………………………… (12)
　　三　《自治县条例》的制定与实施 …………………………… (13)
　第二节　少数民族干部队伍的培养建设 ……………………… (17)
　　一　少数民族干部队伍的现状 ……………………………… (17)
　　二　少数民族干部队伍的培养途径 ………………………… (18)
　　三　少数民族干部培养中存在的问题 ……………………… (24)
　第三节　民族专项资金与民族团结示范建设 ………………… (26)
　　一　民族专项资金实施现状与扶持人口较少民族发展工作 …… (26)
　　二　扶持人口较少民族发展工作与民族团结示范建设 ……… (35)
　第四节　城市民族工作 ………………………………………… (42)
　　一　城市民族工作开展情况 ………………………………… (43)
　　二　玉龙县城市民族工作取得的主要成效和面临的问题 …… (48)
　　三　新形势下城市民族工作的主要对策 …………………… (50)

第二章　民生建设与社会保障事业 ……………………………… (55)
　第一节　人力资源和社会保障工作 …………………………… (55)
　　一　人力资源和社会保障工作的主要成就 ………………… (55)

二　人事人才管理与人力资源管理现状 ……………………（60）
三　人力资源管理和社会保障工作中存在的主要困难和问题 ……………………（65）
第二节　扶贫与移民问题 ……………………（71）
一　海拔 2600 米以上特困村基本情况和发展现状 ……………………（71）
二　特困村经济社会发展的主要困难 ……………………（72）
三　扶贫工作和典型经验 ……………………（75）
四　水电开发移民问题 ……………………（89）
第三节　医疗卫生保障制度建设 ……………………（98）
一　玉龙县基本医疗保障制度建设现状 ……………………（98）
二　食品药品卫生监督工作 ……………………（104）
三　存在的问题 ……………………（105）

第三章　经济建设 ……………………（109）
第一节　农业经济建设 ……………………（109）
一　中药材产业与农特产品加工业 ……………………（112）
二　特色农业与生物资源开发创新：以丽江雪桃为例 ……………………（118）
三　有发展前景和发展潜力的新品种项目 ……………………（124）
第二节　工业经济建设与劳务经济发展 ……………………（130）
一　南口工业园建设 ……………………（131）
二　生物资源加工业、旅游业与农村劳务经济发展现状 ……………………（138）
三　发展劳务经济的潜力和优势 ……………………（142）
四　发展劳务经济的对策和建议 ……………………（144）
第三节　县域财源 ……………………（146）
一　县域财源基本情况 ……………………（146）
二　县域财源结构基本特征 ……………………（147）
三　今后县域财源的发展潜力 ……………………（149）
四　对县域财源建设的几点建议 ……………………（151）
第四节　招商引资与县域经济发展 ……………………（153）
一　招商引资现状 ……………………（153）
二　招商引资中存在的困难和问题 ……………………（160）
三　招商引资的转型：实现由资源招商向产业招商过渡 ……………………（161）

第四章　文化建设 …………………………………………………（165）
第一节　民族民间文化资源概览 …………………………………（165）
第二节　公共文化建设与服务能力状况 ……………………………（167）
一　公共文化服务机构格局改变 ……………………………………（167）
二　基础设施从无到有 ………………………………………………（169）
三　丰富的文化活动和服务项目 ……………………………………（173）
四　文化遗产的保护任务繁重 ………………………………………（177）
五　发展文化产业是当地政府的新课题 ……………………………（182）
第三节　文化建设的成功经验和做法 ……………………………（185）
一　实施“文化兴县”战略 …………………………………………（185）
二　大力发展农村文化 ………………………………………………（188）
三　文化艺术人才为本 ………………………………………………（192）
四　实施民族文化保护与传承工程 …………………………………（194）
五　文化发展中存在的问题和困难 …………………………………（198）
六　繁荣和发展文化产业的对策及建议 ……………………………（201）
第四节　民族文化特色教育与纳西文化保护传承模式探索 ……（202）
一　民族文化进中小学课堂 …………………………………………（203）
二　民营企业办东巴文化学校：玉水寨模式 ………………………（208）
三　纳西族文化进入高等教育 ………………………………………（216）

第五章　民族文化旅游业的发展 …………………………………（221）
一　玉龙县民族文化旅游业发展现状 ………………………………（221）
二　民族文化旅游发展中的实践与经验 ……………………………（226）
三　玉龙县民族文化旅游业发展中存在的问题及挑战 ……………（236）
四　玉龙县民族文化旅游发展前景 …………………………………（241）
五　玉龙县民族文化旅游业发展新对策及成就 ……………………（243）

第六章　宗教信仰与宗教管理 ……………………………………（251）
第一节　宗教概况 …………………………………………………（251）
一　佛教 ………………………………………………………………（252）
二　道教 ………………………………………………………………（255）
三　基督教 ……………………………………………………………（256）

四　天主教 …………………………………………………………… (258)
五　伊斯兰教 ………………………………………………………… (259)
六　民间信仰 ………………………………………………………… (259)
第二节　宗教和谐与民族团结 ……………………………………… (260)
第三节　宗教局势的发展变化与旅游及外来人口 ………………… (262)
一　宗教文物保护与文化旅游 ……………………………………… (264)
二　民间信仰的未来 ………………………………………………… (272)

第七章　生态文明建设与经济社会可持续发展 ………………… (282)
第一节　生态与纳西族文化理念及传统知识 ……………………… (282)
第二节　生态与产业发展 …………………………………………… (283)
一　生态与当地旅游业 ……………………………………………… (283)
二　正在起步的生态农业 …………………………………………… (287)
第三节　水资源告急——以黑龙潭和玉龙雪山为例 ……………… (289)
第四节　石漠化的危机与应对 ……………………………………… (299)
第五节　纳西族对于生态问题的反思 ……………………………… (303)
一　生态补偿 ………………………………………………………… (303)
二　钢筋混凝土时代的田园理想 …………………………………… (305)

第八章　结束语 …………………………………………………… (308)
一　“两个重点”“七大战略”“四大经济平台”总体评价 … (308)
二　玉龙县取得的成绩 ……………………………………………… (310)
三　存在的困难和问题 ……………………………………………… (313)
四　取得的成功经验 ………………………………………………… (315)

参考文献 …………………………………………………………… (318)

关键词索引 ………………………………………………………… (320)

后记 ………………………………………………………………… (325)

导　言

玉龙纳西族自治县地处云南省西北部云贵高原和青藏高原交汇区域的横断山脉南麓，境内山区、平坝、河谷等多种地貌并存，兼有亚热带、温带、寒带三种气候，具有典型的立体气候特征、优越的气候条件和丰富的热区资源。玉龙纳西族自治县位于丽江市西部，南与大理白族自治州剑川县相连，西与怒江傈僳族自治州兰坪白族普米族自治县接壤，北与迪庆藏族自治州维西傈僳族自治县接界，北隔金沙江与迪庆藏族自治州香格里拉县、四川省凉山彝族自治州木里藏族自治县毗邻，东临丽江市古城区、宁蒗彝族自治县、永胜县、华坪县。

2003年，丽江撤地设市，原丽江纳西族自治县分设为玉龙纳西族自治县和古城区。[①] 玉龙纳西族自治县成立于2003年4月1日，是原丽江纳西族自治县的传承和延续，[②] 是一个集世界文化遗产（白沙古街是世界文化遗产丽江古城的重要组成部分）、东巴古籍文献世界记忆遗产、三江并流世界自然遗产核心区于一体的世界遗产富集地，也是全国唯一的纳西族自治县。

玉龙县是一个年轻的自治县，有丰富的水能资源、生物资源、旅游资源；有浓郁的民族文化原生态环境，是丽江市的一个资源大县。玉龙县是

---

① 2002年12月26日，国务院批准撤销丽江地区和丽江纳西族自治县，设立地级丽江市。2003年6月8日，丽江地区正式撤地设市。丽江行政区划沿革：蜀汉时期丽江设遂久县，元朝先设茶罕章管民官，后改丽江宣慰司，丽江路军民总管府，明初置丽江府，清朝设丽江军民府，民国三十年（1941）设云南省第七行政督察专员公署，1949年12月成立丽江人民行政专员公署，1950年4月改为丽江专员公署，辖丽江、永胜、华坪、宁蒗、维西、兰坪、中甸、德钦、碧江、福贡、贡山、鹤庆、剑川13个县，1953年泸水县划归丽江专区，后于1954年和1957年分设怒江傈僳族自治州和迪庆藏族自治州，归丽江专区代管，1973年撤销代管，1956年将鹤庆、剑川划归大理白族自治州，1980年设立丽江地区行政公署。

② 1961年4月10日丽江纳西族自治县成立。

省级扶贫开发工作重点县和全省 47 个革命老区县之一，是一个典型的集多民族杂居县、纳西族聚居县、革命老区县、山区县、贫困县、农业大县、工业弱县、财政穷县、经济欠发达县和建设任务繁重县于一身的特殊县份，但同时又是一个百业待举、有县无城、充满希望和活力的新县。

玉龙纳西族自治县幅员广阔，辖区面积 6392.6 平方千米，全县耕地面积 355962 亩。全县辖 16 个乡（镇），一个办事处，102 个村（居）委会，1250 个村民小组，县内有纳西、汉、白、傈僳、彝、藏、普米等 10 个世居民族，2012 年，全县总人口为 21.93 万人，其中纳西族人口为 12.32 万人，占总人口的 56.18%，比 2004 年的 56.5%减少 0.32 个百分点。汉族 3.09 万人，占 14.09%；傈僳族 2.63 万人，占 11.99%；白族 2.1 万人，占 9.6%；彝族 0.78 万人，占 3.6%；普米族 0.59 万人，占 2.7%，其他民族的人口比重在 1%以下。少数民族人口 18.78 万人，占全县总人口的 87.1%。2011 年，全县生产总值完成 27.33 亿元，地方财政总收入完成 4.06 亿元，农民人均纯收入 4413 元，农业人口 205382 人。

玉龙县委、县政府立足县情，以建设云南省最具特色的民族自治县为目标，深入实施农业、生态、文化、旅游、工业、水能和全面开放“七大战略”，加快推进农业产业化、新型工业化、教育现代化和城镇化进程，着力打造清洁能源基地、生态产业基地、国际精品旅游胜地和纳西文化产业基地。全县呈现出城乡面貌明显改善，社会稳定、民族团结，各项事业快速发展的良好态势。

全面贯彻落实国家宏观调控政策，紧紧围绕努力建设成为云南省最具活力的少数民族自治县、为玉龙县全面建成小康社会的宏伟目标，突出又好又快发展这个主题，以调整经济结构和转变增长方式为主线，以统筹城乡和区域协调发展为重点，深入实施“农业稳县、生态立县、文化兴县、旅游强县、工业强县、水能富县和全面开放”七大战略①，努力打造“县城、金沙江、玉龙雪山、老君山”四大经济平台，着力推进社会主义新农村建设，着力调整经济结构，着力建设资源节约型、环境友好型社会，着力改善民生，取得了经济又好又快发展、社会发展进步的良好局面。

区县分设十年来，县委、县政府结合玉龙县的实际，按照围绕“努力把玉龙县建设成为全省最具特色的民族自治县”这一目标，抓住城市

① 在早先的“农业稳县、生态立县、文化兴县、旅游强县、水能富县和全面开放”六大战略基础上，新近增加了“工业强县”，合称“七大战略”。

建设和农业农村两大工作重点，深入实施“农业稳县、生态立县、文化兴县、旅游强县、工业强县、水能富县和全面开放”七大战略，加快推进农业产业化、新型工业化、教育现代化和城镇化进程，着力打造清洁能源基地、生态产业基地、国际精品旅游胜地和纳西文化产业基地，不断强化“四个重点突破：重点突破县城开发建设、重点突破以特色工业为主的新型工业、重点突破以烤烟等优势产业为主的规模与效益、重点突破民族教育现代化；三个保护利用：保护利用民族文化资源、保护利用水资源、保护利用生态环境资源；两个切实加强：切实加强固定资产投资、切实加强招商引资；一个务必提高：务必提高干部队伍执行力”工作措施，全县呈现出全面协调可持续发展的良好态势。2012 年，全县生产总值完成 33 亿元，同比增长 17%；财政总收入完成 6.3 亿元，同比增长 55.9%，其中，公共财政预算收入完成 4.5 亿元，同比增长 50%；完成规模以上固定资产投资 51.2 亿元，同比增长 41%；农民人均纯收入 5960 元，同比增长 35%。特别值得一提的是，通过四年的开发建设，以 2006 年 12 月 29 日玉龙县城主体工程竣工典礼为标志，初具遗产地特征、纳西族特色、玉龙县地域特点，全省一流、全国独具特色的风景园林城市的玉龙新城已屹立在玉龙雪山下，结束了有县无城的历史。

因此，选取玉龙纳西族自治县为调研地点，既可以作为全国典型，反映 21 世纪初纳西族地区经济社会发展的区域特征和民族特色。通过调查玉龙纳西族自治县的经济社会发展现状，可以纵览自 20 世纪 60 年代纳西族地区建立民族区域自治地方以来政治经济社会发展的历史脉络和现实状况，也可以横向比较周边其他民族自治地方之间在发展进程中的共性和县域政治、经济、文化发展特点。尤其是玉龙纳西族自治县作为全国唯一的纳西族自治地方，对于了解纳西族的发展历史及现状，兼与其他省区的纳西族分布区域比较，可以为国家和各级地方政府提供资政的典型案例，也可以为学界了解 21 世纪初纳西族自治地方提供可信且宝贵的实地调查资料，有助于了解国情，促进纳西族地区经济社会协调发展，跟上全国的小康社会建设的步伐，同时有助于建设中国少数民族信息平台。

本调查组成员于 2013 年 6—7 月，赴玉龙纳西族自治县实地调查。此前在云南省民族事务委员会的支持下，在昆明听取了云南省级各部门的情况介绍汇报会。在丽江市调查期间，得到丽江市各党政机关的协助和支持，尤其是得到时任丽江市民族宗教局局长胡志海的支持。在玉龙县调查期间，承中国共产党玉龙纳西族自治县县委、县政府的大力支持，时任中国共产党玉龙县委常委、宣传部长的木根同志亲自过问调查组的调查任务，并责成玉龙县委宣传部李汝剑副部长负责接待并协调调查组的工作。在县委宣传部的积极配合和指导下，调查组分别走访了玉龙县委和县政府各部门，访问了许多部门的负责人，收集了大量第一手的资料。在此基础上，调查组成员深入到玉龙县各乡镇、村寨、中小学校、民营和国有企业、各级文化事业单位、寺庙、教堂、城乡社区，以口头访谈、实地调查、入户调查、召开座谈会等多种形式，重点对玉龙县黄山镇、白沙乡、塔城乡、鲁甸乡、拉市乡、巨甸镇、石鼓镇作了实地调查，与纳西族、藏族、白族、彝族、傈僳族、普米族等各族各界各阶层的民众广泛接触，对玉龙纳西族自治县经济社会发展的成就、发展特色、面临的困难、存在的问题都有了较全面的认识。在调查研究的基础上，调查组成员按照调查大纲分为政治文明建设、经济建设、社会建设、文化建设、生态文明建设五个基本专题对调查材料进行深入的分析比较研究。全书分为 8 章，以五大文明建设为纲，以问题和特色为引领，以实地调查所获得第一手资料为基础，同时参考各级党政部门提供的统计数据、专题调研报告，宏观视野和微观专题分析结合的角度，重点对 21 世纪初，尤其是 2008—2013 年这五年间玉龙纳西族自治县经济社会发展现状、成效、经验、存在的问题，以及具体建议相结合的方式，力图较全面地展示玉龙县各族人民在党和政府的领导下，在全面建成小康社会的进程中，如何结合县域实际，因地制宜，突出特色资源，克服困难，破解发展难题，促进全县经济社会发展，实现县域经济社会协调发展。

（1）政治文明建设。20 世纪 60 年代原丽江纳西族自治县的成立，实现了民族区域自治制度的建立及《民族区域自治法》的贯彻实施，为了进一步依法落实完善《民族区域自治法》的内容，玉龙纳西族自治县人民代表大会制定并实施了《玉龙纳西族自治县条例》，为玉龙县的政治建设提供了强有力的政治制度和法律保障。

在少数民族干部培养方面，玉龙县结合民族自治县的特点，在做好主体民族纳西族干部的培养和选拔工作的同时，高度重视其他非主体民族干部的教育、培养、选拔工作，乡镇党委领导班子呈现出了学历高、素质高、专业强、业务精的特点，实现了各民族干部的合理搭配、协调发展，优化了全县领导干部的民族结构，促进了各民族共同发展进步。特别是在三个民族乡中严格执行《云南省民族乡工作条例》的相关规定，深受社会各界的认可和好评。

少数民族干部培养过程中，受少数民族所处的地域、环境、经济社会发展状况等因素影响，使部分少数民族干部在工作中创新意识、服务意识、学习意识不强，有的思想观念相对陈旧，少数民族干部自身素质与新时代、新阶段的要求尚有差距。直接针对少数民族领导干部跨市、省区到国家和省级部门挂职、锻炼的机会不够。受地方师资力量、培训设施等条件和财力制约，对少数民族干部的培训方法单一、交流范围有限，形式单一，培训经费投入相对不足，影响了对少数民族干部的培训力度。结合现实应当加大少数民族干部的教育培训力度，以加强少数民族干部思想政治建设、业务素质提高为重点，积极探索培养少数民族干部的新途径。各级部门应制订科学、全面的培训计划，为少数民族干部提供提高素质的培训平台。结合云南省民族专项资金加强民族团结示范建设，重点把民族专项资金投入到扶持人口较少民族发展工作中，有力推动了民族团结示范建设。在城市民族工作中强化《城市民族工作条例》的贯彻力度，为城市民族工作的开展提供根本保证。玉龙县各级、各部门协调配合，采取多种形式，分层次、有重点、有针对性地在全县广大干部群众中深入广泛地开展马克思主义民族观、党的民族政策和《城市民族工作条例》的宣传学习，加强以“两个共同”“三个离不开”“四个维护”为核心的民族团结教育，推动民族团结教育活动深入开展。积极维护少数民族群众的合法权益，切实为少数民族群众解决了切身利益。

（2）经济建设。2003 年区县分设以来，在国家、省、市各级各部门的关心支持下，玉龙县委、县政府立足县情，以“建设全省最具特色的民族自治县”为目标，紧紧抓住国家开展新一轮西部大开发、云南省实施“两强一堡”战略、丽江市建设“两基地、一胜地、一窗口、一屏障”等重大战略机遇，坚持以加快转变发展方式为主线，以改善民生为根本，以科技人才为动力，重点升展农业经济建设，着力发展中药材产业与农特产品加工业，将特色农业与生物资源开发创新紧密结合，实现了经济增长。在发展中及时调整发展战略，增加“工业强县”的内容，建设南口工业园区开展生物资源加工业作为经济发展的新增长点，结合农村劳动力过剩问题，及时推动劳务经济发展，充分发挥了发展劳务经济的潜力和优势。

结合县域财源结构单一化的旧模式，为发掘县域经济发展潜力，县委、县政府强调招商引资与县域经济发展的深刻关系，聚焦玉龙县的资源产业优势，积极实施招商引资，大量外来资本和企业的进入，优化了全县的经济发展格局，同时实现了县域财源向招商引资的转型，实现了从资源招商向产业招商过渡。

（3）社会建设。主要围绕人力资源和社会保障工作，高寒山区扶贫与移民问题，其中移民又涉及水电开发，水库库区建设与当地各民族的生产生活，有的是为了配合政府主导的扶贫开发计划，实行的整村异地搬迁。为了实现脱贫和致富，需要开展结合当地实际的扶贫措施，也需要通过劳务输出，转移社区多余劳动力，实现劳务经济的调整和转型。

建立了城乡一体的社会救助体系，推进了社会保障事业发展，但实施农村最低生活保障制度与应保尽保的要求差距太大。民政基础设施非常薄弱，无法适应现代民政建设的需要，争取项目资金压力非常大。

面对城镇化的具体进展，医疗卫生保障制度建设是发展中先行先试的社会保障建设重要内容。新农合制度日趋完善，农村医疗卫生事业不断发展，同时存在医疗机构缺乏创新意识，医疗资源配置不合理，服务能力有限，社会效益和经济效益不明显，管理水平不足等问题。针对乡镇和村级出现的医疗卫生队伍人才严重缺乏，能力薄弱，队伍不稳定，技术力量严重不足的问题，县委、县政府开始注重医疗卫生学科带头人和业务骨干的培养，乡村医生教育以及技术岗位培训工作，逐步培养一批政治思想好、业务精湛的卫生技术人才队伍。卫生基础设施建设投入的水平与卫生发展的客观需要不相适应。“乡村一体化管理”进展缓慢，重大传染病、突发公共卫生事件严重威胁群众健康，传染病防治任务非常艰巨。

（4）文化建设。玉龙县地处云贵高原与青藏高原接合部，汉、藏、白文化的交融区，又是高原畜牧民族与河谷坝区农业民族交往融合的地方，独特的地理环境，多民族杂居形成诸多多元文化相融合的格局，使多元文化在这里碰撞，文化资源丰富，构成民族文化资源的宝库。由于玉龙县财政困难，对文化产业的资金投入不足，引发民族文化人才队伍匮乏，青黄不接；民族文化体制及工作机制有待进一步完善；资源型文化产业的创新力度不够，表现形式单一。文化发展基础薄弱且不平衡，各民族传统文化濒危现象仍严重。民族文化的抢救、保护、传承形势十分严峻，缺乏整体性保护规划和创新性保护手段，缺乏多样性传播手段，面临诸多错综复杂和单一部门难以解决的问题。

为了开创文化建设的新局面，需要着力提升外宣工作力度和影响力，使玉龙县在省内外、国内外具有一定知名度。着力提升文化、体育硬件水平。加大提升民族文化建设力度，创建民族文化资源保护开发重点县、文化产业强县。努力提高宣传文化工作者素质，在出人才、出作品方面能有新的突破。民族文化传承保护中实现了民族文化进课堂，进高校的良好开局，在创新民族文化传承模式方面探索有若干新的突破。

（5）文化旅游业。玉龙县以文化和生态旅游为代表的资源富集，全县拥有玉龙雪山、老君山、金沙江沿线景区、白沙—黄山纳西文化带、拉市海、纳西东巴文化为主的“两山、一江、一带、一海、一文化”旅游资源。近年来正在努力打造县城、金沙江、玉龙雪山、老君山四大经济平台，建设全省最具活力的民族自治县。把旅游业作为县域经济新的增长点进行培育，大力开发高品位和独具特色的民族文化旅游。玉龙县文化旅游业已包括世界文化遗产、世界自然遗产、世界记忆遗产、“中国旅游强县”、国家级重点风景名胜区、国家5A级旅游区、国家地质公园、国家公园等品牌，玉龙旅游品牌创建工作取得了显著成果，扩大了玉龙旅游的影响力和知名度，充分发挥了民族文化特色优势，推动了民族文化与旅游产业的整合力度，着力打造具有地方民族特色的文化品牌，以文化理念谋划旅游业，从而有力地促进了经济社会的持续、健康、协调发展。

根据玉龙县旅游业发展的实际和国内外旅游市场的特点，理顺各种关系，建立适应旅游发展需求，能推动旅游生产力发展的经营和管理体制。以建设中国香格里拉生态旅游区为目标，加强旅游区域合作，建设一批旅游集散地，实现旅游者的便捷集散和合理流动。要实现旅游业与文化产业相辅相成，旅游整体规划与景点建设规划必须有民族民间文化建设规划，通过民族文化的展示增加旅游景点的内在魅力，使旅游业整体素质得到明显提高。加大以交通为重点的旅游基础设施的投资建设力度，努力改善玉龙旅游的旅游线路，以建设世界级精品旅游胜地为目标，培养旅游人才，提高旅游从业人员素质。围绕建设世界级精品旅游胜地的目标，实施大项目带动大发展战略，树立玉龙品牌意识和大旅游、大市场观念，建设好三大生态文化旅游区，使玉龙成为国内外游客重要的旅游目的地。严格实施保护自然生态与文化生态相结合的发展模式，保持自然景物、人文景物的完整性和地域分布的连续性，使景区旅游资源的保护培育、开发利用和管理工作实现持续快速发展，实现旅游业的迅速可持续发展。

（6）宗教信仰与宗教管理。玉龙县境内主要有佛教（藏传、汉传）、基督教、伊斯兰教、道教及各民族传统宗教等多种宗教，目前在宗教管理部门的有效管理下，呈现各宗教和谐相处的局面。宗教活动场所管理机制日趋完善。需要不断提高管理干部依法管理宗教事务的能力和水平。加强宗教团体的建设方面注重宗教团体负责人的培训教育，组织爱国爱教的思想教育，学习法律法规和党的宗教政策，提高管理干部政治觉悟和依法办教的能力和水平，加强道风建设，教育和引导广大信教群众树立正确的宗教信仰观，积极发挥宗教团体爱国爱教，关心社会公益事业，回报社会的作用。

目前，玉龙县境内各宗教管理中尚有一些问题。宗教活动场所管理体制不顺，宗教房产遗留问题需要逐步得到解决；宗教活动场所房产产权没有规范；宗教活动场所的建设缺乏统一的规划。宗教活动场所自身建设参差不齐。需要理顺关系，进一步规范管理体制。由于宗教活动场所人员集中，存在各种安全隐患，建议政府对文物保护、宗教活动场的公益事业建设，特别是消防设施完善等方面给予必要的投入。

玉龙县境内的几个大寺庙都在风景名胜区，宗教文化也是旅游的主要内容之一。寺庙修缮建设要符合历史定制和丽江风景区建设的规划，同时要满足宗教团体进行宗教活动的需要。建议政府对几个重点活动场所进行科学规划，把宗教活动场所建设一并纳入城市总体规划。按有关规定控制规模，使之既能满足信教群众的需要，又能体现丽江宗教文化的特色，为旅游业的发展提供新的内涵。

（7）生态文明建设。纳西族传统生态文化理念及相关知识，对于保护纳西族地区的青山绿水和生态环境系统而言至关重要。纳西族人相信人与大自然是兄弟关系，需要友好和平相处，不能过度索取和破坏各自的生存资源，否则会引发灾害和疫病，导致两败俱伤的恶果。地方政府坚持科学发展观的理念，环保理念与执政理念互为表里，生态环境保护一直以来都被自治县党委、政府视为经济社会可持续发展的关键问题。

玉龙县围绕生态保护作了许多可圈可点的大文章，生态与产业发展紧密挂钩，为了保障玉龙雪山景区的环境保护，政府实施了“绿洲效应”“冷湖效应”“绿色交通”等生态环保工程，通过植树造林、兴建人工湖水体、环保交通局进旅游景区等方式，增加植被覆盖率，保护冰川和水源，取得了良好的社会效应、经济效应和环保效应。在乡镇社区创建“生态乡镇”，实现森林消防、生活垃圾的收集分类与集中处理。玉龙县生态农业正处在起步阶段，无公害蔬菜种植、水果基地和绿色食品生产初具规模，药材和经济林木的种植为核心的特色农业产业有了较快的发展。

与此同时，随着旅游业的发展，森林盗伐盗卖现象屡禁不止，城市的过度发展，气候变暖效应，外来人口的汇集等综合因素引发水资源告急的问题已经十分突出。丽江黑龙潭断流、玉龙雪山冰川融化问题引发社会关注。石漠化问题在玉龙县境内也十分突出，而且与农村的贫困问题互为因果，注定需要通过扶贫脱贫来解决。生态反哺和生态补偿、生态转移支付等问题已经成为当地各族群众和政府重点探讨的问题之一。除了人文景观旅游，玉龙县结合资源优势及时推出生态旅游产品，着重推出玉龙雪山、老君山、拉市海、虎跳峡、黎明风光、长江第一湾等生态旅游，改善了生态旅游发展环境。玉龙旅游业已成为大香格里拉生态旅游区的重要组成部分。

总之，就目前的玉龙县经济社会发展现状而言，依旧有许多有待优化和改革的方面。虽然玉龙县的旅游和文化资源十分丰富，但资源优势尚未能够转化为发展优势。旅游经济在国民经济中所占的比例弱小，尚无法与“中国旅游强县”的名声相匹配。文化资源与文化产业的互动结合尚处在十分低下的阶段，文化资源的保护、开发、利用良性循环尚未形成。文化产业的发展有待作长远规划和近期抓突破口。文化兴县任重道远。工业经济的发展明显滞后，总量所占比重偏低，主要产品尚未形成品牌，规模以上的工业企业数量十分稀少。有资源和竞争优势的工业经济领域仍为一些技术密集程度低和劳动力密集型的产品和产业。投资增速减缓明显。招商引资数量多，但能够产生落地效应的不多。城乡社会保障事业、公共文化服务体系建设及设施配备远不能满足群众需求，基础设施建设滞后明显。深度贫困人口的民生问题仍十分突出。玉龙县以资源优势、区位优势为主的综合优势日益凸显，随着国家西部大开发和“一带一路”倡议的进一步实施，以及玉龙县争创全省最具活力的民族自治县活动的进一步深入，玉龙县经济将长期保持持续快速健康发展的良好态势。

第一章

政治文明建设与政治发展

第一节　民族区域自治制度的建立与《民族区域自治法》的贯彻实施

民族区域自治制度是中国共产党为解决民族问题，实现各民族平等、团结、共同繁荣而创设的伟大制度。民族区域自治制度是中国共产党带领和团结全国各族人民共同选择的解决中国民族问题的道路，经过历史检验最终成为国家基本政治制度，是解决中国民族问题的正确途径。

在党的领导下，《宪法》保障纳西族人民充分享有国家赋予的各项权利，实现了人民当家做主的历史夙愿。新中国成立后，纳西族的许多精英由于追求光明，积极参加党领导的革命事业，一大批有胆有识、在群众中享有威望的民族干部脱颖而出，成为推动纳西族社会发展的领军人物和中坚力量。纳西族人民在党的领导下发展生产，恢复经济，建设家园，纳西族地区发展虽然有地区差异，但都有了不同程度的发展。各行各业均进入了全新的发展阶段，历史上遗留的民族间的歧视误解得到逐步解决和化解，各民族之间的平等团结关系进一步得到加强。

一　民族区域自治制度的建立

中国共产党和人民政府在进行民主改革的进程中，针对实际情况，采取了慎重稳进的方针，十分有效地领导纳西族人民开展了土地改革运动，并于 1953 年完成了丽江纳西族地区的土地改革运动。1957 年年底，丽江纳西族地区实现了农业、手工业和资本主义工商业社会主义改造的胜利，极大地解放了生产力，推动了纳西族地区经济社会文化建设事业的全面发展。而在以领主经济为主的宁蒗、香格里拉县等纳西族地区，实行自上而下和平协商以及自下而上发动群众相结合的方式进行民主改革。在西藏和四川纳西族聚居区，则在 1959 年前后实现民主改革。

中国共产党帮助纳西族人民实现了政治上的平等和当家做主的权利，实现了历史性的突破。1954 年，丽江召开了首届人民代表大会，出席大会的二百多名代表中，纳西族占了 59%。这是旷古未有的创举。为了进一步落实民族区域自治制度，1958 年 9 月 24 日，国务院全体会议第 80 次会议通过成立丽江纳西族自治县的决议，纳西族人民在党的领导下实现了建立民族区域自治地方的愿景。1961 年 4 月 10 日，丽江纳西族自治县宣告成立。自治县成立后纳西族干部队伍全面茁壮成长，各级政府机构中有一大批纳西族干部得到培养和提拔。丽江纳西族自治县的干部队伍中，纳西族干部占 60%以上，县委书记是纳西族干部，基层领导干部中，纳西族干部占 70%以上。新中国成立后的历届全国人民代表大会、全国政协中，都有纳西族的人大代表、政协委员参加，积极参政议政，共商国是。

20 世纪 80 年代以来，纳西族的受教育水平取得了全新的发展，在党和国家的民族政策的关怀下，一大批纳西族优秀儿女从基层农村乡镇起步，勤学苦练，接受了系统完备的高等教育，在社会实践中发奋图强，在各行各业中发挥才干，学识和水平得到党和人民的认可，纳西族党员干部队伍中，和志强于 1985—1998 年担任中共云南省委副书记，云南省第六、第七、第八届人民政府省长，同时是中共第十三届中央候补委员、第十四届中央委员、第九届全国政协常务委员会委员。杨光跃于 2015 年 3 月任四川省军区司令员，2015 年 10 月任云南省委常委、省军区司令员。和占钧担任云南省政协副主席；和段琪、和良辉担任云南省副省长。为了云南边疆的稳定、发展和改革事业，纳西族优秀儿女施展抱负，大显身手，为云南及国家的发展，积极参与并贡献了智慧和力量。

为了实现丽江纳西族地方经济的发展，有效整合资源优势，根据国务院文件批复和云南省人民政府文件通知，撤销丽江地区和丽江纳西族自治县，设立地级丽江市。丽江市设立古城区、玉龙纳西族自治县。玉龙纳西族自治县作为原丽江纳西族自治县的传承和延续，是全国唯一的纳西族自治县。2003 年 4 月原丽江纳西族自治县开始区县分设后，玉龙县境内仍有纳西、汉、傈僳、白、彝、普米、苗、藏、壮、回十个世居民族，各民族呈大杂居、小聚居的分布状态，有 4 个民族乡，14 个民族村委会（原民族小乡）。全县 20.97 万人口中，纳西族人口占 56%，汉族人口占

15%，杂散居民族人口占29%。由于纳西族分布于滇、川、藏三省区，为了进一步落实保障杂散居地区纳西族人民的权益，作为民族区域自治的合理有益的补充，三省区均于20世纪90年代以来，依据国家和地方的法律法规及相关政策，设立了4个纳西族乡，具体为：云南省迪庆藏族自治州香格里拉县三坝纳西族乡；云南省丽江市永胜县大安彝族纳西族乡；四川省凉山彝族自治州木里藏族自治县俄亚纳西族乡；西藏昌都地区芒康县盐井纳西民族乡。这些民族乡的设立，对于优化和落实民族区域制度，保障落实散居地区纳西族的权益，凸显纳西族文化特色，促进当地各民族的团结发展，意义非凡。

二 《民族区域自治法》的贯彻实施

民族区域自治制度是我国与人民代表大会制度、多党合作政治协商制度并列的三大基本政治制度之一，与此相应，《民族区域自治法》是仅次于《宪法》的国家基本法，具有很高的法律地位。然而，正是由于《民族区域自治法》的基本法地位，使其法律条文不可能规定得很具体，其内容具有综合性、原则性，其执法主体又具有多元化的特点，因而使《民族区域自治法》的贯彻落实面临着一些问题。大力建设少数民族的“三支队伍”：完善民族区域自治制度的关键是培养和造就少数民族干部队伍、知识分子队伍和产业工人队伍。

关于如何进一步坚持和完善民族区域自治制度，从玉龙县的县情来看，坚持和完善民族区域自治制度要从以下几个方面做起：

贯彻实施《民族区域自治法》的行政法规、规章、具体措施和办法的实施情况。玉龙县历届县级主要领导都十分重视、关心和支持民族事务工作，始终把贯彻落实《民族区域自治法》作为一件大事来抓紧抓实抓好。党政主要领导经常深入民族贫困地区调查和了解民族事务工作情况，成立抓民族事务的专门班子，全面负责《民族区域自治法》的贯彻落实工作，为抓好民族事务工作提供了保证。

大力培养和选拔少数民族干部，特别是三个民族乡的主体民族：白族和傈僳族的领导干部数量从无到有，从少到多，实现了民族乡政府的主要领导全部由主体民族干部担任的目标。而且在乡镇机关的工作部门也配备了一定数量的少数民族干部。进一步推进少数民族干部培训工作，有计划地组织少数民族干部参加各类培训班，学习政治理论、经济管理、科技知识和少数民族相关的专业知识，强练内功，提高素质。加大轮岗交流的力度及少数民族干部外派挂职锻炼力度，在民族干部的培养、选拔使用等方面得到了新突破、新进展。

加强宣传。采取多种形式，广泛开展宣传教育活动。抓好每年的民族团结进步宣传月活动，坚持因人施教、各有侧重，对民族宗教工作干部侧重组织他们学习马克思主义民族理论和党的民族宗教政策，从理论上、政策上提高干部的思想认识；对各族群众，重点向他们宣传民族团结的好人好事，介绍本地区少数民族的历史传统、风俗习惯，提倡和鼓励各民族间的互帮互助。在每年民族团结进步宣传月期间，集中开展一系列形式生动多样的促进民族团结的活动，既注重达到教育群众的目的，又注重教育方式的活泼多样，能够吸引广大群众的参与，寓教于乐。

就目前存在的问题而言，首先是自治机关大胆行使自治权的环境有待进一步改善，依法行政的法制环境和体制条件还未真正形成；其次是民族自治地方经济社会发展滞后，严重阻碍了自治权的行使；此外是一些已有明确规定的法律条款仍然未能落实等。如果不通过贯彻实施《民族区域自治法》为少数民族和民族地区带来实实在在的利益，作为我国基本政治制度的民族区域自治制度就很难取信于少数民族群众，就会严重影响云南的民族团结、边疆稳定、和谐社会建设与国家的长治久安。

少数民族合法权益保障方面出现的新情况、新问题而言。散杂居地区民族立法工作滞后，民族法制体系不健全。对民族政策法规的宣传教育力度还不够。一些少数民族群众不懂得依法保障自己的合法权益。在与其他民族成员发生矛盾纠纷时，他们不是寻求法律途径或者依靠党委、政府来维护自己的合法权益，而是召集当地甚至周边不明真相的少数民族群众前来声援，容易导致一般性的矛盾纠纷演变为恶性群体性事件，甚至误判为民族矛盾问题。

三　《自治县条例》的制定与实施

2003 年丽江撤地设市，原丽江纳西族自治县分设为古城区和玉龙纳西族自治县，玉龙县是原丽江纳西族自治县的承接和延续，是丽江市辖区内纳西族自治的地方，也是全国唯一的纳西族自治县。因丽江纳西族自治县不再存在，1990 年颁布施行的《云南省丽江纳西族自治县自治条例》也自行废止。基于这一县情，为尽快适应玉龙县改革开放，经济社会全面协调发展的需要，制定符合当地民族政治、经济和文化特点的《玉龙纳西族自治县自治条例》已势在必行。条例经2005年5月27日云南省第十届人民代表大会常务委员会第十六次会议批准，于2009年9月1日起施行。

（一）《民族区域自治法》的贯彻实施情况和取得的成绩

（1）依法制定《玉龙纳西族自治县自治条例》（下称《自治条例》）和其他单行条例

民族自治地方的立法权是宪法和民族区域自治法赋予民族自治地方人民代表大会的一项重要职权，玉龙县的《自治条例》是区县分设以来，县人大常委会充分发扬民主，严格依法办事，制定的一部极为重要的地方性法规，它的颁布实施，是全县各族人民政治生活中的一件大事，是玉龙县社会主义民主法制建设的一项新成果。

其他典型的单行条例如2001年6月1日经云南省第九届人大常委会第二十三次会议批准施行的《丽江纳西族自治县东巴文化保护条例》，对纳西族特有的东巴文化作为世界记忆遗产和纳西族传统文化的弘扬、保护、传承起到了极大的推动作用。

此外，《云南省玉龙纳西族自治县玉龙雪山保护管理条例》经2006年7月28日云南省第十届人民代表大会常务委员会第二十三次会议批准，并于2006年9月1日起施行，对玉龙雪山的保护实现有法可依。

（2）民族团结工作不断增强

不断完善了民族团结目标管理责任制，至2007年，民族团结目标管理责任制已落实到全县16个乡镇、100个村委会、1162个村民小组、30个宗教活动场所。2003—2007年，民族地区因历史遗留问题和现实生活中引起的一系列问题得到妥善处理。

（3）民族地区经济社会发展取得了新突破

为加快民族地区经济发展，特别是贫困地区的发展，积极向省、市争取民族专项资金608.9万元，实施了加快民族地区脱贫发展的建设项目，少数民族群众生产生活条件得到进一步改善。充分利用民族政策，向上级争取建设资金和配套资金，进行资源开发和基础设施、社会事业建设等公益性项目。2012年全县生产总值完成33.7亿元，同比增长17%；财政总收入完成6.3亿元，同比增长55.9%，其中，公共财政预算收入完成4.5亿元，同比增长50%；规模以上固定资产投资完成51.2亿元，同比增长

41%；规模以上工业增加值完成2亿元，同比增长22.3%；社会消费品零售总额实现7.2亿元，同比增长23.1%；农民人均纯收入达5960元，同比增长35%；城镇登记失业率、人口自然增长率、单位生产总值能耗降低控制在市下达的指标范围内。经济结构进一步优化，第一、第二、第三产业比重调整为24.9∶29.4∶45.7。

（4）《云南省民族乡工作条例》得到贯彻落实

玉龙县现有九河、石头、黎明三个民族乡①，自《云南省民族乡工作条例》颁布实施以来，认真组织民族乡的干部、群众学习宣传贯彻条例，结合民族乡的具体实际和民族特点，认真落实各项规定。正确处理好贯彻执行《民族乡工作条例》和《自治条例》的关系。做到二者的有机结合。落实民族乡的政权建设，民族乡的乡长由建立民族乡的公民担任。落实对民族乡的各项优惠政策，在基础设施建设、文化科技事业的投入上，从资金政策上给予倾斜。

（二）存在的主要问题和建议

存在的主要问题是上级国家机关照顾民族地方的优惠政策在一些部门和工作领域还难于落实。《民族区域自治法》于2001年2月28日经第九届全国人民代表大会常务委员会第二十次会议修订施行后，国务院、云南省人民政府先后出台了若干规定和实施办法，规定在上级安排的建设项目上，民族自治地方财力不能自给的配套资金，应当予以免除，但在具体操作中仍有一定难度。建议在民族立法工作上给予自治县立法工作机构经费和工作上的支持和指导。积极支持帮助民族自治县落实法律规定的各项优惠政策。上级部门应加大执法检查的力度。充分尊重民族自治地方的自治权力。帮助落实各项优惠政策和规定。

（1）坚持科学发展，自治县综合经济实力不断增强

2008年，全县生产总值完成14.99亿元，同比增长13.5%；固定资产投资完成17.79亿元，增长20.2%，加上跨县项目阿海电站在玉龙县境内投资完成7.56亿元，共完成25.35亿元，增长54.5%；地方财政收入完成1.24亿元，增长39%，农业总产值完成8.89亿元，增长24.3%；城镇单位从业人员年平均报酬收入24033元；增长15.5%，扣除物价因素，实际增长14.6%；农民人均收入2507元，增长23.1%，扣除物价因素，

① 九河白族乡，黎明傈僳族乡，石头白族乡。

实际增长15.7%；工业总产值完成3.69亿元，增长21.4%；社会消费品零售总额完成3.25亿元，增长24%；城镇登记失业率为3%；人口自然增长率为5%。

（2）认真落实《自治条例》的各项规定

明确了自治县自治机关在处理事务上的自治权力。玉龙县《自治条例》第十七条第二款规定了“自治县的自治机关的印章，牌匾使用汉文和纳西文”。现所有的自治机关都执行此规定。为充分体现玉龙县民族自治地方的特点，活跃城乡经济，促进旅游业的发展，规定：每年4月10日为自治县成立纪念日，全县干部、职工放假一天；纳西族的传统节日“三多节”，放假三天。

存在的主要问题是《自治条例》的相关规定难于落到实处，如：考虑到玉龙县民族自治地方的特殊性，为充分调动自治县内各方面的积极性，吸引外地人才参与自治县的各项事业建设，第五十六条规定“实行自治县津贴”，但因多种因素至今难以落实。

区县分设后的玉龙纳西族自治县是一个农业大县、工业弱县、财政穷县、经济欠发达县，80%的国土面积为山区或半山区，城镇化水平低，农业基础设施落后，抵御自然灾害的能力弱，虽然在民族自治优惠政策上提出了一些措施，但仅靠自治县的财力，难以落实，需要上级部门在政策、资金上给予优惠照顾和相应的倾斜。

为切实解决好在特少民族中，干部总数偏低，整体文化素质偏低，人数较少的问题。应加大对少数民族干部和各类专业人才的培训、教育、选拔力度。在政策上给予倾斜，需要继续采取特殊的政策和措施，拓宽干部来源的渠道，在公务员、事业人员的招考录用中，实行下达专项聘用、录用特招指标。在大中专毕业生录用时，对特少民族毕业生给予优先录用。

（3）如何进一步坚持和完善民族区域自治制度

从玉龙县的县情来看，坚持和完善民族区域自治制度要从以下几个方面做起：首先，必须加快发展玉龙县的经济建设。从现阶段玉龙县民族问题的主要矛盾看，民族问题主要表现在迫切要求加快经济建设上。其次，结合玉龙县文化资源丰富的特点，必须加强玉龙县的文化建设。从“自强不息、敢为人先、克难奋进、开放包容”的玉龙精神起步，大力发展公益性文化事业和文化产业，继续深化文化体制改革，不断满足人民群众的精神文化需求。坚持依法行政，必须加强《民族区域自治法》的配套法制建设。加快玉龙县的自治条例、各种单行条例和行政法规的制定和实施工作。同时，还要逐步建立和完善监督机制，保障法律的严肃性和权威性，使民族区域自治的各个环节都能做到“有法可依、有法必依、执法必严、违法必究”。为了落实各项方针政策并实现各项目标，必须大力建设少数民族的“三支队伍”。

第二节　少数民族干部队伍的培养建设

少数民族干部是促进少数民族地区各项事业有效发展的关键。加强培养和建立一支勤政奉公、朝气蓬勃、富有开拓创新精神的少数民族干部队伍是一项重要的政治和战略任务。近年来，县委高度重视全县少数民族干部的培养选拔教育工作，努力拓宽选人视野，广开用人渠道，把各行业各领域中有本事、靠得住、可塑性较强的一大批优秀少数民族干部选拔到领导岗位上，进一步优化了全县领导干部结构，提高了少数民族干部的参政议政能力，少数民族干部成为地方经济社会建设的中坚力量。

一　少数民族干部队伍的现状

玉龙县委认真处理好各民族之间的关系，高度重视干部队伍建设工作，提出“尊重知识，尊重人才”，实施人才强县战略，努力开发人才资源，着力建设高素质人才队伍，全县干部队伍素质不断提高，队伍结构得到改善，大批优秀人才脱颖而出，健康成长，在全县改革开放和经济建设中发挥了重要作用，开创了人才工作与人才队伍建设新局面。在培养选拔少数民族领导干部方面，县委认真贯彻落实党的少数民族干部工作的方针政策，从全局的战略高度和讲政治的要求出发，把培养选拔少数民族干部是确保国家长治久安、党的事业兴旺发达、巩固和发展新型民族关系、维护国家的团结和统一、建设社会主义民主政治的需要作为工作的指导思想，结合本县的实际情况，把培养选拔少数民族干部工作列入议事日程，采取有效措施，解决存在的实际困难，加大培养选拔少数民族干部工作的宣传力度，教育引导全县各级领导干部充分认识培养选拔少数民族干部工作的重要性和必要性，组织部门充分发挥参谋助手作用，对培养选拔少数民族干部牵头抓总，协调各方，统战人事、民族宗教、教育财政等部门积极发挥职能作用，各司其职，通力合作，形成齐抓共管的良好工作格局。

少数民族干部培养选拔的幅度明显加大。

截至2011年4月，全县科级党政领导干部有638名（含高配为科级职务的公、检、法等部门内部和下属机构人员100人），全县科级党政领导干部中的汉族干部占14%，少数民族干部占86%，少数民族干部比例与其人口比例基本一致。各少数民族领导干部的基本结构为：作为纳西族自治县，主体民族纳西族408人，占64%；白族91人，占14%；傈僳族17人，占3%；普米族14人，占2%；彝、藏、苗等其他民族18人，占3%。

玉龙县实现全县四大领导机关和各工作部门中均配备有较高比例的少数民族干部。其中，县委领导班子定编定岗的11名常委中，有8名为少数民族干部；县政府领导班子7名成员中，有6名为少数民族干部；县人大领导班子和县政协领导班子主要成员均为少数民族干部。全县70个工作部门中的党政“一把手”有66个为少数民族干部担任，占同类干部数量的90%以上。乡镇领导干部中，少数民族领导干部数量占乡镇领导干部数的86%以上。各级领导班子中，少数民族配备比例达100%。

县委结合民族自治县的特点，在做好主体民族纳西族干部的培养选拔工作的同时，重视其他非主体民族干部的教育、培养、选拔工作，实现各民族干部的合理搭配，协调发展，优化全县领导干部的民族结构，促进各民族共同进步。

二　少数民族干部队伍的培养途径

培养选拔少数民族领导干部方面，玉龙县委认真贯彻落实党的少数民族干部工作的方针政策，从全局的战略高度和讲政治的要求出发，把培养选拔少数民族干部是确保国家长治久安、党的事业兴旺发达、巩固和发展新型民族关系、维护国家的团结和统一、建设社会主义民主政治的需要作为工作的指导思想，形成了一整套培养少数民族干部的办法，实践证明是行之有效、切合玉龙县实际的举措。玉龙县培养少数民族干部的具体做法如下：

（一）抓认识、转观念，加强对培养选拔少数民族干部工作的领导

结合玉龙县的实际，把培养选拔少数民族干部工作作为组织部门的中心工作内容之一，定期调查研究，及时采取基层党员群众评价评议机制，发现并选拔敢于担当，勇于作为的少数民族干部。平时加大对少数民族干

部的宣传力度，树立典型，向全社会彰显培养选拔少数民族干部的重要意义，引导广大群众和青年干部的进取精神。组织部门充分发挥主导作用，建设有利于培养选拔少数民族干部的体制和机制，协调党政各部门，互相监督，通力合作，实现互助与互动，同时明确各部门的职责，实现互相促进的工作机制，产生良好的评议监督的综合效果，在此基础上，实现培养选拔少数民族干部体制和机制创新的目标。

（二）抓任用、严标准，积极做好少数民族干部的培养选拔工作

认真处理好深化干部人事制度改革与认真贯彻落实民族政策、坚持干部标准与同等条件下优先使用少数民族干部的关系，坚持和把握三项原则选拔使用少数民族干部：第一，放宽视野，拓宽渠道。积极拓宽少数民族干部使用来源渠道，破除以往只在机关人员中选领导干部的模式，大胆在乡村干部和其他行业领域选拔少数民族领导干部。第二，优先选配、放手任用。有意识地选拔一定数量的优秀少数民族干部担任领导，让他们挑大梁，在主要领导岗位的实践中经受锻炼和考验。区县分设以来，在坚持德才兼备和保持领导班子年龄梯次结构前提下，想办法腾出位置，大胆选拔优秀少数民族干部进入部门或乡镇领导班子。在公务员录用工作中，适当对县内非主体少数民族人员予以照顾，在文凭、年龄等报考资格方面降低一定的标准，从录用分数上予以适当的加分照顾，保证非主体民族报考人员的利益，壮大各少数民族干部队伍，为选拔任用少数民族干部提供数量来源。第三，坚持标准，完善考核。在使用少数民族干部工作中，坚持以考核与民主测评结果为依据，注重素质与实绩，注重公平，树立民族平等、团结思想，克服论资排辈、求全责备偏见，做到成熟者任用，不成熟者不用，不降低任用标准。

（三）抓宣传、创氛围，构建全社会重视关心少数民族干部的新局面

县委把加强舆论导向和社会宣传作为一项重要工作来抓，充分发挥报纸、广播、电视等各种新闻媒体的作用，宣传党的关于培养选拔少数民族干部精神，弘扬民族平等、民族团结和各民族共同繁荣思想；通过举办事迹报告会、座谈会等形式，广泛宣传在改革开放和现代化建设事业中开拓进取、自强不息、奋力拼搏、业绩突出的优秀少数民族干部的先进事迹，表彰在工作中做出突出贡献的优秀少数民族干部。通过舆论导向和典型宣传，为做好培养选拔少数民族干部工作创造了良好的社会条件。

（四）抓教育、重管理，加强对民族干部在重要岗位和“台阶”的锻炼、培养、选拔

针对玉龙县少数民族干部整体素质不均衡、能力有待加强的客观实际，采取多种形式加强少数民族干部的教育培训。加强理论培训，提高年轻干部的政治理论素养。坚持实行干部轮训制度，采取点名调训的方式，加大培训工作力度。2011 年，玉龙县举办中国富强教育精英——清华（教育扶贫）县域人才开发管理研修班等方式，全县各级领导干部接受了理论更新培训。同时，做好选派优秀年轻领导干部外出培训工作，共选送了 36 名领导干部到省委党校、云南农大农村干部学院等院校学习培训。有计划地组织少数民族干部参加各类培训班，鼓励和支持少数民族干部参加各类学历班的学习，同时加大轮岗交流力度，对无农村基层任职经验的机关领导干部交流到乡镇一线任职，抽调年轻优秀少数民族领导干部参与“急、难、险、重”工作，使他们在实践中接受考验，进一步开阔视野，强化组织协调能力。

（五）抓培养、强素质，积极拓宽少数民族干部的挂职锻炼途径

针对玉龙县区县分设后农业人口多、贫困面大、经济基础薄弱，经济社会发展任务较为艰巨的客观实际，县委高度重视对全县各级领导干部的培养锻炼工作，注意提供机会选派少数民族干部到省、市级机关或外省市有关单位挂职锻炼、见习，开阔视野，增长见识，锻炼能力；同时抓好下派锻炼工作，尤其是让年轻同志到基层锻炼，熟悉基层情况，增强组织领导能力和解决实际问题的能力。

（六）抓基础、保源头，建立少数民族后备干部储备库

根据后备干部工作的有关规定，2009 年县委在抓好基础工作调研的基础上，出台了《玉龙县后备干部工作实施办法》，县委组织部下发了《关于做好科级党政领导班子后备干部工作有关事项的通知》，在民主推荐、组织考察的基础上，县委后备干部工作领导小组召开专题会议听取汇报，从程序、条件、结构等方面进行严格把关，确定了 256 人的后备干部名单，其中正科级后备干部 110 名，副科级后备干部 156 名，高质量完成了首批科级领导班子后备干部的推荐考察工作。该名单从民族结构看，有少数民族干部 224 名，占后备干部总数的 84.2%，汉族干部 42 名，仅占后备干部总数的 15.8%。从表 1-1、表 1-2（以石头白族乡为例）、表 1-

3 中所见，从民族结构方面可以看出县委对培养少数民族干部工作的重视和关心，以及各级政府中少数民族干部的合理配比。

表 1-1　2011—2012 年自治县领导班子换届后少数民族干部基本情况

部门	领导班子人数	少数民族干部人数	比例
县党委	11	7	63%
县人大	5	4	80%
县政府	8	7	87%
县政协	10	10	100%

县委组织部门按照《办法》规定的数量要求，结合玉龙县干部队伍建设的实际情况，力求好中选优，根据各单位上报的符合推荐条件的花名册，在全县范围内综合考虑数量、民族、年龄、性别、区域等结构因素，统筹确定各单位推荐名额。

举以玉龙县科级干部的培养为例，可以清楚地看到民族干部培养的真实路径。玉龙县后备干部工作领导小组根据《玉龙县后备干部工作实施办法》文件精神，为切实抓好玉龙县首批科级领导班子后备干部的推荐、考察和建库工作，县委后备干部工作领导小组办公室精心制订工作方案，组建后备干部考察组，并就做好后备干部工作提前下发了有关通知。

此后，对后备干部工作的推荐、考察等各项工作逐一落实，向县委和组织部门通报。根据《办法》精神，成立了由县委副书记任组长，成员由县纪委、组织、人事等部门相关领导组成的中共玉龙县委后备干部工作领导小组，并召开了两次专题会议。在县委后备干部工作领导小组的统一领导下，县委组织部制订了适合于本次工作的实施方案，并下发了《关于做好科级党政领导班子后备干部工作有关事项的通知》，对本次后备干部推荐人选的资格条件、年龄和任职时间的计算、推荐和考察的方式等方面做了具体的要求。

由于推荐、考察后备干部工作时间紧，任务重，涉及面广，县委后备干部工作领导小组根据工作需要，从部分单位抽调 33 名综合素质高、业务能力强的人员，组成 8 个考察组，分赴 85 个部门、乡（镇）进行了推荐考察工作。

后备干部人选的条件的制定。根据上述《办法》精神，县委确定了本次后备干部人选的基本条件：正科级后备干部年龄一般应为 45 周岁以下，以35岁左右干部为主体，35岁以下的要有一定数量，在副科岗位上任职满一年以上（时间计算到2009年9月30日，下同）；副科级后备干部一般应为40周岁以下，以30岁左右干部为主体，30岁以下的要有一定数量，有2年以上工作经历，一般为国家公务员身份。根据专业结构需要，特别突出的专业技术人员可以纳入后备干部人选范围。

表1-2 2011—2012年石头乡领导班子换届前后少数民族干部基本情况

换届前	换届时		
石头乡	领导班子人数	少数民族干部人数	比例
乡党委	10	10	100%
乡人大	1	1	100%
乡政府	3	2	67%
合计	14	13	93%

关于乡镇后备干部人选的确定。在各个考察组推荐、考察的基础上，领导小组召开专题会议听取汇报，从程序、条件、结构等方面进行把关，经领导小组研究，确定正科级后备干部110名，副科级后备干部156名，企业领导班子后备干部4名。从民族结构看，彝族作为玉龙县世居的非主体少数民族，分布于较多乡镇，具有一定人口数量，但在这次后备干部推荐中，没有推荐出彝族干部人选，后备干部结构不尽合理。为贯彻落实省委《关于进一步加强少数民族干部队伍建设的意见》精神，经领导小组研究，从符合条件的彝族干部中选拔了1名列入正科级后备干部中，选拔了2名列入副科级后备干部中。

表1-3 2012年玉龙县民族乡民族干部基本情况

姓名	性别	年龄	民族	籍贯	所在乡	政治面貌	职务	学历
李××	男	37	白族	玉龙	九河	党员	党委书记	本科
景××	男	36	白族	玉龙	石头	党员	乡长	本科
和××	男	44	纳西族	玉龙	石鼓	党员	人大主席	本科
贺××	男	33	纳西族	玉龙	龙蟠	党员	党委副书记	本科
鲍××	男	34	汉族	玉龙	巨甸	党员	纪委书记	本科
杨 ×	男	27	白族	玉龙	九河	党员	武装部长	本科
赵××	男	38	纳西族	玉龙	九河	党员	副乡长	本科

续表

姓名	性别	年龄	民族	籍贯	所在乡	政治面貌	职务	学历
吕××	男	35	白族	玉龙	石头	党员	副乡长	本科
王××	女	25	白族	玉龙	九河	党员	乡团委书记、组织干事	专科
和××	男	44	纳西族	玉龙	石鼓	党员	人大主席	本科
景××	男	36	白族	玉龙	石头	党员	乡长	本科
赵××	男	38	纳西族	玉龙	九河	党员	副乡长	本科
吕××	男	35	白族	玉龙	石头	党员	副乡长	本科
姚××	男	35	白族	玉龙	石头	党员	副乡长	本科
李　×	男	30	纳西族	古城	古城	党员	副乡长	本科

玉龙县科级干部考察推荐选拔工作结束后，正科级后备干部中，从性别结构看，有男性 92 名，女性 18 名，女性占正科级后备干部总数 16%；从年龄结构看，30 岁以下有 9 名，占正科级后备干部总数 8%，30—35 周岁的有 54 名，占正科级后备干部总数 49%，35—40 周岁的有 31 名，占正科级后备干部总数 28%，45 周岁以下的有 16 名，占正科级后备干部总数 14.5%；从民族结构看，有纳西族干部 70 名，占正科级后备干部总数 63.6%，白族干部 18 名，占正科级后备干部总数 16.4%，汉族干部 15 名，占正科级后备干部总数 13.6%，傈僳族干部 4 名，占正科级后备干部总数 3.6%，普米族干部 2 名，占正科级后备干部总数 1.8%，彝族干部 1 名，占正科级后备干部总数 0.9%；从党派结构上看，有非党干部 5 名，占总数的 4.5%。

副科级后备干部中，从性别结构看，有男性 105 名，女性 51 名，女性占副科级后备干部总数 32.7%；从年龄结构看，30 岁以下有 51 名，占副科级后备干部总数 32.7%，30—35 周岁的有 81 名，占副科级后备干部总数 52%，35—40 周岁的有 24 名，占副科级后备干部总数 15.4%；从民族结构看，有纳西族干部 87 名，占副科级后备干部总数 55.7%，白族干部 23 名，占副科级后备干部总数 14.7%，汉族干部 25 名，占副科级后备干部总数 16%，傈僳族干部 7 名，占副科级后备干部总数 4%，普米族干部 6 名，占副科级后备干部总数 4%，藏族干部 5 名，占副科级后备干部总数 3%，布朗族干部 1 名，占副科级后备干部总数 1%，彝族干部 2 名，占副科级后备干部总数 1.3%；从党派结构看，有非党干部 26 名，占

16.7%；从个人身份看，身份为公务员的干部有126名，占副科级后备干部总数的81%，身份为事业的干部有30名，占副科级后备干部总数的19%。企业后备干部中，男性3名，女性1名，汉族3名，白族1名。

从总体结构看，其民族、年龄、性别、区域等方面已达到了《办法》规定的结构上的有关要求，后备干部队伍结构基本合理。后备干部推荐和考察、人选确定工作总体上体现了公开、公正、民主，受到大多数干部的好评。

这次玉龙县组织部门为了培养基层少数民族干部，结合当地实际，在全县范围内开展的科级后备干部推荐考察工作，是科级领导班子建设的重要基础工程，也是少数民族干部队伍建设的一项重要内容，任务重，责任大。科级后备干部人选的产生方式完全参照选拔乡科级领导干部的方式进行。其中在确定考察对象阶段，会议投票推荐和个别谈话推荐结束后，考察组向考察单位党委（党组）主要负责同志通报民主推荐得票情况并提出建议人选，由考察单位党委（党组）集体研究后，提出后备干部考察对象建议人选名单，以书面文件形式报县委后备干部工作领导小组办公室。在此基础上，经县委后备干部工作领导小组研究后确定考察对象，并在参加推荐人员的范围内进行公示，采取民主测评、民意调查、个别谈话、实绩分析等方法，对考察对象的德、能、勤、绩、廉等各方面的表现进行全面考察，效果良好。科级后备干部推荐考察工作的最终结果受到了全县广大干部职工的关注和好评。

三　少数民族干部培养中存在的问题

（一）少数民族干部培养中存在的问题及原因

受少数民族所处的地域、环境、经济社会发展状况等因素影响，部分少数民族干部在工作中创新意识、服务意识、学习意识不强，有的思想观念相对陈旧，少数民族干部自身素质与新时期、新阶段的要求有一定差距。受地方师资力量、培训设施等条件和财力制约，对少数民族干部的培训方法和交流层次少，形式单一，培训经费投入相对不足，影响了对少数民族干部的培训力度。

近年来，县委、县政府加强了对辖区内非主体少数民族干部的培养选拔力度，但受历史和现实的诸多因素制约，个别特少民族干部数量偏少，与该民族人口的数量不协调。如玉龙县傈僳族人口为2.6万，占人口总数的12%，但是傈僳族科级领导干部只有17人，仅占3%，干部职数与该民族人口比例相比偏少。

少数民族干部来源渠道狭窄，不利于民族干部的健康成长。当前，我国的教育资源在城乡之间、地区之间或民族之间出现严重的失衡，而现行的公务员考录制度已取消了报考人员的户籍制度，全省各地大学毕业生都可以报考玉龙县岗位，对少数民族考生造成了重大的冲击，可以说在不平等的教育资源状态下实行统一的考录公务员的门槛制度，制度失衡给少数民族大学毕业生的就业造成较大的冲击。虽然，在招录公务员中，采取了一定数量的少数民族特设岗位，对培养少数民族干部起到一定效果，但是少数民族大学毕业生招考录为公务员的人数仍然有限。长此以往，少数民族干部的比例将逐年减少，不利于民族团结和社会稳定。

现行公务员考录制度不利于民族地区经济社会发展。由于公务员考录中户籍制度的取消，一大批外地籍的大学毕业生考录为玉龙县各级机关工作人员，但现实中，此类外地籍干部存在语言不通，不了解民风民俗，解决民族事务能力弱等客观现象，很多外地籍干部在下乡等实际工作中不仅不能发挥什么作用，还成为其他同行干部的包袱，也不受广大少数民族群众的认可和欢迎，影响各单位工作的正常开展。

现行政策不能让基层干部安心基层。新施行的《公务员法》明确规定乡镇一级不得设主任科员、副主任科员非领导职务，就意味着安心于基层一线的老干部只能在科员岗位上退休，广大基层干部参加工作的科员到退休之日仍是科员，其政治、经济待遇方面未体现激励基层的机制，挫伤了广大基层干部的积极性，现行干部政策与中央提出的“要树立重视基层的导向”不相符，干部政策失信于基层，致使基层干部千军万马过独木桥，千方百计纷纷往县城挤，不利于干部安心基层开展工作，也增加了组织人事部门自身的压力。建议中央出台倾斜于提高基层干部待遇的有关政策，还公信于广大基层干部。

（二）培养少数民族干部的建议和对策

1. 培养少数民族干部首先要从教育入手。高等院校对少数民族考生予以一定的照顾和优惠；对少数民族在校学生给予一定的生活补助，帮助他们完成学业。实现从根本上提高少数民族素质；可以采取定向招生等方式培养少数民族干部。

2. 建议中央或省级公务员管理机关以后制定有关考录的具体政策时，

一定要从民族稳定、民族团结和民族地区经济社会发展需要的大局出发，改变现行的闭门造车、不结合民族地区实际出台的政策工作形式。考录公务员的政策和有关的具体制度要结合民族地区实际情况，特别是民族自治地方，新招录的名额在民族结构方面不能低于该民族在全县总人口中所在的比例。

3. 加大对人才资源开发的投入。建议中央对西部地区予以特殊的政策措施，增加人才资源开发的经费投入。对服务基层农村的干部队伍在工资福利方面给予适当的倾斜，解决后顾之忧。

4. 努力营造人才辈出、人尽其才的环境。根据经济社会发展的新形势和新任务，不断完善政策，把市场配置与组织调配有机结合起来，坚持用事业留人、用感情留人、用适当待遇留人。加大舆论宣传力度，为优秀人才的脱颖而出，创造良好的社会氛围。

第三节　民族专项资金与民族团结示范建设

民族专项资金是云南省委、省政府实施差别化政策，为加快少数民族地区和民族地区经济社会发展、促进民族团结宗教和顺而设立的专项资金。主要用于加快民族地区发展、繁荣民族文化、振兴民族教育、提高民族素质、加强宗教事务管理、维护团结稳定。资金按照贫困因素法和政策因素法测算下达，重点向贫困民族地区、贫困边疆地区倾斜。紧紧围绕党中央、国务院，云南省委、省政府全面打赢脱贫攻坚战的总体部署，重点实施民族团结进步示范创建、人口较少民族和边境沿线边民保险、民族文化抢救与精品工程、宗教场所修缮等，切实加快贫困少数民族和民族地区精准脱贫，促进民族团结进步、宗教和顺、边疆巩固边境安全。民族专项资金结合全面建成小康社会的思路，突出民族、农村和贫困地区这三个重点，补短板、兜底线、促跨越，组织和带领各族人民群众共同参与建设、共享建设成果，动员全社会关心、支持、参与示范区建设，形成示范引领、重点突破、整体推进、示范全国的建设格局，确保2020年与全国同步进入全面建成小康社会、促进民族团结示范区建设。

一　民族专项资金实施现状与扶持人口较少民族发展工作

用好用活民族专项资金，争取各族群众更多的信任和支持。民族专项资金虽然不多，但这些都是党和政府的感情钱、政策钱和连心钱，是党和政府联系各族群众的重要途径。对下达的项目资金做到专款专用，严格按上级民委规定和要求组织实施。

（一）创建民族团结示范点、人口较少民族示范村

2006 年来民族专项资金实施情况。“十一五”期间，玉龙县民族宗教局共实施中央和省、市民族专项资金项目 132 个，下拨资金 1183.2 万元。其中，扶持人口较少民族 455 万元，创建民族团结示范点 100 万元，开展民族特色村寨保护与发展项目 100 万元，边远山区少数民族扶持发展项目 287 万元；帮助人马驿道维修 10.2 万元，协调民族关系、开展民族团结和民族政策教育 28 万元；扶持民族教育 12 万元；宗教方面工作 11 万元；民委自身建设 32 万元。

创建民族团结示范点，打牢建设小康社会基础，创建团结文明村寨，为全县开展民族团结起到典型、示范作用。在县委、县政府的正确领导、市民宗局的具体指导下，紧紧围绕“民族关系好、社会治安好、经济发展好、村容村貌好、教育科普好、领导班子好”的创建目标，积极探索做好新形势下民族工作的新思路、新措施，切实做好玉龙县“民族团结示范点”创建工作，在省市民族工作部门的支持下，2006 年以来，玉龙县民宗局从继黄山镇长水村委会上长村小组开展创建民族团结示范村后，结合玉龙县实际和扶持人口较少民族发展工作的机遇，在石鼓镇仁和村打子沟、阴坡、石支上组、石支下组，九河乡金普村拉普组、宝山乡住古村住古二组开展创建民族团结示范村，同时也是扶持人口较少民族发展工作示范村。

从 2006 年起，玉龙县在石鼓镇仁和村开展实施人口较少民族扶持发展、整村推进项目，并于 2007 年在仁和村的打子沟和阴坡村小组中创建民族团结示范村。示范村建设中新建了 38 户安居房，进行盖实瓦、墙体刷白，实现家家有一栋完整的住房，改善农户住房条件，改善村容村貌。村道建设完成 1625 平方米水泥路，实现 38 户家家户户通水泥路；群众增收项目方面，发展种植核桃 38 亩、秦艽 26 亩、冬桃 19 亩、嫁接核桃 740 株，并且开展种、养殖业等实用技术培训。

仁和村建设规划以种植业、养殖业和农田改造等群众增收为主要目的，结合交通、通信、能源和其他科教文卫等各项基础设施的建设为辅，促进全村各项事业的健康、协调发展，到 2008 年，群众的整体素质将得

到较大的提高，思想观念得到进一步解放，人民的生产生活条件将得到较大改善，全村的村容村貌得到较大的改观。

通过集中扶持，实现了示范村农户人均经济收入和人均有粮逐年上升；产业结构调整成效明显，后续发展产业培育工作增强；教学设施和教学环境进一步得到改善，实现九年义务制教育，基本扫除青壮年文盲；科技对农业的贡献率得到有效的提高；贫困人口控制在5%以下，返贫率控制在0.4%以下；畜牧业产值逐年递增，成为农民增收的重要途径。生态环境明显改善，森林覆盖率达到65%以上，实现经济和社会效益双丰收，通过创建达到“六个好”的目标。

石鼓镇石支上组、下组民族团结示范村项目。结合扶持人口较少民族发展工作，在石支上组、下组开展创建民族团结示范点工作。石支上组、石支下组于2009年、2010年分别开展创建“民族团结示范村”，建设完成村道水泥路石支上组为2952平方米，石支下组为7800平方米、弹石路140米，建立一座示范村标志碑，两个村的农户基本上有了入户硬板路，并且在两个村的中心点建设一个文化活动场所，建好一所文化活动室、一块水泥篮球场，学校、卫生室的设施基本完备，两村群众可以在文化活动场所开展文化体育活动，常见疾病能就地诊治，适龄儿童能就地入学，村基层群团组织健全和完善。

九河乡金普村拉普组创建民族团结示范村，也是扶持人口较少民族示范村。拉普组是金普村的行政村所在地，2009—2010年，在金普村结合民族工作特点，开展创建民族团结示范点。拉普组共有76户农户，在基础设施建设中群众积极参与建设，投入劳力3000多个，2009年拉普组建设完成了新开挖串户路900米（宽3米），铺设弹石路1925米（宽3米），修建毛石混凝土拦土墙350立方米、桥涵10洞及排水设施等，建立民族团结示范村标志碑一座。2010年建设完成了7100平方米的道路硬化。通过扶持和建设，拉普组户户门前修通了弹石路或水泥路，家家户户门前有了卫生路，在晴天、雨天都可以出行和运输，方便了贫困山区群众的交通运输和出行，全村村容村貌得到很大的改变，交通畅通了，改变了过去人背马驮的状况，彻底解决了普米族群众出行难的问题。

在宝山乡住古村住古二组，2010年开展创建民族团结示范村。在开展实施扶持人口较少民族示范项目中，除国家扶持外，全村群众积极投工投劳参与建设。目前扶持的建设项目有弹石路、沙石路、水泥路、新开挖村组公路、道路硬化、沼气池、卫生厕所、人畜饮水工程、三面光沟渠、节柴灶、安居工程、刷白工程、集贸市场等建设和科技培训以及扶持产业发展等工作。住古二组扶持人口较少民族发展工作，在各级各部门的支持帮助下，住古二组已实现弹石路贯通，村道水泥路建设完善，全村户户院内打水泥地平和房屋刷白；户户有卫生厕所，家家用上自来水，修建生产用三面光沟渠；帮助住房困难户实施安居工程；卫生室、文化室、学校等基础设施，并在行政村门口开设一集贸市场。

2010 年的扶持人口较少民族发展工作项目中，组织实施村道水泥路 5750 平方米，总长 2300 米，并铺设了 390 米砂石路，使全村组组公路畅通，普米族群众方便出行和交通运输方便快捷，极大地改善了群众生产生活条件。政府还将继续支持帮助普米族群众搞好产业发展，拓宽经济增收渠道，实现经济收入逐年增加。通过创建民族团结示范村，扶持人口较少民族发展示范村，认真宣传新时期新阶段党的民族政策、法律法规，增强村民“三个离不开”“四个维护”的意识，认真制定村规民约，示范村创建的工作制度，抓好基层组织建设，建立民族团结示范村的长效机制。通过开展创建民族团结示范村活动，使示范村达到民族团结、宗教和谐、社会稳定、农民经济收入逐年增长、人民安居乐业的新面貌，对辐射、带动周边村寨，努力促进各民族的团结，使民族团结示范点成为各民族共同团结奋斗、共同繁荣发展的示范村寨，为全县建设生产发展、生活富裕、乡风文明、村容整洁、管理民主的社会主义新农村起到了积极的推动作用。

（二）认真开展扶持人口较少民族发展工作

开展扶持人口较少民族发展工作的典型案例——九河乡金普村。金普村委会是九河白族乡所辖的 10 个村委会中两个高寒山区村委会之一，全村辖区面积为 56 平方千米，占全乡辖区面积的 15%，村民全部居于高山峡谷中，全村最高海拔 2700 米，平均海拔 2600 米，是典型的高寒山区。2005 年以来，玉龙县按照云南省实施较少民族发展规划的要求，在九河乡金普村率先开展人口较少民族扶持发展工作。金普村委会是九河白族乡所辖的两个高寒山区村委会之一，从国道 214 线到金普村之间 10.8 千米的路，在没有修弹石路之前，遇到雨季，老百姓要到乡政府一趟有时需要一天时间，2008 年人口较少民族发展项目扶持 192 万元修建这条公路为弹石路，现在坐车只需 30 分钟左右，当地百姓都把这条路称作“金普高速路”，金普百姓也因这条路而走向脱贫致富之路。

贫困山区发展必须实现基础设施先行。“十一五”期间，各级各部门为金普村扶持农田、水利、教育、村道、输电线路等基础设施建设和种植、养殖业等产业发展项目建设，通过各级各部门集中力量，开展扶持人口较少民族经济社会发展，使金普村在社会经济、产业发展各方面都取得了良好的成效，累计扶持资金为756万元，使金普村从国道214线到行政村建成弹石路，至拉普村建设成水泥路，全村各组实现组组公路通达。并且实现全村通电、通广播电视、通电话，有村卫生室和安全饮用水、有安居房、有新建的村文化活动室，有能够解决温饱问题的基本农田，全村教育基本实现“两基”目标。

有关部门在金普村扶贫过程中积极争取资金、项目，逐年加大安排投入力度，切实解决与群众生产、生活息息相关的交通基础设施建设，着力巩固和提高以农田、水利、公路连为一体的农村基础设施建设。水利设施建设方面，全村已修建水泥蓄水池，新建了多条水泥三面沟，架设了引水管道，充分利用了现有水源，改善了水利设施，促进了农业生产的稳步发展。减免了学生的学杂费，还发放了种粮补贴、养猪补贴，全村都实现了瓦房化，实现了住房条件的历史性跨越。部分特困户按国家农村低保政策享受低保，实现脱贫，有力改善了金普村群众生产生活条件，为金普村脱贫致富增添了后劲。

各级政府在扶持金普村的过程中，始终强调资金集中投放，力求使建设资金出效益。在扶贫中按照玉龙县“山脚烤烟、山腰林果、山尖药材”的产业发展布局，同时结合金普村的实际，强化种植业扶持力度。由于金普村的耕地大多数都是山区偏坡地，不作阶段性的施肥深翻，土地会变成低产田，所以结合实施土地整理项目，改良农田，为促进农产品增长稳产高产奠定基础。

以产业为驱动力推动脱贫致富。坚持项目选择与产业结构调整相结合。按照不断提高金普村农业产业化进程、提高农民自我发展能力和农民经济收入的要求，结合农户实际把发展脱毒马铃薯、秦艽、白芸豆、山嵛菜①、花椒、核桃和木瓜以及畜种改良作为贫困群众的增收项目，重点进行规划和扶持发展。

2009—2010年扶持金普村发展种植白芸豆200多亩，发展种植脱毒

---

① 又称芥末，或芥子末。日语发音“わさび”（wa sa bi），芥辣粉，是芥菜的成熟种子碾磨成的一种粉状调料。

马铃薯200多亩，发展养殖户72户，扶持种猪4头、生产猪68头；发展特色产业，扶持种植山嵛菜重点户1户，种植山嵛菜200亩；推广种植秋油菜150亩。还根据金普村的实际，组织开展科技培训工作，乡村干部带领村民小组长到鲁甸乡、维西县等地参观学习种植药材、经济作物经验，让普米族群众亲临种植农场，看到种植药材和经济林果木的规模和学习先进管理经验，提高少数民族群众的综合素质。如今，整个金普村已有近50户购买了车子。脱贫致富后，村民们更多注重的就是子女的教育。

教育是各民族发展进步的关键。在金普村实施人口较少民族扶持发展工作中完成了金普完小教师和学生宿舍楼改造工程，学校围墙、洗澡室、大门、院内花坛新建工程，校园地面硬化工程，水泥篮球场，购置了50套学生钢床及床板。建设完成文化活动室、篮球场，购置图书5000多册。在“两基”迎国检中，投入资金2万余元，完善了金普完小学校的图书、文体器材、基础设施建设等。金普完小基础设施得到了一定的改善，教育教学条件有了明显的改观。通过实施人口较少民族扶持发展项目，有力地促进金普村农业和农村的经济发展，不仅当地农户的生产生活和教育基调条件得以明显改善，而且还带动和辐射九河白族乡的养殖业、种植业的发展，增加农户经济收入，解决了金普村农户的温饱问题，逐步消除普米族聚居村寨农业基础设施薄弱、产业发展滞后和农民增收渠道单一的状况，提高了金普村普米族群众的生活水平，努力实现普米族地区的社会经济的持续快速地健康发展。

仁和村扶持人口较少民族发展工作。2006年，启动实施石鼓镇仁和村扶持发展工作项目，仁和村位于玉龙县石鼓镇西南部，距县城65千米。全村有核桃坪、拉马落、拉卡业、阴坡、阳坡、石支上、石支下、打子沟8个村民小组，农户276户，总人口1158人，其中普米族有395人，由于特殊的地理和自然环境，该村经济社会的发展还相对滞后，是一个典型的集高寒、贫困山区为一体的少数民族聚居村。

重视交通建设，改善群众出行条件。2005年以来，在上级民委的大力支持下，通过仁和村广大普米族群众的努力，全村在村道建设、人畜饮水设施建设、安居房、水利设施和文化活动点的建设方面做出了显著的成效，在种植业、养殖业等产业方面也得到了较好的发展。在“十一五”期间，各级各部门对仁和村的各项建设资金投入累计达到1000多万元，群众投工投劳参与建设25000多个工日。因此，如今的仁和村，人们走进普米族聚居村寨，感受最大的变化就是交通，拉马落、核桃坪、打子沟、阴坡、石支上、石支下组实现弹石路通达，并且建设完成阴坡、打子沟、拉卡尼、石支上、石支下、拉马落组的入户硬板路，普米族群众的出行非常方便快捷、安全和卫生，彻底告别了过去下雨泥泞、晴天扬灰的土路，使普米族聚居村寨逐步改善生产生活条件，拉近了与周边其他民族村寨间的发展差距。

自开展扶持人口较少民族工作以来，民族工作部门牵头，投入资金165万元，实现全村道路硬化16112平方米，建设完成石支下组7800平方米、石支上组2952平方米、打子沟组1500平方米的村道水泥路；同时，建设完成阳坡组村道水泥路1500平方米、拉卡尼组6600平方米、拉马落组1000平方米。新开挖拉马落组长500米的通村公路。到目前为止，除了核桃坪，全村农户基本上有了入户硬板路。

建设高产稳产农田，解决农业生产发展的基础条件。农田改造，建设完成人均0.5亩坡改梯，年亩产400公斤以上的基本农田505亩。投入资金17万元，为农户扩大发展白芸豆、核桃等经济作物和经济林果业，促进农户可持续发展和增加农民经济收入打下了良好的基础。通过开展扶持人口较少民族发展工作，仁和村从2005年农民人均纯收入660元提高到2010年的1540元，人均有粮从2005年的270公斤增加到2010年的480公斤。

图1-1　经济林木种植与道路硬化现场

搞好水利建设，合理利用现有水资源，为生产发展创造先决条件。投入资金15万元，建设完成核桃坪组三面光200米、引水池5个及引水塑料管5000米埋设工程；完成拉马落组引水塑料管7500米的埋设工程；实施完成石支下组引水塑料管1000米埋设工程，并在拉卡尼组实施12万元的引水设施，引水管道长达 10 千米。项目的实施将切实解决拉卡尼组的缺水问题。仁和村水利建设项目的实施，切实解决了农户日常饮用水问题和制约农业经济发展的缺水问题，提高农业灌溉效率和灌溉面积，促进农村农业的发展。同时，全村人畜饮水困难状况得到较大的改善，农户安全饮用水比例达到 90%以上。

积极开展扶贫整村推进的基础设施建设项目。实施以基础设施为主的农村经济发展项目，进行人畜饮水设施和节能灶建设项目，国家投入 55 万元，群众投工投劳 15 万元，改善村容村貌和改善农业基础设施，拓宽群众增收渠道，开展科技培训工作，提高群众生产技能，切实保护生态环境。实施通电工程、安居房及文化卫生和教育发展建设项目，切实改善山区群众生产生活条件，提高少数民族群众生活水平。实施农村电网改造工程，国家投入资金 83 万元，群众自筹及投工投劳 40 万元，普米族群众聚居村寨实现户户通电，在 2006 年完成农村电网改造，农户通电率达到 99%，实现村村通电，将过去的木电杆换成了水泥电杆，保障了山区农户用电正常，并且电价实行城乡同网同价。

认真实施安居房建设。帮助困难农户建好传统民居建筑的修缮，改善农户居住条件。通过实施安居房项目，改造危房，消灭了茅草房，使项目区群众茅草房或危房比例控制在 5%以下。“十一五”期间，全村实施农户 50 所房屋建设，投入 7 万元，完成墙体粉刷，粉刷阴坡、打子沟组 38 户的 40 多所房屋。该项目的实施完成改善了群众的住房条件，对该组经济的发展，改善生产生活条件和村容村貌，人民安居乐业，创建团结文明村寨起到重要的促进作用。

文化教育及卫生设施得到加强。目前村内有仁和、石支两个卫生室。其中仁和村卫生室已修葺一新，并配备了必要的医疗设备，有合格的乡村卫生员，全村群众基本参加了农村医疗保险，村内群众能够就地诊治常见疾病，医疗卫生得到有效保障；有两个完小，学校教学设施完善，村内适龄儿童可以就近入学，有良好的教育教学环境条件，实现普及九年义务教育。文化活动方面，通过扶持，全村已经有文化活动点两处，文化活动房屋 3 所，水泥篮球场两块，图书 5000 多册，平时能够开展一些传统文化体育活动，促进传承普米族传统文化活动的开展，满足普米族群众的文化活动需求。

积极扶持普米族农户发展经济作物的种植和经济林果业的发展，拓宽经济增收渠道，为促进普米族聚居村寨群众的经济增收和可持续发展打下坚实基础。在民族工作部门的扶持下，投入资金22.44万元，全村发展种植冬桃84亩、白芸豆520亩，种植和嫁接核桃22770株，建设完成种植蔬菜等作物的塑料大棚12个。政府有关部门引进优良畜牧品种，改良传统畜牧品种，积极引导全村群众科学化、规模化发展畜牧业，提高科技养殖水平，增加群众经济收入。投入资金49.52万元，投放优良品种猪种223头；发展基础羊1086只，投放养殖种山羊26只，投放种绵羊4只；种黄牛15头；建设完成10个鱼塘进行养鱼。

图1-2　乡村干部投放种猪与种山羊现场

开展科技培训，提高劳动者素质。结合扶持人口较少民族发展工作项目的实施，组织相关农口部门，开展农业科技培训，努力提高群众素质。投入资金5万元，完成冬桃种植、苹果修剪和白芸豆种植科技培训3期，106人/期，参训人数达到318人；完成畜牧业养牛、养猪和养羊科技培训3期，106人/期，参训人数达到318人。通过培训，使项目区少数民族群众掌握了一些科学种植和养殖管理技术，提高了种植和养殖业的经济效益，农户运用科学方法的意识不断增强，对今后普及和推广应用科技种植和科学管理将起到良好的促进作用。

住古村扶持人口较少民族发展工作根据扶持人口较少民族发展规划，玉龙县采取积极措施，充分调动广大人民群众的积极性，实行政策拉动、国家扶持、群众苦干的办法，加快住古村新农村建设的进程，使住古村按照规划达到了建设目标。

2006年以来，住古村扶持人口较少民族发展项目建设通过各级各部门的集中扶持，建设项目有弹石路、砂石路、水泥路、新开挖村组公路、道路硬化、沼气池、卫生厕所、人畜饮水工程、三面光沟渠、节柴灶、安居工程、刷白工程、集贸市场等建设和科技培训以及扶持产业发展等工作。2004—2009年，累计扶持资金620.25万元，建设完成了弹石路24千米、村道8千米，帮助100个农户院内打水泥地和房屋刷白；建设人畜饮水用管道24800米及小水池47个，修建生产用三面光沟渠1340米；帮助住古村一至四组的农户修建100个卫生厕所；实施10户住房困难户的安居工程；修建17口三结合沼气池；修缮住古村卫生室、文化室、住古完小等基础设施，建设集贸市场、扶持、发展种植经济作物、道路硬化；开展科技培训三期500多人/次。

2010年的扶持人口较少民族发展工作项目中，组织实施村道水泥路5750平方米，总2300米，并铺设了砂石路，使全村组组公路畅通，普米族群众方便出行和交通运输方便快捷，极大地改善了群众生产生活条件。通过实施整村推进，国家扶持，群众积极参与建设和努力，有力促进住古村新农村建设，2010年全村基本实现“四通五有三达到”的建设目标。通过开展扶持人口较少民族发展工作，实施整村推进项目，开展创建民族团结示范点活动，通过政策引导、部门扶持、群众苦干，使扶持人口较少民族发展工作项目的各项建设取得了显著的成效。通过国家扶持、群众苦干，建设水泥路卫生村道，建设安居房，使普米族聚居的村容村貌得到较大改善，群众增收产业得到逐步发展，生产生活水平得到提高，做到民族关系协调融洽，邻里关系和睦相处，遵纪守法，无非法宗教活动，互相尊重各民族的习俗和宗教信仰，使人口较少民族扶持发展村逐步建成生态村、和谐村、文明村，逐步实现生产发展、生活逐年提高、村风文明、村容整洁和管理民主的社会主义新农村。

二　扶持人口较少民族发展工作与民族团结示范建设

通过实施民族专项资金项目，开展少数民族经济社会发展和民族团结进步教育，贯彻落实党的民族政策，维护社会稳定，为构建和谐玉龙作出积极的努力。2005年以来，上级民委非常关心支持民族自治地方经济社会发展和民族团结进步事业，帮助解决少数民族群众在生产生活中存在的特殊困难和问题，支持民族团结教育和民族政策在广大人民群众中的宣传教育，促进全县经济社会发展、构建和谐社会，扶持少数民族发展资金达1060万元。其中扶持人口较少民族发展工作、创建民族团结示范村、帮助边远贫困少数民族群众基础设施建设和产业发展、维修人马驿道、协调民族关系和民族团结教育、扶持民族教育、抢救保护传统民族文化、开展宗教工作以及民族工作部门的自身建设等，累计扶持134个项目，扶持资金共1183.2万元。

图1-3　省民委干部进村视察民族专项资金与民族团结示范建设项目落实情况

玉龙县石鼓镇仁和村扶持人口较少民族发展案例。仁和村全村的国土总面积为88.2平方千米，由于地处高寒山区，草地和林地面积较大，其中林业用地4.5万亩，草地2.1万亩，天然林1.9万亩，境内虽然林地、土地、水资源丰富，但呈分散的小区块状分布格局，实际利用率低，而现有的农业耕地类型主要以旱地高寒冷凉的坡耕地为主，实际面积有1569亩，全村总人口却达1158人，人均耕地面积十分有限，适应当地的农作物只有玉米、小麦、土豆，适合种植的经济作物也十分有限，仅有芸豆、秋油菜，加上交通、气候条件的制约，扶贫难度极大，仁和村注定成为玉龙县境内经济社会发展明显落后于全县其他少数民族聚居村，成为典型的集高寒、贫困山区为一体的少数民族聚居村，其中又以全国人口较少民族普米族居多的村寨。

为了当地各民族群众及时脱贫奔小康，玉龙县把仁和村作为扶持人口较少民族发展工作重点和民族团结示范建设、扶贫攻坚的重点，集中政策、资金、项目优势，根据省民委关于扶持全省七个人口较少民族发展政策和扶持计划，2005年就围绕“打基础、调结构、兴科教、强素质”的建设任务，以“四通五有三达到”为建设目标，在“十一五”期间，省市县各级各部门齐发力，注入大量资金，同时调动仁和村群众的积极性，鼓励各族群众为改变家乡落后面貌，投工投劳参与全村的经济社会建设，实现了全村农民人均收入持续增加，粮食连年增产，村寨的交通、饮水、文化设施等基础设施建设得到全方位的优化，终于在2010年，达到省市县的建设目标，并通过省市县的检查验收。仁和村作为高寒山区、全国人口较少民族聚居村、经济发展相对滞后的脱贫攻坚对象，各级政府和基层百姓心心相印，持续发合力，结合当地实际，既实现了脱贫奔小康，又落实了国家扶持人口较少民族的政策，最终成为民族团结示范建设的典型，其发展进程中的实践经验值得我们总结分析。

山区群众要发展，基础设施要先行。2005 年以来，在上级民委的大力支持下，通过仁和村广大普米族群众的努力，全村在村道建设、人畜饮水设施建设安居房、水利设施和文化活动点的建设方面取得了显著的成效，扶持交通建设，改善群众出行条件。交通、发改等部门投入资金 496 万元，建成弹石路 40 多千米，使仁和村两主干道得以建设，保障了两个行政村的交通条件，全村主要通道得以畅通。拉马落、核桃坪、打子沟、阴坡、石支上、石支下组等村民小组已实现弹石路通达，并且建设完成阴坡、打子沟、拉卡尼、石支上、石支下、拉马落组的入户水泥路。自开展扶持人口较少民族工作以来，以民族工作部门牵头，投入资金 165 万元，实现全村道路硬化 16112 平方米，并结合开展扶持人口较少民族发展工作，阴坡组、打子沟组、石支上组、石支下组于 2007 年、2009 年和 2010 年分别开展创建“民族团结示范村”，建设完成石支下组 2560 平方米、石支上组 2952 平方米、打子沟组 1500 平方米的村道水泥路；同时，建设完成阳坡组村道水泥路 1500 平方米、拉卡尼组 6600 平方米、拉马落组 1000 平方米。新开挖拉马落组长 500 米的通村公路。到目前为止，除了核桃坪，全村农户基本上有了入户水泥路。交通建设项目的实施，彻底解决了普米族聚居区“晴天一身灰、雨天一身泥”的群众出行难状况，切实改善了村容村貌，居住环境卫生，解决了制约经济发展的瓶颈问题，有力地促进了商品交流，为建设新农村打下坚实的基础。

立足当地实际推进少数民族和民族地区脱贫攻坚。玉龙县人口较少民族聚居区是丽江市脱贫攻坚的主战场之一，堪称重中之重，脱贫任务重、难度大。玉龙县委、县政府贯彻落实云南省民宗委要求的人口较少民族聚居区贫困人口精准脱贫，按照“因地制宜、突出重点，试点先行、示范带动”要求，因地制宜，创新形成了“一个民族、一个行动计划、一个部门帮扶”的扶贫开发模式。

充分利用保险的保障作用，为玉龙县境内人口较少民族聚居区的贫困人口受保群众提供人身意外伤害保障，对助力脱贫攻坚、缓解各族群众因灾因病致贫返贫，有效缓解受灾群众的生命财产损失，对社会团结稳定均起到了积极的作用。

玉龙县发改委、民宗局积极筹措资金，加大了对普米族、傈僳族等民族中的特殊困难群体的扶持力度，扩大特困民族和散居民族地区发展试点范围，启动实施玉龙特色村寨保护与发展试点工作。全面构建民族特色鲜明、城乡和谐共融、差距逐步缩小、可持续发展的乡镇发展新格局，狠抓了一批对加快民族地区发展具有重大带动作用的交通、水利、通讯、环保、教育、卫生等基础设施项目，使项目村寨告别了土路，告别了阻碍他们进步的陈旧观念、落后习俗和封闭的环境，逐步改变了当地群众出行难、饮水难、用电难等落后状况。2012 年，玉龙县所有乡镇和建制村都已全部实现通硬化路、通邮，乡镇全部实现通客车，全部有合格村级活动场所和合格卫生室和村医（含乡镇卫生院和县医院医疗覆盖），自然村全部通电、通电话、有安全饮用水。制约人口较少民族聚居区贫困群众发展的制约因素被破除，进一步增强了少数民族群众建设美好家园的信心和决心。

加强建筑风貌规划、建设和管理，增强中华优秀传统文化中经典建筑符号的运用，加大民族地区历史文化名城（镇、村、街）、传统村落等保护力度，支持特色小镇、少数民族特色村镇等建设。青年脱贫生力军为核心，以“两后生”、农村剩余劳动力、城乡困难就业群体为重点，开展现代生产技术、生活实用技能、沟通交往、普通话等方面的培训，有效提升青年的素质。

积极开展少数民族特色村镇建设。民族村镇是玉龙县少数民族优秀文化传承发展的最有效的载体，通过实施少数民族特色村镇建设，促进玉龙县境内少数民族优秀传统文化的保护与传承。玉龙县民宗局、文化局等部门做到先规划、后建设，并把少数民族特色村镇建设与美丽乡村、传统村落保护、特色旅游有机结合，做到统筹协调、整合资源、合力推进。充分发挥乡镇政府在民族特色村镇建设中的引导作用，把民族特色村镇保护与发展纳入乡镇经济社会发展总体规划，县政府对少数民族特色村寨给予一定资金支持，整合各方资源，广泛动员企业和社会力量参与民族特色村镇的保护与发展。

注重保护传承，融合发展，突出扶贫、改善民生。要坚持开放型、创新型和高端化、信息化、绿色化的产业方向，巩固提升民族地区传统支柱产业和特色优势产业，扶持民族贸易和民族特需商品生产；加大新一代信息技术等战略性新兴产业培育发展，加强民族地区产业园区建设，优化民族地区农业生产结构和区域布局，促进生态资源转化为生态经济。通过各级各部门和沿边各族群众的共同努力，沿边村寨面貌焕然一新，发展差距逐步缩小，群众生产生活条件大幅改善，发展基础进一步夯实，各族群众获得感、幸福感、安全感明显增强。

项目扶持促发展，落实政策见成效。开展扶持人口较少民族发展工作，实施整村推进项目，开展创建民族团结示范点活动，通过政策引导，部门扶持，群众苦干，使民族团结示范点的各项建设取得了显著的成效。经济林木种植方面实施种植核桃、冬桃等经济林果木，种植经济作物白芸豆，以及建大棚蔬菜和科学养猪、牛、羊、鱼等促进群众增收的产业发展项目，使示范点群众拓宽了经济门路，增加了增收途径；在基层政治建设方面，广泛开展民族团结宣传教育活动，建立和完善基层党组织、妇女及团组织，充分发挥基层群团组织的先锋和模范作用，积极投工投劳带头参与示范点各项建设，教育科普措施得到落实，使全村群众做到邻里和谐相处，改善了村风村貌，各民族群众做到了团结友好，无黄、赌、毒，无打架斗殴等现象。国家扶持、群众苦干相结合，建设水泥路卫生村道，建设安居房，使示范村村容整洁、卫生、方便畅通。通过开展创建民族团结示范点活动，使全村村容村貌得到较大改善，群众增收产业得到逐步发展，生产生活水平得到提高，做到民族关系协调融洽，邻里关系和睦相处，遵纪守法，无非法宗教活动，互相尊重各民族的习俗和宗教信仰，使示范村逐步建成生态村、和谐村、文明村，逐步实现生产发展、生活逐年提高、村风文明、村容整洁和管理民主的社会主义新农村。

仁和村扶持人口较少民族发展工作在中央、省、市各级党委、政府及其省市各级领导的关心和支持下，坚持以实事求是的作风为指导，开拓创新，扎实工作，严格按照各项扶持发展目标的要求，广大干部群众发扬自力更生、艰苦奋斗的精神，不断巩固扶持成果，正视困难和问题，总结经验、扎实工作，有信心、有决心把人口较少民族发展项目做实做好，同时，也希望得到上级部门一如既往的关心、支持，继续加大对人口较少民族扶持发展的支持力度，加强对人口较少民族发展项目工作的指导和监督，推动少数民族聚居区的经济社会各项事业的全面发展。

“十一五”期间，玉龙县在民族工作和实施民族专项资金项目中做到了完成省委、省政府以及市委、市政府等上级民族工作部门安排部署的任务；履行民族工作部门职能的项目；其他部门资金和政府大项目难以覆盖、少数民族群众急需帮助解决的项目；民族工作部门应该办、并且能够办的项目。在民族专项资金项目的跟踪问效管理上，民族专项资金项目完成实施后，县审计局对“十一五”期间的民族专项资金进行专项审查，通过对全县少数民族专项资金的专项检查和审计，没有发现违反规定改变少数民族发展资金的使用范围和投向，没有中途滞留少数民族专项资金，没有截留、挤占挪用、贪污和骗取少数民族发展资金的行为。县民族工作部门通过加强对民族专项资金的管理，制定专门的管理办法，完善组织检查和实地验收方法，有效地防止了改变项目资金用途，防止骗取国家财政扶贫资金，使项目资金能够用在边远、贫困和少数民族聚居区，确保项目资金真正体现为党和政府对边远、贫困少数民族的政策钱、感情钱、连心钱，有效发挥民族专项资金的作用。

民族专项资金是协调民族关系、增进民族团结、维护社会稳定的政策钱；是拾遗补阙、解决少数民族群众生产生活特殊困难的感情钱；是体现党的民族政策，加强党和政府与少数民族群众联系的连心钱。认真实施民族专项资金项目，是贯彻落实民族政策的具体体现，是民族工作部门履行职能、促进民族事业进步的重要手段和保障。在实施民族专项资金项目的过程中，玉龙县民宗局牢牢把握“共同团结奋斗、共同繁荣发展”的民族工作主题，有利于保障民族工作的顺利开展，切实帮助少数民族和民族地区生产生活和社会事业中的特殊困难。民族工作部门坚持做到：深入基层，认真调查研究，积极为各级党委、政府做好民族工作，加快少数民族和民族地区发展建言献策，当好参谋助手；加强民族专项资金管理，充分发挥民族专项资金的政治、经济、社会效益，为增进民族团结，协调民族关系，促进玉龙县各民族团结发展。主要做法和经验有：

(1) 加强组织领导，层层负责把关

为确保人口较少民族发展项目工作按质、按期完成，成立了县扶持人口较少民族发展工作领导小组，并与项目乡（镇）政府签订项目责任书，明确职责和工作内容，并不定期地对各项工程进展和建设情况进行监督和指导。同时，项目实施乡镇也成立了相应的项目工作领导小组，确立了项目的负责人，协调处理项目中的各项工作。切实做到了领导重视，组织有力，机构健全，从组织机构上保证了项目工作的顺利实施。

（2）联系实际，科学规划

规划是否科学合理，直接影响项目的经济效益和社会效益的发挥。为此，玉龙县始终把科学规划放在首位，采取一切行之有效的办法，坚持因地制宜进行科学规划。一是在具体规划中坚持项目选择与产业结构调整相结合。按照提高农业产业化进程、提高农民自我发展能力和农民经济收入的要求，大力发展脱毒马铃薯、白芸豆、山嵛菜、花椒、核桃和木瓜以及畜种改良等增收项目，并对其重点进行规划和扶持发展。二是坚持项目选择与村情相结合。在项目规划中，针对项目村的经济发展现状和农户的实际情况选定人畜饮水建设、村道水泥路建设、农田改造、教育和公益设施及产业扶持等项目，使所有项目符合群众经济增收，有利于人民群众生产和生活条件改善。三是坚持群众参与和科学指导相结合。在项目规划中，坚持因村制宜、因户施策、量力而行的原则，进村入户开展调研，进行科学论证，与农户商定项目规划，既满足群众的意愿，又进行了科学的指导。

（3）积极做好协调服务工作

充分发挥各部门的职能作用，积极为项目的实施做好协调服务工作。在项目实施的整个过程中，农、牧、水利等部门积极组织专业技术人员，开展技术培训，进行技术指导。财政部门及时拨付资金，确保资金足额及时到位。对资金暂时未到的项目，项目区政府提前筹资垫付，保证项目正常开工建设。

（4）严格管理项目工程物资和资金

项目物资实行统一采购，统一供货，严把产品质量及工程质量关。对项目资金使用进行严格审批，实行专户储存，专人管理，专款专用，按工程进度进行分期分批拨付，确保项目经费安全、合理使用。

（5）积极发动群众参与投工投劳

项目区内的群众是项目工程的主力军，只有把有限的国家投资与人民群众的投工投劳有机地结合起来，项目的发展建设才能发挥出最大的效能。为充分地发动人民群众大干苦干，发挥群众自力更生，艰苦奋斗的精神，在整个项目实施过程中，通过采取召开群众大会等行之有效的方法，从政策依据、项目实施、资金管理等各方面进行广泛宣传，使广大群众充分认识到项目实施的重要性和必要性，增强了他们的参与意识，据统计，在项目实施建设期间，群众共投工投劳 80000 多个工作日，折资 100 多万元。

存在的问题与困难：

（1）玉龙县由于受历史与经济区位和自然环境等因素的制约，全县贫困面大，贫困人口多，贫困程度深，绝对贫困人口占总人口的27%，农业生产持续发展后劲不足，扶贫开发工作任务艰巨，村卫生室、文化室设施还需进一步完善，农业基础设施还需要进一步得到扶持建设。

（2）玉龙县属革命老区和少数民族聚居区，是典型的多民族、多宗教、多元文化并存的地区，由于历史、地理原因，境内各民族发展不均衡，民族工作点多面广、难度大、任务重。

（3）目前分布在9个乡镇的普米族5403人中，有8个聚居村委会，而列入扶持人口较少民族发展工作规划的仅有3个村委会（九河乡金普村、石鼓镇仁和村、宝山乡住古村），受益人口仅为1456人，仅占全县普米族人口的26%。请求在下一步工作中，将玉龙县普米族人口占村人口总数的20%以上的5个村委会（鲁甸村、利苴村、汝南村、鸣音村、河源村），列入省扶持人口较少民族发展工作规划中。

第四节　城市民族工作

玉龙县随着新县城建设步伐的加快，玉龙城市人口规模不断扩大，人员流动日益频繁，以纳西族、傈僳族为主的一大批农村少数民族群众和大理、永胜、宁蒗等地的少数民族同胞纷纷住进玉龙新县城，城区的少数民族人口呈现出逐年增多的趋势，民族成分也日渐复杂。

2010年年底，全县城镇人口59705人，流动人口10435人，其中，城市少数民族人口44779人，占全县少数民族人口总数的23.9%。全县城镇居民人均实际可支配收入为13800元。玉龙县是一个百业待举、充满希望和活力的新县，城市民族工作也刚刚起步，处于实践探索、创新阶段。目前，玉龙县涉及城市民族工作的主要有县城所在地黄山镇文华、白华、白马、漾江、五台、长水6个居委会，辖区内居住有纳西、白、彝、傈僳等15个民族，15406人，其中少数民族12255人，90%以上的居民是纳西族，占全县少数民族人口总数的6.5%；人均纯收入4492元，享受城市低保的有3579人。

一　城市民族工作开展情况

（一）开展城市民族工作采取的措施

统一思想，高度重视城市民族工作。玉龙县历届县委、县政府高度重视城市民族工作，及时调整和充实了以县委书记为组长的民族宗教工作领导小组。认真贯彻落实党和国家的民族政策，坚持把民族工作纳入县委、县政府的重要议事日程，定期或不定期听取城市民族工作情况汇报，召开专题会议研究民族工作的重大问题。根据国家《城市民族工作条例》和《云南省城市民族工作条例》，结合玉龙实际，2007 年，玉龙县委、县政府出台了《关于进一步加强民族工作，加快少数民族和民族地区经济社会发展的决定》，2008 年以来，分管民族工作的中共玉龙县委副书记杨晓敏多次主持召开专题会议，专题研究、部署城市民族工作，强调加强对城市民族工作的统筹规划。此外县长多次主持召开县政府常务会议，专题研究包括加强城市民族工作领导机制等方面重大问题。为城市民族工作提供了有力的支持和保障，全县呈现出社会安定和谐、民族团结和睦的大好局面，城市民族工作走上了健康发展的轨道。

加大《城市民族工作条例》的贯彻力度，为城市民族工作的开展提供根本保证。为做好新形势下城市民族工作，营造全社会尊重少数民族群众、促进民族团结和睦的良好社会氛围，玉龙县各级各部门协调配合，采取多种形式，分层次、有重点、有针对性地在全县广大干部群众中深入广泛地开展马克思主义民族观、党的民族政策和《城市民族工作条例》的宣传学习，加强以“两个共同”“三个离不开”“四个维护”为核心的民族团结教育，推动民族团结教育活动深入开展。积极维护少数民族群众的合法权益和切身利益，切实为少数民族群众解决实际困难。

真抓实干，切实保障少数民族群众合法权益。享受城镇低保的少数民族群众有 4002 人，每人每月享受 91 元；城市“三无”人员 81 人，每人每月补助 193 元。全县有 80 岁以上城镇少数民族老年人 560 人，每人每年补助 200 元，截至 2010 年 12 月，少数民族老年人已办证 2540 份。全县城市少数民族在职伤残退伍军人 55 人，年定期补助 33.3988 万元。城市少数民族中有 20 世纪 60 年代初期精减退职职工 129 人，人均每月补助 154 元。

注重部门联动，做好城市少数民族流动人员的服务管理工作。2010

年全县流动人口总数为10435人，流动人口主要聚集在黄山镇（目前租房居住在古城区，在玉龙县务工的人员约2万人，不列入统计范围）。其中，流入人口为2950人，流入人口中汉族居多，其次有白族、彝族、傈僳族和藏族等；流出人口为7485人，以纳西族和白族居多，其他还有汉族、傈僳族、普米族等。县委、县政府高度重视流动人口服务管理工作，将其纳入社会经济发展总体规划，列入党委、政府重要议事日程，成立了玉龙县流动人口计划生育领导小组，下设流动人口服务管理办公室，明确了各成员单位的职责，为流动人口建立了全面、到位服务平台。建立了县流动人口服务管理工作联席会议制度，成员单位有17个。近年来，各部门能按照职责分工，积极发挥职能作用，自觉做好相关的流动人口服务管理工作。

在治安管理上，公安部门积极探索流动人口分层次管理、集中规模住宿管理和出租房屋管理、委托管理等管理模式，突出加大对流动人口中有违法犯罪嫌疑的高危人员的管控，建立完善列管、控制、打处、撤管等管控机制。在劳动就业上，劳动部门着力为农民工营造良好的就业环境，在就业服务、政策咨询、职业介绍服务和职业指导培训方面实行“四个免费”措施，开展以打击非法职业中介、不签订劳动合同、违法使用童工、恶意拖欠克扣工资为主要内容的专项行动，确保农民工工资权益得到维护。

在流动儿童入学方面，教育部门坚持以公办学校接纳为主，按照“零收费、同等待遇、就近入学”的原则，着力解决流动人口子女入学问题。

司法部门把流动人口法制教育纳入全县普法规划，积极开展法律宣传和法律援助活动。卫生部门把艾滋病、结核病、肠道传染病等的防治工作扩大到流动人口中，并注重加强流动儿童基础免疫工作。工会主持或代理流动就业人员劳动争议案件的调解、仲裁和诉讼。团委积极为外来青年创业就业搭建平台。妇联开展“流动妇女平安之家”创建活动。各有关部门各司其职、密切协作，初步形成了齐抓共管的局面。各有关部门坚持多种方式，狠抓流动人口服务管理工作的基层基础建设。县级设有流动人口计划生育管理所，乡镇有计划生育专干，村（居）委会有宣传员。大力推广社会化登记办证模式，强化流动人口登记发证，全面掌握流动人口底数和动态。同时，按照“以房管人、人房关联”的思路，与公安部门密切配合，落实村（居）委会、用人单位责任，推行社会化管理，夯实了工作基础，提高了流动人口登记率、出租房屋登记率、人户一致率，促进了流动人口与本地人口的交流与融合。建立健全党委、政府领导，宣传主管部门牵头协调，各有关部门参与的流动人口服务管理宣传工作机制，采取电视、流动宣传车、板报展示、法律咨询、分发宣传资料等多种宣传渠道广泛进行宣传，形成全社会尊重、关心流动人口的良好氛围。

建立健全城市民族工作机制，不断开创城市民族工作新局面。民族工作部门结合玉龙城市民族工作实际建立了城市民族工作领导机制、城市民族工作社会化管理机制、沟通协调机制、困难帮扶机制、矛盾纠纷应急处理机制、民族工作目标责任考核等机制。及时认真分析历史、区位、自然环境等因素，结合玉龙县是农业大县、工业弱县、财政穷县、经济欠发达县，国土面积广阔，旅游、水能、生物资源和人文资源丰富的实际，制定了能适应新形势和社会经济发展的自治条例和单行条例。

2005 年 5 月 27 日，云南省第十届人民代表大会常务委员会第十六次会议批准了《云南省玉龙纳西族自治县自治条例》。2007 年以来相继出台了《中共玉龙县委、玉龙县人民政府关于进一步加强民族工作，加快少数民族和民族地区经济社会发展的决定》《中共玉龙县委、玉龙县人民政府关于做好“十一五”期间培养选拔少数民族干部工作的意见》《中共玉龙县委、玉龙县人民政府关于加快全县藏族村社经济社会发展的意见》等民族政策。

认真贯彻落实党的民族政策，切实加大对各族干部的培养和培训力度。按照“尊重知识，尊重人才”的要求，认真实施人才强县战略，努力开发人才资源，着力建设高素质人才队伍，全县干部队伍素质不断提高，队伍结构得到改善，开创了人才工作与人才队伍建设新局面。在培养选拔少数民族领导干部方面，县委认真贯彻落实党的少数民族干部工作方针政策，从全局的战略高度和讲政治的要求出发，把“培养选拔少数民族干部是确保国家长治久安、党的事业兴旺发达、巩固和发展新型民族关系、维护国家的团结和统一、建设社会主义民主政治的需要”作为工作的指导思想，结合本县的实际情况，把培养选拔少数民族干部工作列入议事日程，定期研究，采取有效措施，解决存在的实际困难，注意加大培养选拔少数民族干部工作的宣传力度，教育引导全县各级领导干部充分认识培养选拔少数民族干部工作的重要性和必要性，组织部门充分发挥参谋助手作用，对培养选拔少数民族干部牵头抓总，协调统战、人事、民族宗教、教育、财政等部门积极发挥作用，各司其职，通力合作，形成齐抓共管的良好工作格局。县委结合民族自治县的特点，在做好主体民族（纳西族）干部培养选拔工作的同时，重视其他非主体民族干部的教育、培养、选拔工作，实现各民族干部的合理搭配，协调发展，优化全县领导干部的民族结构，促进各民族共同进步。充分利用社区文化活动，切实加强少数民族文化保护工作。以健全政策法规为途径，保护各民族丰富的文化遗产，大力发展城市少数民族文化事业。

大力推进民族民间文化保护工程。对全县民族民间文化进行了多次全面普查登记，“三多节”被列入省级非物质文化遗产保护项目。目前，全县现有非物质文化遗产项目代表性传承人省级 7 人、市级 56 人、县级 149 人。县委、县政府加大了对文艺创作演出的扶持力度，例如，2007 年“阿丽哩”组合获云南省青歌赛原生态组银奖，纳西姐妹组合在第 13 届 CCTV 青年歌手电视大奖赛原生态唱法个人决赛中荣获银奖，2009 年在首届云南省酒歌大赛中，“纳西野谷”组合的《纳西酒歌》获最佳歌曲奖，“纳人组合”凭借《敬酒歌》获最佳歌手奖，县委、县政府组织了表彰大会，重奖了获奖选手。

县政府十分重视民族文艺人才的培养，扎实开展民族团结教育和民族团结进步创建活动，积极构建和谐的民族关系。以扩大宣传教育为重点。全县每年确定一个主题，以讲座、知识竞赛、专题培训、联谊活动、民族传统节日等形式开展民族团结月宣传活动。按照“尊重知识，尊重人才”的要求，每年在县委党校对全县领导干部进行马克思主义民族观和党的民族政策、法律法规培训，全县干部队伍素质得到不断提高，队伍结构得到不断改善，在全县改革开放和经济建设中发挥了重要作用。在全县深入开展民族团结知识教育活动，编排融入少数民族舞蹈元素的课间操、组建少数民族腰鼓队和少数民族礼仪队。特别是玉龙县城少数民族聚居地黄山镇素有“礼仪文献之邦”“纳西乐舞之乡”等美誉，其中，白马完小创建为艺术教育示范基地（纳西娃娃艺术团）、教育教学研究示范基地，长水完小创建为德育教育示范基地，文华完小创建为绿色学校示范基地，已初步形成各具特色的教育发展格局。

民族文化、校本课程开发和运用得到应有的重视，全镇教育教学质量水平始终处在全县领先的地位。学校通过儿童节、家长会、家长联谊会、家访等形式建立“三动”机制，邀请家长与学生一起接受民族团结教育，为实现民族团结教育从小抓起、抓好的目标奠定了良好的基础。按照《玉龙纳西族自治县民族团结进步创建活动实施方案》，在九河乡金普村拉普组、石鼓镇仁和村石支组、黄山镇上长水村、拉市乡上南尧西村、宝山乡住古二组等创建了民族团结示范点。在拉市乡丽金完小、印象丽江（雪山篇）、县民族中学、石鼓镇等地创建了民族团结教育基地。通过召开全县民族团结进步表彰大会、组织文化下乡等形式，扎实推进了民族团结进步创建活动的广泛深入开展。

以加强民族团结为重点。制定和完善了《玉龙县涉及民族方面群体性事件应急预案》。同时民宗、信访、公安等有关部门协调沟通，齐抓共管，将影响民族团结和社会稳定的矛盾隐患消除在萌芽中。多年来，玉龙县没有发生过任何一件因民族问题引发的大的矛盾纠纷和群体性事件。将构建和谐城市民族关系作为工作重点。玉龙县是一个多民族杂居、多种宗教并存、经济发展相对滞后、纳西族人口占绝大部分的民族自治县。随着新县城的开发进度的加快，玉龙县城市化水平不断得以提高，城市人口规模不断扩大，人员流动日益频繁，在构建和谐民族关系中，民族关系也日渐复杂。玉龙县广泛动员各部门、各单位、各行业，密切配合、共同参与构建和谐城市民族关系工作，实现了协调民族关系进社区、协调民族关系进学校、协调民族关系进单位的“三进”制，营造了全社会、各行业都参与民族团结、和谐社区建设的良好氛围。

充分尊重少数民族风俗习惯和宗教信仰。玉龙县各民族由于历史、文化传统和宗教信仰不同，形成了众多的民族节日，如藏族的“藏历年”、彝族的“火把节”等。现在一些主要的节庆还保留着，很多与传统宗教联系紧密的节日，则已消失或衰落了。近年来，由于县委、县政府的高度重视，不少民族的传统节日活动得到了恢复，群众参与率高，规模不断扩大。例如，“三多节”是纳西族的传统节日，《玉龙纳西族自治县自治条例》规定“三多节”放假三天，会亲访友，举行各种庆祝活动。

各民族有不同的丧葬习俗，如纳西族有的实行火葬、有的实行土葬，藏族实行天葬，还有其他民族实行水葬、火葬等。对于丧葬，除对汉族推行火葬外，其他民族的丧葬习俗都得到国家的尊重。如在一些地方建立公墓，设立专门的民族殡葬服务处。在实行天葬的藏族地区，按照藏族公民的要求，施行天葬的天葬场受到妥善保护。玉龙县多民族共处、多种宗教并存。在宗教活动场所进行的一切正常活动，依法受到法律保护。政府对各种宗教一视同仁，各宗教教派之间做到了互相尊重、和睦相处。

从财力、人力上积极努力支持本土歌手创作演出，出版发行作品。进一步加强对民族音乐的保护，现已恢复并保持经常性演奏的纳西古乐队十余支。坚持把群众文体活动作为社区文化的重要组成部分。充分发挥社区少数民族地资源优势，把少数民族工作融入和谐社区创建工作中，以各种活动为载体，吸引各族群众参与。当前，仅黄山镇就有居民自发组织的文艺表演团 18 支，这些团队参与各种社区文化活动的积极性极高，各社区因势利导，积极把宣传民族政策法规融入了形式多样的文化活动中。

二　玉龙县城市民族工作取得的主要成效和面临的问题

（一）开展城市民族工作取得的主要成效

城市少数民族的平等权益得到了切实保障。城市少数民族参政议政的积极性不断提高，当家做主的主人翁精神空前高涨，参与社会事务的广度得以拓宽，力度得以提升。城市民族工作的主要方面是少数民族干部在各级政府部门中的职数，以及被选拔到具体重要岗位的级别等有密切关联。截至 2011 年 4 月，全县干部队伍中少数民族干部的比例与玉龙县世居的十个民族人口比例基本保持一致，组织部门特意在政府的政法部门及其下属机构高配了高于十个少数民族人口的科级干部职数，意在强调立党为公，执政为民的宗旨，让各民族优秀儿女都能够如愿参与到党和人民在的事业中来，更好地在重要岗位和部门担当重要职务和角色。玉龙县四大党政机关中少数民族干部的比例、县委领导班子等重要领导岗位上都配备有很多少数民族优秀干部。全县主要工作部门中的党政一把手中也有大量的敢于担当作为的少数民族干部。少数民族领导干部的数量占乡镇基层的领导干部数的八成以上。少数民族干部坚持全心全意为人民服务的根本宗旨，保持对党的忠诚心、对人民的感恩心、对事业的进取心，成为城乡基层民族工作的中坚力量。

城市少数民族经济文化事业获得了巨大的发展。通过各种政策措施，帮助、引导、扶持城市少数民族经济文化事业。城市少数民族群众生活水平得到较大提高，城市民族文化活动丰富多彩，民族文化设施不断改善，民族建筑得到保护，民族教育蓬勃发展。如 2010 年，地方财政一般预算收入完成 2.13 亿元，是“十五”末的 4.35 倍，年均增长 33.95%；固定资产投资完成 30.69 亿元，是“十五”末的 3.47 倍，年均增长 27.91%；农民人均纯收入 3586 元，是“十五”末的 2.28 倍，年均增长 17.96%。城镇人均可支配收入 1.5 万元。

城市少数民族的风俗习惯、宗教信仰和语言文字平等的权利得到了普遍尊重和保障。玉龙县结合本地实际制定了全面系统的专项条例及实施办法。对少数民族的节日活动、丧葬、宗教生活、民族语文书籍的出版以及民族语文的电视广播等给予资金以及其他社会资源方面的帮助。

民族团结进步创建活动深入人心。通过开展民族团结进步创建活动，进一步贯彻落实党和国家民族方针政策，营造平等、团结、互助、和谐的民族大团结的良好社会氛围，促进了各民族共同团结奋斗，共同繁荣发展。以创建活动为载体，将玉龙县民族团结进步创建活动和“民族工作社会化”工作延伸到基层、延伸到社会的各个领域，着力构建了民族工作网络，加大民族工作力度，促进少数民族地区经济社会健康发展，推动全县民族团结进步事业再上新台阶。并使创建活动成为经常化、规范化、制度化的城市精神文明建设的重要内容。

（二）开展城市民族工作面临的问题

民族文化的传承保护面临巨大挑战。近年来，玉龙县在民族文化的保护与传承方面积累了丰富的经验，取得了十分可喜的成绩，但由于种种原因，纳西民族传统文化的保护与传承工作仍然面临着许多困难和严峻挑战。纳西民族传统文化正经历着前所未有的冲击：纳西族具有特色的歌舞艺术以及民俗活动逐步消失，人们的生活方式和价值观念正发生变迁，传统的民族服饰渐渐淡出人们的生活视野，钢筋水泥结构的楼房在许多民族村寨中拔地而起，越来越多的纳西族青年对自己的母语逐渐生疏，世俗化的倾向越来越明显，非物质文化遗产的传承后继无人，许多优秀的民族传统文化正迅速从人们的生活中消失。因此，如何在现代化进程中对民族传统文化作有效保护与传承，成为摆在玉龙县纳西族面前的一项重大课题。

全县作为主体民族的纳西族人口基数逐年递减。1953 年为 57.59%，1964 年为 57.56%，1982 年为 56.82%，1990 年为 57.87%，2000 年为 56.8%，在五次全国人口普查的数据中，纳西族人口年增长率分别为：1964 年为 0.63%，1982 年为 1.59%，1990 年为 1.52%，2000 年为 1.56%，而其他民族人口增长率都高于纳西族人口增长比例，基本都在 2.00%以上。

城市民族工作开展不够充分。玉龙县城市民族工作主要涉及黄山镇的文华、漾江、五台、白华、白马、长水 6 个居委会，由于这些居委会都有少地或无地农民群众，所以面临着严重的就业问题，单靠现行的城市低保来源，难以维持生计，建设、搬迁等区域存在着许多的难点、热点问题，社区开展工作的难度大。同时个别家庭对子女教育问题重视不够，部分社区人均受教育年限有降低趋势。有些部门对城市民族工作的重要性认识不足，对城市民族工作的性质、内容理解片面，对城市民族工作存在着畏难情绪，存在不愿管、不敢管和不会管的问题。在社会经济发展过程中，对城市民族工作的支持力度，特别在人员编制、经费保障、制定工作思路、创新工作机制方面有待进一步提高。

构建和谐城市民族关系力度有待加强。由于玉龙县境内少数民族人口多、比例高、分布广。城市人口规模不断扩大，人员流动日益频繁，民族关系也日渐复杂，在构建和谐民族关系中还面临着不少困难和问题，主要有：（1）少数民族和民族地区经济社会发展差距拉大，成为影响民族关系的突出因素；（2）不同民族成员在语言、文化、风俗习惯和宗教信仰等方面，因缺乏相互了解、沟通、联系而可能引发新的矛盾；（3）个别媒体出现违反民族政策，歪曲、侮辱少数民族风俗习惯和宗教信仰的内容，伤害少数民族感情而引发的新的纠纷；（4）部分少数民族流动人员在经商活动中，因不了解有关法律法规或法制观念淡薄，不服从行政部门的管理而引发新的问题；（5）一些对少数民族的优惠政策得不到较好落实而引发新的热点、难点问题。

各种矛盾纠纷不断增加。在人口流动日渐规模化和普遍化、民族交往日渐广泛和频繁的新形势下，因经济利益、风俗习惯等因素诱发的矛盾纠纷，如果处置不当或处理不及时，有可能迅速激化为治安刑事案件，从而影响民族团结和社会和谐。

三　新形势下城市民族工作的主要对策

积极争取资金，落实扶持民族贸易和民族特需商品生产政策。“十一五”以来，玉龙纳西族自治县既不是民族贸易县，也没有享受民族贸易政策的企业，更没有从事民族特需商品生产的企业。“十二五”期间，需积极向上级主管部门申请将玉龙纳西族自治县列为民族贸易县，以此为平台，认真落实民族贸易和民族特需商品生产政策，让企业为少数民族群众服务，不断满足少数民族群众生产生活的特殊需要，从而促进全县经济社会发展。

着力创建城市民族示范社区。围绕“自治好、管理好、服务好、治安好、环境好、风尚好”的“六好”和谐社区建设目标，在社区开展一系列民族团结教育活动和民族团结进步创建活动，让民族团结教育进单位、进学校、进千家万户。设立处理影响民族关系问题的专项经费。做好民族关系协调工作，需要有一定的经费作保障，在“十二五”期间，玉龙县将更加重视和支持城市民族工作，在财政预算中设立专项经费，用于开展民族关系协调工作，奖励在处理影响民族关系问题方面成绩突出的单位和人员，并明确专项经费由民族工作部门管理和使用。

（一）开展好新形势下城市民族工作的几个必须面对的问题

深化认识，加强对城市民族工作的领导。城市民族工作既是民族工作的重要组成部分，也是城市工作的重要组成部分，做好城市民族工作，充分发挥城市窗口、辐射、桥梁、联谊和示范作用，开创城市民族工作的新局面，不仅有利于城市的社会稳定，经济的繁荣和发展，而且有利于各民族的团结稳定和共同繁荣发展。开展城市民族工作，认识是关键，玉龙县将继续采取多种形式进一步广泛深入地宣传学习《云南省城市民族工作条例》，提高各级干部群众对开展城市民族工作重要性的认识。进一步建立健全城市民族工作协调机制和工作网络体系，形成领导重视、部门履职、各方配合的工作格局。进一步加强城市民族工作机构和队伍建设。理顺与相关部门的关系，充实基层民族工作力量，开展多层面、多渠道的民族工作干部培训。进一步加强城市民族工作规划工作，从思想、措施、保障、目标、机制等方面保障工作的创新成效，强化城市少数民族管理。

在城市少数民族人口越来越多的形势下，始终坚持管理与服务并重的方针。加强对城市少数民族群众的教育引导，提高他们的法制意识和公民意识，使他们及时掌握党的方针政策，国家的法律、法规，地方的规章制度，学会用法律武器来维护自己的合法权益，自觉遵守当地的法律法规。充分发挥少数民族代表性人物的积极作用。发挥他们的积极作用，对促进解决少数民族群众的困难和问题、协调民族关系、维护民族团结和社会稳定可以起到事半功倍的效果。对城市少数民族群众在政策上给予支持，经营上给予照顾，权益上给予维护，生活上给予关心，让他们切实感受到祖国大家庭的温暖，使其为构建和谐社会发挥作用。深入开展民族团结月、民族团结周、民族团结日活动，进一步激发广大干部群众树立“三个离不开”的思想和“四个维护”的意识，不断巩固和发展了平等、团结、互助、和谐的社会主义新型民族关系，为构建和谐民族关系营造良好氛围。

采取有效措施及时化解矛盾。县委、县政府各部门要从玉龙民族工作实际出发，始终把维护民族团结稳定作为第一责任来抓，积极采取措施，防止出现涉及民族问题的群体性、突发性事故发生，做到未雨绸缪，防患于未然；防止把不同民族之间的利益冲突、民事纠纷和社会治安问题看成民族问题的错误倾向，对歧视侮辱少数民族的事件，及时依法妥善进行处理；对蓄意挑拨民族关系，破坏民族团结，造成恶劣影响的行为予以严厉打击；对于发现的问题及时化解，把问题化解在基层，化解在萌芽状态，促进民族团结，维护社会和谐稳定。

进一步完善城市民族扶持政策。继续认真贯彻落实中央、省、市、县民族工作会议有关文件要求，深刻领会云南省第六次民族团结进步表彰大会和丽江市第五次民族团结表彰大会的精神，结合玉龙实际情况，帮助少数民族群众解决生产、生活中的实际困难。加快少数民族和民族地区经济社会发展步伐，逐步加大对民族优惠政策财政转移支付的力度，优先在民族聚居区安排资金项目，在修路、通电、人畜饮水、广播电视、民房改造等项目上，给予重点倾斜，大力发展特色经济和优势产业，推进少数民族聚居区经济结构调整。加大对少数民族聚居区科技、教育、文化、卫生、体育等社会事业的投入，优先发展民族教育，促进少数民族和民族聚居区经济快速发展、社会全面进步。多种措施并举大力选拔少数民族干部。培养少数民族干部不仅要重视数量的增多，而且要重视培养各种专业技术人才，充分发挥上述民族干部在发展经济社会事业、巩固民族团结中的独特优势和作用，不断开创玉龙城市民族工作新局面。进一步加大和谐社区、民族团结示范社区创建工作力度。积极探索扶持城市少数民族发展扶持政策，加大对城市少数民族的扶持力度。

（二）具体设计和落实的措施

切实加强对城市民族工作的领导，是构建和谐城市民族关系的根本保证。县委、县政府要加强对城市民族工作的领导。要把处理民族关系问题作为各级领导的一项重要职责。要把会不会协调城市民族关系，会不会处理民族问题作为考核领导干部的重要依据。要在县委、县政府班子成员中进行马克思主义民族观的学习教育，不断增强各级领导干部对做好民族工作的认识。充分发挥民族工作部门的职能作用，采取因地制宜、因族举措的方法大力开展城市民族工作。做好少数民族散杂居居委会创建“民族团结和谐居委会”示范工作，通过抓点的方式推动和谐民族关系的构建。加强对民族宗教人士和信教群众的思想政治工作，根据不同民族、不同信仰、不同生活特点做好相应工作，如举办民族宗教人士培训班、外来少数民族人员学习班等。在少数民族流动人员中建立健全党的组织机构，承担起对流动党员的管理教育任务。定期或不定期地邀请党委、政府的领导看望民族宗教代表人士，充分调动他们的积极性为民族团结进步事业服务。

将城市民族关系协调工作纳入法制化轨道。民族工作部门要协调有关部门，继续贯彻落实《城市民族工作条例》；进一步加强民族法制建设，完善民族法律法规体系；同时紧密结合当地实际，有针对性地做好立法工作，解决当前城市民族工作中的一些突出问题。做好城市少数民族流动人员的服务和管理工作。民族工作部门要主动协调、配合有关部门，全面贯彻落实党的民族政策，积极为少数民族流动人员办好事、办实事，在他们的生产经营、子女教育、办理证件、劳动就业、法律援助、权益保障等方面，给予关心、扶持和保护。此外，将加强少数民族流动人员管理工作纳入外来人口管理体系和城市治安管理的范畴，依靠法律和政策，引导和规范少数民族流动人员的行为，严厉打击违法犯罪活动。

坚持民族工作社会化，推动城市民族关系和谐。把玉龙县建设成为全省最具有特色的民族自治县，构建和谐城市民族关系，必须坚持民族工作社会化的观点，推进民族团结进步事业的发展。坚持县委、县政府领导这条主线，紧紧依靠县委、县政府有关部门的干部和民族宗教人士两支队伍的力量，积极开展民族工作。动员社会力量开展民族工作，即组织城市企业、社会团体、社会名流帮助少数民族和民族地区的经济文化发展。在城市区广泛建立各种民族联谊会、少数民族法律援助中心、民族矛盾调解中心等，为维护民族团结服务。在城市中的广场、人流物流中心有计划地建立民族团结教育示范专栏，宣传马克思主义民族观和党的民族政策，适时举办丰富多彩的民族文化节日活动，充分发挥优势民族文化在建设全省最具有特色的民族自治县进程中的积极作用。

设立处理影响民族关系问题的专项经费。做好民族关系协调工作，需要有一定的经费作保障。各地民族工作部门要积极争取当地党委、政府的重视和支持，在政府财政预算中设立专项经费，用于开展民族关系协调工作，奖励在处理影响民族关系问题方面成绩突出的单位和人员，并明确专项经费由民族工作部门管理和使用。

第二章

民生建设与社会保障事业

第一节　人力资源和社会保障工作

民生是国家的稳定之基，是人民的幸福之源，民生无小事，就业和社会保障工作在保障人民基本生活、促进经济发展和构建和谐社会方面发挥了越来越重要的作用。就业是民生之本，是人民改善生活的基本前提和手段。由于就业方式的多样性和不稳定性，市场竞争在带来更高效率的同时，也给人们带来更大的职业风险，人们将比以往任何时候都更需要依靠社会保障。随着经济体制改革的进一步深入，各种社会矛盾日益显现，迫切需要社会保障作为“减压阀”，减缓社会压力。因此党和政府高度重视就业和社会保障工作。党中央、国务院将“社会就业比较充分，社会保障体系比较健全”列入全面建成小康社会的目标，将新增就业指标列为国家宏观调控的主要目标。各界群众对就业、再就业及社会保障工作的期望值及认可率大大提高。这些有利因素为就业、再就业及社会保障工作提供了良好的发展机遇，也为此项事业的发展注入了旺盛的生机与活力。玉龙县把解决好困难群众的生产生活问题作为各级党委、政府和有关部门的头等大事，制定一系列的方针政策和配套措施，为解决好就业和社会保障问题提供了思想认识和政策基础。

一　人力资源和社会保障工作的主要成就

玉龙县以资源优势、区位优势为主的综合优势日益凸显，玉龙县经济将长期保持持续快速健康发展的良好态势。随着国家西部大开发政策的进一步实施，和玉龙县争创全省最具活力的民族自治县活动的进一步深入，玉龙县的基础设施和投资环境将进一步改善，城镇化建设步伐将进一步加快，第三产业迅猛发展，经济结构调整将顺利推进，一批优势产业和经济增长点正在形成，再就业政策扶持效应进一步释放，企业经济效益逐年增长，县级财政收入较快增长，为加大就业和社会保障资金投入提供了保证，为强力拉动就业增长和完善社会保障体系奠定了坚实的物质基础。

2008—2012 年，玉龙县人力资源和社会保障突出两个工作主题：开发和管理人力资源、保障和改善民生，实现五个工作目标：才有所用、民有所劳、劳有所得、老有所养、病有所医，发挥三项工作职能：选才用人、就业、社保、和谐劳动关系，落实工作措施，抓民生。玉龙县人力资源和社会保障工作取得了显著的成绩。

2008—2012 年，城镇新增就业 4368 人，每年年末城镇登记失业率 3%，控制在省级下达的 4.5%指标以内。城镇职工基本养老保险参保人数达 6003 人、城镇基本医疗保险参保人数达 9233 人、失业保险参保人数达 1990 人、工伤保险参保人数达 14524 人、生育保险参保人数达 12043 人及城乡居民社会养老保险参保人数达 130331 人、各类社会保险总参保人数已达 180389 人，社会养老保险参保率达 99%。

（一）落实就业再就业工作，切实维护社会稳定

2008 年以来，玉龙县就业、再就业工作结合实际，制订并出台一系列相应的政策措施，如抓高校毕业生就业、鼓励企业稳定就业岗位、充分吸纳就业、促进劳动者自主创业、加强职业技能培训、完善就业困难人员就业援助机制等，充分发挥促进就业的政策效应。再就业各项优惠政策的落实使城镇新增就业 4368 人，城镇失业人员再就业 973 人，安置“4050”人员 117 人，期末城镇登记失业率 3%，控制在省级下达的 4.5%指标以内。

劳务输出是缓解玉龙县就业压力、实现农村富余劳动力有效转移的最好办法，也是增加农民收入，加快贫困山区农民脱贫致富的好路子。五年来，农村富余劳动力累计转移就业 3.4 万人，实现劳务经济收入 2.7 亿元，其中，实施农村劳动力转移特别行动计划以来转移就业 8571 人，被评为“云南省农村劳动力转移就业示范县”；认真开展引导性培训，累计开展技能培训 135 期计 8711 人，坚持在新上项目增加就业岗位，优先安置下岗失业人员，就近就地转移农村富余劳动力，确保了就业稳定。同时，鼓励创业促进就业，积极实施小额担保贴息贷款及“贷免扶补”政策，为 504 名创业者和 3 家劳动密集型企业发放小额担保贴息贷款 2736

万元。

（二）解决高校毕业生就业问题

以高校毕业生为对象，按照“公开、平等、竞争、择优”的考录原则，招录公务员 249 人。通过笔试、专业能力测试、体验等程序，招聘事业单位工作人员 572 名，招聘事业工勤 50 名，招募“三支一扶”大学生 43 名。选聘大学生村官 162 名。积极推荐高校生就业见习生 60 名，支持高校毕业生西部志愿者 60 名，并开发公益性岗位 242 名。联合工会、团委、妇联、残联等群团组织开展就业援助活动，积极开展“民营企业招聘周”活动等专场招聘会，发挥民营企业就业主渠道的作用，促进高校毕业生就业，一系列活动共发放宣传资料 4 万多份，组织招聘会 18 次，参会企业 586 家（次），提供 6300 多个岗位，520 名高校毕业生到企业就业。同时积极开展跨国劳务输出，成功输送赴日本研修生和到新加坡务工 103 名。积极鼓励大学生自主创业，认真贯彻落实“贷免扶补”政策，扶持 242 名大学生创业，发放创业贷款 1210 万元。通过以上就业渠道，总计安置高校毕业生 3327 人。

（三）完善社会保障体系，扩大玉龙县社会保障覆盖面

五年来，玉龙县着力推动医疗保险由制度全覆盖向人口全覆盖转变，扩大享受工伤保险人员范围，将“老工伤”人员全部纳入工伤保险统筹管理，实施城镇居民大病补充医疗保险，认真贯彻落实好“超龄参保人员”遗留问题，启动新型农村社会养老保险、城乡居民社会养老保险工作，实现了全民医保，社会养老保险实现全覆盖。

（四）社会保险工作平稳运行

至 2012 年，城镇职工基本养老保险参保 6003 人；城镇职工基本医疗保险参保 9233 人，收缴 4084 万元，支出 1170 万元；城镇居民医疗保险参保 6265 人，收缴基金 606 万元，支出 157 万元；工伤保险参保 14524 人，征缴 155 万元，待遇支出 5 万元；生育保险参保 12043 人，征缴保险金 29 万元，待遇支出 28 万元；失业保险参保 1990 人，征缴 82 万元，发放失业补助金 16. 3 万元。实施城镇居民大病补充医疗保险。

“老工伤”纳入工伤统筹工作，为规范和推进企业老工伤人员工伤保险统筹工作，切实保障企业老工伤人员合法权益，根据《工伤保险条例》《云南省企业老工伤人员工伤保险统筹试行办法》等文件要求，以尊重历

史、分步纳入、责权统一为原则，认真、细致地将玉龙县企业32名“老工伤”纳入工伤保险统筹。

（五）解决“超龄人员”遗留问题

未参保集体企业退休人员和其他未参保退休人员，缺乏基本生活保障，是当前突出的社会矛盾之一，解决这一问题是着力保障和改善民生的重要措施。至2012年年底，核定参保498人，征收1428万元，享受养老金91人，发放养老金99959元。

（六）城乡居民社会养老保险试点工作

2010年10月玉龙县被列为国家级第二批新型农村社会养老保险试点县之一，以“有特色、出经验、树形象”的高标准，深入开展新型农村社会养老保险试点工作，至2012年，玉龙县“新农保”参保127061人，参保率99%，其中年满60周岁以上26382人，发放农村老人养老金3405.99万元。继新农保后，2011年7月，玉龙县被列为国家第一批城镇居民社会养老保险试点县，为把这件得民心、顺民意、惠民利的好事办好、实事办实，玉龙县社保局统一思想，成立组织机构，强化措施，借鉴“新农保”的成功经验，抓实开展试点工作。

截至2012年年底，玉龙县参保3270人，参保率95%，其中年满60周岁以上746人，发放养老金54.52万元，完成个人缴费232.25万元。实现社会养老保险全覆盖，党和国家的这一实实在在的惠民政策被玉龙县各族群众所了解、理解和欢迎。2012年玉龙县社保局被国务院嘉奖为“全国新型农村和城镇社会养老保险工作先进单位”。为妥善解决在玉龙县建设项目中被征地农民的养老保障问题，维护被征地农民合法权益，解决玉龙县被征地农民在参加社会保险中遇到的困难和问题，促进城乡社会和谐稳定，结合玉龙县实际，积极做好被征地农民的社会保障工作。至2012年，共审批23宗地，共收缴被征地农民社会保障金6100万元，被征地农民社会保障金财政专户累计余额1.3742亿元。玉龙县无人参加被征地农民养老保险，选择参加城乡居民社会养老保险5485人，代缴养老金452.04万元。

人力资源和社会保障政策法规多，且都是涉及人的问题，村两委的干部工作在最基层，与农民群众面对面开展工作，工作繁重、待遇偏低，为切实解决好村干部后顾之忧，让他们安心、放心工作，解决他们劳有所得、老有所养、病有所医的问题。按县委安排，经积极争取，就村干部的养老、医疗待遇问题，玉龙县县委出台《中共玉龙县委、玉龙县人民政府关于解决村干部待遇问题的实施意见》。到目前，已有符合条件的村委会干部201人，收缴养老金58万元，村干部77人，收缴养老金19万元，参加了养老保险，受到省里的充分肯定，并作为好的经验和做法在全省推广。

（七）实施劳动保障监察，构建和谐稳定劳动关系

玉龙县不断加大劳动保障监察工作力度，深化工程建设领域突出问题专项治理，维护好用人单位和劳动者的合法权益，构建和谐的劳动关系，积极推进信访、综治维稳工作。认真贯彻和落实《中共中央关于印发〈建立健全惩治和预防腐败体系2008—2012年工作规划〉的通知》的有关要求，规范工程建设领域市场交易行为。维护社会主义市场经济秩序。着力做好“两节”“两会”平时信访维稳工作。积极稳妥地做好农民工工资清欠工作。五年来，共接待、受理农民工来信来访案件2110多件，涉及民工1.69万人次，清欠工资5384.22万元。加大对劳动保障执法年审力度。对纳入管理的87户企业进行审验，补签劳动合同3461人，下发整改指令通知50份，处罚单位4户，共协调处理工伤274人，伤残能力鉴定44人。落实农民工联席会议精神，做好农民工“三金”工作。建立健全劳资纠纷防控体系。近年农民工工作受到严峻考验，农民工工资拖欠问题尤为突出，出台了加强保障农民工合法权益的政策文件，调整充实了农民工工作联席会议成员。召开玉龙县农民工工作联席会议，并就如何贯彻落实农民工工资准备金，农民工工资保证金和农民工工伤保险金做出具体要求，及时研究农民工工作出现的问题。加强对用人单位执行劳动保障相关法律法规的监督检查力度。加强劳资纠纷排查化解工作，根据大丽高速公路的农民工工资问题，玉龙县社保局抽调专人对大丽建设公路各标段进行专题调研，并形成专题调研报告，为化解劳资纠纷提前做好准备，同时也为县委、县政府及时提供决策依据。按照省、市、县的有关部署，开展了三次针对玉龙县建筑工程领域的专项检查行动，同时确保每次专项监察人员在4—5人，积极深入玉龙县辖区内的建筑工地进行摸底检查，掌握建筑工地的基本情况。为保障劳动者的合法权益、维护玉龙县社会稳定起到了积极的作用。

二 人事人才管理与人力资源管理现状

（一）对企业中生活困难的军转安置干部的安抚工作

按各级文件精神，对符合补助条件企业军转干部进行了工资差额补助，按政策规定落实发放企业军转干部解困补助金；在“春节”“八一”期间到企业军转干部家中进行慰问看望，召开座谈会，了解他们的思想、身体、生活困难情况，认真做好军转维稳工作，对玉龙县辖区的84名企业军转干部进行见面排查，化解矛盾，把上访苗头消灭在萌芽状态之中，玉龙县共接待军转上访案件8件，无人到市、赴省、进京上访，为经济社会建设营造了稳定的环境。“七一”“八一”期间组织军队自主择业军转干部过好建党节和建军节，并成立玉龙县军队自主择业工会组织，认真做好他们的就业创业培训指导工作，使自主择业的军转干部安心从事就业创业工作。协调解决自主择业军转干部在就业创业中遇到的困难和问题。

（二）公务员及事业单位管理工作

考核行政机关副主任以下公务员670人，机关工作人员134人，工勤人员382人。依据年度考核结果，对2009年以来考核优秀的973人次公务员给予嘉奖，对连续三年考核优秀的67名公务员记三等功。对41名试用期满公务员进行登记。新招录公务员79人。建立了公务员面试考官管理信息系统，涉及玉龙县60名面试考官。建立了玉龙县公务员信息管理库，涉及玉龙县1008名公务员。做好对新招录公务员的初任培训。选拔16名优秀大学生村官进入乡镇党政领导班子，为玉龙县选拔了一批具有农村基层工作经验的优秀人才。选调23名基层公务员报考市直机关。做好玉龙县行政机关、事业单位、县属部分企业人员人事档案管理工作。

在工资福利工作方面，五年来审批行政、事业单位退休426人；办理丧葬费、抚恤金146人，遗属困难补助114人；确定新录用人员工资815人，转正定级740人；审批岗位津贴3953人次；完成正常晋升工资审批21813人次；审批事业单位绩效工资11038人次；审批年终一次性奖金30504人次，目标管理奖11304人次；审批农、林、水、牧、卫基层固定一级及浮动工资860人；审批职称变动、职务晋升、调动人员重新确定工资3236人。做好“参保人员”的年龄与视同缴费年限核定工作，审批“参保人员”退休488人。

（三）硬件设施建设和服务平台建设

2008—2009年，根据省、市要求，配齐了16个乡镇劳动保障所的电脑、打印机、传真机等办公设备，积极争取、动员、配备劳动保障监察专用车，八个乡镇劳动保障所“2113116”标准化建设通过县级验收，乡（镇）劳动保障所建设取得突破性进展，建设达标率90%。

2011年，撤销了各乡镇的劳动保障所，新组建了人力资源和社会保障所，对各乡镇人力资源和社会保障所进行了授牌授印，配备了电脑、档案柜等办公用品，同时，明确岗位招录16名公务员充实到16个乡镇人力资源和社会保障所。占地面积2400平方米，建筑面积3043平方米，总投资800万元的县级人力资源和社会保障服务中心于2012年6月竣工并投入使用，其中国家、省级补助440万元，县政府配套360万元。四个已审批的乡镇服务中心建筑面积均为300平方米，新建项目每个投资45万元（其中：国家、省级补助20万元，地方自筹25万元），修缮项目每个投资25万元（其中：国家、省级补助12万元，地方自筹13万元），工程正在实施。另外12个乡镇服务中心建设项目正在审报中。

（四）落实扶贫、教育、新农村挂钩等工作

玉龙县社保局选派新农村指导员5人次，要求新农村指导员兼任农村群众工作员，走进基层、走入农户，说知心话、搭连心桥、办热心事，倾听群众诉求、回应群众关切、疏导群众情绪，为人民群众做好事、办实事、解难事。为挂钩点和本县其他乡镇困难群众捐款或给予补助152657.30元，为鲁甸甸心、石鼓大兴、九河龙应等村委会补助文体活动经费6000元；为塔城、宝山、拉市等乡镇的特困大学生、受灾农户给予困难补助16350元；为石头兰香、九河中古、黎明美乐等乡镇补助抗旱和基础设施建设资金68091.30元；为九河关上、九河龙应、黄山五台等村委会补助经费20000元。

“十一五”期间，玉龙县劳动就业和社会保障工作取得了很大的成绩。玉龙县就业局势基本稳定，以养老、医疗、失业、工伤、生育五大保险为核心的社会保障体系框架已建立。特别是从2009年6月起启动了城镇居民医疗保险后，实现了以城镇职工医疗保险、城镇居民医疗保险、新型农村合作医疗保险三位一体的全民医保，促进了城乡一体化的发展步伐；2010年10月启动的新型农村养老保险，参保率超过99%，惠及10多万人民群众，超额完成了“十一五”规划，为“十一五”规划的实现奠定了基础。

“十一五”规划执行就业人数不断增加，就业规模不断扩大，就业结构不断优化，市场竞争的就业机制初步形成，职业培训取得明显成果。在“十一五”期间，玉龙县促进城镇就业3769人，比“十五”期间增长41%；转移农村剩余劳动力3.09万人，较“十五”期间增长48%；平均城镇登记失业率控制在3%以内，与“十五”期间相比减少0.1个百分点，与全国的平均值相比也减少1.5个百分点。玉龙县培训下岗失业人员750人，较“十五”期间增长6%；培训其他人员16772人，较“十五”期间增长52%。“劳动者自主择业、市场调节就业和政府促进就业”的市场竞争就业机制初步确立。

（五）劳动者择业观念发生重大变化

伴随着就业方式日趋多样化，临时性、季节性、弹性工作等灵活用工形式以及派遣就业、自营就业、家庭就业等多种就业形式相继出现，成为玉龙县促进就业的亮点。社会保障体系框架初步建立并逐步完善，各类企事业单位的从业人员逐步依法纳入社会保险范畴，社会保险参保范围逐步扩展，社会保险基金运行水平逐步提高，基金支撑能力明显增强，各项社会保险待遇均能按时足额发放。养老保险制度改革稳步推进，参保人数逐年增加，企业职工养老保险制度基本建立。

在“十一五”期间，养老保险覆盖率为65%，较“十五”期间增长23%，玉龙县参保人数4809人，较“十五”期间增长87%。医疗保险制度进一步完善。医疗保险覆盖面呈较大幅度的上升，基金收支略有节余，保证了参保人员的基本医疗需求。在“十一五”期间，城镇职工医疗保险覆盖率为99%，玉龙县参保人数为11359人，较“十五”期间增长33%。城镇居民医疗保险参保人数达6078人，参保率超过84%。失业保险基金的支撑能力和抗风险能力明显增强。在“十一五”期间，失业保险覆盖率为90%，玉龙县参保人数1525人，较“十五”期间增长2%。“十一五”期间累计收缴失业保险费407万元（2010年1月起失业保险费率调低50%），较“十五”期间增长37%；累计支出失业保险基金312万元。工伤保险稳步发展，并将农民工逐步纳入工伤保险范围。“十一五”期间，参保单位已从“十五”期间的26个，增加到现在的86个，增加了231%；参保人数已从“十五”期间的1323人，增加到现在的3714人，增加了181%。生育保险平稳运行。到2010年年底，参保单位已从

“十五”期间的26个，增加到现在的86个，增加了231%；参保人数已从“十五”期间的835人，增加到现在的1528人，增加了83%。玉龙县农业人口20多万人，2010年10月起启动新型农村养老保险后，符合参保条件的有139187人，参保人数138143人，参保率99.25%，其中60周岁以上人员25294人，从2010年10月起已按每人每月55元标准全部发放养老金，发放金额400多万元。

（六）依法实施劳动监察和劳动仲裁职能、加大维权力度，促进劳动关系和谐健康发展

切实加强劳动合同管理，加大劳动保障监察执法力度，着力解决企业拖欠职工工资等问题，依法查处了一些企业存在的不参加社会保险、不签订劳动合同等侵犯职工合法权益的问题。劳动合同制度在大多数企业普遍建立，城镇企业职工劳动合同签订率达到90%以上。继续加强劳动争议处理工作力度，与“十五”期间相比，玉龙县年均受理劳动争议案件增长了30%，结案率提高了5个百分点，达100%。

“十一五”期间玉龙县劳动和社会保障事业得到稳步发展，为“十二五”期间各项工作再上一个新台阶奠定了良好的基础，也为今后开展工作积累了许多有益的经验。明确目标是基础。“十一五”期间玉龙县劳动和社会保障事业能够取得好成绩，关键在于玉龙县有一个符合实际、适度超前、切实可行的“十一五”规划，该规划中玉龙县明确了“十一五”期间的奋斗目标，是玉龙县劳动和社会保障事业得以快速发展的基础。

（七）政府重视是关键

玉龙县委、县政府始终把劳动和社会保障工作摆在玉龙县经济社会发展的突出位置，纳入玉龙县经济社会发展的总体规划，是玉龙县劳动和社会保障工作顺利向前推进的关键。坚持以人为本，关注民生，维护广大劳动者的根本利益，是做好劳动保障工作的出发点和落脚点。坚持依法行政，是做好劳动保障工作的有力保障。在实际工作中玉龙县依靠法律手段管理、规范和推进劳动保障工作，劳动保障监察执法和劳动争议处理力度不断加大，劳动者的合法权益得到有效保障。与时俱进、开拓创新、拓宽思路，是做好劳动保障工作的有效途径。玉龙县劳动保障部门在实际工作中，坚持与时俱进，不断解放思想、更新观念，深入研究、积极探索，拓宽工作思路，推进机制创新，以改善民生为重点，扩大社会保险覆盖范

围，实现充分就业，促进了玉龙县劳动和社会保障事业的稳步发展。

“十一五”期间，玉龙县劳动和社会保障事业取得了很大的成就，各项主要目标任务圆满完成。就业局势基本稳定，市场导向的就业机制开始建立，“两个确保”进一步巩固，以城镇基本养老、基本医疗、失业、工伤、生育保险为核心的社会保障体系框架已建立。特别是于2009年6月起启动了城镇居民医疗保险后，实现以城镇职工医疗保险、城镇居民医疗保险、新型农村合作医疗三位一体的全民医保。就业结构不断优化，市场竞争就业机制初步形成，促进就业人数不断增加，就业规模不断扩大，就业结构进一步改善，政府推动、部门联动、社会互动的就业工作氛围基本形成，就业形势保持基本稳定。“十一五”期间，玉龙县促进城镇就业2987人，比“十五”期间增长12%；转移农村剩余劳动力27269人，较“十五”期间增长23%；平均城镇登记失业率控制在3%以内，与“十五”期间相比减少了0.1个百分点，与全国的平均值相比也减少了1.5个百分点。

（八）职业培训、社保体系建设取得明显成果

“十一五”期间，劳动就业部门加强与就业培训机构的合作，再就业培训、创业培训、农技和非农技能培训得到强化，职业技能培训面进一步扩大，劳动者的技能素质得到进一步提高，就业竞争能力明显增强。“十一五”期间，玉龙县培训下岗失业人员750人，较“十五”期间增长6%；培训其他人员14450人，较“十五”期间增长31%。“劳动者自主择业、市场调节就业和政府促进就业”的市场竞争就业机制初步确立，就业服务体系初步形成。劳动者择业观念发生重大变化，就业方式日趋多样化，非全日制、临时性、季节性、弹性工作等灵活用工形式，以及派遣就业、自营就业、家庭就业、社区就业等多种就业形式相继出现，成为玉龙县促进就业的一个亮点。

社会保障体系框架初步建立并逐步完善，各类用人单位及其从业人员逐步依法纳入社会保险，社会保险参保范围逐步扩展，社会保险基金运行水平逐步提高，基金支撑能力明显增强，各项社会保险待遇均能按规定按时足额发放。养老保险制度改革稳步推进，下岗失业人员和其他城镇居民参加养老保险人数逐年增加，统一的企业职工养老保险制度基本建立，确保企业离退休人员养老金的按时足额发放。到2009年年底，养老保险覆盖率为45%，较“十五”期间增长16%，玉龙县参保人数4222人，较

“十五”期间增长64%。医疗保险制度进一步完善。职工基本医疗保险覆盖面呈较大幅度的上升，基金收支略有结余，保证参保人员的基本医疗需求。

到2009年年底，城镇职工医疗保险覆盖率为98%，玉龙县参保人数为10933人，较“十五”期间增长28%。特别是于2009年6月启动了城镇居民医疗保险后，实现了城镇职工医疗保险、城镇居民医疗保险、新型农村合作医疗三位一体的全民医保，首度实施的城镇居民医疗保险参保人数达5877人，参保率超过81%。失业保险保生活、促就业的作用得到较好发挥。事业单位、国有企业、私营企业及其职工依法参加失业保险，失业保险基金的支撑能力和抗风险能力明显增强。到2009年年底，失业保险覆盖率为90%，玉龙县参保人数2191人，较“十五”期间增长46%。“十一五”期间累计收缴失业保险费372万元，较“十五”期间增长25%；累计支出失业保险基金297万元。

工伤保险稳步发展。自2004年1月1日《工伤保险条例》实施以来，玉龙县劳动和社会保障部门认真贯彻落实，在工作中坚持“完善政策，健全机构，夯实基础，推进扩面，做好衔接”的原则，突出扩面重点，现工伤保险已逐步将农民工纳入工伤保险范围。截至2009年，参保单位已从原来的26户增加到现在的68户，增加了161%；参保人数从原来的1323人增加到2902人，增加了119%。生育保险平稳运行。生育保险的实施维护了玉龙县各类企业广大妇女的合法权益，保障了孕产妇女的基本生活，提高了妇女的社会劳动参与率，促进了妇女就业，同时均衡了企业负担，为企业参与市场竞争创造了条件。截至2009年，参保单位已从当初的26户，增加到现在的68户，增加了161%；参保人数已从当初的1323人，增加到现在的1340人，增加了1%。市场化的劳动关系调整机制逐步形成，全面贯彻实施《劳动法》，劳动力资源由计划配置全部转变为市场配置，初步形成了通过签订劳动合同建立劳动关系的新机制。劳动合同制度在大多数企业普遍建立，城镇企业职工劳动合同签订率达到90%以上。劳动关系三方协调机制建设取得突破性进展，劳动争议处理工作继续加强，与“十五”相比，玉龙县年均受理劳动争议案件增长了30%，结案率提高了5个百分点，达100%。

三　人力资源管理和社会保障工作中存在的主要困难和问题

玉龙县人力资源和社会保障局开展了很多卓有成效的工作，也取得了可喜的成绩，特别是因开展新型农村和城镇居民社会养老保险工作突出，被国务院授予“全国新型农村和城镇居民社会养老保险工作先进单位”称号，因开展“四群”教育活动成绩突出，被丽江市委评为“创先争优先进基层党组织”，同时还被县委、县政府、县人大、县政协等部门授予“办理十四届人大四次会议代表建议先进单位”“新农村建设指导员工作先进单位”等荣誉。

虽然各方面工作都取得了明显的成果，但也存在着许多困难和问题，玉龙县仍然存在一部分就业困难群体，这部分人主要集中在缺少文化知识和就业技能且年龄偏大的下岗失业人员和被征地农民中。社会保障制度还不完善。在养老保险方面，虽然实现了养老保险制度的全覆盖，但不同人群之间的制度衔接还有待进一步完善，基本养老保险覆盖面还有待扩大；医疗保险方面，参保对象医疗费个人负担仍然较重。具体原因如下：

（一）人才的总量仍不能满足经济社会发展需要

人才相对过剩和结构性短缺的矛盾仍然十分突出，重点行业、支柱产业急需的高层次人才紧缺，人才使用效益不高，市场配置人才资源的基础性作用发挥不够。劳动关系矛盾仍然突出。随着社会发展变革，近年来玉龙县劳资纠纷、工伤案件呈现增长势头，劳动监察执法手段有限，执法力量相对不足，民工欠薪隐患不可小视。

基础设施薄弱，体现在公共服务职能所必需的服务场所、服务设施等建设严重滞后，无固定办公场所，区县分设后所用的办公场所都是在东拼西借地解决。无法更好地为服务对象提供优质、高效的服务，严重制约了劳动和社会保障事业更好、更快地发展。劳动力“三破头”现象明显，新生劳动力逐年增加，玉龙县就业岗位总量不足，劳动力供需矛盾突出，就业形势仍然十分严峻，不容乐观。玉龙县作为一个省级贫困县，工业经济不发达，以前一批高能耗、高污染、严重破坏生态环境的国有企业已关停并转，没有能容纳大量劳动力的企业。玉龙县已进入新成长劳动力的高峰期和进城务工农村劳动力转移就业的加速期，岗位供求总量矛盾较大。

（二）劳动力结构性就业矛盾凸显，就业工作压力加大

部分劳动者技能单一、年龄偏大、就业观念难以适应市场竞争的需要，就业难的问题仍很突出。目前劳动力市场对劳动者的文化程度和技能的要求越来越高，而这部分需要就业的人员，由于文化低、综合素质不高，缺乏竞争力，“有人没事干，有事没人干”。简单劳动人员过剩，而

有一定技术的人员和管理人员严重缺乏。人员多、人才少的矛盾较为突出，特别是农村劳动力因缺乏专业技能而难以就业。大多数未经过专业技能培训的城乡劳动力，就业竞争力普遍较差，从事的又多是体力劳动和技术含量低的工作，所以收入偏低，就业不稳定。具备一定技能人员的紧缺，使当前城乡劳动力结构性就业矛盾更加突出。劳动技能培训单一、培训职级较低。从目前情况来看，玉龙县在餐饮业、养殖业、种植业等工种的培训较多，而劳动力市场急需的中、高级专业技术工种培训严重不足，如高压焊工、机械维修人员、导游服务人员等。家政服务、社区管理服务行业从业人员几乎是零培训，直接上岗，这已成为就业工作面临的一大瓶颈问题。企业，尤其是个体私营企业，劳动用工不规范，劳动力就业不稳定。部分企业为降低成本，不与员工签订劳动合同、不给员工办理社会保险，有的企业甚至故意压低工资和拖欠工资，超时加班、随意辞退和裁员的现象比较普遍，加之绝大多数职工自我保护意识淡薄、法律知识贫乏，在自己合法权益受到侵害时大多忍气吞声，导致临时性用工现象突出，用工流动性较大，造成就业不稳定。这些违法行为严重损害了职工的合法权益，使职工在工作中有后顾之忧，企业也面临较大的风险。

（三）社会保险覆盖面窄，且扩大覆盖面难度非常大，制约了保障功能的发挥

社会保险在国有和集体企业的扩大面潜力有限，而为数众多的非公有制经济从业人员、灵活就业人员尚未完全纳入社会保障。养老保险制度亟待进一步完善，进城务工人员、被征地农民和农村老弱人群的社会保障问题日益突出，地方财政对社会保障的投入过少。

要推进以改善民生为重点的社会建设，需要促进就业增长，完善社会保障体系；需要实施扩大就业的发展战略，促进以创业带动就业；需要深化收入分配制度改革，增加城乡居民收入；要加快建立覆盖城乡居民的社会保障体系，保障人民基本生活。国民经济的持续快速健康发展，为推进就业增长，进一步完善社会保障体系提供了强大的经济基础。玉龙县的经济发展也随着全国经济形势突飞猛进，国民经济一直保持平稳较快增长势头。截至 2009 年，我国国民生产总值达到 33 万亿元，比上一年增长了 8.7%，玉龙县实现国民生产总值 171884 万元，比上年同期增长 14.68%。

目前是玉龙县加快小康社会建设，实现经济社会发展历史性跨越的关键时期。促进城乡就业和完善社会保障体系既面临难得的机遇，也面临严

峻的挑战，城乡就业和社会保障压力仍然很大。就面临的机遇而言，促进城乡就业增长和完善社会保障体系是化解社会矛盾、促进社会公平、构建和谐社会、维护社会稳定的重要措施，已经引起各级党政领导的高度重视和社会各界的广泛关注，其地位和作用越来越突出。各级党委、政府高度重视劳动保障工作，为实现劳动保障事业可持续发展提供了政治保证，将让劳动保障工作在保障劳动者基本生活、维护社会稳定和促进经济发展方面发挥越来越重要的作用。国民经济持续快速增长，财政收入也将持续增加，将为实现劳动保障事业可持续发展提供强大的经济基础。就业岗位逐步增加，玉龙县经济有望进入一个新的稳定增长周期，综合实力将明显增强，这就为扩大就业、完善社会保障体系、建立和谐稳定的劳动关系创造了更为有利的条件。

通过培育、发展劳动力市场，逐步建立市场导向的就业机制，从而更加有效合理地配置劳动力资源。分配制度将进一步完善，分配格局更加合理。养老、失业、医疗、工伤、生育保险制度改革将进一步深化，市场经济体制的建立，将进一步推动社会保障体系的建立与完善。劳动保障工作是创造和谐社会的重要内容，劳动关系越来越成为经济社会生活中最基本、最重要的社会关系。加强劳动关系调整工作是协调劳动关系双方利益，维护双方特别是劳动者合法权益的重要手段，是化解社会矛盾、促进社会公平、维护社会稳定的重要措施，已经引起各级党政领导的高度重视和社会各界的广泛关注，其地位和作用将越来越突出，这就为进一步做好劳动关系调整工作创造了有利条件。

随着国家加大力度实施新阶段扶贫开发，建设社会主义新农村，加强基础设施建设，加快发展非公有经济，促进服务业壮大规模，提高城镇化水平，为增加就业岗位、转移农村劳动力和完善社会保障体系提供了良好的机遇。随着社会主义市场经济体制的进一步完善，市场机制将会在扩大就业和建立社会保障制度等方面发挥越来越大的作用，为促进城乡就业和完善社会保障体系提供内在动力。积极就业政策进一步完善，城镇基本养老、基本医疗、失业、工伤、生育保险和城市居民最低生活保障制度基本确立，就业和社会保障的制度和政策框架初步形成。

面临的挑战是就业形势依然严峻，劳动力供求矛盾和结构性矛盾依然突出。下岗失业人员、进城务工农民工、高校毕业生返乡这三股人员形成的就业人员“三破头”现象明显，特别是高校毕业生的就业形势最严峻。

近几年，玉龙县每年的高校毕业生1000多人，而能被安排到行政事业单位的岗位只有120个左右，只占总数的12%，其余的88%都要流入社会，而这些高校毕业生的就业观念还未转变。“十一五”期间，玉龙县城乡需要安排就业的人员达42538人（其中城镇4790人），而最终只安排了27269人（其中城镇2978人），未能实现就业的人数达15269人（其中城镇1821人）。“十二五”期间，预计玉龙县城乡新增劳动力10720人（其中城镇3250人），加上“十一五”期间未就业的15269人（其中城镇1821人），“十二五”期间玉龙县需要就业的城乡人数达25989人（其中城镇5071人）。根据统计的预测，“十二五”期间城乡新增就业岗位和补充自然减员岗位只有1753个，供大于求24236人，这一数字还不包括外来人员到玉龙县寻找就业岗位的人数。

（四）就业结构性矛盾尤为突出

劳动者平均受教育程度和技能等级偏低，各级各类专业技术人员严重短缺，技能人才特别是高技能人才数量极少。玉龙县城乡从业人员中，初中及初中以下文化程度的占40%以上，无技能或低技能人员占35.5%以上，高级工、技师和高级技师等高技能人才仅占技术工人总数的18%。部分行业和弱势群体的就业问题更难解决。

（五）失地农民的就业矛盾显得越来越尖锐

“十一五”期间，由于玉龙县交通、水利等基础设施和城镇化建设步伐加快，建设项目占用大量农用地，累计造成失地农民约4200人，致使农民失地又失业，缺乏生活、就医、养老等基本保障。“十二五”期间，随着丽大高速公路、丽香铁路等大项目的开工建设和城市化进程的进一步加快，还需要征用大量的土地，失去土地的农民将更多，失地农民的就业问题将成为难度极大而又亟待解决的问题。

大部分待业或失业人员的择业观念与市场经济要求不适应。相当一部分待业或失业人员创业意识不强，“等、靠、要”思想严重，不敢面对竞争，不愿从事艰苦岗位，“有人没活干、有活没人干”的现象明显。市场导向就业机制尚不健全。统一开放、竞争有序的城乡劳动力市场体系尚未形成；就业服务基础较为薄弱，以培训促创业、以创业带就业的就业倍增格局还未形成；劳动者创业环境有待进一步改善、就业质量有待进一步提高、择业观念有待进一步转变；扩大就业的经济发展模式尚未完全建立；小额担保贷款，“贷、免、扶、补”等再就业扶持力度有待进一步加强，再就业政策的扶持效应还未得到充分显现；各项促进就业的政策、机制、措施还没有形成相辅相成、协调发展的格局，促进就业的长效机制尚待进一步建立。建立和完善社会保障体系的任务十分艰巨。社会保险扩面征缴越来越难，玉龙县的社会保障离真正意义上的全覆盖还有较大差距。农民特别是失地农民、进城务工人员、大部分农村贫困农民和非公有制从业人员的社会保障权益维护亟待加强。困难企业、困难人员参加养老保险、医疗保险的难度大。社会保险费征缴方式还不能适应市场就业的要求和就业方式多样化的需要。企业和职工对社会保险的信心有待进一步增强。社会救助体系不够健全，救助能力比较脆弱。

（六）劳资矛盾依然存在，劳动关系更加复杂化，构建和谐劳动关系难度增大

就业形式多样化、复杂化，劳动力流动频率加快，劳动关系将更趋复杂多变，给劳动关系调整带来新的挑战。少数用人单位安排劳动者超时加班、拖欠和克扣劳动者工资等侵害劳动者合法权益的现象依然存在，劳动争议继续呈上升趋势，劳动争议预防处理工作仍将面临较大压力，在劳动保障领域维护社会稳定的任务依然十分艰巨。党政机关、企事业单位的劳动合同签订率较高，农民工劳动合同签订率还比较低。劳动争议案件增多，情况复杂，处理难度大。许多企业只顾自身的经济利益，对农民工工伤保险金和农民工工资保证金的问题认识不到位，全面推进“两金”制度困难较大。

（七）社会保险覆盖面窄

现行社保制度覆盖的主要是城镇有单位依托的从业人员，存在覆盖正规就业、不覆盖非正规就业，覆盖城镇、不覆盖农村，国有企业高覆盖、其他所有制企业低覆盖的问题。许多个体劳动者、自由职业者和其他灵活就业人员没有纳入覆盖范围，成千上万进城务工或经商的农民和广大农村居民，基本没有保障。因现行社保制度是针对有固定用人单位的正规就业形式设计的，所以费率过高，既不利于企业，特别是中小企业和非公有制企业的就业者，也不利于鼓励劳动者从事各种灵活就业。

（八）失业保险的促进就业功能未能充分发挥

失业保险金的征缴存在较大困难，主要原因是县财政困难，财政补助部分未能兑现。我国失业保险制度目前还基本停留在生活保障的层面上，

且生活保障的时间过长，在就业压力长期存在、下岗失业人员再就业困难的情况下，失业保险的功能应逐步从生活保障向就业保障转化。

第二节　扶贫与移民问题

由于玉龙县经济总体实力薄弱，财力有限，县本级财政支农力度小，农田水利等基础设施非常薄弱。农民主要从事着传统的农业生产，由于土、肥、水等种植的基本条件差，抵御自然灾害的能力弱化，生产受严重影响；加上玉龙地处山区，气候复杂，低温冷冻害、干旱、洪涝、大风、冰雹等气象灾害频发，严重影响农作物的生长，投入高、产出低，农业生产长期效率低下，贫困村遇自然灾害就容易出现返贫，农民增收缓慢，生产积极性低，扶贫与移民任务繁重。

一　海拔 2600 米以上特困村基本情况和发展现状

（一）调查范围、人口及经济状况

玉龙县有 701 个贫困村民小组分布于海拔 2600 米以上的高寒冷凉山区，涉及总人口 26578 户 105939 人，其中有纳西族、傈僳族、彝族、普米族、白族、藏族等少数民族人口 88836 人，占总人口的 83.85%。2010 年人均纯收入 669 元，人均有粮 424 公斤。有农村五保户 1232 人，享受低保人数 5849 人，参加养老保险 380 人，参加新型农村合作医疗 100085 人，参合率 94.47%。有 5911 户住房困难，占总户数的 22.2%；423 个村民小组 43628 人饮水困难，占总人口的 41.18%；丧失生存环境人数 3192 人，占总人口的 3%；59 个村民小组未通电话，225 个村民小组未能有效接收广播电视。

部分村社在“八七”扶贫攻坚、“十五”及“十一五”时期已经实施过安居、易地及重点村、整村推进等扶贫开发项目，群众的生产生活状况有了一定改善。此次调研过程中，玉龙县选择了 13 个乡（镇）、37 个村委会海拔 2600 米以上的 81 个村民小组，其中西部 9 个乡（镇）、30 个村委会、65 个村民小组；中部 1 个镇、2 个村委会、3 个村民小组；东部 3 个乡、5 个村委会、13 个村民小组开展实地调研。涉及农户 3057 户，总人口 12498 人，占玉龙县 2600 米以上高寒山区人口总数的 11.8%。有彝族、纳西族、普米族、白族、傈僳族、汉族 6 个民族，其中彝族 166 户

711 人，占调查总数的 5.68%；纳西族 1692 户 6891 人，占调查总数的 55.13%；傈僳族 1025 户 4151 人，占调查总数的 33.22%；藏族 59 户 255 人，占调查总数的 2.05%；普米族 34 户 148 人，占调查总数的 1.19%；汉族 81 户 342 人，占调查总数的 2.73%。81 个村组共有劳动力 7070 人，占总人口的 56.56%；常年外出打工人数 989 人，占总人口的 7.9%；供养五保户 167 人，享受低保人口 859 人，占总人口的 6.87%；参加新型农村合作医疗 11765 人，参与率 94.13%。到 2010 年年底，81 个特困村农民人均纯收入 628 元，人均占有粮食 281 公斤，86%的人口处于深度贫困，特别是居住海拔 3000 米以上的彝族群众，如鲁甸马场、美念不、巨甸后箐大羊场、黎明古盘古、各朗打、石鼓格子后山、宝山高寒等村社，自然条件极为恶劣，基础设施极其脆弱，群众生产生活极端困苦。

（二）自然资源状况

81 个被调查村共有耕地面积 34573.4 亩，人均 2.76 亩，均为旱地，“望天田”现象非常严重；林地面积 116 万亩，人均达 93 亩，森林资源极为丰富。种植玉米、洋芋、苦荞等传统农作物村社 56 个，种植中药材村社 22 个，种植经济林果村社 2 个，产业空白村社 1 个。81 个村均有养殖牛、羊、猪、鸡等传统养殖业，但数量极少，出栏销售不多，形不成规模，基本以自给自足为主。

（三）社会基础状况

81 个被调查村中，目前存在饮水困难的人数达 2226 户 8904 人，占总人口的 71.24%；1206 户住房困难，其中 1017 户还居住在黄板房之中，占总户数的 39.45%；丧失基本生存条件的有 804 人，占调查总数的 6.4%，急需易地扶贫；有 24 个村民小组还未通公路，其余 57 个通路的村组中，仅有个别村组的道路实施了硬化建设，绝大部分村组只有简易的进村公路，晴通雨阻现象严重；未通电话村民小组 13 个，未通广播电视村民小组 4 个，未通电村民小组 4 个，群众文化生活困难；绝大部分村社光热条件不足，居住环境差，极大地制约了贫困山区的生产发展。

二　特困村经济社会发展的主要困难

（一）自然、气候条件恶劣，生存资源匮乏，农民增收缓慢

玉龙县地处青藏高原向云贵高原过渡的衔接地带，山地面积 4879.69

平方千米，占国土面积76.33%；县境内山高谷深，在山地和江河之间散布着狭缓谷地，为玉龙县主要农耕区，面积60.3万亩，占国土面积6.28%，农业人口人均耕地2.74亩，但其中中低产田面积达到44.29万亩，占总耕地面积的73.44%。在20世纪七八十年代，由于森林资源的过度砍伐，生态环境遭受严重破坏。据统计，玉龙县地质灾害危险监测点134处，稳定性差的有41处，稳定性较差的有93处，重点防护地质灾害危险点41处。

（二）自然灾害频繁，贫困成因多样

（1）地质灾害影响农村经济社会事业发展。

玉龙县境内地质构造发育特别，大部分地区地形切割强烈，起伏大，地势陡峻，地质灾害点多且分散，主要为滑坡、崩塌、地面塌陷、泥石流等（如鲁甸乡太平村委会就集中了所有的地质灾害类型，直接威胁着12个村民小组1763人的生命财产安全），这些灾害在汛期、雨季极易发生地质灾害，危及人民生命财产安全。据2010年对玉龙县134处地质灾害危险点调查统计，稳定性差的点41个，稳定性较差的点93个，玉龙县重点防护的地质灾害危险点41处。2010年玉龙县发生地质灾害15起，农村经济直接损失134.4万元。目前，玉龙县受地质灾害威胁的人数达592户2846人，每年政府和农民都需要投入大量人力、物力、财力治理地质灾害，影响当地农村经济发展，给农民脱贫增加了困难。

（2）气象灾害影响农村经济社会事业发展。

玉龙县地处山区，因20世纪50年代大炼钢铁时期和80年代木材开放时期对森林资源的过度采伐，致使山区农村气候复杂多变，气象灾害频发。影响山区农村经济社会事业发展且发生频繁、范围广、影响大的气象灾害主要有洪涝、干旱、低温冷害（春寒、小满寒、寒露风、冰雪、霜冻）、大风、冻雹等。

玉龙县年降水量859.4毫米，雨期集中在七、八、九三个月，暴雨洪涝灾害在玉龙山区农村司空见惯，几乎年年都有发生，山洪给稻谷及其他农作物及水利设施、群众财产带来严重损失。2008—2010年，玉龙县连续3年出现洪涝灾害，13.6368万人受灾，农作物受灾64477.5亩，造成直接经济损失2617.63万元；玉龙县由于雨季终止日偏早，地下资源和植被破坏严重，干旱灾害频繁发生，据统计，玉龙县伏旱年概率18.33%，秋旱年概率38.33%。2009—2010年，玉龙连续两年出现严重的伏秋连旱

灾害，玉龙县16个乡（镇）受灾，受灾人口20.6433万人，农作物受灾面积31.33万亩，9座中小型水库干涸，农村96360人饮水困难，造成玉龙县直接经济损失6914.28万元。

玉龙县大部分农村处在高海拔地区，低温冷害频发，气候恶劣，旱涝灾害并存，泥石流、风灾、雨雪冰冻等灾害易发。部分地区水土流失严重，石漠化、荒漠化危害严重。生态环境脆弱，承载能力有限。发展与生态保护矛盾比较尖锐，产业结构调整受生态环境制约大。如2008—2009年年初严重冰冻灾害，玉龙县13个乡（镇）受灾，受灾人口1.9618万人，农作物受灾面积26110.5亩，造成直接经济损失930.05万元；玉龙县风雹灾害几乎年年发生，仅2008—2010年，就有11个乡镇3.7056万人受灾，农作物受灾117270亩，绝收98470亩，造成直接经济损失8420.89万元。2008—2010年，玉龙县因风雹灾、旱灾、洪涝灾害和低温冷害造成的直接经济损失高达18892.85万元。

（三）基础设施落后，生产生活成本偏高

大部分贫困村处于高寒山区之中，那里气候恶劣、交通不便、生产落后，有的村虽然通了路但由于路况较差、资金短缺、无力养护，导致与外界物质交流和商品交换十分困难，很多农业生产难以发展，农民始终在贫困中挣扎。目前，81个被调查村民小组还有24个组没有通公路，71.55%的人没有清洁安全的饮用水，39.45%的人居住于黄板房或危房之中；由于普遍远离村委会，村民的文化生活和求医问药十分困难。

（四）缺乏支柱产业，农民长期稳定增收困难

81个特困村民小组大部分农户靠传统种、养殖业维持生计。他们参与产业结构调整的能力非常弱，收入渠道狭窄，经济收入增加缓慢。由于没有支柱产业，92.1%的农户家庭收入只能依靠传统的种、养殖业来维持，7.9%的农户家庭收入依靠外出务工。

（五）农民素质普遍较低，自主脱贫意识不强

贫困人口中，大多数农民思想观念陈旧，小农思想严重，对怎样脱贫致富懒于思考、怕困难、怕担风险；有些农民想致富，但受地理位置、经济条件等因素的制约，又难以找到一条致富的门路；农民素质偏低，信息渠道狭窄，接受新知识、新技术的能力差，导致农业生产力水平得不到提高，农业生产效益跟不上。特别是受贫困的影响，农民受教育的面不广，

贫困农民脱贫的难度加大。据调查：81 个特困村民小组中，高中文化以上（含高中）的劳动力只有 433 人，占被调查总人口的 3.46%，占劳动力的 6.12%，小学和初中文化程度占了 68%，文盲和半文盲占了 28.54%。劳动力文化素质偏低，不仅影响了农业生产经营效益，而且还影响了他们外出务工竞争收入较高的就业岗位机会。

（六）宏观经济影响严重

近年来，受国家林业政策调整、气象灾害、全球金融危机等因素的影响，玉龙县农村农产品价格市场一直处于低迷状态，农民靠农产品价格因素增收和外出打工增收的难度加大，贫困村农民以传统种、养殖业为主的支柱产业难以发挥效益，严重影响了农民的增收，造成部分脱贫户返贫。

（七）融资渠道单一，扶贫投入严重不足

贫困村农民生产投入普遍缺乏，有些农户连化肥、农药等生产资料都无钱购买，最基本的耕作器械，如耕牛也买不起，更谈不上去推广新技术、新品种、发展多种经营。尽管近几年来，国家对这些贫困地区给予了极大扶持，但因受地理条件等多种因素的制约，还是难以满足贫困户发展生产的需要。当前，金融部门的条块管理，导致政府部门与之协调的能力不断在减弱，加之，扶贫资金投入较少、扶贫机制不完善，严重影响了贫困村支柱产业的发展。

三　扶贫工作和典型经验

2006 年以来，玉龙县全面贯彻落实《玉龙县“十一五”扶贫开发规划》，坚持开发式扶贫方针，统筹城乡发展，完善思路，突出重点，增加财政扶贫投入，以贫困村和贫困户为对象，以增加农民收入为目标，以改善贫困地区生产生活条件为重点，政府主导、全社会共同参与，各级各部门团结协作，奋力拼搏，克服重重困难，努力加快贫困地区经济社会发展。贫困地区基础设施进一步改善，综合发展能力进一步增强，贫困人口进一步减少，贫困地区面貌发生了深刻变化。

（一）扶贫工作的进展

2006—2010 年，玉龙县各类扶贫资金投入达 20369.18 万元。其中各级财政扶贫资金 4029.4 万元（中央、省级 3379.4 万元、市级财政扶贫资金 650 万元）；扶贫贴息贷款 13584.6 万元（产业信贷扶贫贴息贷款

7584.6 万元、小额信贷资金 6000 万元）；整合涉农部门项目资金 399.5 万元，群众自筹和投工投劳折资 1875.68 万元。共实施省级“整村推进”项目 112 个，市级“整村推进”项目 34 个，完成 728 户安居工程，组织实施了 1172 人的易地搬迁扶贫开发项目；实施完成 11000 人的劳动力转移培训；组织实施中央科技产业项目 6 个；“母婴平安 120 项目”顺利实施，资助孕产妇 3457 人。

通过以上项目的实施，玉龙县新增及改善农田灌溉面积 1.83 万亩，粮食增收 3.2 万吨；新增沟渠 60 千米、小水窖和水池 316 个、人畜饮水管道 117.12 千米，解决 1.86 万人、3.2 万头大小牲畜的饮水困难；实施“安居工程”728 户，新建房屋 728 所，户均 60 平方米，计 43680 平方米，房屋维修改造 426 户 426 所，户均 70 平方米，计 29820 平方米；新建节柴灶 2112 口、沼气池 521 口，改厕、改厩 486 户，计 12150 平方米；新建卫生厕所 22 所，篮球场 8 块，修建文化活动中心 9 所，面积 1800 平方米，修建垃圾池 32 个；新开挖村道 61.3 千米，新建砂石路 47 千米，实施村道硬化 368 千米，埋设涵管 462 根，建设水泥桥梁 12 座；建设生态林 100 亩；发展经济作物 2480 亩、经济林果 56200 亩、中药材 7030 亩；扶持发展稻田养鱼 1600 亩，养蜂 1350 箱，新建和改造畜圈 41350 平方米，引进大小牲畜种 1046 头（只），扶持养殖大小牲畜 5784 头（只），发展大牲畜 12310 头；实施科技培训 255 期，培训 20164 人次，制作项目标志碑 180 块。以上项目覆盖玉龙县 16 个乡镇 1.8 万户 5 万人，使近 10 万人受益，减少贫困人口 3.77 万人，使玉龙县贫困地区经济社会取得了长足发展。扶贫开发为玉龙县农村小康建设奠定了坚实基础，实现了农村贫困人口数量持续下降，农民收入稳步提高；农村基础条件有了较大改善，贫困农民的可持续发展能力明显增强和农村的各项社会事业有了长足进步，贫困农民的生活水平不断提高的三个目标，为玉龙县民族团结、社会稳定、全面建成小康社会和构建和谐社会做出了积极的贡献。

在项目规划和建设过程中，玉龙县始终坚持“项目建设向最困难地区和群众倾斜”的原则，累计投入扶贫资金 5565 万元，将 23 个省级整村推进项目、7 个市级挂钩项目、13 个异地开发扶贫项目、6 个外援项目、安居工程 728 户、劳务输出 1000 人、小额信贷资金 3200 万元安排在海拔 2600 米以上高寒贫困山区村社实施。极大地改善了贫困山区村社的道路、交通、住房、卫生、人畜饮水、农田水利设施等生产生活条件，培育和支持了农业产业发展，提高了贫困群众的生产生活水平。

投资1455.58万元，实施13个村民小组的易地扶贫开发项目，转移安置丧失基本生存条件的特困农户1172人；实施安居工程728户，解决了3842人的住房困难，使他们告别了祖祖辈辈居住的破烂茅草房和杈杈房，搬进了宽敞明亮的新居。

贫困群众稳定增收的产业逐步形成。2006—2010年，玉龙县共投入财政扶贫资金480万元（群众自筹及投工投劳折资637.2万元），投入扶贫贴息贷款13584.6万元（其中3200万元投入到海拔2600米以上高寒贫困山区村社），集中扶持培育了利华、生态牛奶等一批农产品加工企业和烤烟、青梅、魔芋、蔬菜、花椒、中药材、畜禽养殖等一大批增加贫困地区农民收入的种、养、加特色产业。带动31250户农户发展农产品优势产业基地4万亩，产值达到1.6亿元；高寒山区产业化建设已经初具雏形，如鲁甸乡甸南、甸东，拉美荣，安乐同定子，杵峰大、小村等村社的中药材种植产业、塔城洛固村洛西1—6组的生态养殖业、太安乡洋芋产业和观光农业、白沙乡文海以及大具乡雪花村的旅游服务业的发展等，农户通过农业产业化经营和第二、第三产业的开发增加收入0.6亿元，户均1920元，为构建玉龙县高寒贫困山区群众增收长效机制做出了有益的探索和尝试。

贫困地区劳动力转移就业能力进一步提升。玉龙县初步建立起政府主导、企业订单、市场导向、学校竞标、学员自主择业、培训到人、扶贫到户的有效培训输出体系。到2009年，玉龙县劳动力累计转移输出11000人，玉龙县劳务输出收入近亿元。其中88个海拔2600米以上的被调查村社输出989人，劳务输出收入近千万元，劳务经济已成为玉龙县高寒贫困山区农民增收的一大亮点。

贫困地区基础设施建设得到加强。2006—2010年，投资948.74万元（其中财政扶贫资金485万元，整合部门资金及群众投工投劳折资463.74万元），在12个乡镇30个高寒贫困山区村民小组实施23个整村推进项目和7个市级挂钩项目，加强贫困地区基础设施建设，加快发展社会事业。同时整合其他相关部门政策和资金，在高寒贫困山区实施了天然林保护、退耕还林工程、农村替代能源建设、水土流失治理等工程，有效保护和改善了贫困地区生态环境，增强了贫困地区可持续发展能力，项目使30个村民小组3749人直接受益。

（二）典型经验：南尧——易地搬迁斩穷根

玉龙县拉市乡上南尧东村三、四组是拉市乡东北部山区的彝族村社，距南尧村委会 7 千米，距拉市乡人民政府 20 千米。海拔 3200 米，年平均气温 7.5℃，年降水量 800 毫米，国土面积 35060 亩，退耕还林面积 428 亩，人均耕地 2.5 亩。由于气候冷凉，只能种植洋芋、苦荞等农作物，粮食总产量 3 万千克，人均 150 千克。全村辖 2 个村民小组，有农户 35 户，人口 200 人，均为农业人口。2007 年全村经济总收入 72760 元，农民人均纯收入 580 元。村民收入结构单一，没有其他经济收入来源，属于绝对贫困村。

根据该村实际情况，玉龙县决定实施易地扶贫开发转移安置项目。项目设安置点 1 个，总投资 969.85 万元（财政扶贫资金 100 万元，群众投工投劳折资 50 万元，县政府多渠道整合资金 819.85 万元），于 2008 年 7 月启动，实施了安居工程、村道建设、农田改造、供电设施、人畜饮水和产业建设，2010 年 1 月建设完成并取得明显成效。

这些举措改善了项目区迁出地的生态环境，缓解了生态压力，通过实施退耕还林、荒山造林等生物措施，使迁出区已经恶化的生态环境得以修复和改善；通过项目实施，迁入地实现了水、电、路三通，家家户户住进了宽敞明亮的新房子，移民生产生活条件得到了极大改善，生产成本降低，生产效率提高，为稳步增收奔小康创造了良好的基础条件；通过项目实施拓宽了移民就业渠道，安置点靠近拉市旅游区，移民劳动力由原来单纯从事农业转向从事二、三产业，就业渠道增多，提高了移民的生产生活水平；移民的经济结构发生了明显变化，收入稳步提高。搬迁之前，移民人均纯收入不足 600 元，搬迁后由于劳动力转向报酬更高的旅游服务业，人均收入大幅增加促使移民思想观念发生改变，由过去得过且过的懒散习气逐渐改变为勤俭节约、努力创收，人人都在找致富路子，家家在寻生财之道，移民安置区呈现出一派团结、和睦、竞争、奋发向上的社会主义新农村崭新气象。移民安置项目的建设和取得的成效还受到了省、市扶贫办和省政府领导的充分肯定和高度赞扬。

（三）实施扶贫移民项目取得的经验

（1）项目实施必须因地制宜、因事制宜。

选择移民对象应坚持三个基本条件：第一，要确认移民对象居住地自然环境恶化，已经丧失了最基本的生存条件；第二，要体现移民主体的主观愿望，即移民对象有强烈的搬迁愿望；第三，移民能承担一定的搬迁费用。项目规划应坚持“缺什么补什么”的原则，重基础设施建设的同时更应该考虑产业建设和发展，重视培育新的替代产业和经济增长点，同时加大对移民的技术和技能培训，才能实现“搬得出、稳得住、能致富”的易地扶贫开发建设目标。

（2）必须动员社会力量广泛参与。

异地项目的建设涉及土地协调、就业安置、资源调整等诸多环节，涉及国土、交通、水利、林业等多个部门，任何一个环节出现问题都会影响项目全局。只有做好宣传发动，统一好方方面面的思想，才能动员和协调相关单位和部门，多渠道整合项目建设资金，群策群力，千方百计搞好项目建设；才能使广大移民自觉投身于建设新家园、建设新生活的实践中，才能使项目建设顺利完成，产生“搬迁一个村，改善一方生态环境，致富全村人”的综合效益，使项目建设真正达到事半功倍的效果。

（四）扶贫工作有待加强的方面

（1）加大基础设施建设力度，努力改善贫困山区村社生产生活条件。

交通不便、通信设施落后、能源不足仍是制约贫困山区经济发展的重要因素。因此，下一轮扶贫工作一定要加大力度，尽快结束贫困乡村基础环境较差的状况。目前，就玉龙县贫困村而言，重点应抓好乡村道路硬化建设、农村人畜饮水工程建设、农田水利基础设施建设、贫困村危房改造等，争取把它们作为未来整村推进扶贫规划硬性任务来安排，力求从根本上解决它们。

（2）加快农业结构调整步伐，努力增加贫困群众经济收入。

贫困村要以市场为导向、以资源为依托、以科技为支撑、以效益为核心，重点发展以核桃为主的林果产业，继续把核桃产业作为农民脱贫的主导产业，进一步调整产业发展思路，抓好核桃培管、营销、品种改良，提高林果质量，增强经济效益；要抓好以牛、羊、猪、鸡为主的畜牧业，以花椒、雪桃、中药材为主的特色种植业。同时，贫困村要以农产品为原料，以加工或销售企业为龙头，通过培育拳头产品带动基地建设，通过基地建设联系千家万户，各贫困村要根据地方特色和优势，通过公司+农户、公司+基地、专业协会+基地等形式，依靠科技发展优质高产、高效农业，提高贫困群众的经济收入。

（3）加大劳务科技培训力度，努力提高贫困群众整体素质。

扶贫开发参与的主体是农民，帮扶的主体也是农民，农民群众科技素质的高低，直接关系着科技转化为生产力的程度和扶贫开发的兴衰成败。因此，在扶贫开发中，要坚持把培训农民、提高素质作为治本之策，增强农民的致富能力。全面推广农业先进实用技术，为扶贫开发和农村经济发展提供智力支持。搞好示范带动，使农民转变观念，掌握技术，增强致富的信心和决心。加大对外输出务工农民的培训力度，重点开展转岗就业培训、回乡创业培训、产业开发实用技术培训，扩大就业渠道，提高贫困群众的整体素质。

（4）加强农村保障体系建设，努力增强农民抵御风险能力。

贫困村群众因病、因残疾，因收入不稳定性，造成返贫的人口较多，而导致这种局面的主要因素是农村社会保障体系不健全，农民抵抗风险能力较弱。因此，建立一套完整的农村社会保障体系也是扶贫工作的一项重要任务。当前，要进一步健全农村贫困人口的最低生活保障制度，将农村没有劳动能力的贫困人口及时纳入社会救助范围；要进一步搞好农村低保与扶贫开发政策，有效结合管理体系建设，将农村贫困人口中有劳动能力的人及时纳入扶贫范围，提高他们的生产发展能力；要尽快建立农民养老保险金制度，使外出务工的农民能在为当地和家庭创造财富的同时，解除自己的后顾之忧，从一定程度上遏制贫困人口的发生；同时，玉龙县还要进一步加强农村医疗、农民就业等社会保障体系建设。

就玉龙县扶贫开发面临的形势与任务而言，扶贫开发取得巨大历史成就。区县分设 9 年来，特别是“十一五”期间，玉龙县委、县政府高度重视扶贫工作，团结带领广大干部群众艰苦奋斗，不断创新扶贫开发方式，千方百计加大扶贫开发投入力度，广泛动员社会各界扶贫济困，扶贫开发取得巨大成就。在云南省内，玉龙县属于经过扶贫攻坚努力，能够建成全面小康社会的第二梯队，目前在特色农业、旅游、水电资源方面尚有较大的潜力和优势，需要居安思危，采取超常措施跨越发展，尽力缩小与周边兄弟县市之间经济方面的差距，力争在差异化发展、高原特色农业、文化产业、特色旅游、电力及其他加工业方面有突破，壮大县域经济综合实力。目前正在实施中的旅游业反哺农业试点县项目、农村金融改革试点县项目、生物资源开发创新项目、农特产品精深加工项目、旅游工艺品开发项目、云南清洁载能产业发展基地项目、矿电结合项目、清洁能源建设项目、“低碳国土”建设示范区项目正在积极推进和落实过程中，将极大推动玉龙县扶贫攻坚，实现跨越发展。

以上项目覆盖玉龙县 16 个乡镇，使近 10 万人受益，减少贫困人口 3.7 万人（绝对贫困人口 1.67 万人，低收入人口 2.1 万人）。玉龙县农民人均纯收入从 2000 年的 897 元增加到 2010 年的 3596 元，年均增长 14.98%。农村贫困现象明显缓解，贫困人口大幅度减少，贫困农民的可持续发展能力明显增强，收入水平稳步提高。贫困地区基础设施明显改善，社会事业不断进步，最低生活保障制度全面建立，农村居民生存和温饱问题基本解决。县委、县政府确定的战略目标基本实现，扶贫开发事业取得了巨大成就，为玉龙县民族团结、社会稳定、全面建成小康社会和构建和谐社会做出了积极的贡献。

玉龙县扶贫开发任务依然十分艰巨。由于历史和自然的原因，玉龙县的主要经济社会指标均低于全省、全国平均水平，与发达地区相比，差距更大，仍处于一个攻坚克难、爬坡追赶的发展阶段。自然条件差、扶贫难度大，经济欠发达、社会事业落后，仍是玉龙县最大的县情。具体表现为贫困面广、量大，贫困程度深。按照新的贫困标准统计，玉龙县农村人口 20.4205 万人中，就有贫困人口 15.5017 万人（其中绝对贫困人口 3.1 万人，低收入人口 12.4017 万人），贫困发生率达 75.9%，比全国高 72.1 个百分点。玉龙县 22.96%的农户饮水困难，82.79%的农户居住土坯房和木楞房，37%的农户获取生活燃料越来越困难。已解决温饱的贫困人口因灾、因病返贫现象十分突出。部分贫困群众还存在就医难、上学难、社会保障水平低等困难。

基础设施薄弱，市场体系不完善也是制约发展的主要因素。县内交通干道网络基本形成，但公路建设历史欠账较多，水利设施严重老化，电力和通信设施落后。有 46 个村委会不通沥青（水泥）路，420 个自然村不通公路，5 个村委会没有完成农网改造任务。区内仓储、包装、运输等基础条件差，金融、技术、信息、产权和房地产等高端市场体系不健全。产品要素交换和对外开放程度低，物流成本高，其结果导致经济发展水平低，特色产业滞后。2010 年，玉龙县人均地区生产总值和地方财政收入分别为 10290 元和 1299 元，明显低于全国平均水平。第一、第二、第三产业占比为 24%：26%：50%。缺乏核心增长极，缺乏具有明显区域特色的大企业、大基地，产业链条不完整，没有形成具有核心市场竞争力的产业或产业集群。产业化水平的落后引发社会事业发展滞后，基本公共服务不足。教育、文化、卫生、体育等方面软硬件建设严重滞后，城乡居民就业不充分。人均教育、卫生、社保和就业支出远低于全国平均水平。中高级专业技术人才严重缺乏，科技对经济增长的贡献率低。

玉龙县2010年人均地区生产总值和农民人均纯收入比例分别为36.27%：63.73%。县内城乡居民收入比为4.9：1，区域发展不平衡，城乡差距明显，县内各乡镇之间的发展差距也不同程度存在。

总之，正如当地各族百姓对贫困原因用鲜活生动的语言总结称："走不出村子（条件恶劣，交通不便）、鼓不起袋子（无支柱产业）、挣不到票子（扶贫投入不足）、活不了脑子（观念落后）、闯不出路子（技术、技能欠缺）、树不了样子（党员干部发挥带头作用不明显）"正是玉龙县农村贫困现状的真实写照。消除贫困既是经济问题，更是政治问题。消除贫困、改善民生、实现共同富裕是党的宗旨，是社会主义制度的本质要求，更是玉龙县党委和政府的不懈努力和追求。坚定不移打好扶贫攻坚战，落实精准扶贫计划，是统筹城乡区域发展、保障和改善民生、缩小发展差距、促进全体人民共享改革发展成果的重大举措，是维护团结稳定的必然要求。要用新的理念谋划扶贫开发工作，用新的机制提升扶贫开发工作，用新的举措推进扶贫开发工作。把精准扶贫开发作为推动玉龙跨域发展，实现"四个翻番""两个倍增""七大战略目标"的重要战略支撑和重大举措，作为统筹城乡、促进区域协调发展、构建重要平台和关键抓手，进一步坚定信心、明确思路，锁定目标、落实责任，以更大的决心、更强的力度、更有效的举措，举玉龙县之力打好新一轮扶贫攻坚战，把扶贫开发工作抓紧、抓实、抓出成效。

（五）玉龙县扶贫开发的战略与重点

实行不同区域的扶贫开发分类指导标准。根据贫困地区不同资源条件、生产力发展水平和扶贫开发的特点，将玉龙县贫困地区划分为高寒山区、山区、干热河谷区三个类型，对不同区域实行不同的扶贫开发指导标准，实行分类指导。高寒山区重点是坚持"以农养牧，以牧促农，农牧结合"发展草食畜牧业，挖掘小杂粮优势，开发药材资源，发展生态旅游业，积极稳妥地推进易地扶贫开发。山区重点是立足优势资源，突出特色，做大做强草畜产业、林果产业、马铃薯产业和中药材等产业，加快农业产业化经营步伐，提高自我积累和发展能力。金沙江干热河谷区重点是发挥资源优势，以市场为导向，以科技为支撑，加大农业产业结构调整力度，狠抓名特优新品种的发展，推进农业产业化进程，拓宽就业门路，加大劳务输出力度。

因地制宜实施整村推进扶贫开发规划。采取不同扶贫开发工作标准和扶持措施进行分类指导，切实抓好整村推进扶贫规划的审核和修订工作，有计划、有步骤、有重点地实施好整村推进扶贫规划。重点抓好六大建设：改善生产生活条件的基础设施建设；增加农民收入的产业建设；提高贫困人口素质的社会事业建设；改变村容村貌的文明新风建设；规范有序的民主法制建设；以村级党组织建设为核心，村务公开、民主管理为重点的基层组织建设。做到实施一个村，巩固一个村，自我发展一个村。

加快培育支撑贫困群众持续增收的产业。积极开展产业化扶贫，坚持以生产发展促进农民持续增收，整合各项支农资金、扶贫资金、科技产业扶贫资金、信贷资金与其他资金，着力支持贫困群众发展特色种养业和农产品加工业，促进贫困群众持续增收。加快贫困地区产业结构调整，巩固提升烤烟、白芸豆、魔芋、马铃薯、中药材、蔬菜、花卉等传统优势产业，培育壮大以丽江雪桃、苹果、青梅、核桃、花椒、山嵛菜、小杂粮等为重点的特色产业。调整畜牧业内部结构，重点发展草食型、节粮型畜禽，培育猪、牛、羊、禽等产业，大力发展种草养畜，做强畜牧业。把零星的小生产基地建设成有一定规模的基地，使基地规模化、规范化、品牌化、效益化。深化集体林权制度改革，大力发展经济林木，搞好林下资源开发，加快林产业发展。着力培育扶持一批农业产业化龙头企业和特色商品基地。大力实施农业科技进村入户工程，提高农业科技成果转化、应用、普及的能力和水平。加快贫困地区流通网络建设，大力发展农民专业合作社、综合服务社和农产品协会。

到“十二五”末，实现大多数贫困人口人均 1 亩经济林、1 亩经济作物、1 头商品畜；整村推进重点村发展 1—2 项稳定可靠、能带动农民持续增收的特色优势产业；每个乡镇培育 1—2 个特色明显、优势突出的支柱产业或特色产业；每个特色产品、每个基地都有专业合作组织。

（六）积极推动贫困地区劳动力转移就业

强化各级政府促进农村劳动力就业的公共服务职能，扶持培育中介组织，坚持政府主导与市场运作相结合的原则，充分利用现有教育资源，建立培训示范基地，突出技能培训，提高培训的针对性和实效性，着力提高贫困地区劳动力综合素质，增强劳动力转岗就业能力。加强就业信息服务网络建设，努力扩展就业渠道，建立输出输入地互动机制，依法维护和保障农民工的权益。到2015年，力争完成贫困地区劳动力转移就业0.5万人的任务，其中，整村推进村具备条件的农户户均转移培训1名富余劳动力。

（七）加强贫困地区基础设施和生态环境建设

继续加强贫困地区水利、交通、电力、通信等基础设施建设，尽快改变贫困地区基础设施落后的状况。坚持以整村推进为平台，加强对贫困村村容村貌的整治。突出抓好以治水改土为中心的农田基本建设，大力建设“五小”水利工程，发展节水农业，提高山区水利化程度。着力改善贫困地区交通和通信设施，加快农村电网改造和无电地区电力建设，降低农村电价，提高农户通电率。推进退耕还林、天然林保护工程和以沼气为主的新能源建设。以改善农村水土流失地区的生产生活条件和生态环境为着力点，大力开展小流域综合治理，特别是坡耕地的综合整治，努力改善生态环境。开展以改厕、改厩、治脏、清乱、农村面源污染等为主要内容的农村环境整治。实现贫困人口人均1亩基本农田，基本解决农村人畜饮水困难问题，自然村通电率进一步提高，所有乡镇通三级沥青或水泥路。

（八）大力发展贫困地区农村公共事业

着力实施好社会事业扶贫。加大对贫困地区农村教育的投入，全面实施“两免一补”基础教育，大力推进“国家贫困地区义务教育工程”“农村小学现代远程教育”“希望工程”“春蕾计划”奖(助）学金制度，加快中小学校舍维修改造，抓好农村寄宿制学校建设工程，推进城乡学校“一帮一”“手拉手”行动，积极发展职业技术教育。加强以乡镇卫生院和村级医疗卫生室为重点的农村卫生基础设施建设和农村卫生服务网络建设，稳定乡村医生队伍，使县乡村三级医疗卫生机构房屋、设备、技术、人员四配套。进一步加强预防保健工作，全面推进新型农村合作医疗制度，稳步推进农村医疗救助制度，重点解决贫困群众缺医少药的问题，提高贫困群众健康水平。继续实施好农业人口独生子女家庭“奖优免补”政策，大力实施出生缺陷干预工程和“少生快富”扶贫工程，开展“关爱女孩行动”，控制出生人口性别比。继续加强广播电视“村村通”和乡村文化站室建设。积极开展创建“文明村”“文明户”和“三下乡”活动，倡导健康、文明、科学的社会风尚，反对封建迷信，改变贫困地区群众落后的生活习惯和生产方式，培养造就一批有文化、懂技术、会经营的新型农民。加强农村贫困地区社会治安综合治理工作，积极稳妥地处置热点难点问题，确保农村社会稳定。

扶贫对象以人均纯收入 2300 元为贫困标准，具备劳动能力的农村人口为扶贫开发工作主要对象。继续帮助初步解决温饱问题的贫困人口增加收入，进一步改善生产生活条件，巩固扶贫成果。建立健全扶贫对象识别机制，做好建档立卡工作，实行动态管理，瞄准贫困地区和群体，坚持先难后易，实行贫困人口首扶制度，把着力点放在帮助最困难地区和最困难群众的脱贫发展问题上，确保扶贫资金真正用于贫困群众的脱贫，确保扶贫对象得到有效扶持。

（九）玉龙县贫困范围广、贫困程度深，扶贫开发任务艰巨

玉龙县属于云南省的省级扶贫开发重点县，是国家确定重点扶持的滇西边境山区连片特困县之一，由于自然和历史的原因，玉龙县“两山片区”及周边村社贫困程度更深，扶贫开发难度更大，是玉龙县的特困地区，也是玉龙县扶贫开发的主战场。县人民政府对连片特困区域扶贫开发工作负总责，在省、市指导下，制定和实施扶贫攻坚工程规划，重点突出专项扶贫，着力强化行业扶贫，巩固完善社会扶贫，加强定点扶贫。以资源大整合、社会大参与、群众大发动、连片大开发为主要方式，把解决与扶贫对象脱贫致富密切相关的进村入户项目和解决制约贫困群众可持续脱贫、贫困地区可持续发展的区域性问题紧密结合起来，以区域发展带动扶贫开发，以扶贫开发促进区域发展，坚持“雪中送炭、突出重点”的原则，加大投入和支持力度，集中力量实施一批教育、卫生、文化、就业、社会保障等民生工程，大力改善贫困地区生产生活条件，培育壮大一批特色优势产业，加快基础设施建设步伐，加强生态建设和环境保护，着力解决制约发展的瓶颈问题，促进基本公共服务均等化，从根本上改变连片特困地区面貌。

（十）加快扶贫开发进程的政策措施

建立扶贫开发资金稳步增长的投入机制。县级财政每年安排 800 万元扶贫开发专项资金，用于新农村建设、贫困村整村推进和贫困户安居工程建设，并随财力增长而适当增加，确保扶贫开发资金逐年增长，为贫困地区提供更大的财力支持。切实加大资金整合力度，要突出重点，集中使用，切实解决资金使用分散的问题。以工代赈资金主要用于整村推进、基

本农田改造、人畜饮水工程建设和片区综合开发。加大金融支持扶贫开发力度，探索扶贫贴息贷款机制，充分发挥农村信用社作用，着力建设贫困地区农村信贷担保体系，扩大信贷规模。信贷扶贫资金主要用于扶持贫困地区发展种植业、养殖业、加工业，适度用于农村中小型基础设施建设和社会事业发展项目。完善小额信贷管理办法和运行机制，扩大小额信贷资金的发放范围、额度和用途，加大小额信贷与整村推进、劳务输出、产业扶贫等扶贫措施相结合的力度。根据扶贫开发的特点和需要，适当延长扶贫贷款的使用期限、放宽抵押和担保条件。积极探索建立扶贫多元化投入机制，进一步扩大外援扶贫项目合作。鼓励工商资本及民间资本进入扶贫开发领域。为确保扶贫开发项目的顺利实施，县政府要把扶贫开发工作经费纳入财政预算予以保障。

（十一）建立以工促农、以城带乡的有效机制

采取更加积极的扶持政策，鼓励工商企业参与扶贫开发，带动贫困地区和贫困农户发展。凡属扶贫龙头企业，在征用土地方面给予适当税费优惠；凡在玉龙县建立农贸市场、专业农产品批发市场、农村专业合作组织、综合服务社的农产品中介组织，适当减免营业税、市场管理费和工商管理费；凡在玉龙县推广先进适用技术的工商企业，适当减免所得税；凡向贫困地区捐赠用于公益事业的工商企业，其捐赠可列入企业生产成本。扶贫龙头企业要与贫困农户建立互惠互利的利益机制，为贫困农户提供技术、信息、农产品收购等方面的有效服务，带动贫困农民发展生产，推进以工促农，城乡协调发展。

（十二）建立对特殊困难群体的特殊扶持机制

加大对缺乏生存条件的贫困人口实施易地扶贫措施，坚持因地制宜、讲求实效，以就地、就近、小规模集中、插花安置为主，严格落实易地扶贫补助政策。易地扶贫要与整村推进有机结合，精心规划，统筹安排，量力而行，认真组织实施，切实落实好易地搬迁农户以土地、户籍、子女上学为主的政策，实现“搬得出、稳得住、可发展、能致富”的目标。继续加大对民族直过区、普米族等较少民族的扶持力度。把属于扶贫开发对象的农村贫困残疾人纳入当地扶贫开发总体规划，帮助他们发展生产，增收致富。

（十三）建立社会动员合力帮扶的长效机制

继续开展挂钩扶贫和党员干部结对帮扶工作，实行县委、县政府领导

干部联系一个乡，重点抓好一个贫困村委会，帮扶一个自然村；扶贫开发成员单位联系一个村委会，重点抓好一个自然村整村推进扶贫开发。责任单位要指导制订并实施好挂钩点的整村推进扶贫开发规划，扎扎实实开展挂钩帮扶工作。有条件的单位要适时选派干部到挂钩点蹲点扶贫。建立挂钩扶贫考核激励机制，推动县级挂钩帮扶工作。认真实施好“向绝对贫困宣战行动计划”和“扶贫志愿者行动计划”，争取社会各界对贫困群体的关注帮助，营造全社会扶贫济困的良好氛围。

（十四）加强扶贫开发的组织领导，严格落实扶贫开发工作责任制度

贫困地区各乡（镇）党委、政府要以扶贫开发总揽全局，按照中央“省负总责，县抓落实，工作到村，扶贫到户”的要求，把扶贫开发工作列入重要议事日程，切实加强对扶贫开发工作的领导；把扶贫开发纳入国民经济和社会发展总体规划，资金和项目向贫困地区倾斜。县扶贫开发领导小组要根据县委、县政府对扶贫开发的总体要求，制定好扶贫开发规划，确定扶贫开发工作重点。要结合辖区实际，制订扶贫开发的计划、目标、任务和措施，逐项分解到每个村。严格扶贫工作党政一把手负责制，切实加强目标管理，做到责任到人、任务到人、层层抓落实。实行各乡镇年度向县扶贫开发领导小组专题报告制度，把扶贫开发工作作为各乡镇党政一把手年度述职报告的重要内容，建立健全扶贫开发工作党政一把手责任制考核办法，把解决温饱的进程、返贫率的高低、经济发展的快慢、帮扶任务完成的好坏，作为考核领导干部政绩的主要指标，作为干部任用的重要依据。扩大民主管理，完善“一事一议”民主管理制度，实行公选扶贫开发项目制度，凡生产经营、基础设施和社会公益等项目的选择，要由贫困户结合自身条件自主选择，经群众集体评议，由村民集体讨论表决，真正让村民当家做主。

（十五）强化部门工作职责

县级各部门要把改善贫困地区发展环境和条件作为本行业发展规划的重要内容，按照“统一规划、统筹安排，各司其职、各负其责，渠道不乱、用途不变，相互配套、形成合力”的要求，对扶贫开发项目给予优先安排，重点扶持。要加大政策和资金整合力度，以整村推进为平台，立足行业特点，发挥部门优势，相互配合，形成合力，共同搞好扶贫开发工作。进一步明确各级各部门的责任，层层签订扶贫开发工作目标责任状，督促部门落实责任考核奖惩制度，定期对部门落实责任的情况进行考核奖

惩。产业扶贫项目由扶贫、农业、林业、粮食、科技、供销、科协等部门负责；科技扶贫由科技、农业、扶贫、财政、科协等部门负责；农产品流通网络、经济合作组织建设项目由商务、供销、农业、科协、发改、财政等部门负责；贫困村道路建设项目由交通、发改、扶贫等部门负责；以工代赈项目及农田水利、人畜饮水项目由发改、水利、农业综合开发等部门负责；通电项目由电力、水利等部门负责；通信项目由工信、电信等部门负责；沼气池、节柴灶改造建设项目由农业、林业、扶贫等部门负责；广播电视“村村通”项目由文广部门负责；农村教育相关项目由教育部门负责；农村卫生、计生建设项目由卫生、人口计生等部门负责；劳动力职业技能培训和劳务输出就业项目由人力资源和社会保障、扶贫、农业等部门负责，团委、妇联等配合；贫困残疾人扶贫项目由残联、扶贫等部门负责；特少民族扶贫项目由民宗、扶贫等部门负责；扶贫贴息贷款及扶持龙头企业由金融、财政、扶贫等部门负责；贫困村组织建设和精神文明建设由组织、宣传、文广等部门负责。

（十六）加强扶贫队伍建设，强化扶贫资金使用管理

县扶贫开发领导小组要加强对扶贫开发工作的指导，研究制定政策措施，协调落实各项工作。要进一步强化扶贫机构及其职能，加强队伍建设，改善工作条件，提高管理水平。扶贫部门要大力加强思想、作风、廉政和效能建设，提高执行能力。各乡镇要配齐专门干部负责扶贫开发工作。扶贫部门干部培训要纳入县级党政干部培训规划。

财政扶贫资金主要投向连片特困地区和贫困村，集中用于培育特色优势产业、提高扶贫对象发展能力和改善扶贫对象基本生产生活条件，逐步增加直接扶持到户资金规模。创新扶贫资金到户扶贫机制，采取多种方式，使扶贫对象得到直接有效扶持。使用扶贫资金的基础设施建设项目，要确保扶贫对象优先受益，产业扶贫项目要建立健全带动贫困户脱贫增收的利益联接机制。完善扶贫资金和项目管理办法，开展绩效考评。建立健全协调统一的扶贫资金管理机制。全面推行扶贫资金项目公告公示制，强化审计监督，拓宽监管渠道，坚决查处挤占挪用、截留和贪污扶贫资金的行为。

（十七）加强对扶贫开发政策执行的督查和绩效监管的考核

加强对县直各部门、各乡镇扶贫开发项目规划执行和政策落实情况的督查指导，实行扶贫开发工作交叉检查和工作交流制度。完善项目和资金

的公告公示制度，认真执行资金报账制度、项目验收制度，严格专款专用，不准挪用、拖欠、挤占和改变资金用途。加强项目后续管理，坚持扶贫开发项目资金的审计、监察制度，定期对扶贫资金进行全面严格的审计和督查，牢固建立上级监督、部门监督、监察审计监督、群众监督和社会舆论监督的防线。制定扶贫开发工作考评与验收指标体系，按照国家和省有关要求，逐步建立健全贫困统计监测网络系统，对扶贫开发进展情况进行全面系统跟踪分析、监测，及时准确把握贫困状况和扶贫开发工作情况。尽快制定玉龙县扶贫开发工作绩效考核办法，建立考核评价体系，每年对县直各部门、各乡镇扶贫开发工作成效进行综合考核评价，确保扶贫开发目标任务顺利完成。

四　水电开发移民问题

移民工作是繁杂、长期的社会综合性工程，移民群体从水电站建设区或水电站淹没区迁往另一环境进行安置，属非自愿性移民，这其中可以说是移民群体做出了很大的牺牲与付出。怎样才能在完成移民搬迁安置工作后，从真正意义上确保移民群体的安稳致富呢？这就需要各级各部门的共同努力。但不容各级党委和政府忽视的是，玉龙县金沙江中游水电开发移民群众东、西部生活水平、经济水平及人口素质等各方面的差异问题。如何从综合平衡的角度去认识“十二五”移民工作，如何让移民逐步走上健康、和谐、稳步致富的发展轨道等，就成了“十二五”移民规划的重点及核心工作，这将是玉龙县自区县分设以来的又一大挑战。

在水电站建设中，移民群体在支持国家建设的基础上，最关心和重视的是个人的切身利益。一直以来，各级政府都十分重视和维护移民群体的合法权益，特别是在完成移民安置工作后，通过各方努力和协调，均在移民安置区及库区提供大量的优惠政策。移民与移民安置点周边区域原住村社社区居民间和谐发展、共同致富的问题，通过产业扶持、政策倾斜让安置点长期稳定发展。怎样提升电站库区旅游产业的可持续发展，通过移民安置工作的实施，如何将安置点集镇建设有机地与移民和谐稳定联系起来，将是一个综合性的系统工程，关乎移民的持续健康发展。

从玉龙县目前的移民安置成果看，移民群体正逐步走上“稳得住、逐步能发展”的轨道，但从真正意义上讲，离移民安稳致富的目标仍有很大差距，原因在于移民搬迁安置过程中，移民群众存在“故土难离”

的思想，移民干部对此需要做大量的思想引导工作，移民融入新的生活环境及与原住居民和谐共处尚需一定的时间。

玉龙县金安桥、阿海和梨园三座水电站外迁移民均安置在九河（君山驿）移民安置点，移民完成安置后，移民相互攀比及移民对现行政策的了解不够，政策执行不到位等因素，给安置点社会稳定带来了极大隐患。移民群体的综合素质，各级政府、部门如何看待移民工作，及移民群众所处的社会环境，这是制约和促进移民安置致富的原始要素。

（一）金沙江中游水电开发移民工作取得的成效

金安桥水电站。金安桥水电站设计水平年为2009年，淹没区涉及玉龙县鸣音、宝山两个乡镇，5个村委会20个村民小组。外迁移民涉及鸣音乡洪门村委会计56户242人，规划安置在九河（君山驿）移民安置点。

截至2009年5月30日，完成了金安桥水电站淹没区移民52户223人的搬迁安置（其中50户212人集中安置到九河（君山驿）、1户4人进行货币安置、1户7人进行后靠安置）；完成移民2户10人的生产安置工作。2009年5月12日，50户移民自建房工程正式启动。目前，移民自建房工程建设已基本完成，2010年5月移民入住新居。

阿海水电站淹没区移民。阿海水电站于2006年8月进场筹建，设计水平年为2013年，电站枢纽工程占地区和淹没区涉及玉龙县鸣音、宝山、奉科三个乡（镇），外迁规划安置移民222户858人，规划安置在九河（君山驿）移民安置点。库周村内分散安置59户139人。阿海水电站进场公路49千米和梨园水电站进场公路90.7千米的建设完成，改变了玉龙县东部交通滞后的现状，给东部乡镇经济社会的发展带来了大好机遇。

2008年2月18日施工区为利一、二组移民52户208人全部迁出施工区，其中51户203人顺利安置在九河（君山驿）移民安置点、1户5人为货币安置。2009年3月，阿海水电站施工区利一、二组移民50户200人已全部迁入新居。2009年4月30日，已完成围堰截流影响区移民46户165人的搬迁安置工作（其中43户159人集中安置到九河（君山驿）移民安置点、1户1人进行货币安置、1户2人进行投亲靠友安置、1户3人为非农）；5月28日，41户移民自建房工程正式启动。2009年5月18日，已完成围堰截流影响区43户154人后靠安置协议的签订。外迁安置移民及后靠移民生产生活基本稳定，移民自建房工程建设已基本完成。

梨园水电站。梨园水电站总装机容量 24 万千瓦，设计水平年为 2013 年，该电站 2007 年 9 月进场筹建。施工区、库区涉及奉科、宝山、大具三个乡镇。移民涉及奉科、宝山两个乡计 44 户 185 人，其中外迁规划安置 32 户 139 人，规划安置在九河（君山驿）移民安置点。近迁集中安置 12 户 46 人。截至 2008 年 2 月，已完成施工区移民 10 户 35 人的后靠安置工作，2009 年 12 月完成围堰截流区移民 1 户 5 人的后靠安置工作。目前，后靠移民自建房工程建设已基本完成，生产生活基本稳定。

九河（君山驿）移民安置点建设情况。九河移民（君山驿）安置点为金安桥、阿海和梨园三座水电站移民规划安置点，规划安置移民约 1232 人，安置点总建设用地 275.03 亩，其中居民建设占地 233.08 亩，公共、绿化、广场占地 53.23 亩，人均总建设用地 97.49 平方米（不含排洪河道占地），为大型中心村，是《云南金沙江中游水电开发移民安置补偿补助意见》在玉龙县创新移民安置思路的示范安置点。安置点室外工程建设于 2007 年 10 月进场开工。到目前为止，完成的工作有：完成了安置点 675.888 亩土地（其中，802 地质队国有土地 405.4 亩、甸尾坪集体土地 148.978 亩、干磨河集体土地 76.51 亩）和 912.52 亩林地的流转工作、复核工作和公证手续；完成了安置点建设用地 275 亩 A、B、C、D、E 五个地块的场地平整工作；完成了移民建房期间临时住房的建设工作；完成了投资 747 万元、年蓄水量为 47 万立方米甸尾坪水库的设计、资金拼盘、招投标工作。目前，该工程正在进行施工；完成了投资 908.9 万元的安置点室外工程排水管网及道路建设工程招投标工作，目前，该工程正在进行施工；完成了投资 272.6 万元的安置点排洪景观河整治工程建设；确保了部分移民群众有活干，完成了部分移民人均 0.5 亩耕地、1 亩林地的配置工作；其次动员有能力、有条件的劳动力外出打工；安置点电气设备安装工程、电力、广播电视、电信等工程正在建设当中；根据全市“一盘棋”的移民安置工作思路，县移民局正在按时、按月发放移民临时生产生活补助费。顺利完成了安置点综合楼（包含卫生室、派出所值勤点、居委会、移民活动中心等）建设工作。目前，卫生室、派出所值勤点已正式投入使用。移民自建房工程采用“统一规划、根据移民意愿、联户自建”的方式进行（市人民政府已认可），完成了 141 户移民自建房的建设。

积极配合主设单位开展龙蟠、塔城、上江电站比较选择工作。为充分开发利用水能资源，变资源优势为经济优势，加快境内金沙江中游梯级水能资源开发，打造金沙江水能资源经济平台，促进玉龙县经济社会又好又快的发展，按照县人民政府的安排部署，2008 年 5 月中旬，积极配合中国水电顾问集团中南勘测设计研究院、长江水利委员会设计研究院，深入实地全面开展了龙蟠、塔城、上江水电站选址工作，充分发挥了为经济发展服务、水电工程项目建设服务、营造良好投资环境的职能作用。

（二）存在的问题及困难

在电站建设未获得国家核准的情况下，提前介入开展移民安置工作的政策压力和操作难度较大：首先是民众对电站淹没线以上集体财产不予补偿，反映强烈，工作难度大；其次“16118”移民安置政策实施细则不健全，操作难度大；最后是移民个人房屋等实物补偿标准偏低，移民外迁或后靠后恢复生产生活难度大。

在九河移民安置点各项建设顺利进行的同时，安置点的产业扶持、移民技能培训和劳务输出等各方面有待加强；应加大安置点周边村社基础设施建设和产业扶持力度，从而创造移民及周边村民“和谐发展”的社会环境。建议相关部门加大工作力度。移民外迁（特别是整村外迁）后，按现行移民政策法规规定，库周剩余资源未列入电站投资概算，移民对此意见较大，给正常实施移民工作和安置点社会稳定带来了较大隐患。可以说，“十一五”是玉龙县金沙江中游水电开发移民工作起步，逐步走上依法、合理轨道的关键五年。其间经历了认识移民、理解移民的全过程，移民工作中取得的经验和教训较多，这是有序推进下一步移民工作的法宝。

根据《梨园水电站玉龙县 2009 年下半年至 2010 年度移民安置工作任务协议》，在 2010 年 12 月 31 日前，力争完成征地补偿和移民 13 户 56 人搬迁安置工作及所有建筑物、构筑物及专项设施的拆除工作。根据《阿海水电站玉龙县 2009 年下半年至 2010 年度移民安置工作任务协议》，在 2010 年 12 月 31 日前，力争完成淹没区征地补偿和移民 28 户 125 人移民搬迁安置工作，及所有建筑物、构筑物及专项设施的拆除工作。完成金安桥水电站库区洪门二组移民 2 户 10 人的搬迁安置工作，以及按照金安桥水电站库底清理规划，配合业主、主要设计单位搞好相关工作并结合金安桥水电站库区实际，力争完成非移民户个人财产及所涉村组集体财产的补偿及兑现工作。通过召开金沙江中游水电开发移民工作联席会议，专题研究、讨论金安桥、阿海和梨园三座水电站移民安置工作的热点、难点问题，依法、科学地制订应对方案，逐步化解移民工作中出现的热点、难点。通过耐心说服、教育和加快安置点工程建设进度，让金安桥水电站库区移民 50 户和阿海水电站围堰截流区移民 41 户入住安置点新居。

“十一五”金沙江中游水电开发移民搬迁工作中取得的经验。随着玉龙县境内金安桥、阿海和梨园三座水电站移民工作的有序推进，实施移民过程中取得了很多经验，为今后的金沙江中游水电开发移民工作的健康推进奠定了坚实的基础。加强对市委、市政府及上级移民主管部门的工作请示汇报力度，自觉服从服务于全市移民工作“一盘棋”的工作大局；严格按照程序办事，强化政府领导、分级负责、县为基础、项目业主参与；认真做好与业主、主设单位的沟通协调工作，共同研究和探讨移民安置规划、补偿政策、安置管理、后期扶持、资金监管、移民合法权益保障、新老条例衔接等方面的思路创新；加强水电站施工区、移民安置区、比选工作区的热点难点排查工作力度，并做好群众的思想教育和引导工作；认真落实玉龙县金沙江中游水电开发协调领导小组联席会议制度，通过联席会议协调处理急需解决的问题，为长远工作关系统一思想，明确了任务。

金沙江中游水电开发移民工作奠定的基础。从 2004 年开展金安桥水电站可研实物指标调查至 2007 年 12 月阿海水电站施工区为利一、二组第一批移民的成功外迁，玉龙县的移民工作进入了一个全新的阶段。县委、县政府高度重视金沙江中游水电开发移民工作，为顺利推进移民安置工作，及时成立了玉龙县金沙江中游水电开发协调领导小组，下设两个协调指挥部，即金安桥阿海梨园水电站协调指挥部、玉龙纳西族自治县金沙江中游水电开发协调领导小组，分别负责九河安置点协调工作和金沙江中游水电移民工作。随着“16118”移民安置政策在阿海水电站施工区为利一、二组的成功试行，目前玉龙县已基本完成了金安桥水电站库区、阿海水电站围堰截流区移民和梨园水电站施工区移民（含围堰截流区 1 户）的搬迁安置工作，为稳定健康推进金沙江中游水电开发移民工作打下了良好的基础。

各级扶贫部门制定了科学合理的移民搬迁安置思路：提出鲜明的移民政策法规宣传思路，让移民群众充分认识国家水电建设的重要性和必要性；先易后难，逐一突破。每一座电站库区的移民搬迁先从思想觉悟高、积极服从国家移民大局的移民户着手，对难度较大的移民户进行逐一突破；在安置点为移民创造和谐稳定环境，消除移民到安置点后的顾虑；制定安置点持续发展的产业规划，确保移民在安置点能够安居乐业，稳步发展。

形成了依法、科学应对热点、难点的局面：移民办认真对待移民群众的来信来访，让移民带问题来、信服而回，满足合理要求；对移民反映的不合理的问题，依据现行政策法规加以说服教育，让移民切实认识政策法规的严肃性、严谨性；通过与上级主管部门、电站业主、主设单位和移民监理的协调沟通，借鉴其他水电站成功经验，认真研究制定应对热点难点的方法，做到让移民理解，以达到有序推进移民搬迁安置工作的目标。

（三）金沙江水能资源开发力度将进一步加强

金沙江中游“一库八级”水电开发中的梯级电站金安桥水电站自2003年8月开工至今，共有六个梯级电站（玉龙县涉及金安桥、阿海和梨园三座水电站）相继正式进场筹建，标志着金沙江中游水能资源开发力度的不断加强，为玉龙县“水能富县”战略目标提供了坚实的发展平台。2010年全省出现了百年一遇的大旱情，为调节滇中地区农业灌溉用水，“滇中调水”工程有望提前实施。为此，在“十二五”期间，虎跳峡龙头水库、龙蟠和两家人两座水电站有望进场筹建，也将有利于进一步推动玉龙经济社会又好又快发展。

（四）面临的机遇与挑战

“十二五”期间，玉龙县所涉及金沙江中游水电开发移民工作涵盖了两个方面的重点。一是“十一五”期间，金安桥、阿海和梨园三座水电站移民的稳定与逐步的安稳、发展问题。二是“十二五”移民搬迁安置工作的稳步推进及移民的安稳、发展问题。可以说“十一五”移民工作将直接影响“十二五”移民工作，从金沙江中游水电开发各电站初期的移民安置规划上分析，“十二五”期间玉龙县涉及的移民人数约5.5万人（该移民人数为龙蟠水电站移民），将是“十一五”期间移民人数的25倍。在这样的情况下，移民群体的稳定发展及安稳致富等一系列综合性问题就摆在了各级党委和政府面前。这样的移民数字及规模（龙头水库、龙蟠电站及两家人电站）既是玉龙实现社会经济又好又快发展的大好机遇，又是玉龙面临繁杂移民工作的极大挑战。

金沙江中游龙头水库即虎跳峡水库和龙蟠水电站、两家人水电站有望进场筹建，建设期间地方税收将进一步促进玉龙经济社会又好又快发展，特别是龙头水库的建设，将两岸景区和上下游景区有机地联系在一起，集高原湖泊、雪山、大峡谷、三江并流等自然景区和民族风情于一体，将极大地促进和升级玉龙旅游支柱产业的发展。

随着金安桥、阿海和梨园三座水电站的发电运行，玉龙县税收将大大增加，如发电期地方税、水资源征收税以及电站收益如“库维基金”的产生，将进一步带动各电站库周边村社社区及移民安置区社会经济的进一步发展，如基础设施建设将逐一得以实施。随着金沙江中游水电开发的加快，将为玉龙经济社会提供巨大的市场和收益，也是玉龙县难得的机遇。水电开发产生的综合效益将是玉龙又一支柱产业，城镇化进程将进一步加快。

龙头水库及龙蟠水电站进场筹建将极大地推进石鼓、龙蟠及沿线各乡镇（如九河乡）的经济发展，大丽高速公路与“滇中调水”线将形成玉龙县另一风景线。两家人水电站的进场筹建将极大地改善大具、龙蟠等乡镇的交通状况，加之电站业主营地的建设，将大大加快地方经济社会的发展。通过移民安置，玉龙县金沙江中游水电开发移民集镇建设、小城镇建设进度将大大提高，从而推动玉龙经济社会的较快发展。

金沙江中游水电站开发重点在移民、难点在移民、关键在移民。玉龙县属农业大县，山区面积广大，水电移民范围大多与山区群众居住区域叠合，且85%属农民移民，移民人数之多、担子之重，实属玉龙之最，实施平安库区建设是一项庞大的社会系统工程。移民工作的进展顺利与否，不仅直接关系到广大移民的切身利益，关系到工程建设的顺利与否，更关系到玉龙经济社会的稳定。就玉龙而言，重点是如何安置好这5.5万移民？玉龙县目前的环境容量能否承受？若承受不了，该有什么样的对策等，都要深入研究和分析。要有序推进玉龙县金沙江中游水电后续移民工作，就必须确保在“十一五”期间移民群体的社会稳定，这是大前提也是有序健康推进移民工作的一大挑战。目前，金安桥和阿海两座水电站移民的不断集访，甚至有愈访愈烈的趋势。虽然各级政府和部门共同努力，移民集访已基本按照相关信访程序，依法进行平息，但仍有较大隐患。需要思考该如何去应对这样的隐患，如何确保移民的和谐稳定。

目前，玉龙县金沙江中游水电站建设区及淹没影响区大都是气候条件恶劣、生存环境较差的边远区域，移民外迁后，库周仍有大部分原住居民处在贫困线上，按照电站建设规划，在电站运行后，库周村民及社区的健康发展仍需列入扶持规划（如电站库区基础设施建设项目的扶持等），让库周村社农民逐步脱贫致富，以便更好地保护电站库周的生态环境，这是玉龙经济社会可持续发展的又一挑战。重点是如何让电站库区周边居民同电站带来的效益同步发展。

移民工作的最终目标是“搬得出、稳得住、逐步能发展”。“十二五”期间，玉龙县的水电移民工作任务更重、难度更大。金安桥、阿海和梨园三座水电站发电运行后，通过电站争取“库区基金”及国家、省、市各级政府的支持，逐步实施库区及移民安置区基础设施建设项目，逐步改善电站库周居民和移民安置区移民的生产生活条件，逐步实现“建一座电站、富一方百姓”的目标。按照阿海和梨园两座水电站移民安置规划要求，继续推进电站库区移民安置工作。完成阿海水电站库区移民 124 户 490 人的搬迁安置工作，及所有建筑物、构筑物和专项设施的拆除工作；完成梨园水电站库区移民 33 户 145 人的搬迁安置工作，及所有建筑物、构筑物和专项设施的拆除工作。按照阿海水电站移民安置规划及库底清理要求，积极配合业主和主设单位搞好电站库底清理工作。按照梨园水电站移民安置规划及库区清理要求，积极配合业主和主设计单位搞好库底清理工作。在阿海水电站设计水平年之前，完成电站库区移民户个人财产补偿及所涉村组集体财产补偿。在梨园水电站设计水平年之前，完成电站库区移民户个人财产补偿及所涉村组集体财产补偿。

按照龙蟠水电站及龙头水库建设的前期准备工作需要，首先，政府方面需要认真配合业主及主设单位搞好相关工作，如进场公路、征地和业主营地征地建设等；其次，配合业主、主设单位认真组织编写好《移民安置规划大纲》和《移民安置报告》。按照两家人水电站进场筹建需要，配合业主搞好业主营地征地建设工作；在征地的基础上配合业主搞好进场公路建设征地工作。结合阿海水电站围堰截流区江旺村移民 43 户 154 人就近后靠安置的实际，根据《阿海水电站建设征地移民安置规划报告》结果，建设完成全长 16.3 千米、路基宽度 4.5 米的江旺村民小组对外拆迁连接公路；改建完成阿海水电站库区东联村段 10 千伏输电线路 13.6 千米。根据《梨园水电站建设征地移民安置规划报告》，建设完成 21.92 千米宝山乡高寒村委会花依四组机耕路，以改善库周花衣四组的交通条件，逐步带动当地经济社会的发展；建设完成梨园水电站库区花衣四组 10 千伏输电线路 18.6 千米，以解决宝山乡高寒村委会沿线村组的供电问题。

待金安桥、阿海和梨园三座水电站获国家核准后，根据国家、省移民政策法规和各电站移民安置规划，逐步完成《电站移民后期扶持规划》的编制工作，移民身份界定、长效补偿证、后期扶持证的发放工作。按照其宗水电站进场筹建需要（如果龙蟠、上江、其宗比选方案选定其宗水电站），配合业主和主设单位搞好可研实物指标调查，编制《其宗水电站建设征地移民安置大纲》《其宗水电站建设征地移民安置报告》等工作。结合九河（君山驿）移民安置点总体规划及阿海和梨园两座水电站库区移民安置规划，认真组织实施安置点库区移民基础设施、配套设施建设及临安工程建设等，协助移民户搞好移民自建房建设，力争让移民按计划顺利入住新居。结合移民安置区实际情况，认真搞好移民劳务技能培训工作，力争让有条件的移民青壮年劳动力输出进一步增多或增加就业率。继续加大对移民子女教育扶持力度，力争让移民子女受教育面得到提高。继续加大对移民安置区和库区移民的移民政策法规宣传力度。加强精神文明建设，促进移民与当地居民的融会交流。

（五）政策措施和建议

“十一五”移民工作中的经验和教训，是“十二五”移民工作顺利实施的关键所在，只有在“十一五”期间真正做到让移民“稳得住、逐步能发展”，才能在“十二五”期间力争做到现已安置移民群体的安稳致富，也才能真正顺利推进金沙江中游水电开发移民工作。总结“十一五”移民工作中出现的热点、难点，提出“十二五”期间移民政策措施和建议如下：

进一步完善移民工作领导体系。在移民过程中，实行党委统一领导、政府全面负责、部门紧密配合，各司其职的工作方针。移民工作全过程涵盖了社会系统的方方面面，只有各级各部门给予高度重视与通力合作，方能真正搞好移民工作。认真贯彻落实国家及省现行移民政策法规。国家及省现行移民政策法规是移民工作的基础和关键。只有真正做到依法移民，真正依据移民政策法规做到“公平、公正、公开”，才能确保移民群体的真正稳定。充分发挥政府在移民工作中的地位和作用。政府管理在移民工作中占有至关重要的地位和作用，在移民工作中，只有充分发挥地方政府属地管理的主导地位，才能使移民达到真正的重建家园、安稳致富。

深入实际，调查研究，充分认识和掌握移民工作的关键所在。移民工作不是简单意义上的移民动迁过程，它是移民群体从电站建设区和淹没影响区迁往另一生产生活环境后，新的生产生活等社会综合性环境再造的过程，时间长而任重道远，对于这样的移民工作，各级党委和政府必须要深入实际调查研究，去认识和掌握关键所在。加强移民工作队伍建设。努力建设一支素质高、业务精、负责任、善协调、能办事、会工作的移民干部队伍，加强自身建设，力求移民资金管理更加规范、移民档案、管理机制更加健全，逐步走上精细化管理的轨道。

认真执行国家现行移民政策法规，依法维护移民的合法权益。加强移民政策法规宣传力度，让移民安置区和库区移民从真正意义上认识移民工作。通过各级各部门的共同努力，加强移民群体劳动技能、操持家务的综合培训，力争让有能力的移民外出务工，让家庭成员操持家务，为移民营造健康发展的生产生活环境。重视和加强对移民子女的教育，争取用一代人的时间，让移民群众受教育面得到全面提高。全面提高各部门及移民工作者对移民的认识。通过移民安置区和库区基础设施建设和项目扶持，着力打造移民安置区和库区健康稳定的社会发展环境。

第三节　医疗卫生保障制度建设

一　玉龙县基本医疗保障制度建设现状

2012 年是全面实施卫生事业“十二五”规划承上启下的关键之年，是深化医改的攻坚之年。为切实抓好玉龙县深化医药卫生体制改革工作，2012 年 3 月 30 日组织召开了玉龙县卫生工作会议，全面安排部署了 2012 年玉龙县卫生工作暨深化医药卫生体制改革工作，县人民政府与县、乡（镇）人民政府、卫生局与县、乡（镇）医疗卫生单位签订了卫生工作责任目标书，卫生局调整充实了医改领导小组，并对医改工作做了具体分解，为深入开展医药卫生体制改革工作提供了强有力的组织保障及措施。继续推进基本医疗保障制度建设。继续巩固扩大基本医疗保障覆盖面，2012 年玉龙县新农合参合人数 191802 人，参合率已达到 97.28%，参合资金达 5562.258 万元，新农合基本达到全面覆盖，提高基本医疗保障水平，提高新农合每人每年累计住院补偿参合人员住院费用报销比例，2012 年新农合统筹基金最高支付限额已提高到 8 万元。新型农村合作医疗制度的保障和完善，缓解了玉龙县农民因病致贫、因病返贫的问题。

贯彻落实国家基本药物制度，不断提高基本药物制度实施覆盖面。认真实施《玉龙县基层医疗卫生机构基本药物制度实施方案（试行）》，玉龙县16个乡镇卫生院、1个社区卫生服务中心（站）和102个村卫生室全面实行药品零差率销售。政府对乡镇卫生院和村卫生室进行零差率销售补助，补助形式为“以奖代补”及网上采购基本药物的15%进行补助，至2012年6月30日，基本药物零差率销售补助金额合计1143501.04元。同时县级公立医院（县医院、县保健院）按比例使用基本药物，县医院使用基本药物达到49.4%，县保健院使用基本药物达到35%。基本药物零差率销售制度的实施，有效降低了群众医疗费用支出，广大群众得到了医药卫生体制改革带来的更多的实惠。建立健全基本药物采购和招投标配送机制，进一步探索、巩固、完善玉龙县药品竞价采购、统一配送工作，大力推行县乡村卫生机构一体化管理试点工作，2012年开展了县医院与石鼓镇中心卫生院一体化管理试点工作。

促进基本公共卫生服务均等化。着力抓好基本公共卫生服务项目的实施，到2012年11月30日玉龙县建立城乡居民健康档案累计建档人数132677人/份，其中规范化电子建档人数117261人/份。老年人保健规范管理15208人。玉龙县高血压患者规范化管理10660人，糖尿病规范化管理1889人。重性精神病规范化管理500人。注重平时宣传教育，开展公众健康咨询活动125次，开展健康知识讲座113场（次），发放健教材料56606份。继续开展6项重大公共卫生服务工作，完成1000座农村卫生厕所建设项目。协助残联开展“光明”工程，玉龙县接受筛查人员近1000多人，共筛查出贫困白内障患者500余名，其中达到手术条件的有400余例，超出了筛查350例的任务，已全部录入Excel表格中。全年为230例白内障患者进行了白内障复明手术。

不断完善医疗卫生服务体系。加强卫生基础设施建设。继续实施县人民医院整体搬迁项目建设，门诊楼主体及附属用房工程已经完成，目前正在进行住院部奠基工程。完成太安卫生院业务楼建设工程。实施巨甸镇中心卫生院住院楼改扩建项目，年内预计完成。开展县卫生监督所业务楼建设项目前期工作，目前准备招投标工作。实施20个村卫生室改造建设项目，目前已完成12个村卫生室改造建设。开展鲁甸、黎明卫生院环境卫生建设试点项目前期工作。共投资1600万元购置医疗设备。

实施“科技兴医”战略，以培养农村适宜卫生人才和高层次卫生人才及使用好卫生人才为重点，强化卫生人才队伍建设工作。加强对卫生科技的宏观管理，抓重点学科建设，积极推广科技成果和卫生适宜技术，注重对学科带头人和业务骨干的培养，继续推行住院医师规范化培训，全科医学教育、继续医学教育、乡村医生教育以及技术岗位培训工作。年内医疗事故处理及防范措施培训340人，全科医师转岗培训4人，全科医师及社区护士人员培训12人，手足口病诊疗培训22人，妇产科、心电图、B超培训64人，产儿科及保健培训65人，乡级医学检验培训26人，妇幼保健人员培训114人，乡级产科人员培训27人，慢性病防治及癫痫防治培训50人，送市级及以上医院学习进修（半年至1年）19人，培养学科带头人109人。同时，各医疗卫生单位根据业务需要开展了丰富的技术岗位培训工作。加强卫生人才引进，2012年，从昆明医科大学等医学院直接公开招聘临床医学本科生21名到县医院工作；通过考试招录24名医学院校毕业生分配到县乡医疗卫生单位工作。2012年派出县级医疗机构医技人员12人支援鲁甸、奉科、九河、石鼓等卫生院开展医疗工作一年。2012年上海仁济医院两批10位专家在县人民医院开展对口支援医疗工作，继续实施县级医疗机构支援乡镇卫生院工作，共派出县级医疗机构医技人员12人支援鲁甸、奉科、九河、石鼓等乡镇卫生院。

玉龙县卫生系统深入开展了“医疗质量万里行”活动及创建“三好一满意”活动，在县医院开展了优质护理服务活动；落实医疗服务制度和人员岗位责任制，健全医疗质量管理组织，推行疾病诊疗规范和药物临床应用指南，规范临床检查、诊断、治疗、使用药物和植（介）入医疗器械行为，提高医护质量，保障患者安全。推行惠民便民措施，改善医院服务。通过采取提供预防诊疗服务，畅通急诊绿色通道，优化服务流程，按病情分类诊疗，实行同级医疗机构检查结果互认等措施，缩短病人等候时间；优化医院门急诊环境和流程，改善县级综合医院急诊设施和条件，继续在县人民医院开展临床路径试点工作，① 建立和完善实施绩效考核制度，玉龙县21个公立医疗卫生单位全部继续实行绩效工资制度。2012年10月县医院被确定为全省公立医院改革的试点，已完成实施方案及基础数据的上报工作。

加强疾病预防控制工作。按照“重点疾病重点防治、重点地区重点

① 目前实施临床路径有急性阑尾炎、慢支炎、射频消隔术、急性ST段抬高心梗、剖宫产术、子宫肌瘤6个病种。

预防、重点人群重点干预”，加强对鼠疫、艾滋病、结核病、麻疹、脊髓灰质炎、霍乱、疟疾等重点疾病的预防控制工作，强化计划免疫工作。

疫情处理。启动Ⅳ级应急预警1起（玉龙县黄山镇南溪村委会鼠间鼠疫），开展一般疫情调查处理6起，开展个案调查16例，处理预警信息70条。

鼠疫防控。首先重点对玉龙县鼠疫固定监测点和鼠疫流动监测点开展了鼠疫常规监测工作，共捕获鼠1250只，完成动物细菌检查1250份，昆虫细菌检查137组，血凝试验119份。紧接着在黄山镇、太安乡鼠疫一、二类区开展灭鼠灭蚤工作，共配制和投放灭鼠毒饵22800斤，消杀面积1094180平方米。继续切实抓好鼠间鼠疫应急防控宣传工作。2013年5月，经省地方病防治所专家确认，玉龙县黄山镇南溪鹿子村发生鼠间鼠疫疫情，为及时有效控制疫情，防止鼠间鼠疫疫情波及人间，杜绝人间鼠疫的发生和流行，县政府启动了《玉龙县鼠疫控制应急处置预案》，发布了Ⅳ级预警。卫生局及时组织8个防控工作组，全力抓好鼠疫应急防控工作。其间开展疫区发热病人主动搜索40544例；开展动物疫情监测和自死鼠主动搜索工作，在居民区布笼1500个、耕地布夹1500个、林地布夹1500个，共捕获鼠354只；开展检诊检疫和预防性服药工作，逐户排查村民233户859人，发放预防性口服药罗红霉素胶囊700粒、四环素片9238片、伤风停胶囊1580粒；开展鼠疫防控知识宣传活动，由县疾控中心牵头编印《玉龙县2012年鼠间鼠疫应急防控工作简报》25期，发放宣传材料702份。

艾滋病防治。大力开展艾滋病防治知识宣传和教育工作。艾滋病防治知识培训80期14629人次，发放防艾宣传资料26990份、纳西语防艾宣传广播剧394套。深入开展“推广安全套预防艾滋病工程”，发放安全套6656只。加强行为干预，在7个乡镇开展静脉吸毒者清洁针具交换工作，外展人员8人，累计服务126人914人次，发放针具6632具，收回3448具；对106人共682人次的男男性行为人群开展同伴教育工作。开展艾滋病监测检测工作，完成吸毒人群哨点监测484人，VCT（艾滋病自愿咨询检测）329人，孕产妇、婚检人群、门诊病人等HIV检测11465人。认真开展关怀支持工作，加强艾滋病感染者管理。按照国家要求，对辖区内艾滋病病毒感染者进行个案调查、随访、告知等管理。完成辖区内感染者病人随访94人228人次，CD4检测94人次。开展HIV/TB双向筛查，对HIV感染者筛查结核病107人，结核病中筛查HIV29人。完成艾滋病抗病毒治疗转介 30 人，抗病毒治疗 12 人，对艾滋病感染者及艾滋病影响家庭提供政府关怀救助。

地方病防治。首先强调切实做好血吸虫病防治工作。对五台居委会进行全面查螺，共调查面积 1297000 平方米，查出有螺面积 49647 平方米，捕获活螺 1230 只，对捕获活螺全部解剖，对查出的全部有螺面积进行现场灭螺，实际灭螺面积 49647 平方米，扩大灭螺面积为 148941 平方米。对五台办事处的五个自然村及所在学校进行血吸虫病普查，共检查 200 人，检出免疫学阳性 15 人，进行粪检 200 人，对免疫学检查阳性 15 人均按规范给予扩大化查螺和治疗。结合历史教训，做好碘缺乏病防治。开展居民食用盐检测，年内共采集并检验盐样 300 份。开展碘缺乏病防治宣传教育，发放碘缺乏病防治知识手册 8500 份、宣传画 800 份，提供咨询 1800 人次，粘贴宣传画 30 份。宣传与防治结合，开展疟疾防治工作。完成 437 人发热病人的血涂片镜检工作；开展疟疾防治知识宣传教育，发放疟疾防治知识宣传材料 7000 份、光碟 200 张，提供咨询 120 人次。

结核病防治。共接诊病人 105 人，确诊肺结核病人 48 例（其中初治涂阳病人 30 例，复治涂阳病人 12 例，初治重症或活动性肺结核涂阴病人 6 例），列入免费治疗病人 48 例，活动性肺结核患者发现任务完成率为 72.06%。确诊的 48 例肺结核患者有 9 例已按疗程完成治疗，阴转率均为 100%，病人治愈率为 100%。

卫生监测检验。认真开展霍乱弧菌检测、HIV、梅毒、丙肝抗体检测，从业人员预防性健康体检，生活饮用水卫生检验。完成从业人员预防性健康体检 1370 人，水质检测 16 份。

计划免疫工作。加强疫苗管理，全年冷链疫苗运转 4 次，运转一类疫苗 40872 人份，二类疫苗 6394 人份，一次性注射器 115450 具，完成各类疫苗接种 39378 针次，各类疫苗接种率达 99.61%，肺炎疫苗、狂犬疫苗等二类疫苗接种 6245 份。开展计免针对疾病监测工作。按相关规定要求定期对哨点医院进行 AFP、新破、麻疹、15 岁以下儿童乙肝等疾病主动搜索，主动搜索麻疹疑似病例 4 例、AFP 疑似病例 2 例、15 岁以下乙肝病例调查 7 例。继续开展麻疹疫苗查漏补种工作，保证 17 岁以下目标人群接种麻疹疫苗达 2 剂以上。开展麻疹抗体水平监测与 0—4 岁儿童乙肝表面抗原检测，采集人群血液标本 650 份，其中麻疹抗体水平监测 400 份，乙肝表面抗原检测 250 份。开展新生入学、入托查验证工作，共完成新生入学、入托查验证

2140 人，无证 116 人，补证 116 人，补种疫苗 2047 针次。

2012 年，玉龙县共出现乙类传染病 6 种（病毒性肝炎、肺结核、痢疾、猩红热、HIV/AIDS 和梅毒），发病总数为 417 例，发病率为 193.31/10 万；共出现丙类传染病 5 种（手足口病、流行性腮腺炎、风疹、急性出血性结膜炎和其他感染性腹泻），发病总数为 518 例，发病率 240.13/10 万；无甲类传染病发生。

切实抓好妇幼保健工作。坚持“以保健为中心，以保障生殖健康为目的，保健与临床相结合，面向基层，面向群体”的妇幼卫生工作方针，以实施妇幼健康计划、两纲、两规划为核心，紧紧依托《母婴保健法》，努力提高住院分娩率，降低孕产妇及婴儿死亡率。启动实施妇幼健康计划，婚前医学检查 148 人，新生儿疾病筛查 1026 人，新生儿听力筛查 435 人。抓好孕产妇保健工作。孕妇建卡 1931 人，产前检查 1931 人，产后访视 1931 人，系统管理 1908 人，住院分娩活产 1899 人，管理高危孕产妇 440 人，危急孕产妇抢救 17 人，孕产妇死亡 2 人。贯彻执行《母婴保健法》，巩固爱婴医院，年内依法发放《出生医学证明》784 张。加强妇幼卫生信息管理，促进信息工作规范化。按“3+1”模式收集、汇总、分析、上报各种报表，为科学决策提供依据。开展妇女病查治工作，共检查诊治 11593 人。抓好儿童保健服务。0—6 岁儿童保健管理 11495 人，0—3 岁儿童系统管理 4951 人，6 个月内母乳喂养调查 1436 人，新生儿访视 1921 人，开展 5 岁以下儿童营养评价 8493 人。加强妇幼卫生合作项目的管理。“母婴平安 120”行动项目争取到美赞臣公司捐赠奶粉 14212 盒并发放给农村婴幼儿；争取到西门子家电价值 20 万元的医疗设备援助；救助 169 个贫困孕妇，计人民币 127220 元。农村孕产妇住院分娩补助项目共救助农村孕产妇 1353 人，计人民币 54.12 万元。降低孕产妇死亡率和消除新生儿破伤风项目年内举办讲座 48 期，发放宣传单 1.5 万张。预防艾滋病母婴传播项目举办卫生院检验人员培训班 1 期。联合国儿童基金会母子健康综合项目和母子健康促进项目举办妇幼保健人员培训班 1 期，举办婴幼儿喂养培训班 1 期。宣明会①援助项目举办四期村级儿童保健培训班。

① 宣明会，即世界宣明会（WORLD VISION）是一个发扬人道与博爱精神的国际慈善团体，其宗旨是以爱心服事贫苦及有需要的人们，与他们一起面对贫穷和灾难，合力克服困境，使其走上康庄之路。

2012年玉龙县主要妇幼卫生工作指标完成情况：儿童保健覆盖率93.72%，儿童系统管理率90.53%，孕产妇保健覆盖率99.18%，孕产妇系统管理率98%，住院分娩率97.53%，新法接生率99.79%，高危住院分娩率99.77%，产妇死亡率102.72/10万，婴儿死亡率13.87‰，5岁以下儿童死亡率16.44‰，新生儿死亡率9.24‰，无新生儿破伤风发病及死亡。

二　食品药品卫生监督工作

开展了食品安全专项整治行动。开展餐饮具消毒专项整治活动，责令停业整顿餐饮具消毒中心1家。加强饮用水卫生监督，对旅游景点、景区、学校及集中式供水单位的饮用水卫生进行了监督检查，对107所学校自建供水设施单位进行监督检查，对26家公共场所用水单位和2家餐饮具消毒中心的用水进行监督检查，协助水质检测16家。加强学校卫生监督，对辖区83所学校进行卫生监督工作。切实抓好公共场所卫生监督，监督检查184家公共场所。加强放射卫生监督管理，强化职业病防治。组织开展了职业病防治法的宣传活动，对辖区内从事放射诊疗的4家医疗机构进行放射卫生监督检查。切实做好传染病的卫生监督工作，对辖区内18家医疗机构开展传染病防治及医院感染的卫生监督检查工作。规范卫生许可发放工作，办理发放公共场所卫生许可证184份，放射诊疗许可证校验1家，办理发放餐饮具消毒中心合格证2家，办理发放从业人员健康合格证2713份。加强医疗服务市场的日常监督工作。开展了“打四黑除四害”专项行动、医疗废弃物管理专项行动、打击非法行医活动，取缔非法行医诊所。

认真履行食品安全综合协调职能，建立健全食品安全综合协调工作机制，认真抓好食品安全综合协调工作。制定《玉龙县2012年食品安全重点工作实施方案》，并按照方案抓好落实工作。组织开展了鲜肉和肉制品、保健食品、餐饮洁具消毒等5次专项整治活动，确保了全年没有发生重大食品安全事故事件。开展爱国卫生运动工作，促进全民健康意识和《全国亿万农民健康促进行动云南省实施计划（2011—2015年）》的宣传工作，广泛开展卫生知识宣传工作。积极组织开展环境卫生集中整治活动。春节期间、国庆节期间、党的十八大期间，在玉龙县范围内组织开展了环境卫生集中整治活动。继续开展2011—2015年全国农村环境卫生全覆盖试点县项目的各项工作，目前已完成项目人员培训、土壤成分摸底调查等工作。切实做好国家卫生城市创建工作，2012 年获得云南省县级卫生城市奖。

加强医政、红十字工作，贯彻实施《医疗事故处理条例》，依法做好医疗事故鉴定工作，协调处理医疗纠纷 6 起，其中县保健院 2 起，县医院 1 起。做好执业（助理）医师资格考试报名工作和专业技术职称报名工作。贯彻《执业医师法》，加强医疗机构监管，严格从业人员的准入关，规范医疗秩序和医疗行为。年内执业医师注册变证 36 人，护士注册变证 26 人，乡村医生换证 35 人，医疗机构校验 134 家，责令整改医疗机构 3 家。加强红十字工作。组织开展了第 65 个世界红十字日博爱周大型宣传活动；开展关爱活动，将价值 4 万元的“博爱送万家”物资捐赠给白沙完小；到大具康复村慰问麻风病康复员 15 人次，慰问物资价值 1200 元；组织 3 次无偿献血活动，共有 130 人献血，献血量 32300 毫升；对玉龙县村防疫保健员 100 人进行了应急救护培训工作。

开展中药资源普查工作，据《云南省中药资源普查试点工作实施方案》，制定《玉龙县中药资源普查试点工作实施方案》，成立玉龙县中药资源普查队开展中药资源普查试点工作，已完成调查 41 个样地数，205 套样方，采集标本种类 569 种，重点品种数量 91 种，采挖药材 60 份，采集种子 67 份。

三 存在的问题

玉龙县卫生工作得到了持续快速健康发展，但也存在一些不容忽视的问题。由于玉龙县境内有历史的鼠疫疫源地，重大传染病、突发公共卫生事件严重威胁群众健康，传染病防治任务非常艰巨。卫生队伍能力建设相对薄弱，农村卫技人员短缺，学历、职称、水平偏低，乡村两级卫生人员无执业资格比例较大，影响了医疗卫生工作。由于乡村两级卫生人才短缺，现有的部分医疗设备闲置，难以发挥应有效益。目前玉龙县城镇社区卫生服务仍在起步阶段，发展城镇社区卫生服务任务十分艰巨。对于问题，需要采取行之有效的措施逐步加以解决。

农村医疗卫生队伍建设情况，到目前，玉龙县有医疗卫生机构 21 个（不含村卫生室），即县人民医院、县保健院、县疾病预防控制中心、县新型农村合作医疗管理中心、16 个乡（镇）卫生院和 1 个社区卫生服务中心。玉龙县卫生系统共有710人，其中县人民医院281人，县保健院55人，县疾病预防控制中心63人，五台社区卫生服务中心7人，县卫生局卫生监督所6人，县新型农村合作医疗管理中心7人，16个乡镇卫生院有291人。玉龙县有卫生专业技术人员650人（其中正高职6人、副高职18人、中职169人、初职398人）。玉龙县有村卫生室102个，有乡村医生204人。玉龙县平均每千人口拥有卫技人员2.8人。

为了进一步发展玉龙县卫生工作，县委、县政府于2009年就制定出台了《进一步加强卫生工作的决定》，《决定》中明确提出了加强卫生队伍建设的一系列政策和措施，如放开了县医院招录工作人员的户籍；对研究生以上医学生实行免考直录；实行县级医务人员晋升职称前到乡镇卫生院工作一年的制度；实施医疗对口支援工作，每年都派县级医疗机构的医务人员对口支援乡镇卫生院开展医疗工作等。2012年，免考直录医学研究生（硕士）1人，从昆明医科大学、九江学院、大理学院直接公开招聘临床医学本科生21名到县医院工作；通过考试招录24名医学院校毕业生分配到县乡医疗卫生单位工作。2012年派出县级医疗机构医技人员12人支援鲁甸、奉科、九河、石鼓等卫生院开展医疗工作一年。

根据玉龙县卫生队伍建设的具体情况，创新思路，采取多渠道的方式，加大卫生人才的培养力度。玉龙县首先与昆明医科大学和大理医学院联合开展选送培养定向医学生，录取选送前医学生首先与玉龙县卫生局签订协议，定向医学生毕业以后必须回玉龙县乡镇卫生院工作5年，到目前已经选送培养定向医学生5人。其次在培养现有农村卫生人才方面，玉龙县采取“送出去”和“轮训”的方法，选派医务人员到上级医院进行短期（半年至1年）学习培养，2012年进行短期学习培养的共有24人。积极培养学科带头人，2012年培训学科带头人24人。通过这些措施，玉龙县医疗卫生单位特别是县医院的诊疗水平得到了明显的提高。玉龙县人民医院率先在全市开展了心脏介入治疗等尖端医疗技术，是云南省唯一首批获准开展心脏起搏技术、冠心病介入诊疗技术、先心病介入诊疗技术、心内射频消融技术等心病介入诊疗技术的县级医院。

玉龙县的卫生条件取得了较大改善，但在农村基层仍然存在一些问题，主要表现在财政投入不足，基础相对薄弱；政策举措落实不够到位；医疗技术人才短缺，诊疗能力偏低，尤其在广大山区医疗人才“引不进、留不住、用不上”问题较普遍。应向乡镇中心卫生院和偏远贫困地区乡镇卫生院倾斜，逐步解决基层医疗卫生机构人才队伍建设力度，提高基层医疗服务能力，缓解农村基层医生“留不住”难题，建立健全农村村医准入条件和持续发展长效机制，保证每个行政村有一名村医能够履职。每年举办乡村医生培训班，对全县乡村医生进行培训，2012 年培训乡村医生 204 人。此外，各医疗卫生单位根据业务需要开展了丰富的技术岗位培训工作。玉龙县从 2011 年 6 月 1 日起对玉龙县 16 个乡镇卫生院、1 个社区卫生服务中心（站）和 102 个村卫生室全面实行基本药物零差率销售。对乡镇卫生院和村卫生室进行零差率销售补助，补助形式为“以奖代补”及网上采购基本药物的 15%进行补助，至 2012 年 6 月 30 日，基本药物零差率销售补助金额合计 1143501. 04 元。基本药物零差率销售制度的实施，降低了人民群众医疗费用支出，广大人民群众得到医药卫生体制改革带来的更多的实惠。

妇幼卫生水平的提高是社会文明进步和卫生事业发展的重要标志，妇女儿童健康是人类持续发展的前提和基础，关系千家万户的幸福安康。2012 年，县政府将实施“妇幼健康计划”列为重点抓好的惠民实事之一，要求提高农村孕产妇住院分娩补助标准，开展出生缺陷三级综合防治，降低孕产妇死亡率、婴儿死亡率及新生儿出生缺陷率并在玉龙县范围内启动实施了妇幼健康计划，经过近一年的实施，妇幼健康计划已初见成效。年度指标完成情况为：孕产妇死亡率 102. 72/10 万，婴儿死亡率 13. 87‰，5 岁以下儿童死亡率 16. 44‰，婚前医学检查率 4. 9%，农村孕产妇住院分娩率 97. 53%。为了加强对妇幼健康计划的组织领导，玉龙县成立了由县人民政府分管卫生副县长担任组长，由卫生局、发改局、财政局、民政局、计生局等部门负责人为成员的领导小组及办公室，负责对妇幼健康计划的组织管理和具体实施。并于 2012 年 7 月 2 日召开了各相关部门负责人参加的启动会，县政府领导出席会议并对妇幼健康计划作了全面的安排部署。

为扎实推进《云南省 2012 年妇幼健康计划工作方案》确定的妇幼健康目标，结合玉龙县妇幼卫生工作实际，制定了《玉龙县 2012 年妇幼健康计划工作方案》，明确玉龙县妇幼健康计划的工作目标和任务。不断完善危急孕产妇抢救绿色通道机制，杜绝可避免的孕产妇死亡。对定点医疗保健机构农村孕产妇住院分娩实行限价，农村孕产妇在定点医疗保健机构住院分娩基本服务项目范围内实行免费，对贫困农村孕产妇住院分娩给予生活补助。

截至 2012 年 9 月，玉龙县农村孕产妇住院分娩补助 1151 人，计 46.04 万元。对乡（镇）卫生院开展产儿科能力建设对口帮扶。2012 年，县保健院选派 4 名业务人员驻九河、奉科乡开展帮扶工作，协助、指导卫生院落实妇幼健康计划。认真做好预防艾滋病、梅毒和乙肝母婴传播工作。开展孕产妇 HIV 抗体、梅毒、乙肝检测和婚前保健人群 HIV 抗体和梅毒检测。为孕产妇提供预防艾滋病、梅毒和乙肝母婴传播综合防治服务，减少因艾滋病、梅毒和乙肝母婴传播造成的儿童感染。至 2012 年 10 月 31 日，共进行 HIV 初筛检测 3755 人次，梅毒检测 2583 人次，孕产妇乙肝表面抗原检测 2197 人次。

认真落实出生缺陷三级综合防治。指定县医院、县保健院、巨甸中心卫生院为新生儿疾病筛查定点机构，指定县保健院、巨甸中心卫生院为免费婚前医学检查机构，为自愿接受新生儿疾病筛查者进行免费筛查，对自愿接受婚前医学检查者，提供免费检查。截至 2012 年 10 月 30 日，共进行婚前医学检查 81 人，新生儿疾病筛查 912 人，新生儿听力筛查 435 人。

加强队伍建设，提高服务水平。充分利用妇幼卫生项目对玉龙县产、儿科人员进行培训。2012 年玉龙县还得到宣明会支持，对村级人员分 4 批次进行培训，每期 1 月，目前第 1 期村级保健员培训已顺利结束，后续 3 批培训将按计划进行。卫生人才不足，特别是乡镇卫生院卫生人才不足尤为明显。卫生人员业务技术水平不高，有待进一步提高。卫生人力资源结构与分布不合理。医疗设备短缺。由于卫生工作特别是乡村卫生工作辛苦，但没有相应的倾斜政策和待遇，卫生技术人员流失现象仍然存在。卫生投入需要进一步加大。建议增加卫生人员编制，特别是乡镇卫生院人员编制。不断增加卫生技术人员尤其是乡镇卫生院卫生技术人员。加强卫生技术人员的规范化培训工作，提高卫生人力整体素质。逐步提高乡村两级工作人员的待遇。目前，玉龙县医院被卫生厅确定为全省公立医院改革的医院，下一步需要实行基本药物零差率销售政策，建议市、县政府加大对玉龙县医院的资金投入，确保公立医院改革稳步推进。

第三章

经济建设

县域经济在国计民生中占有特殊重要的地位，是经济发展和社会稳定的重要基础。当前，促进县域经济发展，是解决“三农”问题的根本途径；是促进城乡和区域协调发展，全面建成小康社会的必然要求；是巩固基层政权，维护社会稳定的关键环节。全面贯彻落实国家宏观调控政策，紧紧围绕努力建设成为云南省最具活力的少数民族自治县、构建玉龙县全面建设小康社会的宏伟目标，突出又好又快发展这个主题，以调整经济结构和转变增长方式为主线，以统筹城乡和区域协调发展为重点，深入实施“农业稳县、生态立县、旅游强县、文化兴县、工业强县、水能富县和全面开放”七大战略，努力打造“县城、金沙江、玉龙雪山、老君山”四大经济平台，着力推进社会主义新农村建设，着力调整经济结构，着力建设资源节约型、环境友好型社会，着力改善民生，力争取得经济又好又快发展、社会不断进步的良好局面。

第一节　农业经济建设

玉龙县地处金沙江流域，跨横断山和滇西北高原，兼有横断山峡谷和滇西北高海拔高原两种地形特征。土壤基本属于山地红壤冲积型沙质土壤，且以黄棕壤和红壤为主，土壤 pH 酸碱度在 4.5—7.6，土层深厚，具有夜潮性，有机质含量高，自然肥力较高，增产潜力较大。全县森林覆盖率 77.17%，是云南省的主要林区，植被保护比较完好，森林资源丰富，生态环境优越。全县面积 6392.6 平方千米，72.3%被森林覆盖，是全球生物多样性最丰富的地区之一，曾被植物学家称作“植物天堂”“药用植物生长的最佳小环境”“云南著名的药材之乡”。金沙江上游天然林禁伐后，县委、县政府紧紧围绕建设生态产业基地和打造长江生态安全屏障，依托极为丰富的森林资源和植物药资源，积极组织农户大力发展林下药材种植业，走出了一条林区经济发展的新路子。

玉龙县是一个林业大县，是全省重点林区县之一。境内有三江并流世界自然遗产、拉市海高原湿地自然保护区、玉龙雪山5A级国家风景名胜等重要生态区，动植物资源丰富，生物多样性富集，是云南省和国家生态安全屏障的重要组成部分，被誉为“长江上游最后一个绿色堡垒”。玉龙县委、县政府高度重视林业工作，提出了“生态立县”和“森林玉龙”的可持续发展战略，强化森林资源保护管理，大力培植森林后备资源，加快森林生态体系建设，全县的森林生态得到了稳定、快速的发展。全县面积6392.6平方千米，林地面积49.33万公顷，占全县土地面积的77.17%（其中：有林地面积41.82万公顷，占全县土地面积的65.43%，占林业用地面积的84.78%），全县公益林面积444.96万亩，公益林比例为60.1%。森林覆盖率为72.3%，全县活立木总蓄积量4580.022万立方米，活立木年净生长量154.159万立方米。

全县49.33万公顷林地中：国有林面积14.02万公顷，集体林面积33.83万公顷（非林改确权面积），个人所有林面积1.48万公顷。气候属低纬度高原南亚季风气候，境内海拔高差大，从1300米的金沙江边到5596米的玉龙雪山，高差4296米，可分为高寒、低温、中凉和中温四种气候类型。农业立体气候、立体资源、立体农产业的特点较为明显。大部分地区年内温度升降变化幅度小，而昼夜温差较大，干湿季分明，四季不明显，有温凉之更迭，无寒暑之巨变。年平均温度13.5℃，≥10℃的年积温2000℃以上，年平均降水量897.2毫米，5—10月为雨季，降水量占全年的80%以上，7—8月特别集中，年无霜期200天。

在县委、县政府的正确领导和市创新办的精心指导下，结合实施效能政府四项制度建设工作的扎实推进和基层党组织“创先争优”活动的深入开展，进一步找准优势，建基地、培龙头、强服务，推进全县生物产业又好又快发展，有效带动农村经济发展和农民增收致富，切实为把玉龙建设成为全省最具活力民族自治县提供了强有力的产业支撑。

玉龙县作为滇西北最大的林区之一，农民的经济来源和地方财政收入主要靠砍伐木材，天然林禁伐后，玉龙县面临经济调整转型的阵痛，同时也面临天然林禁伐后的纷杂矛盾。经过深入调查研究，他们在鲁甸乡经验中得到启发。鲁甸乡是该县的林业大乡，在天然林禁伐后，该乡经过探索，确立了依托森林资源的保护利用和药材产业的发展实现产业结构调整转型的新思路。全乡领导干部带头掀起大干药材产业的热潮，经过努力，药材种植产业很快形成，全乡95%的农户种植药材，药材种植面积突破5万亩，产业大户和药材种植公司迅速崛起。2012年，全乡农户药材收入达到1.7亿元，户均药材收入3万元。县委、县政府及时推广了鲁甸乡的经验，在林区大力发展药材产业。2012年，全县药材种植7万余亩，产值达到4亿多元。“十二五”期间，全县规划种植12万亩，产值将达10亿元，人均药材收入将达5000元。随着药材产业的发展，作为丽江最大的林区，玉龙县发展林下药材使林业生态得到了最好的保护，同时取得了良好的经济效益，走出了一条林区可持续发展的道路。

针对中药材产业与农特产品加工业而专门设置的玉龙县生物资源开发创新办公室，是“玉龙纳西族自治县人民政府生物资源开发创新工作领导小组”的常设办事机构，属县政府的直属部门之一，是独立的正科级单位，内设机构有：综合管理股、项目管理股，2003年年底生物资源开发创新办公室干部职工编制9人。围绕建设独具特色的生物资源开发创新基地的目标，加快生物资源开发创新产业发展和农业产业化进程，按照县委、县政府“745”发展战略目标的要求，以资源为依托，市场为导向，科技为支撑，围绕增收，放手调整产业结构，加大理念创新、技术创新和机制创新力度，因地制宜，突出重点，培育和壮大农产业，努力做好协调服务工作，积极开展项目培育、筛选、评选、申报和储备工作，各项工作都取得了较好成效。

玉龙县荣列“云南中药材基地建设”的18个重点县之一，县委、县政府十分重视药材产业的发展，制定出台了《玉龙纳西族自治县人民政府关于发展药材产业的决定》，经过几年的努力，中药材产业发展迈出了可喜的步伐。

中药材产业发展成效显著。根据玉龙县各乡村的资源、气候、土地和药材的生长习性，面向国内国际市场，积极开展技术咨询、指导、培训服务，努力为药材种植、加工、销售企业做好协调服务工作，在全县适宜种植中药材的乡村，按照因地制宜、分类指导的原则，加大了传统、优质药材的推广种植工作，使玉龙县的药材产业实现了稳定发展。

中药材资源品种蕴藏概况。根据1986—1987年原丽江县中药材资源普查结果显示，丽江境内就有天麻、虫草、云归、人参、雪茶、雪上一枝蒿、剑麻、苦良姜等2010种，产藏量丰富，蕴藏量达到1万公斤以上的有69种。此外还有丽江山慈菇、雪兔子、黄芩、姜丝子、岩白菜、续断、野牡丹等大宗野生药用植物。据统计，2010年全县新种植中药材36867.93亩，累计种植中药材面积达57881.18亩，比2009年的30611.6亩增加27269.58亩，增长89.08%，采挖中药材29979.83亩，总产量达17453.35吨，比2009年的18503.6吨减少5.68%，实现销售收入15440.29万元，比2009年的13652.05万元增长13.10%，中药材销售收入突破1.5亿元。

一 中药材产业与农特产品加工业

（一）中药材基地建设现状

玉龙县2007—2010年中药材种植情况详见表3-1。2010年全县新种植中药材36867.93亩，其中林下种植中药材面积12686.8亩，累计中药材种植面积达57881.18亩，比2009年的30611.6亩增加27269.58亩，增长89.08%。其中云木香18729.68亩、秦艽16639.71亩、重楼1791.56亩、黄山药510亩、桔梗4776.09亩、附子7466.6亩、续断3604.58亩、玛咖2400亩、纹党220亩、其他药材1962.96亩。年内采挖中药材29979.83亩，总产量达17453.35吨，比2009年的18503.6吨减少5.68%，实现销售收入15440.29万元，比2009年的13652.05万元增长13.10%，中药材销售收入突破1.5亿元。

表3-1　　玉龙县2007—2010年中药材种植情况统计表　　（单位：亩）

品种＼年度	2007	2008	2009	2010	备注
合　计	22331	27044	30611.6	57881.18	
云木香	9105	9400	8631.5	18729.68	
秦　艽	8552	8500	5078.5	16639.71	
白　术	1054	1510	1660		
桔　梗	877	840	1215	4776.09	
当　归	820	820	920		
续　断	92	2000	2387.5	3604.58	
附　子	702	830	3110.5	7466.6	

续表

年度 / 品种	2007	2008	2009	2010	备注
黄山药	315	350	700	510	
重　楼	614	714	948.2	1791.56	
玛　咖	100	1000	2611	2400	
其他药材	100	500	3349.4	1962.96	

(二) 中药材种植开发企业简况

到2010年年底，玉龙县培育、引进、注册药材加工企业3家，即映华集团、华利公司和港鑫公司；培育、引进、注册药材种植企业9家，跨出了产业发展最艰难的一步。

表3-2　玉龙县培育、引进、注册药材加工企业、种植企业概况表

企业名称	开发品种	开发模式	职工人数
丽江映华生物药业有限公司	薯蓣药材	加工、制药	149
丽江华利生物开发有限责任公司	中药材	种植、加工	25
云南港鑫生物科技有限公司	天麻、石斛等	种植、加工	28
玉龙县原泰种植有限公司	黄山药	种植	3
丽江格林恒信生物种植有限公司	玛咖	种植、加工	8
玉龙县国海药材种植场	木香、西洋参等	种植	6
丽江云鑫绿色生物开发有限公司	重楼	种植	12
玉龙县双全药材种植专业合作社	重楼、木香等	种植	5
玉龙县红豆杉生物开发有限公司	红豆杉	种植	5
大具乡白麦村种养殖业协会	木香、独定子等	种植	35
玉龙县可巴生中药材农民专业合作社	珠子参、猪苓等	种植	5
丽江广源药材种植有限公司	重楼、岩陀等	种植	6

(三) 发展中药材产业的比较优势

发展中药产业，玉龙县具有一定的基础和有利条件，主要有以下几方面优势：

(1) 政策优势。生物药产业是云南省委、省政府确定的云南生物资源开发创新支柱产业中培育的五大新兴产业之一，云南省人民政府制定出台了《关于加快发展云药产业的决定》，并相继出台了一系列的政策措施。玉龙县荣列“云南中药材基地建设”的18个重点县之一，县委、县政府结合药材产业的发展现状，制定出台了《玉龙纳西族自治县人民政府关于发展药材产业的决定》，玉龙县“十二五”规划纲要、“十二五”生态产业规划和“十二五”农业产业规划都将中药材列为重点发展的品种之一。

（2）资源优势。玉龙县地处金沙江流域，跨横断山和滇西北高原，复杂的地形地貌和独特的生态环境，形成了“一山有四季，十里不同天”的典型立体气候，孕育了独具特色、丰富多样的生物资源。有200多种花卉、2010种药材、2900多种种子植物，被誉为“植物王国”和“药材之乡”。有70多种兽类、290种鸟类和十多种鱼类。尚存20多片完整的原始森林板块，是维系长江上游水土保持的根基所在。

（3）药材种植历史悠久。丽江从早时就有种植药材的习惯，而玉龙县是丽江的主要药材种植基地之一，曾经家植驯化了云木香、当归、人参、附子、天麻、秦艽、桔梗、茯苓等十多个品种，并以其品质、产量、产值而闻名，被誉为“药材之乡”①。资源和大量的名贵、优质药材，具有“药材之乡”的美誉，是云南乃至我国的重要药材基地之一。

玉龙县工业极不发达，几乎没有“三废污染”，特别是种植药材的山区乡镇，更无污染可言，有极好的种植药材的生态环境优势。由于特殊的地理位置、复杂的地形地貌和明显的立体气候，适宜种植多样中药材品种，有很大的选择余地，不同于平原地区一成不变的环境。丽江很早就有种植药材的习惯，而玉龙县是丽江的主要药材种植基地之一，特别是近年来，中药材种植发展较快，已经逐步成为一些山区乡村农民收入的重要来源之一，有一定的种植管理技术基础，农民有发展中药材的积极性。

（4）拥有一定的产业基础。丽江有具备一定基础的制药企业3家，有80种药品批准文号。这一宝贵的产业资源，初步拥有一支药材种植、管理和药品生产、管理、检验的技术队伍；玉龙县山区农民多数有多年的中药材种植管理经验，有一定的种植管理技术基础，有药材产业化基地建设的试验、示范工作基础，只要有效益，农民就易于接受。

---

① 清朝光绪二十年（1894年）成书的光绪《丽江府志稿》一书三卷物产部分记载：“当归，俱以丽产者发他省。”此条记载说明，早在一百多年前的清代，当归已经是丽江的一项重要出口商品，其引种种植年代就更早。1933年从印度引种的云木香为国内首创。1945年丽江纳西族民间医生和德昭家族编撰的《玉龙本草》收载丽江地方习用中草药328种。有数十种中草药在纳西族东巴经典中就有记载，已有近千年的历史。

表 3-3　玉龙县 2012 年各乡镇中药材产业发展情况统计表

（单亩、公斤）

村委会 品种	合计	鲁甸	塔城	鸣音	黄山	九河	白沙	大具	拉市	奉科	龙蟠	宝山	黎明	太安	石头	石鼓	巨甸
合计	90745. 85	56520. 5	1686	1833. 4	2534. 2	2735. 6	1307. 4	627. 8	552	974. 5	45	5887. 3	814. 7	4668. 6	1721. 8	3178	5659. 05
云木香	20959. 8	17793. 2	402	10	13. 5	332. 6	35. 1	5	15	118	18	15	227. 4	44. 5	385. 5	1440	105
秦艽	13441. 75	11982. 05	259	33	40	28. 8	10	34	25			5	140. 4	3. 5	1	880	
附子	8289. 8	6788. 7	207	54	29. 6	303. 3	29. 1	41	200	10	4	10	74. 4	27. 7	118	310	83
桔梗	11237. 8	6858. 9	350	68	4	272. 4	31. 4	31. 5				52	42. 4	61. 5	32		3433. 7
续断	4873. 7	2013	80	117	39. 3	576. 2	98. 1	10	65	100		30	27	333. 4	1039. 7	320	25
重楼	3694. 75	1850. 9	80	225. 4	136. 4	215. 4	48	78. 2	35	17	16	24	36. 7	578. 3	50. 1	61	242. 35
珠子参	542. 2	511. 8		5									25. 4				
金铁锁	106. 2	0. 2	30	3				68				5					
黄山药	2378. 75	2206. 75	150	22													
天麻	167. 8	60. 7		5		7. 8	2	1. 3	10				12		17		52
茯苓	29			15									10		4		
草乌	248. 2	159. 7		5		3. 5				16		40		24			
白芨	181. 2	2				2. 8		151. 2						0. 2	2		23
玛咖	9182	600	50	50	2241. 4	983. 9	644. 7	128. 5	200	20		233. 3	200	3560. 2	50	60	160
白术	4765	3139	78			9				10	7		9	7	1		1505
岩白菜	250	250															
纹党	1104. 9	1104. 9															
其他	9293. 1	1198. 7		1221	30		409	79. 1	2	683. 5		5473	10	28. 3	21. 5	107	30

（四）存在的问题与困难

（1）政府宏观协调能力差。虽然县委、县政府十分重视中药材产业的发展，但目前无明确的机构来负责发展中药材产业，更没有科学、符合县情的发展规划和相应的政策措施，无法协调和解决中药材产业发展中出现和存在的突出问题。

（2）没有强有力的龙头企业支撑。玉龙县虽然有1家中药生产企业和1家中药饮片生产企业，但数量少、规模小、品种差，缺乏市场竞争力，对中药材的需求量小，没有强有力的龙头企业，难以带动产业的发展，中药产业链难以形成。

（3）人才资源缺乏。目前，在中药生产企业中，缺乏有发展战略眼光的经营管理者，缺乏中药生产种植和研发技术的高级人才，也缺乏高级营销人才，企业思路不清，视野不宽，目光短浅，发展无力。

（4）产业扶持和企业生产科研开发资金困难。县级财政困难，资金严重短缺，产业投入不足；企业产品缺乏竞争力，效益较差，维持生计都十分困难，加之金融机构扶优不扶贫，企业无法有效组织资金形成以“公司+基地+协会+农户”的产业发展模式，无法做大做强。

（5）产业体系不健全，产业化程度低。观念落后，摆脱不了传统农业的束缚，盲目种植发展，品种雷同，跟着别人走，难以开发新的特色优质药材品种；产业化程度低、组织形式层次低，药材产品还处于原料型、初加工型生产阶段，产品附加值低，资源开发程度低；产业科技含量低，市场竞争力弱，既存在产业面积大而单位面积产值效益低的问题，也有药材产品“多的不特，特的不多”的局限，无法实现向特色产业和品牌产品过渡，影响了产品的市场竞争力和资源的有效开发利用。

（五）对策与建议

玉龙县发展中药产业既有优势条件，也有困难；有机遇，更有挑战。要推动中药材产业的发展，必须抓好以下几个方面的工作：

明确专门机构。县政府应当明确一个政府部门牵头，负责全县中药材产业组织协调工作，责成相关部门积极参与发展中药材产业的协调服务工作，充分调动各相关部门积极性，合理分工，明确职责，完善社会化服务体系，推动玉龙县中药材产业健康有序、可持续地快速发展。

制订发展规划。在认真调研的基础上，邀请国家、省、市有关的医学、药学、土壤、气候、水质、农业、林业等多方面的专家对玉龙县的中药材产业进行全面的、科学的研判，结合现行的政策，制订中药产业发展规划，制定出台具体、科学、可操作性强、符合县情的政策措施。

培育龙头企业。在市场经济条件下，企业是产业发展的主体，龙头企业的强弱是产业发展成败的关键。龙头企业将分散的小农生产凝聚在一起，帮助农民将更多存量产品转换为高附加值商品，提高核心竞争力。一方面玉龙县政府要进一步加大力度扶持和培育当地的龙头企业，与此同时要充分发挥丽江的优势，选择引进有实力的外地企业参与玉龙县中药材资源开发。同时，政府和相关部门要加强中药材产业龙头企业的培育，要帮助、指导、监督企业加强诚信体系建设，树立法律意识、质量意识、创新意识，大力调整品种结构，大力支持企业引进高素质的管理、研发、生产、营销人才，加大研发力度，打造名优品牌，做大做强中药产业。加大对技术含量高、带动力大、辐射面宽、抗风险能力强的龙头企业，特别是外向型龙头企业的培育、扶持和服务，适时引导其强强联合，组建大型龙头企业集团，延长产业链条，提高产业的市场竞争力。通过3—5年的努力，力争培育2—3个自主创新能力强、知名度较高、年收入超过亿元的中药加工、生产龙头企业。

加大投入和扶持力度。通过加大财政扶持、信贷支持和招商引资力度等措施，拓宽投融资渠道，进一步加大对药材产业及企业的投入和扶持力度。大胆探索，完善农业投入体系，尽快建立玉龙县药材技术研究开发的多元化投入机制。

组织创新。坚持科技兴业的发展路子，必须冲破传统思维模式和发展模式，遵循自然规律和市场经济规律，用新思想、新思路、新方法、新措施去指导、组织和推进中药材产业的发展。从玉龙县的实际出发，用开放的眼光、开放的政策、开放的市场来看待、开发和发展玉龙中药材产业。因地制宜，突出重点，调整区域布局，按照“一村一品”种植发展优势特色优质药材。提高认识，加大科研、科技投入和系统研究，加强科技应用推广，努力提高产业的科技含量，加快药材规范化基地的建设。努力探索中药材产业化生产经营组织模式，组织创新，推进中药材产业化经营。要制定适宜玉龙县的药材资源保护与合理开发利用的相关政策和法规，加强中药材资源的保护与合理开发利用，促进中药材产业的可持续发展。

打造一批知名品牌。纵观国内外各种产品的市场，一般产品供大于求，产品滞销；优质、名牌产品，供不应求。如云南白药以其众所周知的品牌知名度优势，虽然价格较高，但在众多的药品激烈竞争中始终成为人们首选的跌打损伤药。因此，品牌的打造成为国内外商家产品营销的重要手段。玉龙中药材产品的品牌打造，首先要按照国际标准进行精深加工，生产出高附加值的优质产品，确保丽江的每一个产品都是优质产品，为生产知名品牌打下物质基础。充分利用丽江的知名度，增加产品文化内涵，提高产品的附加值。丽江在世界上有了较高的知名度，丽江的文化深受世界各国消费者的好评，玉龙的中药材产品冠以“丽江”二字，可以扩大产品知名度，如果再加上丽江的民族文化和产品自身的文化内涵，产品的附加值将进一步得到提高。充分利用丽江旅游的优势，把中药材产业与文化产业、旅游产业有机结合，提高产品的知名度。充分发挥丽江每年有几百万国内外游客的优势，采取政府搭台，企业唱戏的模式，建设丽江特色产品一条街，通过节庆、户外广告和产业—文化—旅游互动发展等形式，立足丽江市场、开拓周边市场、放眼国际市场，形成多元化、国际化的市场格局。利用多种媒体打造知名品牌。通过精心策划，充分发挥玉龙中药材产品原产地优势、品质优势、文化优势，策划好丽江特色与国内外市场对接的品牌，打造丽江重楼、丽江云木香、丽江珠子参、丽江天麻等品牌，争取把丽江重楼等一批中药材产品品牌打造成为国内外的知名品牌。

总之，玉龙县是丽江市的农业大县，中药材资源十分丰富，发展中药产业既有优势条件，也有机遇，又有困难，更有挑战。营造良好的中药材产业发展环境，需要举玉龙县全县之力发展中药材产业，玉龙县的中药材产业才能实现快速健康发展，真正为建成全省最具特色的民族自治县提供强有力的产业支撑，发挥其应有的生态、经济和社会效益。

二　特色农业与生物资源开发创新：以丽江雪桃为例

（一）有序推进丽江雪桃产业

丽江雪桃是玉龙县农技人员经过十几年的探索和实践，在丽江特有的土壤、空气、水源、气候等自然条件下，利用玉龙雪山及其周边独有的野生红心山毛桃为砧木，科学培育、精心驯化而成的一个新品种。丽江雪桃生长期长，成熟期晚，每年 3 月前后开花，中秋、国庆节前后成熟上市，生长期长达 200 多天，物质积累慢，果肉结构紧密，果形美观，果实大，平均单果重量可达 500—1000 克；色、香、味俱全，内在品质好，口感甜脆，适口性好，水溶固形物含量高，营养丰富，自然保鲜，果子成熟后还可在树枝上挂20—30天不掉果，是丽江具有自主知识品牌的生态产品。丽江雪桃富含果糖、维生素、粗纤维等营养物质，含有人体所必需的17种氨基酸中的15种，水溶性固形物和各种益身微量元素含量远远高于其他桃类品种。经国家农业农村部农产品质量监督检验测试中心检测：在39项指标中，丽江雪桃有33项优于国内其他著名桃类品种，是水果中的极品。

立足实际，认真开展丽江雪桃产业宣传和协调服务工作，完成了《丽江市玉龙县丽江雪桃产业发展规划（2010—2014年）》和《玉龙县丽江雪桃产业发展思路（征求意见稿）》的制定编写工作，积极配合省国土资源厅、省农大，协同市、县级相关部门，积极主动开展《云南省玉龙县拉市乡土地整治项目》的调研、规划、协调和筹备工作。通过努力，全县新增丽江雪桃种植面积3831.2亩，累计种植面积已达15609.2亩，实际挂果面积达2775.8亩，总产量达718.67吨，实现总产值1226.31万元。玉龙县的雪桃种植发展工作取得了良好成效。

丽江雪桃精品果生产示范成效显著，多方请教专家、技术员及种植户，总结栽培管理技术经验，制订切实可行的示范园管理技术方案，并及时高标准开展清园、施肥、疏花、套袋、病虫害综合防治等田间管理工作，完成了丽江雪桃精品果生产示范园建设项目。在经受了历史罕见干旱灾害的情况下，6.5亩的示范园总产雪桃（按实际销售量计算）6455公斤，销售收入145915元，平均亩产993.08公斤，平均亩产值22448.46元，平均单价22.61元/公斤。其中销售价格在20元/公斤以上精品果达5500公斤，占示范园总产量的85.21%，销售收入127600元，占示范园总销售收入的87.45%；销售价格在16元/公斤以上的中等果660公斤，占示范园总产量10.23%，销售收入11880元，占示范园总销售收入的8.14%。与传统种植农户相比较，平均亩产量有较大的下降，但由于雪桃品质提高，精品果率达到80%以上，比传统种植农户提高30个百分点以上，收入有大幅度提高，实现了较高的经济效益和良好的示范效果。

玉龙县农业科技人员经过多年的努力，利用本地特有的红心毛桃和优质晚熟蜜桃品种杂交，培育出丽江雪桃新品种，并探索总结了一套适合玉龙县气候、生态、土壤和生产等条件的种植管理技术措施。丽江市创新办、玉龙县创新办协同丽江雪桃开发有限公司和雪桃协会，总结出版了《丽江雪桃优质高产栽培技术》，并免费送给全县种植乡、村的干部和种植农户，有效提高了种植乡、村干部群众的栽培管理技术水平，促进了丽江雪桃产业的健康发展。

经过多年的努力，丽江雪桃的选育、栽培技术试验示范在拉市乡获得成功，并探索总结了一套适合当地气候、生态、土壤和生产等条件的种植管理技术措施，小面积种植基地建设初见成效，为产业化开发奠定了良好基础。2007 年丽江市委、市政府成功举办了“2007 首届丽江雪桃盛会”。丽江市委、市政府和玉龙县委、县政府都已将“丽江雪桃”产业列为“十五”和“十一五”规划的重点产业之一。中央、省、市领导十分重视丽江雪桃产业的发展，先后多次到实地指导产业发展，并多年得到省级立项扶持。

（二）丽江雪桃基地建设现状

到 2010 年年底，玉龙县累计推广种植丽江雪桃 15609. 2 亩，实际挂果面积达 2775. 8 亩，总产量达 718. 67 吨，实现总产值 1226. 31 万元。虽然遭受了百年罕见的干旱，但拉市乡丽江雪桃种植户收入超过 10 万元以上的仍有 15 户，收入在 5 万元左右的有 200 户，丽江雪桃产业已成为拉市乡的特色优势产业和群众增收的重要途径。特别是海南村委会和建华农户的 6. 5 亩连片示范桃园总产丽江雪桃（按实际销售量计算）6455 公斤，销售收入达 145915 元，平均亩产 990. 8 公斤，平均亩产值 22448. 46 元，平均单价 22. 61 元/公斤。

（三）丽江雪桃产业发展前景预测

目前国内外冬桃种植基地较多，产量高，但多数在 8—9 月以前就已经成熟上市。丽江雪桃 3 月开花，10 月初开始成熟，生长周期长达 7 个多月，物质积累慢，果肉结构紧密，耐储藏，若不破不压，又有冷藏设备，可以储藏到春节。而每年 10 月以后到第二年春，国内外市场上已经几乎没有鲜桃出售，丽江雪桃恰好可以上市销售，必将成为国内外市场上的抢手货。加上丽江，特别是玉龙县的丽江雪桃种植乡镇大多为林区乡镇，植被保护较为完好，生态环境优越，没有任何工业企业，绝无任何污染源，按照绿色、有机标准种植生产的丽江雪桃产品是一种典型的外向型高档水果，具有绝对的市场竞争力，市场前景十分广阔。

在市委、市政府、县委、县政府的高度重视和相关部门的大力支持下，2007 年丽江雪桃通过国家绿色食品认证，走进钓鱼台国宾馆，在党的十七大代表中广受好评；2009 年 9 月 21 日，开展了“丽江雪桃向国庆

60周年献礼活动”，18棵雪桃树作为国宴宴会厅的珍稀景观树，2000盒、近7000个雪桃用于国庆60周年招待宴会；2010年9月，玉龙县委、县政府成功举办了丽江雪桃北京新发地推介会和“丽江雪桃之夜”国际品桃会；在“丽江雪桃之夜”国际品桃会上，一个单果重量超过1500克的丽江雪桃以3.8万元的高价拍卖，一棵挂果桃树拍卖18万元，数十家国内外知名媒体对此作了专题报道，为打造世界第一水果品牌增添新的内涵，同时极大地提高了丽江在国内外的知名度。

（四）丽江雪桃产业发展中存在的问题与困难

玉龙县立体气候明显，生态环境优越，“丽江雪桃”开发潜力大，资源优势明显，“丽江雪桃”产业具有得天独厚的有利条件。但同时也必须看到，发展“丽江雪桃”产业的制约因素较大，主要表现在：

（1）资金困难，产业投入扶持力度不够。政府的资金扶持和多方争取项目，是生物产业发展最有效的催化剂。玉龙县是一个集“老、少、边、穷”为一体的云南省省级贫困县，政府无力安排必要的经费扶持发展丽江雪桃产业，影响了产业的健康、快速发展。

（2）产业基础设施滞后。

（3）观念落后。受传统农业思想的影响，摆脱不了传统思想的束缚，跟着别人走，盲目种植发展，产品品质参差不齐，难以形成优势特色产品。

（4）市场开拓能力有待提高。雪桃产品还处于原料型销售阶段，包装质量和档次低，产品附加值低，资源开发程度低。

（5）产业科技含量低，市场竞争力弱。由于丽江雪桃存在品质差异大，单位面积产值效益低的问题，加上雪桃产品保鲜储藏技术有待探索和提高，因保鲜储藏技术滞后，严重影响了产品的市场竞争力、资源的有效开发利用和产品附加值的提高。

（五）丽江雪桃产业发展对策与建议

当下，玉龙县加快发展“丽江雪桃”产业的条件已经具备，时机已经成熟，必须抓住机遇，因势利导，采取有效的措施，加快发展步伐。依靠科技建基地确定拉市乡为玉龙县丽江雪桃精品果生产基地和优质种苗繁育基地，积极争取国家、省和市的项目支持，实施土地整理项目，提高精品果基地规范化、标准化、规模化水平。以公路边和环拉市海为核心，加大招商引资力度，探索有效模式，加快土地流转，与“观鸟游”“湿地观光游”等有机结合，提升雪桃品牌文化内涵，提高精品果生产基地综合效益。通过以龙头企业为核心，以旅游行业与雪桃协会联动发展为主要方式，以“大户带小户、小户带农户”为补充，推进农村土地流转，努力形成核心区域为中心、旅游观光区域作基础，辐射带动生产区域的丽江雪桃产业发展格局。

做好优良嫁接砧木毛桃树资源调查、保护和繁殖工作，由雪桃公司负责，在拉市建设规范完善的优质种苗繁育基地，统一供给全县的种植农户，确保丽江雪桃品种的优良特性。积极主动与有实力的科研机构合作，加强优质高效栽培管理技术试验研究，及时解决技术难题，加快新技术示范推广和培训指导，严格按照绿色、有机食品生产基地标准建设规范化种植基地。制定完善丽江雪桃质量技术标准和提高质量检验技术。根据绿色、有机水果标准，由丽江雪桃公司严格掌握质量技术标准和检验检测技术，实现丽江雪桃产业产地、品种优化组合、优质高效，并严格做到优质优价。配套建设能完全满足产业发展需求的专用果袋厂和专用生物、植物农药厂，做好种植基地病虫害综合防治。

根据玉龙县自然资源、经济社会资源和丽江雪桃产量水平和综合性状，按最适择优规模，合理布局，分区发展，标准化生产，规模化经营的原则，以拉市乡为核心区，选择具有种植丽江雪桃的气候、生态、土壤等条件优势的乡镇、村，进行标准化、规范化连片种植。统一规划，合理布局。由丽江雪桃龙头企业按照市场需求规划基地面积，根据玉龙县自然资源、经济社会资源和丽江雪桃产量水平和综合性状，按最适择优原则，合理布局，分区发展，标准化生产，规模化经营。以拉市乡的万亩丽江雪桃精品果生产基地为典范，辐射带动全县适宜种植丽江雪桃的乡镇、村、组农户，按统一规划、统一标准、统一技术措施的原则，适度规模发展种植。

建立有利于土地相对集中的土地合理流转机制，鼓励通过“有偿转让、土地租赁、劳务挂钩”等方式，培育发展种植大户，支持、引导有实力的企业参与丽江雪桃产业开发，集中连片，扩大经营规模。建立健全和完善企业与基地、农户利益共享、风险共担的联合机制，积极引导群众走产业化的发展路子。建立并完善雪桃产业自救基金组织机构。统筹协调，充分调动丽江雪桃开发企业、丽江市雪桃产业协会和种植农户的积极性、主动性，组建丽江雪桃产业风险自救基金组织，完善风险预防、抗御和自救机制，最大限度地减少种植农户的自然灾害和市场波动带来的风险，确保产业持续、健康、快速发展。充分发挥集体经济组织和中介组织在基地建设中为农户服务的功能，促进农户与龙头企业有效对接，按照“三集中一到位”，即土地向产业大户集中；资金向优势产业集中；资源向最适宜区集中；政府服务到位的政策，使家庭承包经营优越性与农业产业化经营的优势有机结合、相互促进。

严格标准，提升品牌，旨在增强商标、品牌意识，注册打造丽江雪桃名、特、优品牌。按照绿色、有机水果生产标准，加强标准化生产和管理技术培训，推动标准入户，建成规范化、标准化种植生产基地，创立产地品牌，增强产品市场竞争力，努力将丽江雪桃打造成世界水果市场的一流高端品牌。充分利用丽江旅游的优势，把丽江雪桃产业与文化产业、旅游产业有机结合，提高产品的知名度。充分发挥丽江每年有几百万国内外游客的优势，以“春季赏花、夏季观果、秋季品果”的办法，采取政府搭台，企业唱戏的模式，通过节庆、户外广告和“产业—文化—旅游互动发展”，以及“丽江雪桃观光游”与拉市现有的“观鸟游”“湿地观光游”有机结合等形式，立足丽江市场、开拓周边市场、放眼国际市场，形成多元化、国际化的市场格局，弘扬雪桃文化，提升丽江雪桃品牌效益。

通过精心策划，力争通过国家“原产地”认证，充分发挥丽江雪桃原产地优势、品质优势、文化优势，把丽江雪桃品牌打造成为国内外的知名品牌。研究探索丽江雪桃产品精深加工和系列产品开发。在做好精品雪桃鲜果销售的同时，研究探索雪桃产品精深加工技术，做好雪桃系列产品开发，是雪桃产业得以持续、健康发展的关键。如组建丽江雪桃加工厂等，精品果以鲜果上市销售，精品果以外的产品则进入加工厂，加工成雪桃饮料、果脯等系列产品，提高产品附加值，增加产业效益。

规范市场，保护品牌，加强丽江雪桃产品市场体系建设和市场开拓。建设丽江雪桃原产地批发市场，形成设施齐全、功能完善的现代雪桃产品物流体系。积极建设国家级、省级、市级、县级定点批发市场。加强信息采集，搭建信息平台，形成方便、快捷、高效的信息服务体系。完善丽江雪桃产品质量检验监测网络，严格雪桃产品市场准入，切实提高丽江雪桃产品质量安全。由龙头企业牵头，固定专业销售队伍，拓展直销业务。在全国各地水果批发市场设立丽江雪桃销售联络处，争取用 2—3 年时间，建立起辐射全国的分销网络。增加经营积累，以优良的品质、信誉、公道的价格打入国际市场，发展对外贸易。

强化政策保障，组建强有力的丽江雪桃产业发展工作领导机构，高度重视，强化领导。由县委、县政府牵头成立玉龙县丽江雪桃产业发展工作领导小组，各种植乡镇成立相应的组织机构，加强领导，全面负责组织丽江雪桃产业发展工作。建立完善资金扶持政策。在基地建设（种苗补助）、良种良繁、技术培训、技术创新、市场开拓等方面，建立完善资金扶持政策，加大对企业、大户和农户的扶持力度。积极鼓励、支持企业申报国家、省、市的项目。

扶持企业开发创新。企业是技术创新主体，政府及有关部门对企业后续新技术、新产品，特别是品牌的创新开发等给予扶持和奖励，增强企业的竞争力和持续发展能力。

抓紧组建相应的技术协会，充分发挥其在产销衔接、技术推广服务等方面的积极作用。加强领导，建立目标考核奖励责任制。政技结合，办好中心示范样板，提高产业基地标准化、优质高效技术措施到位率和覆盖率，并作为年度产业考核、目标责任制考核的重要内容。

三　有发展前景和发展潜力的新品种项目

（一）玛咖种植加工业初露锋芒

全县以黄山镇南溪村和太安乡为重点，辐射拉市乡、九河乡、白沙乡、鲁甸乡、鸣音乡5个乡镇海拔2800—3400米的高寒贫困山区适宜村组，完成玛咖推广种植10599.2亩，涉及种植农户4060户。实际共发放苗盘110194盘，完成玛咖推广种植9182亩，市下达玉龙县的玛咖种植任务为7300亩，任务完成率为125.78%，占全市总种植面积的54.84%，比2011年的4028亩增加5154亩，增长127.95%。全县玛咖鲜品产量1836吨，实现产值2203.2万元。

随着卫生部正式批准玛咖作为“新资源食品”进行生产经营，丽江市政府确定了“以丽江为中心，辐射大香格里拉区域，苦干五年，将丽江建设成全球最大的玛咖种植加工基地”的产业发展目标。到“十二五”末，玉龙县玛咖种植基地面积计划达到2万亩，产值突破1亿元，真正建成高海拔贫困山区的特色优势产业，打造成为继丽江雪桃之后的又一张玉龙名片——“丽江玛咖”。

（二）蓝莓种植试验示范初见成效

蓝莓素有“水果皇后”的美誉，玉龙县具有适合种植蓝莓的自然、气候等条件，为此，计划把蓝莓作为继中药材、丽江雪桃和玛咖之后的又一个亮点。根据玉龙县实际和市办的安排，玉龙县在塔城、巨甸、九河、龙蟠、拉市等乡镇认真开展试验示范地点选择和取土样分析化验的基础上，积极开展示范种植工作。到目前，全县完成蓝莓示范种植面积500多亩，其中规模化基地种植450亩。

蓝莓种植试验取得进展。在认真开展试验地点选择和取土样分析化验的基础上，确定了巨甸镇路西村委会岩吉六组杨绍国农户试种点。试验种植地面积为1亩，种植株数290株，品种为百克利。通过认真的指导和协调服务，在遭遇百年不遇干旱灾害的情况下，试验种植的290株蓝莓成活270株，成活率为93.1%，生长势头良好。

（三）花卉产业培育工作

丽江被植物学者誉为“高山天然花园”“杜鹃中心”，是观赏花卉植物荟萃之地。花卉产业是玉龙县发挥资源优势，走特色生物产业发展之路的重要产业之一。玉龙县以培育龙头企业和发展特色食用花卉、高山特色花卉为重点，积极开展花卉产业培育发展工作。到目前已培育丽江玫瑰产业有限公司、丽江雪山玫瑰有限公司、丽江九色玫瑰旅游开发有限公司、宁娟园林、昌达生物科技有限公司和冰雪玫瑰公司等多家花卉企业，种植玫瑰1600多亩，种植高山特色苗木120个品种302亩，种植彩色马蹄莲8亩，培育球根花卉种球5000多盆，花卉产业初步迈出了坚实的一步。

以华利公司为代表的中药材加工业。改造提升青梅、魔芋和芸豆产业：青梅以丽江照水梅品牌品种推广和加强科技培训为主，努力提高种植管理科技含量，全县年内完成种植17000多亩；魔芋产业在理顺龙头企业的基础上，出台优惠政策，加强技术培训，共完成种植1950亩，其中种繁基地100亩；芸豆与得一公司协作引进白芸豆、花芸豆、大正金时豆、美国红腰豆等良种，加大了引种试种和品种提纯复壮工作，建立良种良繁基地1204.6亩，为今后品种改良打下了良好的基础，全县共种植芸豆55000亩，其中AA级芸豆35000亩；着力培植蔬菜产业：年内种植蔬菜5500亩，其中大白菜750亩，辣椒1900亩，江边河谷区冬早蔬菜1100亩，日本水果白萝卜1000亩，均收到了良好的效益，已初步形成规模；优化做强山嵛菜和林果产业：年内完成种植山嵛菜1600亩，协同科技部门和瓦莎毕公司加强防治病虫害研究，加大科技推广力度，加强田间管理，理顺公司与农户关系，产品质量有所提高，产业发展逐步趋于规范；年内完成冬雪蜜桃基地建设400亩，加大老果园改造力度，重点推广蔬花蔬果和套袋技术，加大科技培训，提高了苹果等的品质和效益；调整开发无公害畜产品产业，加大以圈养山羊和生态奶牛为主的畜牧业基地建设，取得进展。

通过大量深入认真的调研，更进一步解放思想，抢抓机遇，以市场为导向，充分利用玉龙县生物资源优势，加大理念创新、技术创新、思路创新、机制创新，围绕名、特、优、稀、新拳头产品开发和重点发展科技含量高和高附加值的生物资源加工业，制订和完善了生物资源开发创新办5年工作规划和年度工作计划，并先后组织论证和评选，向省市创新办申报了“玉龙县五万亩薯蓣GAP种植基地建设项目”“玉龙县芸豆良种繁育基地建设项目”“丽江山慈菇GAP种植基地建设项目”“丽江市国际梅品种资源圃建设项目”“丽江市30万亩照水梅基地建设项目”“白芸豆豆系列产品综合开发项目”“玉龙拉市海菜花有机食品开发基地建设项目”等。着手组织完善了玉龙县药产业发展规划，开展了“玉龙县南口民营生物工业园区建设项目”的前期调查论证工作，目前正在开展“玉龙县四千亩云南红豆杉基地”项目可行性论证和编写报告工作。

积极开展了丽江山慈菇、青阳参、重楼、岩陀、草乌等特色优势药材的引种驯化、属地驯化种植试验研究工作，积极培植亚麻、红豆杉、海菜花等后续优势产业，做好产业和项目储备工作。目前已种植亚麻1271亩，主要分布在龙蟠、石鼓、金庄、巨甸四个乡镇，作为烤烟、魔芋的前作种植推广，目前长势良好，有望获得好收成。在龙蟠乡星明村实施了“2003—2004云南省亚麻引进品种多点试验”课题，参试引进品种达九个，为今后培育壮大亚麻产业奠定基础和提供科学依据做好前期工作。其他药材种植也在开展之中，其中重楼已种植100亩，丽江山慈菇50亩，草乌2亩，均进展顺利，其他特色品种，继续做好珠子参、独定子、天门冬、白芨、羌活、丹参、黄芪、草乌等特色优势药材和蓝莓、葛根、魔芋等的引种及属地驯化种植研究试验工作和种植试验示范、推广工作，并逐步培育发展成为后续特色优势品种。

玉龙县的特色农业，目前除了鲜花、茶叶、烟草、油橄榄、白芸豆、玛咖种植等产业，在全国占有重要地位的农业产业形态还不多，已有的特色产业优势还不够明显。如何夯实传统优势产业优势，扶持新的特色农业产业是县域经济面临的问题。

发展进程中必须坚持因地制宜，突出发展特色。玉龙县海拔高低不同，呈立体气候。森林资源也不尽相同，有原始密林，高山草甸、深山大箐，也有荒山草坡。同时，药材品种也十分多样化。根据这些特点，玉龙县在植被较好，土壤肥厚的原始密林，结合生态保护，在林下试验种植岩白菜、猪苓、天麻、半夏等药材；在深山大箐，种植天麻、独定子、纹线党参、大黄等；在针叶林和灌木林带，在云南省食用菌研究所的帮助指导下，积极探索野生菌的培育。在海拔3000多米的高山草甸，大力发展龙胆草等产业。目前，已经在林下大面积种植岩白菜500余亩，天麻种植面积1000余亩，成功地进行了珍稀野生羊肚菌的林下繁殖700多亩，在高海拔地区草甸种植龙胆草近2万亩。发展优势药材品种，打造药材品牌。面对中药材市场激烈竞争，玉龙县在大力发展药材产业中注重打造自己的品牌。作为全国云木香的原产地，几年来，通过子种选育、创新种植方法，使云木香的品质有了较大提高，不但远销全国各地，而且种植面积达到了4万余亩。秦艽种植也取得了新突破，面积达到3万余亩，农户每亩收入近万元。

同时，还大力发展附子、当归、人参、西洋参、续断、天麻。在此基础上，全县还着力开发濒危珍稀植物药材，目前已经开发成功并大面积种植滇重楼、珠子参、玛咖、黄山药、黄草乌、大黄等。滇重楼和珠子参种植规模已达2万亩，成为全国最大的滇重楼和珠子参种植基地。此外，还大力引进桔梗、龙胆草、白术、黄芩等。成规模种植的品种已经有50余个，从而在全县形成了药材品种多，门类齐全，优势突出的格局，成为名副其实的“云药之乡”。

玉龙县林下药材产业之所以能够在较短的时间得到强势发展，与县委、县政府和相关部门积极引导、支持分不开。在天然林禁伐的关键时刻，勇于探索，及时在鲁甸乡召开了现场会，做出了立足资源优势，大力发展林下经济的决定，引导农民发展药材产业，推进林区经济转型；为了保证药材产业健康发展，县林业局抽调优秀干部和技术人才，具体负责全县药材发展的规划、指导和技术服务；为了扶持药材产业，他们在财政困难的情况下，通过项目整合等形式累计拿出近3亿元建设基地，开发项目，做好技术服务；及时总结经验，表彰先进，在全县树立了一批药材产业先进乡镇和药材产业公司及药材产业大户。目前，全县已经拥有十余家药材生产企业和200多户药材产业大户。

药材产业正在成为玉龙县经济发展的新亮点。玉龙县荒山闲置地较多，结合国家退耕还林政策的实施和林权制度的改革，从各乡镇的优势出发，全县大面积种植木瓜、核桃、柒树，现在木瓜种植面积达2000余亩。从2009年起，在2万亩核桃林下套种林药，种下了木香、桔梗、白术、秦艽、附子等20000余亩。在核桃幼苗期间药材就有了较好收成，每亩收入达到了4000元以上。

玉龙县按照“山脚烤烟、山腰林果、山尖药材”的产业发展布局，加大农村产业扶持力度，促进农村发展，农业增产，农民增收致富。同时，鼓励农民就地发展，就地转变身份，实现公共服务均等化，农民市民化，从而真正提高城镇化率。而玉龙县是一个新建县，县城搬迁政府投入了15亿元，国家只补贴了1亿元，通过招商引资、融资等方式已完成投资85亿元。目前的状况是政府无力加大对乡镇建设的投入力度，许多乡镇的基础设施还比较落后，离城镇化的要求差距还很大。请求国家加大对边远民族贫困地区小城镇建设的政策和资金扶持力度，同时做好协会带动，积极开拓市场。在大力发展药材产业的过程中，面对中药材激烈竞争的市场，县政府和县林业局通过工作，组织建设好药材产业协会。药材产业协会由药材种植大户和药材种植公司组成，负责药材种植、管理技术的经验交流，市场营销中的信息提供、市场考察，组织发动农户种植经营药材。目前，全县已经建立药材协会26个，会员5600多人，其中50%的会员种植面积在50亩以上，种植面积最大的达到了800亩。协会不仅对会员进行培训，还组织到外地考察为会员提供药材市场信息，使他们的素质及应对市场的能力得到很大的提高。

创新发展模式，推动药材大县向药材强县发展。广泛采取了土地合理流转，土地入股分红、参与合作等形式，大力发展药材产业大户。通过土地合理流转和林权制度改革，全县出现了土地向大户集中，产业向优势地区集中的发展格局，药材生产全部实现了基地化。农民将自己的土地租给大户，再到大户基地打工，既获得了双份收入，又学到了技术。发展的同时需要加大宣传和市场推介，积极吸引外商前来办基地。玉龙县有丰富的资源，为此政府出台引资政策，为发展林下药材产业创造了优越的发展环境。同时通过媒体加大宣传力度，有关玉龙县药材产业的报道先后在新华社、中央电视台、《农民日报》、《云南日报》、云南人民广播电台、《丽江日报》和丽江电视台刊发500多篇（条），扩大了玉龙县的知名度，同时，借助丽江旅游平台做好宣传。

省外企业纷纷到玉龙县建立药材基地。上海南岭保健品有限公司在鲁甸投资种植人参、西洋参近400亩，公司计划用两年时间把种植规模扩大到1000亩；成都地奥集团在玉龙县建设了1200亩的黄山药种植基地；云南白药在玉龙县建立滇重楼GAP种植基地；云南药物研究所制药厂也到玉龙县建立目前最紧缺的珠子参基地。

实现了农民增收致富。近年来，玉龙县药材产值突破4亿元，50%的农户种植药材，户均收入超过万元。中药材产业已成为当地的支柱产业，成为农民收入的主要来源。保护了生态环境，实现可持续发展。发展林下中药材种植后，当地农民逐步认识到生态环境的重要性，只有环境保护好了，才能获得更好的经济效益。另外，玉龙县原始森林中，生长有较为珍贵的滇重楼、珠子参、独定子、白芨等野生药材品种，由于过度采挖，已经成为濒危植物。全县药材协会承担起抢救性培育繁殖的任务，目前已经较好地掌握了滇重楼、珠子参、独定子的繁殖技术，使濒临灭绝的珍稀植物药资源得到了较好的保护。

提高了当地农民的素质，实现了社会和谐。在县林业局和各乡镇药材产业协会的组织帮助下，当地种植药材的药农都进行了技术培训。通过培训提高了农民的技术水平，药农逐步掌握了中药材的生产、采收及管理等技术要点，提高采收药材的质量，从而获得更多的收益。当地农民大部分为少数民族，文化素质相对落后，产业办和协会不但制订了产业发展规划，还在进行技术培训的同时，对医药、卫生、科技、农业等方面的知识都进行了培训和指导。如从2012年起，县产业办在海拔3000米以上的彝族聚居区实施了2万亩龙胆草种植项目，引导农民从刀耕火种向现代种植业迈进，使群众受到教育和启发，从而走上科学发展之路，促进了社会稳定和发展。

围绕县委、县政府提出的农业和农村经济发展目标任务，抓好提高农业综合生产能力、增加农民收入、打好扶贫攻坚战、发展农村公共事业、深化农村改革工作。农业综合生产能力不断提高，农民增收再创历史新高。农业总产值从2005年的5.44亿元提高到2009年的9.74亿元，增长了79%，年均增长15.7%；粮食总产量从2005年的9.65万吨增加到

2009年的10.25万吨，增长6.2%，创历史新高；农民人均纯收入从2005年的1570元增加到2009年的2997元，增加了1490元，增长90.89%，年均增长17.5%。进一步做大做强优势特色产业，农业产业化经营稳步推进。烤烟产业形成规模，2009年收购烤烟18万担，实现产值1.54亿元，其中，烟农收入1.27亿元；种植丽江雪桃11778亩，丽江雪桃成为国庆60周年国宴特色食品之一；全县核桃种植面积已达30.7万亩；青梅种植面积共计5.06万亩；种植药材3.06万亩，已被云南省科技厅、云南省食品药品监督管理局认定为云南省第一批“云药之乡”；花椒种植面积有1.24万亩；畜牧业实现总产值4.22亿元。2006—2009年，全县各类扶贫资金投入达20369.18万元，实施省级“整村推进”项目112个，市级“整村推进”项目34个，完成728户安居工程，组织实施972人异地搬迁项目；实施完成劳动力转移培训11000人；扶持产业信贷7584.6万元；投放小额信贷资金6000万元，农村社会事业加快发展，农村民生进一步改善。

第二节　工业经济建设与劳务经济发展

玉龙县工业以生物资源精深加工、农特产品加工、小水电产业、矿产业、建筑建材业五大产业为支撑，以龙头企业为依托，以工业园区为载体，以项目建设为抓手，加速推进新型工业化进程，工业经济综合实力明显增强，县域经济发展后劲稳步提升。

工业结构进一步优化，经济效益增强。经过四年的发展，全县工业企业已达到53个（其中500万元规模以上工业企业有6个），比“十五”末增加了4个。2009年，全县工业总产值达4.95亿元，增长253.6%，年均增长37.1%，其中规模以上工业产值3.74亿元，增长379%，年均增长47.9%；规模以下工业增加值1.21亿元，增长95.2%，年均增长18.2%。全部工业增加值为17427万元。按可比价格计算，年均增长20.9%，其中规模以上工业增加值从2005年的3336万元增加到2009年的14847万元，年均增长36.1%。2006—2009年，工业累计完成投资5.22亿元。形成了以映华集团为代表的生物制药产业，以得一公司为代表的农特产品加工业，以华利公司为代表的中药材加工业，以金庄合恩水电公司为代表的小水电产业，以及省级重点工业园区——南口工业园，工业经济得以稳步发展，工业经济规模不断壮大。新型工业化建设步伐加快，南口工业园区入园企业数量、经营水平稳步提升，园区带动作用进一步显现。工业生产稳步增长。2011 年，全年在建工业项目 16 项，完成投资 1.12 亿元。实现工业总产值 8.44 亿元，比上年增长 30.12%，其中规模以上工业完成产值 6.55 亿元，增长 30.74%。规模以下工业完成产值 1.89 亿元，增长 28%。完成工业增加值 2 亿元，增长 22.7%。工业对经济增长的贡献率达到 11.5%，拉动 GDP 增长 1.84 个百分点。全年规模以工业实现利税总额 4950 万元，同比增长 21.04%。

一　南口工业园建设

2003 年区县分设以来，全县工业经济的发展几乎处于从零起步的状况。2003 年年底，省委、省政府召开了全省加快推进新型工业化会议，确定了工业强省的战略方针。2004 年年初，省政府印发了《云南省新型工业化重点产业发展规划纲要》，正式提出了在“全省规划建设重点工业园区 30 个左右”，并明确要求“到 2010 年年初具规模，2020 年全部建成，形成一批特色突出、布局合理、功能健全，产业（企业）集中发展的重点工业园区”。玉龙县委、县政府为了抢抓机遇、加快发展，在认真调研、反复论证的基础上，决定依托全县及周边区域丰富的资源优势，利用原丽江南口老工业区的国有资产以及优越的地理位置和便利的交通条件，建设以生物资源创新产业和生物产品精深加工为重点，独具园林化特征和旅游观光特点的丽江南口工业园，以发展新型工业化带动农业产业化、推进城镇化，促进地方经济又好又快的发展。

筹建管理机构。为保障园区建设工作的顺利开展，县委、县政府于 2003 年 8 月成立了以县长为主任，分管副县长为常务副主任的丽江南口工业园管理委员会，管委会下设办公室（临时机构），从经济、土地、城建等部门抽调相关工作人员搭建了工作机构。

开展工作调查。对原南口老工业区的土地、道路、水利、资源、居民等情况进行了全面调查了解，为园区规划建设提供了第一手资料。

组织开展规划工作。丽江南口工业园总体规划纳入玉龙新县城总体规划。管委会聘请省工业经济联合会对园区建设开展可行性研究。聘请省城乡规划设计院对园区进行控制性详细规划。

南口工业园建设情况及主要做法。玉龙县委、县政府本着“统一规划、合理布局、分步实施”的建设原则和“滚动式开发、市场化运作”的开发模式，抓好工业园建设八个方面的工作：

（1）加速搭建发展平台，促进经济高速增长。

玉龙县委、县政府决定建设丽江南口工业园，成为推进玉龙县新型工业化和城镇化的一个重大举措，旨在努力改变玉龙县工业基础差、缺乏对经济的支撑，工业企业布局散乱、集约化程度低的状况，实现经济增长方式转变，促进经济结构调整，实现集约化发展。

南口工业园紧紧围绕“五个五万亩”产业计划，以玉龙县及周边区域丰富的生物资源和农业产业为依托，以生物资源精深加工作为主导产业，充分利用资源优势、区位优势和政策优势，积极引进从事农产品种植、加工、销售的农业产业化龙头企业，把资源优势转化为经济优势。园区企业的发展有效带动了全县薯蓣、青梅、芸豆、魔芋、山嵛菜等农业产业的发展，提高了农产品的附加值，增加了农民收入，推动了农业产业化和产业工业化步伐。南口工业园建设推动了新型工业化、农业产业化、城镇化的步伐，促进农民增收，带动第三产业和社会就业，进而促进全县经济社会的全面协调发展。至 2006 年 9 月，入驻园区企业 8 户，完成投资额 1.6 亿元，完成工业总产值 10614 万元，年均递增 70%；实现工业增加值 3251 万元，年均递增 65%；销售收入 8236 万元；利税总额 779 万元；利润总额 507 万元；新增就业人数 1200 人。

（2）高度重视规划编制，打好科学基础园区规划是合理开发建设园区的重要依据。

2003 年 7 月，县政府聘请省工业经济联合会对丽江南口工业园建设进行可行性研究，调研报告经数次修订，已于 2005 年 6 月通过市级评审。同时，县政府聘请省城乡规划设计院对园区进行控制性详细规划，《规划》严格按照“重点工业园区建设与城镇建设相结合”的原则，将南口工业园建设纳入了玉龙县城的总体规划。园区一期规划用地 177.93 公顷，其中工业用地 125.25 公顷，中心服务区用地 2.2 公顷，绿化用地 13.66 公顷，道路用地 24.5 公顷，市政设施用地 1.82 公顷，其他发展用地 10.5 公顷；园区二期规划将越过蛇山向南发展，使园区总面积达 4 平方千米以上。经多次修订，控制性详细规划已于 2005 年 5 月通过市级评审，并于 2006 年 9 月通过省级评审。还需按照环保等部门要求进行环境影响评价报告的编制和评审。相关规划报告的编制完成和评审的通过，预先的、合理的规划和可行性研究不仅为园区的发展打下了坚实的科学基础，也为建成云南省重点工业园创造了条件。

（3）管理体制逐步理顺，园区工作有序推进。

工业园区建设涉及投资、规划、土地、城建、环保、安全生产、工商、税务、劳动等多个部门，县委、县政府按照加强领导、职能集中、精简高效、优质服务的要求，成立了县长挂帅、各职能部门为成员的丽江南口工业园管理委员会，负责研究决策园区的重大事项和问题；组建了管委会办公室。2005 年 8 月 15 日县委常委（扩大）会议决定将管委会办公室挂靠县经贸局管理，解决了机构编制问题，明确职能职责，做到工作有落实，责任有追究，为园区的建设和发展提供了可靠的组织保证。为积极引导各方面资金多渠道投入园区建设，既用好政府扶持资金，又实行市场化开发建设，按照“政府引导、市场运作”的要求，注册成立了丽江南口工业园投资开发有限公司，采取“两块牌子、一套班子”的运行机制，走公司化开发运作模式，采取 BOT 等投资经营形式，加强对园区的开发建设、经营和投融资，使园区建设逐步向市场化运作方式过渡。

在县委、县政府的领导下，管委会办公室提高工作效率和服务质量，形成加快园区发展的合力，加强与土地利用和城乡建设等部门的衔接协调，把园区建设纳入土地利用总体规划和城市总体规划、科学确定规划面积，坚持按规划逐步滚动开发，以项目促发展，提高园区土地资源的利用率；按照园区产业定位，确保园区工业与生态环保的协调发展。园区在原已盘活的南口纸厂、地区木综厂土地和资产的基础上，先后盘活了复烤厂、市种畜厂、工商银行南口分理处、南口半轴厂及村社土地近 600 亩，使整个园区盘活的土地达到了 1000 亩以上，既避免了新征耕地，又为园区招商引资和各项基础设施建设创造了良好的条件，使园区工作有序推进。

（4）加大投资力度，改善基础设施成为工业园区招商引资的重要条件。

园区基础设施建设直接关系园区能否聚集企业、吸引项目、培植产业。园区开建以来，按照“园区建设、基础先行”的思路和“统一规划、分步实施”的原则，按城市化、智能化要求建设，坚持规划先行、建设超前，重点建设交通、供水、供电、通信和排污等重要生产性基础设施和配套公共设施，为企业入园发展创造良好的发展环境和投资平台。首先完成了园区 32 米主干道一期的路面铺筑工程，项目于 2004 年年底开工建设，先后完成了土地征用、房屋拆迁、供排水和通信管网入地、路面铺设、人行道和路灯安装等工程，路面工程已于 2006 年 5 月底全面竣工，绿化工程已于 2006 年 8 月底全面完成，累计完成投资 1870 万元。工程由承建方垫资完成，工程结算以玉龙县在古城区内的资产置换的方式进行结算。目前已经完成了园区多功能服务厅主体工程项目并投入使用，累计投资 300 万元，完成了园区 20 米环路建设工程项目的可研、地勘、设计以及征地等前期工作。园区内道路、供水、供电、通信、排水等配套基础设施不断完善，为项目的开工建设打下了坚实的基础。

（5）软环境建设加快推进，服务功能进一步增强。

南口工业园区把园区建设作为贯彻“工业强省”战略，振兴县城经济的重要举措来抓，成立了丽江南口工业园投资开发有限公司，以公司为载体，以市场为运作模式推动园区建设步伐，优化园区管理和开发的工作机制。县政府制定出台了《丽江南口工业园管理办法》，明确了管理职责和政府优惠政策，为园区的持续健康发展提供了政策保障，实行重大项目领导负责制和跟踪服务制，管委会办公室为企业项目入园建设推行工商、税务登记、银行开户、征地、项目报批等方面提供全程服务。园区投资环境不断优化，服务功能进一步增强。

（6）全力集聚企业，一批重点项目加快入园。

园区采取以园招商、以项目招商、以商建园、以商兴园的市场运作模式，创新招商引资办法，努力吸收项目入园。已有映华集团、得一食品公司、玉元食品公司、瓦莎公司、华丽公司、丽江生态牛奶公司、云南港鑫生物科技有限公司等企业入驻园区。入园企业累计完成投资 1.5 亿元，形成了生物资源精深加工的产业群，部分企业的产品已走向国际市场，园区集聚平台效应呈现良好的发展态势。

（7）区位优势较好发挥，特色产业群正在形成。

丽江作为旅游胜地每年吸引大量的中外游客，作为玉龙新县城重要组成部分的南口工业园交通便利，玉龙县实施“五个五万”农产业种植规划，资源优势与区位优势相结合，紧紧围绕重点培育产业，对园区的产业发展准确定位，着力打造园区特色产业群。南口工业园建设紧紧依托丽江丰富的资源，以生物资源精深加工为主业，积极引进从事农产品种植、加工、销售的农业产业为龙头企业，这些产业群促进了玉龙县资源优势转化为经济优势，有效地带动了玉龙县薯蓣、青梅、芸豆、魔芋、山嵛菜等一大批农产业的发展，提高了农产品的附加值，增加了农民的收入，拉长了产业链，推动了社会就业，促进了经济结构的调整和增长方式的转变。

（8）有效盘活了国有资产，以循环经济理念建设生态园区。

丽江南口是原丽江县的老工业基地，由于国家产业政策调整等原因，位于南口的原丽江造纸厂等七家地方国有企业相继破产或歇业。入园企业通过收购破产歇业的地方国有企业资产，既解决了企业建设用地，又盘活了国有资产，避免了征地占用耕地的情况。

南口工业园以生物资源精深加工为主业，发展低污染、低耗能、可再生的新型工业，符合发展循环经济和丽江旅游业发展的环保要求。在企业招商入园过程中，严格遵循“三不准”和“三鼓励”原则，即有悖于园区产业导向和污染严重、高耗能的项目不准入园；生物资源精深加工和科技含量高、产业链长，带动效应高的项目鼓励入园。园区管委会与入园企业签订了入园企业责任书，对企业在土地使用、项目投资、建设期限、规划许可、环境保护等方面和履行的义务做了明确界定。南口工业园已被列为云南省循环经济的试点和示范项目，玉龙县仍需坚持按照建设生态园区、旅游观光型园区的目标，将循环经济的理念深入贯彻到前期规划和建设实践中，实现经济效益和生态效益、社会效益相结合。

科技含量高是新型工业化的主要因素，园区积极为入园企业牵线搭桥，分别与中国农大食品工业学院、北京林业大学园业学院、上海交大农学院、南京农业大学、南开大学、清华大学、云南大学等国内高等院校和科研院签订合作开发项目，加强生产技术改造和产品研发。这些合作项目的开展，既为企业的发展提供了科技支撑，又提高了园区企业的科技创新能力，为创建科技园区、走遵循循环经济理念的新型工业化道路起到了示范带动作用。丽江南口工业园已被云南省科技厅列为重点扶持的科技园区。

（一）园区经济发展情况

2013 年上半年园区各项经济指标实现平稳健康发展，与 2012 年同期相比，均有不同程度增长，园区企业完成工业总产值 23944. 1 万元，同比增长 12. 42%；完成工业增加值 5448. 95 万元，同比增长 25. 99%；实现营业收入 17456. 52 万元；同比增长 1. 92%；实现利税总额 1380. 386 万元，同比增长 33. 33%；预计完成出口 1345. 45 万美元，同比增长 41. 89%；上半年园区共完成固定资产投资 10191. 57 万元，完成年度计划数的 77%左右。

（二）开展的主要工作

（1）提高服务质量，为园区现有企业的提质增效做好服务工作。加大扶持力度，深入企业调研，针对企业提出的问题，认真梳理，及时汇报。针对映华集团提出的《关于实施丽江映华生物药业有限公司新生产线建设和整体迁建工程的请示》，园区已提交政府常务会议研究审议，并原则通过，积极为其协调好新生产线建设和整体迁建工作。

（2）提升现有企业竞争力有新突破，玉元食品有限公司创造性地研发了螺旋藻添加系列食品；映华集团成功研发了薯蓣替代原料，解决了原料制约发展的难题，为以后扩大生产规模找到了新的出路；华利改扩建生产厂房已下发了许可证；泰华食品公司综合开发项目已开工建设，厂房建设已初步完成；格林恒信公司玛咖生产线建设已完成规划设计，进入报批阶段。

（3）加快南口工业园区工业商贸物流区的开发。火车客运站片区商贸物流园建设开始启动，已与多家投资商开展洽谈，对丽江泸沽湖生物产业有限公司用地下发了规划指标审定通知，正督促其按要求编制规划，并尽早开工建设。

（4）按照“园区上山”思路，结合土地利用总体规划调整，将蛇山31.26公顷缓坡地，火车客运站站前待开发地，丽江得一食品有限责任公司未建设地，共计1000亩左右，列入园区工业用地进行开发。督促指导得一公司加快建设“园中园——得一生态观光园”。目前，正在积极向省、市争取项目资金支持，前期工作开展顺利进行。

（5）落实“一园多区”发展思路，目前已完成《南口工业园区总体规划修编》报批工作，正委托有关单位进行《总规》环评报告书编制，雄古工业园片区《控制性详细规划》文本初稿已完成，并于2013年6月5日邀请了县直有关部门及专家组进行评审，将按照审查意见进一步修改完善。关于环评工作，玉龙县已开展了对火车站片区和雄古片区的环境监测、噪音监测等多项监测工作，并完成了监测工作，将加快环评工作的推进。多次深入调研雄古片区水源问题，水源论证工作已完成，有关部门正在设计实施方案，力争年内开工建设。

（6）进一步优化投资环境，提高服务质量，促进园区企业提质、增效。工业园区充分利用省市扶持工业园区发展的政策措施，进一步推进园区基础设施和软环境建设，结合目前工业园区发展的现状，认真编制项目，积极入市跑省。已向省、市相关部门申报了“丽江南口工业园区主干线大丽公路关坡至玉泽路联络线二级公路改建工程”建设项目和“雄古工业片区引水工程项目”。并加强与省、市主管部门协调项目相关事宜，尽最大努力确保项目获得上级资金扶持。有望获得新型工业化发展专项资金100万元。

（7）加大对外招商引资力度，推进入园企业建设进度。进一步完善招商引资政策措施，落实税收、用地和园区建设项目收费等优惠政策，全面营造良好的投资和发展环境。创新招商引资的手段和方式，采取以园招商、以项目招商等灵活多样的方式。进一步提升招商引资的规模和质量，加强与省内外工业园区的联系和交流，拓宽招商引资渠道。积极引进大企业和战略投资者入园。2013年上半年，已有多家投资商到工业园区开展入园投资相关洽谈事宜。

（8）加大工业园区融资力度。在园区开发和建设中，园区坚持政府引导、市场化运作的方式，采取以园拓商、以商建园等多种方式，鼓励民间资本参与园区建设，实现投资主体多元化。实行公司化开发建设，吸引社会资金直接投资。进一步促进工业园区与金融机构合作，拓宽园区建设资金渠道。为了更好地发挥南口工业园投资公司在园区发展中的职能，按照市场经济要求，强化国有资产管理，有效地实现国有资产保值、增值，完善融资、投资，进一步优化园区管理和开发的工作机制，打造一个解决园区各项事业所需的项目资金的融资平台。

（9）全面落实安全生产责任制和责任追究制，抓好重点行业、重点领域的安全隐患排查治理，严防重特大事故发生，在做好园区企业协调服务工作的同时，抓好园区企业安全生产工作。密切结合安全生产管理工作实际，周密部署企业安全生产工作，从加强领导落实责任，大力宣传健全制度，依法行政改善监管，严格排查消除隐患，狠抓重点带动全面等方面积极开展了工作。有重点地排查和治理了一大批事故隐患，提高了重点行业、企业安全生产管理水平，加强安全生产督查工作。工业园区依据职责对企业安全生产情况、重点工作、重要决定事项进行认真督查，及时解决存在的安全隐患。

（三）加快工业园区经济和特色经济发展必须落实的七个方面

（1）加快推进雄古工业片区的建设需要水利、林业、国土等多部门的配合与支持，需要政府给予协调明确相关部门的职责任务。

（2）南口工业园区新列入的蛇山工业用地范围内高压输电线路较多，严重影响了该地块的招商引资工作，也影响了该地块的土地利用率，请求政府协调电力等相关部门优化输电线路，以利于玉龙县加快园区上山项目的推进。

（3）加快“一园多区”环评及控规工作，争取雄古工业片区开发年内有实质性进展。协调水利等部门尽快完成引水工程实施方案，争取年内动工。积极争取金融部门支持，计划融资1亿元用于雄古片区基础设施建设。

（4）督促云南泰华食品有限公司、丽江格林恒信公司尽快完成建设，形成实物投资量，确保园区固定资产投资任务的完成。

（5）进一步加大服务力度，做好丽江映华生物药业有限公司新生产线建设和整体迁建协调服务工作，协调指导得一公司完成“园中园——得一生态观光园”的建设工作。

（6）认真开展好新农村建设、“四群”教育、党风廉政建设等各项教育活动。

（7）认真完成县委、县政府安排的各项工作。

“十一五”期间，依托丽江生物资源优势，积极探索园区建设路子，借丽江撤地设市、区县分设带来的丽江“二次创业”机遇，通过招商引资，培植当地企业，创建了以农产品和生物资源精深加工为主的丽江南口工业园。园区采取“以园招商、以项目招商，以商建园、以商兴园”的市场运作模式先后吸引了映华生物药业有限公司、得一食品公司、玉元食品公司、瓦莎毕公司、华丽公司、丽江生态牛奶公司、云南港鑫生物科技有限公司等企业入园。入园企业累计完成投资2.5亿元，初步形成了生物资源精深加工的产业群体，部分企业的产品已走向国外市场。2009年，园区内企业完成工业总产值3.2719亿元，实现营业收入3.0502亿元，完成增加值1.1458亿元，实现利税总额0.3631亿元，实现利润总额0.2614亿元，园区企业呈现出良好的发展态势，产业带动效益逐步呈现。

二 生物资源加工业、旅游业与农村劳务经济发展现状

玉龙县农村劳务经济发展情况。“劳务”是指住户家庭成员为本户以外的单位或个人提供的劳动活动的总称。劳务经济是农民出卖劳动直接获取工资收入的经济形式，它既是生产物质产品的服务活动也是生产非物质

产品的服务活动。劳务经济的发展是改革开放以来，农民追求更高的经济利益和自身发展机会与市场经济的发展和社会需求增长相作用的结果。发展劳务经济是衡量农村劳动力商品化程度的指标，是农民现代化的标志。劳务输出已成为提高农民收入最主要、最现实、最直接的经济手段。劳务产业已成为农村经济中增长最快、最具潜力的产业，劳务开发成为现阶段农民增收的主要渠道。

2013 年 7 月，调研组围绕全县劳务经济发展情况，在全县 16 个乡镇开展调查，重点到南口工业园区，丽江映华生物药业有限公司、丽江玉元食品有限公司、丽江高原红旅游服务公司、黄山镇、白沙乡、拉市乡、九河乡等单位和乡镇实地调研。走访企业管理人员 50 人、村干部 50 人、乡镇干部 50 人、农民 50 人。并采取座谈和走访相结合的方式，认真听取了群众的意见和建议。

玉龙县是一个农业县，也是一个省级贫困县，全县 21.9 万人口中，农业人口占 93.6%。其中，贫困人口 14.3 万人，占总人口的 68%。全县农村劳动力有 134630 人，其中，农村剩余劳动力 37538 人。2009 年农民人均纯收入 2997 元。农业总产值 97417 万元。全年从事劳务经济的有 27764 人，其中长期在外务工人员 17146 人，季节性外出务工人员 4609 人，在家离土不离乡从事劳务经济的有 8111 人。全年劳务经济收入 20300 万元，人均年收入 988 元，占农民纯收入的 33%。

长期以来，玉龙县由于受山区、气候、土质、水利等条件的制约，农业生产附加值偏低，只能承担脱贫和解决温饱的需求，难以承担奔小康的重任。可喜的是，近年来玉龙县农民积极另谋致富之路走出山门，依托丽江的旅游业，充分发挥当地的自然资源和人力资源优势，或搞乡村旅游服务，或做农家乐餐饮服务，或自发组织外出务工，甚至贴出了“一人打工全家脱贫，二人打工奔小康，三人打工移民进城”的标语，增加了收入，改变了农村家庭经济状况，为农民增收，农村发展探索了一条新路。

（一）旅游带动

依托丽江的旅游业，发挥当地自然资源优势，组织乡村旅游。白沙乡的玉湖行政村位于玉龙山下，土地贫瘠，气候寒冷，农业收入微薄，过去是有名的穷村，丽江坝子曾传“有女不嫁玉湖村”。2006 年村委会组织成立了旅游合作社，村民用自家的马匹入股，在玉龙雪山上为游客提供骑马、徒步旅游、餐饮等服务。全村有 357 户 1471 人，现每户有 1 人，全村400人从事骑马旅游服务，2009年每户年收入15000元，马帮每月收入也在1000元以上。拉市乡环海的22个村社，依托拉市海这一自然资源，搞起了观鸟、骑马、划船游海等旅游项目。其中，掌拉市村效益最好，户均年收入10万元以上。

（二）城镇化推动

充分利用市、区、县所在地的环境和地缘优势，发展休闲旅游、民俗旅游。黄山镇的白华、长水居委会，依托丽江市郊的地理优势搞休闲旅游和民俗旅游。黄山镇白华村的“清心兰苑”，每年接待游客和休闲者达18000人次，年纯收入达20万元。常年有十多个村民在该苑打工，人均月收入1200元以上。

（三）企业牵动

村民直接到旅游服务企业务工，按月领取工资，成为家庭的固定收入，改变了家庭的经济状况。玉龙山办事处有19个村社，606户人家，人口2190人。长年有500多人在丽江高原红旅游开发服务公司务工，人均月收入1300元左右。黄山镇的下束河村、文华村许多村民在丽江玉龙生态开发公司打工，其中做球童的65人，每月人均收入在3000元以上。

（四）劳务引动

农民自发组织劳务人员到外地务工，通过辛勤劳动，增加经济收入。九河乡的龙应村有人口3356人，劳动力2181人，从事劳务经济的有1258人，其中长期在外务工人员660人，季节性外出务工400多人，在家离土不离乡从事劳务经济198人，每年劳务经济收入754.8万元，年户均劳务经济收入0.98万元。

（五）投资拉动

基础设施投资建设项目为山区富余劳动力提供了就近就地务工的机会。近年来，随着阿海水电站、梨园水电站、玉龙新县城等投资建设项目的实施，不仅改善了山区、农村水利设施，电力交通等基础条件，也给玉龙县农村富余劳动力提供了就近就地务工的机会，增加了农民的劳务收入。鸣音、奉科两乡，因有阿海、梨园水电站的建设，山区修了二级公路，当地农民也可在本地打工挣钱。黄山镇五台村如果不是新县城的建设，恐怕这里的水、电、路等基础设施，没有这么快得到改善，土地也不会这么快就增值。

（六）政府出动

2005 年由政府牵头向广东惠州进行大规模劳务输出，现本县在广东打工的农民还有 400 多人，按每个家庭每年至少有 10000 元的收入算，仅仅这 400 人，玉龙县一年就有 400 万元以上的劳务收入。目前，全县长年在外务工的有 12531 人，季节性在外务工人员有 7122 人，年总收入达 14298.8 万元。其中，赴日本、新加坡、俄罗斯、毛里求斯等跨国劳务输出 30 人，人均年收入 8 万元人民币左右。

（七）创业促动

2009 年省政府出台了自主创业“贷免扶补”政策，全县有 90 人享受了政府自主创业项目的资金扶持，贷款资金达 450 万元，该项目直接带动了近 400 人就业。经初步调查，玉龙县各乡镇从事劳务产业人员情况如表 3-4所示。

表 3-4　　玉龙县各乡镇从事劳务产业人员情况表　　（单位：人）

乡（镇）	总人口	其中		农村劳动力总数	从事家庭农产业人数	外出务工人数	离土不离乡从事劳务产业人数	农村闲赋劳动力人数
		农业人口	非农业人口					
石头	9427	9092	335	6786	4509	1327	268	682
黎明	15860	15412	448	10018	8202	747	181	888
鸣音	7929	7651	278	4973	3892	564	98	419
奉科	8126	7875	251	5118	3385	295	442	996
龙蟠	11083	10520	563	6838	5879	415	433	111
九河	27061	25878	1183	16821	11168	4258	749	646
白沙	8215	7706	509	5008	2673	843	783	709
拉市	16135	15513	622	10859	7815	1194	1639	211
鲁甸	17661	17218	443	11191	7409	1940	400	1442
塔城	9539	9210	329	5986	5282	343	79	282
黄山	15029	9858	5171	6407	3429	952	876	1150
石鼓	22916	21532	1384	12919	9648	1486	525	1260
太安	9334	9038	296	6326	5410	560	123	233
巨甸	22192	20669	1523	13429	10638	1841	791	159
宝山	8860	8568	292	5998	4562	1210	94	132
大具	10022	9642	380	5953	3191	1678	630	454

续表

乡（镇）	总人口	其中		农村劳动力总数	从事家庭农产业人数	外出务工人数	离土不离乡从事劳务产业人数	农村闲赋劳动力人数
		农业人口	非农业人口					
合计	219389	205382	14007	134630	97092	19653	8111	9774

从表3-4可以看出，玉龙县从事劳务产业的人员具有以下特点：（1）玉龙县从事劳务产业人数达27764人，占全县总人口的12.6%，高于全国3.6个百分点，“隐形失业”的农村劳动力9774人，占全县总人口的4.45%，低于全国3个百分点，成绩突出；（2）长期外出务工人员以传统劳务输出大乡九河的人数和比例最多，东部各乡镇次之；（3）离土不离乡从事劳务产业人员以黄山、拉市、石鼓、白沙、大具的甲子村等从业于旅游服务行业的较多；（4）石鼓、龙蟠、黎明、巨甸、塔城等烤烟乡镇和以种植经济作物为主的太安乡外出务工人员较少，农村剩余劳动力人数也相对较少。

上述劳务经济的发展，是近年来农村经济发展的重要组成部分。特别像玉龙县这样矿产资源缺乏，地理位置边远，自然条件恶劣，经济欠发达的地区，劳务经济是农村家庭的主要经济来源，供孩子读书，家庭建设，村里基础设施集资，甚至山区群众买粮食，都要靠外出务工去挣。

劳务经济实际是农民靠自己的诚实劳动获取收入，它既没有增加政府的财政负担，也没有以损害本地资源为代价，还能为农村经济发展注入活力，符合科学发展观的要求。充分发挥玉龙县人力资源的优势，不断探索农民增收的路子，是解决民生问题的根本出路。发展劳务经济是促进玉龙县农村经济发展，解决农民增收问题的有效途径，也是县域经济不可缺少的一种形式。劳务经济问题已不是农民出门挣点钱的个别问题，而是农民能否致富奔小康，农村经济能否可持续发展的战略性问题。

三　发展劳务经济的潜力和优势

（1）丽江旅游业的发展，给玉龙县劳务经济带来了发展机遇。近年来，随着丽江旅游业的蓬勃发展，由此带动的餐饮、住宿、交通、旅游景点服务等，给玉龙县农村富余劳动力就近就地就业，推动劳务经济发展提供了便利条件。

（2）国家扩大内需，拉动投资，加大基础设施建设力度，为外出务工人员创造了就业条件。国家扩大内需，拉动投资的政策，不仅加大了各地基础设施建设的力度，也为外出务工人员创造了就业条件。我省高速公路、铁路、水电站等的投资建设，客观上给劳务人员提供了务工机会。

（3）云南省政府出台的“贷免扶补”政策，为农民工、高校毕业生自主创业提供了扶持政策。从 2009 年起我省各级人民政府和有关部门，为首次创业人员在我省自主创业提供贷款支持、税费减免、创业服务、资金补助等方面的扶持政策，为玉龙县务工人员自主创业提供了支持。

（4）国家重视农民工问题，相继制定出台了鼓励农民工进城务工的政策。近年来，农民工权益、农村经济发展等问题，引起了国家的高度重视，相关部门也相继出台了社会保障、子女就学和户口转移等方面的优惠政策，解除了务工人员的后顾之忧。

（5）随着农业机械化的广泛运用和农村基础设施的改善，许多农村劳动力从农业生产中脱离出来，成为农村剩余劳动力。目前，玉龙县可长年在外务工的农村剩余劳动力达 9774 人，是一支不可忽视的就业大军和劳务产业大军，何况农村新增劳力大都接受了九年义务教育，文化素质较高，对玉龙县农村经济发展会起到积极的推动作用。

（6）劳动保障、扶贫、农业等部门，为农村剩余劳动力的转移就业做好了积极的技能培训，为玉龙县发展劳务经济提供了人才。据统计，全县各部门累计培训厨师、计算机操作员、商品营销、药品检验、农机操作等初级工近万人。

玉龙县发展劳务经济遇到的问题和困难。尽管玉龙县的劳务产业发展势头良好，但在发展过程中也存在着具体问题。

（1）乡村旅游还不规范，基础设施有待进一步完善。玉龙县乡村旅游的发展，不仅解决了农村剩余劳动力的就业问题，增加了农户的经济收入，发展了农村经济，维护了农村社会的和谐稳定，还为农民脱贫致富探索了一条新路。但仍遇到了一些问题。如村与村之间的无序竞争，拉、抢客源，环境卫生差，服务质量差，旅游接待不规范，乱收费，旅游设施简陋等，若不引起有关部门的重视，势必影响到它的发展，甚至波及丽江的旅游业。

（2）劳务人员文化素质和劳动技能普遍偏低。乡村旅游服务人员和管理人员大都是本地村民，他们没有经过专业知识的培训，文化素养、管理水平低，安全意识、环保意识和卫生习惯还没有达到相应的水准，汉语、外语的表达水平还不高，形象也还不尽如人意。外出务工人员也因文化和劳动技能的因素，即便到外地打工，找到的工作也是粗、重的体力活，其收入是可想而知的。因此，劳务人员文化素质和劳动技能低的问题，将会影响到玉龙县劳务产业的发展，必须引起足够的重视。

（3）农民外出务工信息还不够畅通。在务工信息方面，尽管劳动保障部门做了很多工作，如组织招聘会，发布用工信息，联系用人单位等，但由于玉龙县农村人口居住在偏远、分散的山区、半山区，这些地区交通不便，信息闭塞，从县城把信息传到乡政府，再到村，让务工者掌握这些信息，的确需要一些时间。务工信息不畅，影响了劳务输出。

（4）随着经济全球化的不断发展，劳务经济有了新情况、新变化，各级党政机关对劳务产业和劳务经济问题，有必要进行认真反思、重新思考和认识。解决农村发展、农民增收的关键在哪里？政府如何扶持，如何服务？如何引导？玉龙县发展农村经济除了有得天独厚的旅游资源，还有人力资源没有充分利用起来、调动起来。如果把它像烤烟产业那样来抓，劳务人员每年给每个农村家庭输入的资金不会比烤烟的收入少，全县农村经济的增加值一定会立竿见影。

四　发展劳务经济的对策和建议

（1）重视劳务开发工作，大力发展劳务经济。

劳务开发是农民增收的重要渠道，是统筹城乡发展，推进工业化、城镇化的重要途径，也是有效解决“三农”问题的重要手段。要坚持把劳动力资源作为“第一资源”来开发，把劳务经济作为农村“第一经济”来发展，积极把资源优势变为资本优势、产业优势，大力发展劳务经济，做大做强劳务产业。政府要像过去培育烤烟产业那样从政策、资金、人力等方面扶持劳务产业，发展劳务经济。

（2）加强就业培训，努力提高劳动者的素质。

劳动者的素质是发展劳务产业的关键。提高务工者的素质，必须开展劳动力转移培训。培训是提高农村劳动力市场竞争力、推动劳务经济发展的“加速器”。要发挥政府的主导作用，与学校或有关培训机构搞好衔接，根据市场需求，科学确定培训专业和培训内容，增强针对性和实效性，减少随意性。坚持技能培训与转移就业紧密结合，积极推行“订单培训”“定向培训”“学校垫资培训”“跟踪企业培训”“校企结合培训”等多种培训模式，实行包学技能、包就业、包维权服务等“一条龙”服务新模式。

（3）创新社区参与旅游的机制，提升管理及服务水平。

丽江旅游已成为国内乃至国际的知名品牌，玉龙县的乡村旅游又是丽江旅游业的组成部分，旅游服务业自然成为玉龙县农村劳务经济的重要流向行业。如老君山等新景区景点的开发过程中能否充分参考玉龙雪山开发在社区参与方面的经验及教训，一开始就建立相应的体制和机制，做到规范运作，有序参与。

（4）进一步畅通输出渠道。

首先变自由输出为组织输出。要健全组织，明确专人负责，把劳务工作时时抓在手上，变由自由输出为有组织的输出。输出的每个环节都要有人抓，有人管，使劳务输出工作沿着健康有序的方向发展。其次变盲目输出为定向输出。以前大多数劳务输出属于盲目输出，听到哪个地方有活干、有钱赚，不考察、不了解，就急忙组织人员去，许多时候劳务人员去后就返回，不但没有挣到钱，还白花了路费。今后，政府需要多联系一些输出渠道，多辟建一些劳务基地，多提供一些劳务信息，使劳务人员输出有方向，立足有根基，挣钱有把握。改变就地输出为异地输出。本地经济不发达，内转人员收入较低，加之市场狭小有限，不能提供充足的就业岗位。而向发达的大、中城市输出，活好找，钱好赚，收入远远超过本地。及时成立劳务经济中介机构，走市场经济的路子，由劳务服务企业提供一条龙的劳务输出服务，县政府根据配套政策对劳务公司给予扶持。

（5）政府相关部门要做好有关服务工作。

政府有关部门首先要搞好用工信息服务。要与广东等发达地区建立用工信息平台，及时为农民提供劳务信息。其次政府各部门应主动提供并搞好政策咨询服务。要帮助外出务工者了解各种政策，为农民工提供法律援助和维权服务，要帮助协调解决各种劳务纠纷，保障外出务工人员的合法权益，为返乡创业人员打造创业平台，提供便利条件。为了让外出务工者无后顾之忧，政府相关部门应统筹留守后方保障服务。关注留守在家的老年人生活和儿童教育，进一步完善土地流转机制，支持和鼓励外出农民自愿、依法、有偿转包或出租承包地经营权，解决外出务工人员的具体困难。县乡各级各部门在当地基础建设和城镇化建设中要充分考虑本地务工人员的利益，为他们提供适当岗位。

(6) 重视劳务人员的思想教育，提高其综合素质。

加强对劳务人员的思想观念教育，人生观、价值观、劳动观的教育以及社会公德、法律意识的学习，努力构建走得出、留得住、能致富的劳务产业格局。

总之，劳务输出已经成为玉龙县农村经济中增长最快、最具潜力的产业，劳务经济已成为玉龙县新一轮农村经济发展，农民增收奔小康的发力点。政府和有关部门要因势利导，把它作为一项产业来抓，切实解决劳务经济中遇到的问题，把劳务经济变成玉龙县农村经济发展的支柱产业，为农民奔小康提供产业保证，为新农村发展注入新的活力。

第三节 县域财源

鉴于区县分设后，玉龙县经济基础薄弱，财源结构单一，财政收支矛盾突出，县乡财政十分困难的现状，为切实了解和掌握当前玉龙县县域财源的基本情况，调研组对全县的县域财源进行了专门调研。现将调研情况报告如下。

一 县域财源基本情况

区县分设三年以来，全县一般预算收入平均增长 33.4%，财源和财力状况体现出逐步增加和增强的态势，玉龙县地方财政收入进入高速增长阶段。但由于历史、自然条件和区县分设的原因及产业结构的特殊性，决定了玉龙县财源结构的单一性。玉龙县是一个以农业为主，工业正缓慢起步和旅游业正平稳发展的民族自治县。三年以来，全县地方财政收入主要来源于烤烟、旅游和固定资产投资及处置三个行业，来自工商业收入所占比重很小。全县基本支出需要主要靠上级财政转移支付补助和专项补助，建设和发展主要靠银行信贷和融资实现资金支撑，是一个典型的财源匮乏、吃饭运转靠补助、建设发展靠举债的吃饭型和负债型财政穷县。全县财政虽在地方一般预算收入上增幅很大，但由于地方一般预算收入占全县总财力的比重很小，增量极其有限，对总财力增长贡献很小。由于玉龙县总体财源结构单一，没有龙头产业支撑，财政收支矛盾突出的现状没有得到切实改变，也不可能在短期内实现质的突破和量的改变，财政运转依然十分困难。

全县财力由预算内外资金构成。2005 年，全县总财力为 38908 万元（以下数据均为 2005 年度数据），其中，预算内财力 30462 万元，包括地方一般预算收入 4942 万元，基金收入 326 万元，上级各项转移支付补助收入 15759 万元，专项补助收入 9417 万元，上年结余 618 万元（含基金结余）；预算外财力 8446 万元，包括玉龙雪山门票返还 4000 万元，政府统筹收入 48 万元，石鼓收费站门票收入 225 万元，资产处置变现收入 3950 万元，其他收入 226 万元（未纳入财政专户管理的预算外资金）。从区县分设以来财力状况分析，全县总财力基本在 3.5 亿—4 亿元，占全县 GDP 收入的 45%左右，所占比重远远高于全国、全省和全市的水平。其中：预算内资金占全县总财力的 78.3%，预算外资金占全县总财力的 21.7%。地方财政收入（含预算内外收入）占全县总财力的 35.2%，其中：地方一般预算收入仅占全县总财力的 12.8%，占预算内财力的 16.2%。从财力结构上看，玉龙县财力构成很不合理，地方财政收入，特别是地方一般预算收入所占财力比重偏小，说明玉龙县对上级财政转移支付的依赖程度高，财政的自求平衡能力弱。体现出玉龙县的经济结构单一，经济规模小和财源结构单一，县域财源占财力结构比重小，增收和增长后劲不足的现状。

二　县域财源结构基本特征

县域财源是指在全县行政区域内和经济规模下按照国家有关财税政策可以收取的地方各项政府性收入的载体。当前，玉龙县的地方财政收入主要来源于烤烟，旅游和固定资产投资处置三个产业，也就是玉龙县的主要县域财源由烤烟、旅游和固定资产投资处置三个产业构成。2005 年，来自烤烟的地方财政收入 1797.6 万元，其中：农特税 1400 万元，所得税 350 万元，城建税和教育费附加 47.6 万元，占全县县级财政收入的 13.1%，占地方一般预算收入的 36.4%；来自旅游行业的地方财政收入 4846 万元，其中：各项税收 620 万元，玉龙山门票收入返还 4000 万元，各景点门票收入 226 万元，占全县县级财政收入的 35.3%，旅游行业的税收占地方一般预算收入的 13.4%；来自固定资产投资和处置的地方财政收入 4861 万元，占全县县级财政收入的 35.4%，其中：固定资产投资拉动的建安营业税等税收收入 911 万元，固定资产处置收入 3950 万元。固定资产投资拉动的税收占地方一般预算收入的18.4%，固定资产处置收入占全县地方财政收入的28.8%。全县来自烤烟、旅游和固定资产三个行业的财政收入占地方财政收入的比重达83.8%，特别是玉龙县玉龙雪山进山门票返还和固定资产处置两项收入已占到全县地方财政收入的58%，应成为经济结构和财源结构主体以及拉动财政增长的另一原动力的消费行业占玉龙县县域财源构成体系的比重很小，仅占全县地方财政收入的5%左右，造成玉龙县县域财源内生力量不足，财政增收和增长后劲不足。虽然在短期内由于投资拉动的因素，地方财政一般预算收入增幅较大，但增值有限，而且持续增长和可持续发展的可能性不大。

所以，调研组认为，造成目前玉龙县县域财源结构单一现状的原因是多方面的：

首先是经济发展的水平和现状决定了财源结构的单一性。经济决定财政，经济发展对内生财力起着决定性作用。2005年，全县GDP规模仅为8.7亿元。经济基础薄弱，县域经济发展水平低，经济总量小，税基窄，内生财力增长潜力和后劲均不足，导致财源结构单一和财政收入来源的匮乏。

其次是产业结构的不合理导致县域财源结构的单一性。玉龙县三个产业具有明显的农业大、工业弱的不规则倒葫芦状特点。主要原因在于由于农村税费制度的全面改革，来自农业的税费已基本取消，仅保留了烤烟产业农特税，加上玉龙县工业基础非常薄弱，来自基础性工业的税费很少，甚至可以忽略不计，第二、第三产业发展对财政收入的贡献较低，这也是造成玉龙县财源单一，财力薄弱的主要原因。

再次是由于历史、自然条件和社会原因决定了玉龙县财源结构的单一性。玉龙县虽然辖区面积广阔、资源丰富，但由于处在西部边远地区，历史上就经济发展缓慢，社会发育程度低，经济发展基础脆弱，导致后进速度缓慢，工业化和产业化水平低下，县域经济缺乏规模，没有市场竞争力的经济支撑，难以为财政提供坚实的收入来源。

最后是现行财税体制和区县分设也是造成玉龙县财源结构现状的一个原因。在财税体制上由于市级政府对玉龙县行政区域内的财力集中较多，特别是对旅游业的税费收入集中较多。在玉龙雪山景区内，每年市级政府集中了财力近亿元，其中：税收收入在3000万元以上，门票收入超过1亿元，造成了玉龙县总体财源质量和规模的下降。由于区县分设的原因，也使新中国成立50多年来，原丽江县主要的建设成果——县城划入古城区，使玉龙县县域财源结构更趋于单一，来自消费的经济贡献和财政收入很小。由于以上四个方面的原因，决定了玉龙县县域财源结构的单一性，也决定了玉龙县财源培植和经济建设的艰巨性。

三 今后县域财源的发展潜力

鉴于当前玉龙县经济基础和财源现状，我们实地调研的结论认为，在未来三年内玉龙县财政收入增长难有较大的突破，财源状况难有较大的改变。就制约财源的因素而言，首先经济总量有限，财源基础薄弱，经济在短期内难有质和量的提升。同时受限于财源结构上，玉龙县主要依靠烤烟、旅游和投资三个行业支撑，产业结构单一局面在短期内仍然很难得到根本性转变。众所周知，经济建设和财源培植在时间上有一个过程，不可能一蹴而就。一个地区在财政体制上不可能在短期上有大的改革，上下级政府间财政收入分配和财源结构分配在短期很难朝有利于玉龙县的方面发展。玉龙县中长期的财源发展潜力仍然很大，在短期内也有可能有所作为。玉龙县自然条件优越，旅游资源、矿产资源、水能资源和生物资源等十分丰富，为经济发展和财源培植提供了有效的资源保障。

就短期财源发展潜力而言，首先要巩固提升现有的财源，巩固烤烟产业，提升旅游产业，加大固定资产投资力度，是玉龙县1—3年内增加地方财政收入的有效途径，是目前财源培植上的重点。在烤烟产业上，继续加强和强化田间种植和烘烤管理，提升烤烟质量，在财政收入上仍有增收的潜力，在现有基础上增加200万—400万元的税收是有可能的；在旅游产业上，加大宣传和促销力度，加强旅游行业管理，在老君山尚未全面开发的情况下，强化玉龙雪山景区管理，加大长江第一湾、虎跳峡和黎明景区的宣传促销力度，积极清理和强化玉龙雪山景区的税收管理，财政收入尚有增长的空间，每年在旅游业上增加百万元的税收也是有可能的；在固定资产的投资上，要继续加大招商引资力度和融资力度，加大固定资产的投资。当前，固定资产的投资是拉动玉龙县经济增长和增加财政收入的主要途径。从明年开始，玉龙县可处置变现的固定资产项目也不多，这将必然要求玉龙县在经济建设过程中要继续加大固定资产的投资，才能在短期内继续保持经济增长和财政收入的稳步增长。

尽快加快矿电产业的发展。矿电产业具有投资较小，政府税费收入高的特点，是政府效益较高的财源之一。2005年，玉龙县在矿电业规模很小的情况下，税费收入已达150万元左右。当前，加大招商引资力度，加快矿电业的发展是玉龙县增加地方财政收入的另一重要途径。目前的建设进展中，加强工业园区的管理和建设，规范工业园区的税费征管。区县分设以来，玉龙县以“无工不富”的经济发展理念，积极向上争取，创建了工业园区，但投入和产出在数据上形成了很大的反差。2005年，工业园区创造工业产值10436万元，占全县工业总产值的74%，但地方税收仅为25万元。根据国家西部大开发的税费政策，2013年开始可以征收所得税等各项税收，财政税收有较大增长余地。

要加大玉龙新县城的土地经营和运作，加大土地回购力度，积极参与土地经营与开发，特别要加大商业性开发，增加地方政府开发性收入。就中长期财源发展潜力而言，主要是在县委提出的四大经济平台上。经济平台建设的好坏与快慢直接关系到玉龙县财政收入的增量和财源的状况。四大经济平台建设概括了旅游、水电、固定资产投资、消费等带动财政收入增长，增加财政收入的行业建设，是未来玉龙县财源发展的潜力所在。

首先在旅游业上，开发老君山景区，提升改造玉龙雪山景区，同时将直接增加旅游行业税费收入，不断增加固定资产投资，拉动经济增长和财政收入的增加；此外可以在水电开发上，金沙江流域小水电的开发，金沙江中游国家大型水电站的建设，一方面增加固定资产投资，拉动经济增长和财政增收，结合投产发电后，根据云南省水资源费收取规定，每年可收取上亿元资金；结合在县城建设上，尤其需要继续加大城市基础设施建设，城市配套功能建设等增加固定资产投资，增加财政收入，与此同时，城市配套功能建设进一步完善后，将催生和刺激玉龙县县城的群体消费，拉动财政收入的增加。其次是在工业园区的建设上。纵观全球，任何一个强大的国家或经济实体，都以发达的工业经济作为强大的后盾。所以各部门的综合调研的结论认为，中长期玉龙县财源潜力的重点也应该在工业发展上，工业园区建设的成与败也将直接影响玉龙县经济建设速度和财政收入的增量。从目前玉龙县县情、区域经济发展状况以及国家宏观经济政策等角度去看，短期财源发展和建设必须在巩固、提升老财源，加大固定资产投资和基础设施建设上下功夫，就中长期而言，必须从旅游、矿电、县城、工业园区等建设上下功夫，这将必然带动玉龙县经济大发展，财源建设再上新台阶。

四　对县域财源建设的几点建议

培植和壮大县域财源，是未来玉龙县优化财政收入结构，增加地方财政收入的主要工作。县域财源建设不仅要处理好计划与落实，发展与保护等问题，而且还要积极地研究财源培植和财源发展的国家财政政策，充分依靠上级的支持和帮助，加大财源建设的力度。从现实和理论的角度看，要做强、做大县域财源，结合玉龙县的实际，目前需要做好以下几个方面的工作：

（1）认真实施全县发展战略，促进经济又快又好发展，经济决定财政，经济是基础

经济的又快又好发展，必然带动财政收入的增长和财源结构的优化。首先要认真实施好全县的发展战略，加快全县经济结构调整，促进全县经济的持续快速发展，当前，玉龙县委已经明确提出了打造四大经济平台，实施六大发展战略的目标，为全县的经济建设和各项事业发展指明了方向。实施好全县发展战略应成为玉龙县财源建设的基础和财源建设新的起点。地方经济发展要结合县委提出的打造四大经济平台，实施六大战略的目标，认真实施好全县“十一五”规划和中长期规划，促进经济的又快又好发展，带动财源建设，增加地方财政收入。党委、政府必须先要认真做好一份符合玉龙县县情，切合实际，具有可操作性的短期、中期和长期的财源规划，为财源建设提供科学的依据。

（2）坚持走工业化道路，加快工业经济发展步伐

工业化程度是一个国家或一个区域经济发展的标志，工业化是经济发达的主要形式和发展的必经过程。结合玉龙县贫困面大的实际，为了促进发展和尽快脱贫，在观念上要牢固树立“无工不富”的思想，一方面，工业经济的发展带来地方财税收入的高额回报；另一方面，工业经济的发展可以弥补旅游业为主的第三产业的不稳定性。旅游业是建在沙滩上的阳光产业，一旦发生战争、政局动荡、疫情等，旅游业将受到严重打击，工业经济则受到影响较小。其次要结合县情，确定工业发展的方向，一方面要加快矿电开发的力度，一是要加强全县范围内的矿产资源的勘探力度，加快矿产资源开发；二是要加快金沙江流域的小水电开发力度和积极配合国家做好金沙江中游水能开发的前期准备工作，把矿电业真正建成玉龙县的国民经济最大的支柱产业。另一方面要加快工业园区的建设，把工业园

区建设成生物资源开发、农产品加工和药产业开发的基地，促进全县加工业的发展和带动农产业的发展，增加农民收入和财税收入的增长。

（3）做强做大旅游业，加快第三产业发展

当前，玉龙县虽作为全市旅游资源最为富集的县，但旅游业对地方财政收入的回报率较低。这一方面有财政收入分配体制上的原因，另一方面也有旅游资源开发力度滞后的原因。做强和做大旅游业，加快第三产业的发展，是目前繁荣玉龙县经济，提高消费，增加地方财政收入，优化和提升县域财源的必然渠道。结合省市有关部门要做好规范和提升玉龙雪山景区工作，进一步理顺玉龙雪山景区的财税分配体制，按照市委的有关决议，落实好玉龙雪山进山门票逐年增加返还，在三年后全部归还的问题，增加地方财政收入，同时进一步加快老君山开发和石鼓红色旅游景区的开发，积极培植旅游产业新的财源。

（4）实施大项目带动大发展战略，保持固定资产投资的增长

区县分设三年以来，玉龙县一般预算收入平均增长率在30%以上，其中增长量的70%以上来自固定资产的投资拉动。为了经济发展和增长，就目前的形势而言，首先要继续实施大项目带动大发展的经济发展和财源建设战略，保持固定资产投资的增长；其次要认真做好重点项目的前期准备工作和项目储备工作。把前期工作的重点放在研究影响经济社会发展的关键问题上来，多渠道筹集资金，加大前期工作经费投入，建立有效的激励机制，保证有人跑项目，有钱跑项目，积极引进好项目和争取国家项目，有效合理促进县域财源建设的步伐。

（5）加快玉龙新县城建设，推进城市化进程

从玉龙县人口结构看，全县97.5%的人口在农村，非农村人口仅为几千人，说明玉龙县城镇化水平非常低。有关研究表明，城镇化发展建设缓慢会造成城乡失衡、产业失衡、市场失衡、经济和社会发展五大失衡。所以玉龙县要积极稳妥地采取各种有效的措施推进城镇化，逐步解决长期以来存在的二元结构不合理状况，促进农业人口向城镇转移。在城镇发展进程中，玉龙县的重点是要加快玉龙新县城建设的步伐。积极进行吃、住、行等基础设施建设，加大土地回购力度，创造商业活动条件，切实做好金沙江中游水电开发移民安置到玉龙新县城的研究、调研和争取工作，增加玉龙新县城的消费群体，为县城消费营造良好的环境和空间，拉动玉龙县经济增长，促进财政增收。

（6）解决好资源合理利用，环境建设与短期效益的矛盾

玉龙县具有一定的资源优势，如矿产资源、旅游资源，水能资源等较为富集。在资源的开发和利用上，结合优势资源必须考虑资源合理利用，环境建设与短期效益的矛盾。对于玉龙县政府来说，短期效益能及时带来经济收入和财政收入的回报，但对可持续发展会造成伤害，所以不仅要考虑“短期收益”，而且还要考虑好“长期效益”的问题，只有这样，经济才能健康有序地发展，才能可持续发展。

（7）认真研究财政体制和财税政策，积极争取资金

现实和未来的财税体制和财税政策变动对玉龙县财政状况和财源结构的影响是不可忽视的。政府要培养和建设一支懂经济、懂财税的专业队伍，做好经济和财税政策的研究工作，切实保证有人去研究和善于研究的问题；统领各政府部门要认真研究好今年或明年要重新调整的市对区县的财政管理体制，尽量做到保现有利益的情况下，争取减少市对县的财源和收入分享结构和比例，增大玉龙县财源基础；重点认真研究国家的各项财税政策，特别是要研究好国家西部大开发的各项财税优惠政策和支持西部后进地区的财税政策，积极争取中央转移支付资金，壮大玉龙县财源和财力，保证玉龙县经济社会建设的持续和健康发展。

第四节　招商引资与县域经济发展

一　招商引资现状

“十一五”期间，玉龙县的对外开放和招商引资工作发生了历史巨变。2006—2009 年全县累计实施招商引资项目 115 个，其间已竣工的项目有 47 个。招商引资实施的项目数、合同引进资金、项目到位资金、实际完成投资均呈现逐年递增趋势，特别是 2008 年、2009 年连续两年全县招商引资项目到位资金及实际完成投资突破 10 亿元大关。其中，招商引资实施项目数由 2006 年的 52 个增至 2009 年的 57 个，增长 10%；项目到位资金由 2006 年的 83701 万元增至 2009 年的 125245 万元，增长 50%；项目实际完成投资由 2006 年的 76960 万元增至 2009 年的 125245 万元，增长 63%；实际完成投资占全县同期固定资产投资额的比例均占 55%以上。2006—2009 年全县累计实施的 115 个招商引资项目已累计完成投资达 410692 万元。

招商引资对外合作领域不断拓宽，已经形成全方位、多层次、宽领域的对外开放新格局。“十一五”期间，依托玉龙县丰富的资源和与日俱增的知名度，招商引资对外合作已由区县分设初期的重点区域发展，到现在遍及城乡统筹发展的新格局。招商引资项目呈现了投资规模、产业带动能力和科技含量逐年提升的特点，招商引资项目质量得到了进一步提升。特别是一批批涉及城市开发建设、旅游发展、生物资源开发、矿电、能源、医药、种植、畜牧、科技、教育、文化、卫生、体育等行业的项目纷纷落户玉龙。

特别是在2007—2009年，一批质量优、带动力强、效益前景好的项目正式签约并准备实施，如云南金凯房地产开发有限公司的“玉龙县无量寿生态旅游小镇与社会主义新农村建设项目”、云南浙联投资有限公司投资的“鸣太铜矿项目”、云南丰润泽经贸有限公司投资的“太安马铃薯淀粉厂项目”、全球旅游发展顾问有限公司拟投资的“溪歌谷SPA复合旅游休闲项目”、昆钢城市房地产开发有限公司拟投资的“‘玉和苑’项目”、丽江鼎业房地产开发经营有限公司投资的“休闲体验创意园区项目”、丽江玉水寨生态文化旅游有限公司投资的“集东巴文化传承学校建设、生态旅游开发和玉水寨景区配套设施建设等为内容的综合旅游开发项目”、丽江志达房地产开发有限公司投资的“丽江文笔生态示范中心项目”、丽江安龙地产开发经营有限公司玉龙分公司投资的“丽江玉龙黄山低密度生态住宅区项目”、丽江玫瑰产业有限公司投资的“万亩玫瑰园及玫瑰新村项目”、成都市金堂县金源水轮机制造有限公司投资的“格子河电站开发项目”、大理鲁榆矿产品开发有限公司投资的“石鼓新华铁多金属开发项目”、云南新润矿业有限公司投资的“黎明美乐地区铜多金属开发项目”、印尼大马集团巴厘休闲酒店开发有限责任公司投资的“玉龙县‘香樟华苹休闲度假酒店’项目”、中国国电龙源电力集团公司拟投资的“玉龙县风能资源合作开发项目”、香格里拉县博艺商贸有限责任公司丽江分公司投资的“芳香植物高效生态农场项目”、印度萨金（CIGEN）集团投资的“阿里拉（ALILA）丽江度假村项目”、嵩县丰源钼业有限责任公司投资的“玉龙县矿产资源勘查开发管理综合利用项目”、丽江玉龙生态旅游开发有限公司投资的“文笔山旅游度假区开发建设项目”20个项目，项目协议总投资达56.718亿元，项目开发内容涵盖了综合旅游开发和城市房地产开发等领域。

2006—2009 年期间全县引进并实施的投资项目规模在亿元以上的就有 9 个，投资规模在 5000 万元以上的有 20 个。如总投资 5.5 亿元的玉龙县道路及基础设施建设项目、总投资 4 亿元的丽江街建设项目、总投资 13.18 亿元的台商翔鹭集团在玉龙县城投资的酒店及住宅项目、总投资 3 亿元的文笔海高原生态旅游度假区项目、总投资 24 亿元的雪山水城综合地产开发项目等大项目的签约实施，大大加快了玉龙县资源的深度综合开发、产业升级与集约发展，进一步提升了第三产业的品位，也提升了招商引资项目的质量。引进项目中平均单体投资规模由 2006 年的 3000 万元提高到 2009 年的 8000 多万元，玉龙已经形成了一个全方位、多层次、宽领域的对外开放新格局。特别是 2009 年，新签约了由印尼大马集团巴厘休闲酒店开发有限责任公司投资的玉龙县"香樟华苹休闲度假酒店"项目和由印度萨金（CIGEN）集团投资的阿里拉（ALILA）丽江度假村项目，这两个是单体规模较大、合作层次高、发展前景广的外资项目，协议引进外资达 3200 万美元。同时，正在洽谈的还有法国地中海集团拟投资的项目。截至 2009 年 12 月，全县共引进外资项目 3 个（其中在建项目 1 个，新签约项目 2 个），更多外资招商引资项目的不断引入，已成为促进全县经济发展和拉动投资增长的新亮点，并切实增强了承接产业转移和参与全球竞争的能力。

在玉龙崛起的发展热潮中，招商引资给玉龙带来了发展的"人气"和"财气"，招商引资成效非常明显。通过大力推介玉龙优势资源，不断优化投资服务环境，广交了朋友，扩大了玉龙县的影响力，许多客商主动上门咨询政策、寻求合作，招商人气非常旺盛。先后有美国泰威集团、泰国 TCC 集团、印尼大马集团、新加坡豪荣公司以及中国台湾宝成集团、中国台湾翔鹭集团、中国香港瑞安集团、中国香港国际发展公司等一批国内外知名企业来玉龙县实地考察投资项目，部分集团已明确了来玉龙县投资的意向，并在玉龙选定了投资项目。此外，仅招商部门每年还接待上百名港澳台以及深圳、浙江等地客商。同时，特别注重高质量、高税收、高效益项目的招商引资，引进的项目、资金、技术对优化全县的经济结构、增加财政收入、壮大国民经济总量和培植新的发展优势发挥了十分重要的作用，也使干部群众直接体会到了招商引资带来的好处，感受到了经济的发展和社会的进步，激发了干部群众参与招商引资和创业的热情，促进玉龙县各项事业的发展。据统计，从 2006—2009 年，招商引资实施项目累计实现完成投资410692万元，项目到位资金410692万元，项目累计完成税收3153万元，安排就业人次4901人次，培训人数3740人，招商引资在玉龙经济、社会发展和促进对外开放中的龙头地位日益凸显。

2011年实施招商引资项目40个，全县实施的40个招商引资项目实际完成投资250691万元，比上年同期增长45.6%，完成市政府下达任务数15亿元的167%。云南省农业产业化经营省级重点龙头企业签约玉龙，并入驻南口工业园区。2011年3月18日，玉龙县政府与云南省农业产业化经营省级重点龙头企业——云南泰华食品有限公司签订由该公司投资的玉龙县泰华食品加工厂项目，项目拟总投资约5000万元人民币，在玉龙南口工业园区新建一个集牦牛肉、鸡肉、猪肉等畜牧产品进行综合深加工、生产、销售为一体的食品加工厂，项目的建成，可带动玉龙县及周边地区的养殖业。目前，该公司已支付了首期土地款500万元，并正在办理项目开工前的各项相关手续。2012年，玉龙县共实施招商引资项目74个（续建项目37个，新建和扩建项目37个），实施项目到位资金及实际完成投资均完成303346万元，比上年同期增长21%。

2012年，县委、县政府提出“全面突破县城开发建设的决心不动摇”。根据这一指导思想，首先玉龙县招商局从玉龙新城“丽江街”招商入手，把“丽江街”招商作为整个玉龙新城“活”起来的“发动机”来抓，并通过采取以下措施取得了一定成效。一是组织相关人员就“丽江街”项目起草了《玉龙新县城“丽江街”招商引资优惠政策》，广泛征求相关部门及丽江市境内各商会意见并根据反馈意见对其进一步充实完善后提交政府常务会讨论。二是通过前期走访，精心准备，玉龙县招商局于2012年3月23日成功举办了“丽江街”旅游购物店招商活动，该次招商活动以旅游购物店为主要招商对象，通过举办项目推介会，对外发放宣传资料和现场观摩的方式进行。活动共邀请了滇缅玉石城、璟辉珠宝、东巴拉高原药材等13家丽江市境内较有实力的知名企业参加，招商、旅游、工商、税务等市县相关部门参加了推介会。通过举办推荐会，使商家对“丽江街”相关情况有了更进一步的了解。县招商局积极做好旅游购物店企业跟踪招商，取得了成效。依靠商会平台，抓好丽江街招商工作。县招商局组织相关人员，到丽江境内的浙江商会、福建商会、温州商会就“丽江街”项目做了推荐。玉龙新县城“丽江街”商会招商活动正式启动实施。丽江街对外招商活动已经取得了一定的成效，中国大陆香港第一家茶业上市公司——云南龙润茶集团和云南大型旅游珠宝购物店——天玉珠宝两家集团公司已正式入驻“丽江街”，并于2012年7月18日正式开业。

2012年10月18日，新县城另一家旅游购物店锦融企业旅游购物店也隆重开业。其次为确保已签约项目的顺利实施，玉龙县招商局认真落实招商引资项目推进服务挂钩制度，根据不同时期项目工作的实际需要，实行项目分工负责制和项目回访制度，在明确责任的基础上，定期对项目进行督促落实，更准确地掌握项目的进展情况，进一步及时了解和解决企业反映的各种困难和问题。对已签约的项目积极做好项目备案、核准、开工等协调服务工作，其间重点抓好了杭州宋城集团“茶马古城”项目、泰华食品加工厂项目、雪山金茂酒店等重点项目的综合协调服务工作。招商引资局按玉龙县委、县政府提出的“打造清洁能源基地、生态产业基地、国际精品旅游胜地和纳西文化产业基地”等目标，强化资源深度开发，把文化旅游产业、生物制药、清洁能源和绿色生态食品开发等项目作为招商重点，狠抓项目跟踪服务工作。对已经签约的项目积极做好项目备案、核准、开工等协调服务工作，特别是重点抓好翔鹭、美林、宋城“茶马古城”等重点项目的综合协调服务。对续建项目积极帮助企业解决好在投资过程中遇到的问题，积极做好投资软件硬件的保障落实，为企业提供强有力支持，督促其形成更多实实在在的投资。对正在洽谈的项目，在双赢的基础上，尽快推动进入实质性阶段，促使项目尽快签约。

2011年5月26日，玉龙县人民政府与中广核风力发电有限公司签订合作开发风力资源协议，该项目是继中国电子进出口总公司投资的格子河电站开发项目之后又一央企投资开发的清洁能源项目签约玉龙。中广核风力发电有限公司属央企，是我国清洁能源领域的骨干企业之一，该公司通过对玉龙县境内九河乡、大具乡进行实地踏勘后，基本确定上述两乡具备开发风力发电场的条件，预计总装机容量在20万—25万千瓦，在本合作协议签订后，该公司已分别在玉龙县九河乡、大具乡建成两个测风塔，并已开始进行测风工作。继续协调和服务好中广核风力发电有限公司在玉龙县境内的风力资源开发项目及玉龙泰华食品加工厂项目。通过各方面的协调努力，玉龙县泰华综合食品加工厂项目各项前期工作已经基本结束，项目于2012年10月16日正式破土动工。

自2011年2月始，通过多次陪同杭州宋城集团到玉龙新城考察及洽谈，并多次与云南江东集团就宋城拟开发项目用地地块进行综合协调及洽谈后，最终成功引进杭州宋城旅游发展股份有限公司入住玉龙新城。2011年9月30日杭州宋城旅游发展股份有限公司与云南江东集团就“丽江千古情城”项目用地协议在杭州宋城旅游发展股份有限公司签约。2011年10月17日，玉龙纳西族自治县人民政府与杭州宋城旅游发展股份有限公司就“茶马古城”（暂名）项目合作协议进行签约。杭州宋城集团控股有限公司是中国最大的民营旅游投资集团，中国休闲产业的领军者，杭州宋城旅游是中国文化企业30强之一，以“主题公园+旅游文化演艺”为主营模式，成功打造了“宋城”“千古情”品牌，由该公司打造的杭州宋城景区是中国人气最旺的主题公园，首批国家文化产业示范基地。该集团的引进是区县分设以来玉龙县招商引资引进的首家上市企业。该公司以玉龙深厚的旅游文化内涵以及旅游市场巨大的潜力为基础，决定在玉龙县核心区一带投资5亿元人民币，建造一个反映茶马古道文化和本土文化的旅游文化综合体，包括一个主题公园、丽江千古情大剧院，并在大剧院内打造一台以本土传统文化为核心的旅游演艺精品《丽江千古情》，以及个性化的旅游休闲综合配套酒店和商业区“茶马古城”（暂名）。项目的建成，依托丽江玉龙现有的旅游资源以及宋城集团品牌影响力，必将真正实现文化精品战略，极大提升玉龙县旅游业的知名度，为玉龙旅游业开创新的利润增长点。该公司预测，该项目建设期为一年，预计运营期年平均营业收入可达1.91亿元，年平均游客人数达到140万人次，年平均净利润为1.01亿元。该项目的建成不仅可以为玉龙旅游业开创新的利润增长点，提升玉龙人气，同时将极大拉动城乡居民就业，提高财政税收。目前，该公司已办理完公司注册、税务登记、银行开户的手续工作，正在进行项目规划方案修订、演员招募前期调查等工作。

宋城集团“茶马古城”项目，已于2012年2月28日举行了开工典礼。该项目固定资产投资已达3.5亿元（含土地投入）。已经完成大剧院结顶，2013年5月大剧院竣工并投入使用；已经完成后勤配套用房完工；2013年7月完成主题公园建设并投入使用。

为切实加快玉龙新县城对外招商引资步伐，不断提升玉龙新县城的开发建设“人气”，一直以来，通过外出招商、网络招商、以商招商的方式在大力推介招商，通过努力，玉龙新城招商引资取得了新突破。县政府成功引入了丽江龙安商务有限责任公司入住玉龙新城，该公司通过近半年的前期房屋装修等准备工作，已于2011年5月18日正式对外营业。该会所位于玉龙新县城遗产公园内，是玉龙新县城内首家由招商局招商引进首家餐饮店，是一家面向中高端消费群体，以经营餐饮为主的休闲会馆。该会馆于正式营业之日起至10月底已安排就业人员50余人，总接待人数约7500人，营业收入约达93万元人民币。翔鹭、美林、昆钢玉和苑项目等一批招商引资项目相继开工建设，同时玉龙县城内大开发，大建设、大跨越的局面的形成；目前已有“两所高校”入驻玉龙县、火车客运站开通运营不断提升玉龙新县城的开发建设“人气”；刚刚签约的杭州宋城旅游股份有限公司在新县城投资的“茶马古城”项目的实施，又将掀起玉龙县新县城新一轮的开发热潮，也将为玉龙县城的开发建设注入强大的活力。该公司预测，该项目建设期为一年，预计运营期年平均营业收入可达1.91亿元，年平均游客人数达到140万人次，年平均净利润为1.01亿元，项目的建成不仅可以为玉龙旅游业开创新的利润增长点，提升人气，同时将极大地拉动城乡居民就业，提高财政税收。泰华综合食品加工厂项目已于2012年10月16日开工建设。该项目落户玉龙不仅对完善玉龙县配套服务，增强综合竞争实力，加快产业升级具有显著的推动作用；而且对玉龙县乃至全市聚集优质项目，延伸产业辐射，推进经济社会转型具有重大的现实意义。

江东五星级酒店项目也于2012年10月18日鸣锣开工建设，该酒店是玉龙新城“一轴”“一带”周边城市主体的一个重要组成部分，项目开工建设对完善城市功能，提升玉龙城市品位具有重要的意义。雪山金茂酒店项目目前正进行前期项目规划工作。二是对部分在建项目深入项目现场，实地察看项目推进情况，仔细了解项目的筹划、现状、发展前景，详细询问企业在项目建设和发展中遇到的困难和问题。县招商局组织人员于2012年2月13—16日、2012年4月18—25日分两个阶段深入丽江翔鹭房地产开发有限公司、丽江美林基业房地产开发有限公司、丽江茶马古城等项目现场，实地察看项目推进情况，仔细了解项目的筹划、现状、发展前景，详细询问企业在项目建设和发展中遇到的困难和问题，重点对如何加快投资进度及解决制约投资进度等相关问题进行商讨，并明确传达了县委、县政府坚持依法清理闲置土地和坚决处理各种形式等待观望行为的决心。在发展中针对正在洽谈的项目，在双赢的基础上，尽快推动进入实质性阶段，促使项目尽快签约。2012年新签约项目有太平洋建设集团基础设施建设项目、云南文化产业投资控股集团的云南文化产业职业学院项目及中国台湾台丽农牧发展有限公司的丽江中华医药生态文化产业园项目。总之，通过与企业开展的不间断交流，梳理招商服务工作思路，促进了项目建设进度，为全面推进县城开发奠定了良好的基础。

切实加强项目生成和包装工作。紧紧围绕玉龙县的资源优势，突出白芸豆产业、旅游、水能、生物资源开发、新县城建设、文化、商贸物流、文化创意、新型工业开发等特色产业，广泛收集、筛选、包装好一批招商引资新项目、大项目，为下一步招商引资工作奠定基础。在着力推进黄山、拉市、太安等重点乡镇的对外招商引资工作的同时，对石鼓、宝山、奉科、鸣音、大具等有一定生态旅游走廊开发前景的沿江片区乡镇，进行自然生态和民族文化旅游项目的招商。

依托鲁甸乡素有“云药之乡”的美誉和境内药材资源十分丰富的优势，抓好生物资源创新、药材种植开发和农产品精深加工产业的招商，逐渐形成了全方位、多渠道、宽领域的招商态势，力争在招商选资上有新突破。在昆明举行的第二十届中国昆明进出口商品交易会，洽谈会上就玉龙新县城的大型购物城项目、太安乡土豆片加工厂项目、玉龙县鲁甸乡中药材种植及精深加工开发项目、“丽江街”样板项目及玉龙县大型综合游乐城等项目进行了重点推荐，会展取得了预期效果。以商招商的方式进行对外招商，招商局于 2011 年 5 月 31 日，组团到成都地奥集团就玉龙县鲁甸乡中药材种植及精深加工开发项目进行了专题上门招商。

二 招商引资中存在的困难和问题

通过多年来的努力，在面临诸多不利因素的影响下，玉龙县的招商引资项目到位资金、实际完成投资等项指标均呈现稳中有升的良好势头，但也仍存在一些困难和问题，面临着许多制约因素，如区县分设后玉龙县百业待兴，经济总量小，基础设施落后，区域经济发展不平稳，调整产业结构、转变经济增长方式的任务繁重，经济运行的质量和效益不高，争取项目及资金难度加大，周边地区招商引资竞争激烈，保持投资高速增长困难加大。国家土地政策严格，且现行建设用地审批实行计划指标管理，上级每年下达给玉龙县的用地指标十分有限，造成了招商引资项目用地严重不足，从而影响了更多项目的引进等制约和困难。要全面推动玉龙县开放型经济发展，必须切实把握县域经济发展中的特点，充分发挥好县域经济发展的优势部分，采取切实有效措施，解决好发展中的困难和问题。具体表现在以下几个方面：

（一）投资环境有待进一步改善

玉龙县经济建设的软硬环境虽有很大的转变，但仍然存在许多亟待规范和完善的地方。特别是在硬环境建设方面，存在着招商引资自然条件、地理条件较好的黄山、拉市、太安等重点乡镇的综合用水，用电及排污等基础设施的建设不够配套等问题。

（二）个别部门解放思想力度不够，服务意识不强

有些部门、乡镇招商引资工作积极性不高，个别的甚至认为开展招商引资工作是增加自身负担。服务企业意识淡漠，办事效率低，投资者普遍反映，有的职能部门在办理相关手续时仍存在有意拖拉推诿现象。

（三）国有土地尤其是项目建设用地储备不足

年度用地指标有限及土地审批手续繁杂等因素的限制，项目急需用地与土地供应滞后的矛盾越来越突出，致使玉龙县部分已签约项目难以按期开工。随着玉龙县对外知名度的不断提升，前来投资项目的投资商与日俱增，白沙片区也成为玉龙县招商引资重镇，但由于受丽江市政府作出的对白沙乡土地利用规划进行修改和完善要求的影响，近年来白沙片区引进的招商引资项目无法正常实施。

（四）招商项目的包装和储备力度不足，制约产业关联度强和有聚集效应的大型项目

在近年的招商引资过程中，玉龙县虽然通过收集编制了一批招商项目，建立了项目库，但由于经费、人才、技术等因素，新项目的编制工作缺乏力度，除了对项目进行格式化介绍，普遍存在着实用性不强，论证分析缺乏深度的问题，这在很大程度上影响了招商引资工作的实际效果。需要积极改进部门工作作风，简化办事程序，减少办事手续，规范工作机制，缩短服务时限，提高部门办事效率，实实在在地为投资者和招商企业提供高效优质的服务。

三　招商引资的转型：实现由资源招商向产业招商过渡

依托玉龙县资源和产业优势招商，努力实现由资源招商向产业招商过渡。紧紧围绕深入实施农业稳县、生态立县、文化兴县、旅游活县、工业强县、水能强县和全面开放“七大战略”，谋划了工业园区招商项目、玉

龙县鲁甸乡中药材种植及精深加工开发项目、太安乡土豆片加工厂项目等一批新项目，建好项目库；充分利用各种招商平台，并到成都地奥集团、昆明子弟食品有限公司、云南泰华食品有限公司等地进行了点对点的产业招商，扎实做好前期项目发布、项目推介，中期项目对接、项目洽谈，后期项目跟踪服务工作，力争促成一批项目签约与落地实施。目前，云南泰华食品有限公司食品加工项目已入住园区。玉龙县正与丽江市雪羊农牧科技开发公司洽谈丽江雪羊培育及养殖项目，并已进入项目合作协议阶段。

以玉龙新县城项目开发项目为依托，切实加大玉龙县的对外宣传和招商力度，紧盯世界500强、国内200强企业、资本密集、技术密集、基地型、旗舰型项目进行重点招商，不断寻找新的投资项目，重点引进一批商贸、旅游、物流、会展、休闲度假等项目。

立足旅游、文化、生物、农业、清洁能源等产业升级改造拉动投资，加快旅游、文化产业及清洁能源等项目招商步伐，一批清洁能源领域、文化产业领域知名企业签约玉龙。为营造玉龙宽松的政治舆论环境、优惠的政策扶持环境、便捷高效的社会服务环境、廉明的法制管理环境、和谐的人文道德环境奠定一定基础，为努力把玉龙县打造成滇西北乃至全省创业最宽松、社会最文明、人居最安全和交易成本低、生产成本低、行政成本低、社会成本低的地区之一，探索出一条可持续发展的有效途径。

目前玉龙县招商局致力于建设完善、便捷、务实的投资环境工作，投入了大量的精力和财力，加大了改善投资环境的力度，服务效率、社会服务体系、市场秩序、基础设施支撑、诚信体系、城市文明程度等综合环境明显改善，为扩大开放创造了良好的环境。在投资软环境建设方面，紧紧围绕县委、县政府的经济发展战略、发展思路和发展重点，以优势资源开发项目为重点，树立“有目标招商”的观念，进一步创新工作方式，找准开展招商引资工作的突破口，不断完善招商引资软环境建设。

玉龙县招商局在招商中强化项目策划，突出点对点招商。瞄准重点目标企业，策划精品项目，不断加强项目库质量建设，项目的可行性研究实际可操作性得到进一步提升。收集、整理和筛选了内容涵盖旅游、生物资源开发、矿电、能源、市政建设、房地产、医药、种植、畜牧、科技、教育、文化、卫生、体育等行业的重点项目对外推荐招商。

建立健全投资商信息库。对所有联系或接触过的投资商建立了信息库，经常性地保持联系与交流，促进更多的项目落户玉龙。建立和完善了投资企业信息库，建立了投资企业档案，做到经常了解项目建设和经营情况，及时帮助协调和解决项目建设和企业发展中存在的困难与问题，全面落实好招商引资后续服务机制。

县委、县政府为了建立健全招商引资领导机构、工作机构、工作机制和工作制度。先后成立了玉龙县招商引资工作领导小组、玉龙县投资服务中心和玉龙县外商投资企业、私营企业投诉中心等。制定并执行了招商引资领导小组工作规程和投资服务中心工作规程、玉龙县招商引资政策和各项招商引资工作制度。

在招商过程中，玉龙县强调转化政府职能，减少审批事项，简化办事程序，不断提高政府办事效率和服务质量。做到尊重投资商、服务投资商、支持投资商、信任投资商，全县上下逐步形成了“人人都是开放主体，个个都是投资形象，事事都为招商服务”的良好氛围，并始终以“以诚招商、以信安商、以法护商、以商聚商”的良好氛围，热忱欢迎四方的投资商前来玉龙县投资兴业。

玉龙县加快发展的黄金机遇期，经济全球化、区域化、科技进步不断加快，为进一步利用国内外资金、技术，发挥优势提供了可能，同时中央提出继续实施扩大内需、积极的财政政策和适度宽松的货币政策，西部大开发战略的全面实施，为基础设施、生态环境等领域加快发展创造了良好的外部环境，加之玉龙县拥有丰富的旅游资源、生物和矿产资源、水能资源和民族文化资源，以及交通区位优势进一步显现，这些资源优势、外部环境和历史机遇，都成为玉龙县加快发展的有利条件。在机遇面前必须清醒地认识到还存在诸多挑战，玉龙县抓住机遇，迎接挑战，加快招商引资步伐，促进全县经济社会全面、协调、可持续发展。

随着大丽铁路、大丽高速公路、丽江机场改扩建工程、金沙江中游一库8级水能开发等工程的实施，为全县经济的全方位、多层次发展提供了更多更好的平台，加快玉龙县对外开放的步伐。玉龙县的区位优势和资源优势将进一步显现，也为招商引资创造了良好条件。丽江与日俱增的对外知名度和美誉度，以及资源优势、能源优势、成本优势、空港优势，将为今后玉龙县的对外招商引资创造更多、更大的发展空间。就玉龙县而言，随着玉龙新县城基础设施建设的不断完善和重要景区交通建设的推进，随着国家投资体制改革的推进，有更多的国内外投资者看好玉龙投资市场。玉龙县各级党委、政府将努力建设和完善优良的投资环境，加大招商引资力度，把招商引资工作作为实现超常规、跨越式发展的重要途径来抓。

对招商引资项目实行“一条龙”的协调、服务、管理、监督工作机制。对重点招商项目实行县级领导挂钩和项目协调工作领导小组制度。主要政策导向是国家产业政策、西部大开发有关政策、国家投资体制改革有关政策，以及省、市、县招商引资有关政策。紧紧围绕“十二五”期间全县经济社会发展思路、发展战略和培育支柱产业的要求，以招大商、优商为主要目标全面加强招商引资工作。做到尊重投资商、服务投资商、支持投资商、信任投资商，营造以诚招商、以信安商、以法护商、以商聚商的良好氛围，为创建非公有制经济最活跃、投资和创业环境最好、人居环境最好的玉龙县而努力。

总之，国际、国内形势的变化，为玉龙县在更高层次、更宽领域、更大范围内利用外资和扩大对外开放提供了良好的机遇，对提高利用国内外资金的规模和水平创造了难得的条件和环境。紧紧围绕全县经济社会发展战略，推动招商引资工作向宽领域、高层次、跨省区联合和积极利用外资的方向发展。不断提高招商引资项目的质量和效益，不断加强省际间、区域间和国际间的合作与交流，加强外引内联的结合，使招商引资工作成为引领玉龙县经济发展的火车头，成为加快玉龙县经济和社会发展的重要推动力。

坚持分类指导、优势互补、突出特色、协调发展的原则，注重项目结构布局，发挥比较优势，实现市场与资源的区域化配置，推动项目分布的合理化。首先以开发前景较好的新县城、黄山片区、拉市片区作为今后引进项目的支撑区，加大对内对外开放力度，大力发展商贸、旅游、休闲、度假、房地产等项目。其次以玉龙雪山、老君山和宝山石头城等景区的综合开发为依托，实施旅游带动投资战略，加大旅游资源开发项目的招商力度。与此同时，以南口工业园区建设为重点，推动农副产品精深加工和生物资源开发的招商力度。招商中坚持区位优势，因地制宜，统筹规划，积极加大加工、商贸、建材和教育、科技、文化、卫生、体育等社会事业发展项目的招商引资力度。

第四章

文化建设

玉龙纳西族自治县是原丽江纳西族自治县的延续，地处云贵高原与青藏高原接合部，汉、藏、白文化的交融区，又是高原畜牧民族与河谷坝区农业民族交往融合的地方，独特的地理环境，使多元文化在这里碰撞，进而繁衍了丰富多彩的民族文化。玉龙以其神奇秀丽的山川，悠久的历史，灿烂的民族文化艺术，丰富的文物古迹，多彩的民族风情享誉海内外。玉龙县有举世无双、原汁原味的纳西东巴文化，古老的象形文字及东巴经传世，有“音乐活化石”之誉的纳西古乐和多教合一的白沙壁画；地面文物古迹甚多，有北岳庙、宝山石头城、唐代塔城铁桥遗址、白沙壁画、文峰寺、指云寺、玉峰寺。这里各少数民族聚居，民族民间文化底蕴丰厚博大，文化资源得天独厚，人文资源十分丰富。有古老的象形文字及东巴经传世，地面文物古迹甚多，多民族杂居形成了诸多多元文化相融合的艺术结晶。这些灿若星辰的多元文化，构成玉龙县民族文化资源的丰富宝库。区县分设 10 年来，玉龙县文化事业得到长足的发展，文化产业有初步的发展规模，但仍处于较低水平，涉及的门类不多，文化产业收入占 GDP 的比重太小，与周边古城区相比，差距还很大。但玉龙县以其独特的地理区位和民族文化资源，具有大力发展文化产业的优势，文化产业的繁荣和发展在“十二五”期间应当成为一个重要的经济增长点。

第一节　民族民间文化资源概览

丽江地处云贵高原与青藏高原的接合部，汉、藏、白文化的交融区，又是高原畜牧民族与河谷坝区农业民族交往融合的地方，独特的地理环境，使多元文化在这里碰撞，文化资源得天独厚，人文资源十分丰富。民族文化是玉龙县众多资源中最丰富、最深厚、对外最有吸引力、开发潜力最为巨大的资源。

近年随着国家对文化建设的重视，玉龙文化事业得到快速发展，文化产业初具雏形。玉龙县是全国唯一的纳西族自治县，有 21.49 万人口，12 个世居民族，有着独特的文化发展优势。地理区位优势突出，玉龙县位于丽江市的中心地带，是“三江并流”世界自然遗产核心区所在地，东与世界文化遗产——丽江古城相毗邻，北与香格里拉县隔江相望，是全省精品旅游线的必经之地。境内自然遗产富集优势明显，文化资源和遗产多，有世界文化遗产的重要组成部分——白沙古街、世界自然遗产“三江并流”重要景区、老君山和黎明景区、国家 5A 级风景区——玉龙雪山等。民族文化资源优势体现于各个层面，民族服饰文化、节日文化、饮食文化等在全国乃至世界都有独特的民族特色；拥有世界记忆遗产东巴古籍，还有被誉为“音乐活化石”的纳西古乐；境内有 2 个国家级、4 个省级、15 个县级重点文物保护单位。

玉龙县图书馆藏书近 11 万册，其中东巴经书 4000 多卷、东巴画 200 幅、明清古籍善本 24000 册，丽江历代珍贵书画 1200 卷，聚集了丽江各个时期的珍贵的地方民族文献，有极高的历史、文物、学术研究价值，是云南省历史悠久、馆藏丰富的县级图书馆之一。玉龙县图书馆不仅是玉龙县精神文明的重要阵地，也是丽江世界文化遗产的重要部分，是世界了解玉龙县的一个重要文化窗口。

随着丽江知名度在国内外逐步提高，对外文化交流也日益频繁，发展文化的外部条件逐渐成熟；文化、旅游、经济是一个互相促动的整体，旅游的升温必将促动文化的发展，从而实现经济的繁荣，在三者相互促动的过程中达到整体的良性发展。玉龙县是省级贫困县，经济基础差、社会发展缓慢是制约文化发展的重要因素，实现“文化兴县”战略目标需要玉龙县各族干部群众进一步解放思想，更新观念，深入实践科学发展观，不断深化体制改革和机制创新，扎扎实实地落实好各项文化工作。根据丽江市委实施“文化立市”战略的要求，玉龙县确立了“文化兴县”战略，着力加强民族文化建设，做到党委重视、政府组织、部门配合、逐步实现了对民族文化资源的有效保护、管理、开发和利用，丰富了群众文化生活，提升了玉龙的知名度。

目前，玉龙县境内共有各级文物保护单位 11 处。其中：白沙壁画和宝山石头城2个国家级重点文物保护单位，文峰寺、指云寺、金沙江石鼓渡口、北岳庙4个省级文物保护单位，启文寺、玉峰寺、石鼓碣、石鼓戏台、金沙江岩画5个县级文物保护单位。玉龙县以农村为主，民族较多，居住的少数民族有：纳西族、傈僳族、白族、彝族、普米族、藏族、回族、苗族等，在历史的长河中，少数民族文化与汉文化不断的共融、发展。以纳西族的东巴文化和民俗文化为主要代表，其分布大体为：自然与文化遗产富集之乡——白沙，“纳西乐舞之乡”——黄山，“勒巴舞之乡”——塔城，“东巴文化基层”——鲁甸，“东巴舞蹈之乡”——太安，“东巴工艺之乡”——大具，“古崖画之乡”——鸣音，“石头古城”——宝山。还有白族、傈僳族、彝族、普米族等少数民族民间文化多姿多彩，主要分布于九河、石头、黎明、巨甸等乡镇。

第二节　公共文化建设与服务能力状况

调查围绕玉龙县公共文化服务机构概况、基础设施建设、文化活动和服务、文化遗产保护、文化产业等的总体状况进行。在调查中我们调研组注意到，区县分设对自治县影响较大。玉龙纳西族自治县的文化建设正在以立体的（政府、企业、民间）、全方位的发展态势向着“文化兴县”的战略目标迈进。

一　公共文化服务机构格局改变

2003年4月区县分设中，文化机构划分如下：原丽江县文化馆、木府、文化市场稽查队、县电影公司整体划归古城区，县图书馆2/5划归古城区；原丽江东巴文化博物馆、丽江县民族歌舞团整体划归玉龙县，县图书馆3/5划归玉龙县。之后，上述划分又有变化，如博物馆被划出。

为进一步健全公共文化服务机构，2003年8月，玉龙县新成立县文化馆。2004年12月，丽江作为文化体制改革试点城市，进行文化和广播电视撤并工作。玉龙县文化局（加挂单位“玉龙县新闻出版局”）和玉龙县广播电视局撤并，成立玉龙县文化广电新闻出版局，内设办公室、财务室、文化艺术股（加挂“文艺创作室”牌子）、新闻出版股、广播电视电影管理股，下设事业单位有：县文化市场综合执法队、县广播电视台、县文化馆、县图书馆、县文物保护管理所、县东巴艺术团，以及16个乡

图 4-1　博物馆近况（2013 年 6 月）

镇文化站。截至 2007 年 11 月，全系统共有在职职工 150 人，其中专业技术人员 74 人（副高职 3 人，中职 18 人，初职 54 人），高等教育学历人员占 83%。

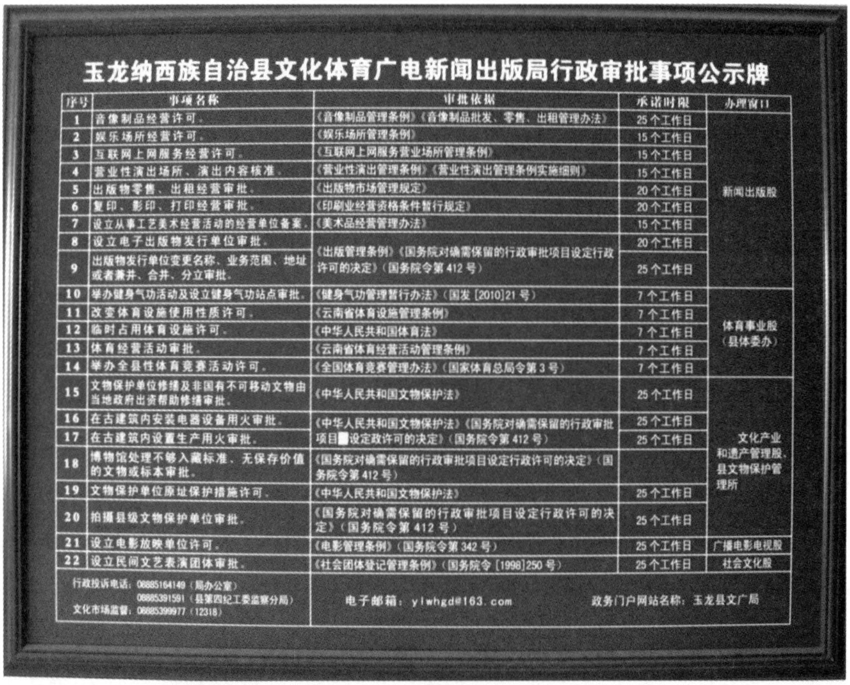

玉龙纳西族自治县文化体育广电新闻出版局行政审批事项公示牌

序号	事项名称	审批依据	承诺时限	办理窗口
1	音像制品经营许可。	《音像制品管理条例》《音像制品批发、零售、出租管理办法》	25 个工作日	新闻出版股
2	娱乐场所经营许可。	《娱乐场所管理条例》	15 个工作日	
3	互联网上网服务经营许可。	《互联网上网服务营业场所管理条例》	15 个工作日	
4	营业性演出场所、演出内容核准。	《营业性演出管理条例》《营业性演出管理条例实施细则》	15 个工作日	
5	出版物零售、出租经营审批。	《出版物市场管理规定》	20 个工作日	
6	复印、影印、打印经营审批。	《印刷业经营资格条件暂行规定》	20 个工作日	
7	设立从事工艺美术经营活动的经营单位备案。	《美术品经营管理办法》	15 个工作日	
8	设立电子出版物发行单位审批。	《出版管理条例》《国务院对确需保留的行政审批项目设定行政许可的决定》（国务院令第 412 号）	20 个工作日	
9	出版物发行单位变更名称、业务范围、地址或者兼并、合并、分立审批。		25 个工作日	
10	举办健身气功活动及设立健身气功站点审批。	《健身气功管理暂行办法》（国发［2010］21 号）	7 个工作日	体育事业股（县体委办）
11	改变体育设施使用性质许可。	《云南省体育设施管理条例》	7 个工作日	
12	临时占用体育设施许可。	《中华人民共和国体育法》	7 个工作日	
13	体育经营活动审批。	《云南省体育经营活动管理条例》	7 个工作日	
14	举办全县性体育竞赛活动许可。	《全国体育竞赛管理办法》（国家体育总局令第 3 号）	7 个工作日	
15	文物保护单位修缮及非国有不可移动文物由当地政府出资帮助修缮审批。	《中华人民共和国文物保护法》	25 个工作日	文化产业和遗产管理股、县文物保护管理所
16	在古建筑内安装电器设备用火审批。	《中华人民共和国文物保护法》《国务院对确需保留的行政审批项目[illegible]设定政许可的决定》（国务院令第 412 号）	25 个工作日	
17	在古建筑内设置生产用火审批。		25 个工作日	
18	博物馆处理不够入藏标准、无保存价值的文物或标本审批。	《国务院对确需保留的行政审批项目设定行政许可的决定》（国务院令第 412 号）		
19	文物保护单位原址保护措施许可。	《中华人民共和国文物保护法》	25 个工作日	
20	拍摄县级文物保护单位审批。	《国务院对确需保留的行政审批项目设定行政许可的决定》（国务院令第 412 号）	25 个工作日	
21	设立电影放映单位许可。	《电影管理条例》（国务院令第 342 号）	25 个工作日	广播电影电视股
22	设立民间文艺表演团体审批。	《社会团体登记管理条例》（国务院令［1998］250 号）	25 个工作日	社会文化股

行政投诉电话：08885164149（局办公室）
08885391591（县第四纪工委监察分局）
文化市场监督：08885399977（12318）
电子邮箱：ylwhgd@163.com　　政务门户网站名称：玉龙县文广局

图 4-2　玉龙县文广局现况（2013 年 6 月）

为全面实施“文化兴县”战略，2009 年以来县政府逐步建立健全了文化事业发展的资金投入、人才引进和管理机制。县级文化事业单位的经费和日常运转经费得到保障；加强农村基层文化建设力度，在乡村文化建设中把文化惠农活动的补助经费纳入财政预算，保障农民享有开展文化活动的补助金，此外对国家级、省级、市级民间文化传承人分档按月给予补助金，鼓励民族民间传统文化的传承机制健康发展。

图 4-3　坐落在玉龙雪山下的县级文物保护单位玉峰寺（2013 年 7 月）

二　基础设施从无到有

玉龙县公共文化基础设施的建设，主要包括图书馆、文化馆、文化中心、乡镇文化站、村文化室、网络、广播电视、健身设施等。

（一）县图书馆、文化馆

2003 年区县分设后，玉龙县文化基础设施十分薄弱，当地政府首先进行图书馆和文化馆的规划论证和土地征用等前期基础性工作。2005 年，图书馆、文化馆（宣传文化中心）通过立项，“两馆”项目的地勘工作着手进行。其中玉龙县宣传文化中心（文化馆）投资 210 万元，建筑面积 2000 平方米，是玉龙县群众文化活动中心，民族、民间文化艺术保护、挖掘、展示、展演、弘扬、传承和对外宣传的中心；玉龙县图书馆投资

190万元，按照高品位、多功能、现代化的标准，以满足图书馆20年的发展需求，建成具有浓郁民族特色的新县城的标志性建筑之一，并努力建成玉龙县民族文化资料和网络信息中心。2006年开工，2008年完成主体土建工程，2009年完成玉龙县宣传文化中心（县文化馆、图书馆）项目建设，并于县两会期间举办隆重的开馆典礼。这是玉龙县“十一五”期间完成的重大文化基础设施的建设项目，政府和企业共投资870余万元。两馆的公益性群众文化服务功能逐步得到发挥。以图书馆部分活动为例：

馆藏东巴古籍《祭茨早吉姆道场·尼瓦血湖池边迎接拉姆经》入选第二批《国家珍贵古籍目录》，并参加国家图书馆举行的“国家珍贵古籍特展”。

为满足读者需求，增加开放时间，特别增加节假日免费开放服务。完善排架，更新导引标识，使图书借阅服务工作更加贴近读者。优化管理软环境，不断完善管理制度，规范服务行为，减少工作盲点。

配合县总工会做好“职工书屋”建设，实施图书馆业务自动化管理建设，逐步实现读者“一卡在手，阅通全馆”的“一卡通服务”。

“农民素质教育网络培训学校”积极开展马铃薯种植、药草种植等培训活动并取得较好成效。

2013年4月23日“世界读书日”在玉龙县城举办宣传活动，共发放3000份宣传单，进行现场解说和办理图书证。

馆藏东巴古籍《延寿道场·祭胜利神献饭》入选第四批国家珍贵古籍名录，参加在北京举行的第四期国家珍贵古籍特展和中国第23届“书博会”。

（二）乡村文化站

玉龙县境内农村人口比重大，贫困面广。2004年，全县人均纯收入在620元以下，人均有粮365公斤以下的绝对人口就有5.7万人，占全县总人口的27%。县辖16个乡（镇），其中黄山、石鼓、巨甸3个建制镇，石头白族乡、黎明傈僳族乡、九河白族乡3个民族乡，白沙、拉市、太安、龙蟠、鲁甸、塔城、大具、宝山、奉科、鸣音10个乡（镇），全县有102个村（居）委会1126个村民小组，其中有5个居委会，97个村委会。全县辖区面积6392.6平方千米，其中山区和半山区占95%。

在2005年县图书馆、文化馆建设得以立项的同时，乡镇文化站建设规划被提上日程。当年向省里申报黎明、巨甸、塔城、石鼓4个乡（镇）

文化站的建设项目资金，并纳入下一年的文化站建设项目工作。2006年，全县16个文化站全部解决站址问题，而后陆续完成各乡镇文化站的建设任务。

自2009年起统一为各乡镇文化站征订1500元的报纸杂志（共计2.4万元/年）；给予奉科文化站1万元的经费扶持；给塔城文化站2万元的房屋维修资金；丽江市电影公司决定下一步将在奉科（覆盖奉科、宝山、鸣音、大具4个乡）、龙蟠、塔城、巨甸、石鼓设立数字电影放映点共5套设备（数字电影放映设备价值每套超过10万元）。

（三）农家书屋

在乡村文化站相继完成的同时，玉龙县文化基础设施的建设又更加深入一步。首先是大力实施“农家书屋”工程，2009年首批实施18个“农家书屋”工程，每个书屋统一配置各类出版物1300种、图书2000余册、报刊30种、VCD光盘100种，并专门组织“农家书屋”管理员培训班开班。2010年完成49个农村书屋工程建设；实施全国文化信息资源共享工程玉龙县支中心和10个乡镇基层站点建设，实现图书管理电子化，在基层点创办“农民素质教育网络培训学校”，搭建起农民科技致富的信息平台。2011年又完成51个农家书屋建设，全县农家书屋达100个。落实100万元建设资金，启动实施10个村级文化室（文化活动中心）建设项目。2012年完成2个“农家书屋”工程建设任务，全县102个村委会“农家书屋”覆盖率100%，完成10个村级文化室的建设。2013年将中央补助资金的70%用于采购图书，20%的资金用于开展读书活动，10%的资金用于更新书架及报刊架。

（四）信息共享

推进文化信息资源共享工程建设，完成玉龙县文化信息资源共享工程县级支中心和白沙、太安、九河、鲁甸、龙蟠、鸣音6个乡镇基层网点建设，目前正在实施“农民素质教育网络学校”建设，以全面提升共享工程的利用效率，为农业科技推广服务的功能等。2011年完成塔城乡文化站、石头乡文化站2个文化信息共享工程基层站、74个村级文化信息资源共享工程服务点建设。

（五）广播电视等综合性文化设施

无线传输是解决广大山区群众收看电视的途径。玉龙县根据实际情

图 4-4　最边远的塔城乡洛固村（十八寨沟）（2013 年 7 月）

图 4-5　最偏远的塔城乡洛固村（十八寨沟）（2013 年 7 月）

况，于 2004 年积极向省广电厅申报项目，“村村通”广播电视设备一共到位 76 座，其中开路发射（4+2）模式 25 座，小片网点（8+2）模式 10 座，卫星中频分配网络 41 座。2006 年，广播电视“村村通”工程建设稳步推进，向国家申请建设资金 180 万元，完成 448 座“村村通”广播电视工程建设，并得到“村村通”验收小组的肯定。自实施广播电视“村村通”工程以来，县建设无线发射站 170 多座，有线电视用户发展到 1.7 万多户。广播覆盖率达 75%，电视覆盖率达 87%，综合覆盖率达 81%，受益人口约 17 万人。自 2007 年 8 月开始，派出技术培训队分为四个小组分别进入划定的各村、镇进行培训；通过努力，完成系统内 169 面天线，系统外 25873 面天线，教育系统 121 面远程教育天线，总数 26163 面，百分之百完成转星调整任务。2007 年投资 40 万元更新县电视台录播设备。2008 年，全县有线电视用户达 17000 余户，广播电视“村村通”工程实施 80 座，电视覆盖率达 75%，广播覆盖率达 64%，电影覆盖率达 83%，受益人口约 17 万人。

2010 年是“十一五”的最后一年，全县完成 76 座 50 户以上自然村广播电视“村村通”工程和 27000 余户农村广播电视卫星转星调星工程；实施 911 个 20 户以上已通电自然村广播电视村村通工程 29489 户，超额完成 29.1%（原规划实施 785 个自然村 22836 户），受益人口 12 万余人，农村电视覆盖率提高 12%，切实解决了玉龙广大山区农村看电视难的问题；完成拉市乡上南尧广播电视无线覆盖台/站建设，提高全县广播电视无线覆盖率，并为下一步筹建纳西语广播电台提供平台。2012 年下半年开始启动实施广播电视直播卫星户户通工程 29598 户，截至 2013 年 5 月，完成 8800 户，占总任务的 30%。

（六）体育健身器材

运动健身是百姓生活中不可或缺的内容。2010 年全县新建篮球场 55 块、地掷球场 10 块、门球场 10 块、排球场 1 块、全民健身路径 5 条。2011 年开始建设的 20 个农民健身体育设施项目，至 2012 年完成。投资 80 万元建设 8 个村级文化体育活动广场。

（七）存在问题

县内文化基础设施尚较薄弱，特别是农村文化体育设施缺乏，公共文化服务网络尚未健全，全县仍有 6 个乡镇文化站急需新建（或改扩建），全县尚无供演出的剧场或影剧院。

三　丰富的文化活动和服务项目

公共文化活动应该服务于民，以实现公众的文化权利为第一目标，让公共文化服务成为常态，以达到促进社会健康发展之目的。

（一）艺术创作

县文化艺术事业坚持“百花齐放，百家争鸣”方针，创作带有民族特色的新作品。结合实际，进行工作机制的创新，充分发挥艺术创作人员的积极性，集中精力进行艺术生产创作，推出一批优秀的歌舞作品和音乐作品，在国内外专业大赛中取得好的成绩。例如：

2004 年 9 月 30 日，在山西榆次老城举办的第六届中国民间艺术节上，玉龙县东巴艺术团节目《玉龙凤》荣获艺术节金奖——“山花奖”；大具民间古乐队节目《哦热热》《纳西古乐》荣获优秀奖；和民达、和金花二人获中央电视台西部民歌电视大奖赛银奖及优秀民歌手奖；和新民荣获“云南省文化精品工程”奖；刘芝英获得《中国文化报》“我与图书馆”全国征文优秀奖，并获丽江市首届文学艺术创作荣誉奖；和文光在全国首届酒歌大赛中，作品《摩梭敬酒歌》获作曲金奖。

2007 年组团“阿丽哩”组合参加云南省青年歌手大奖赛荣获原生态组银奖；组织人员赴陕西西安参加黄陵县“中华民族共祭轩辕黄帝大典仪式活动”，并为此次活动提供大量的宣传资料，此次活动为对外宣传玉龙产生积极影响。进一步落实玉龙县“文化兴县”的战略，增强对外宣传力度，繁荣丽江和纳西族的音乐艺术创作。

2007 年，录制 MTV 专辑《香格里拉，我的家乡》，将丽江的风土人情呈现给广大读者和听众并流传后世。

2008 年 4 月，“纳西姐妹组合”（达坡密金—和金花、达坡玛吉—和秋香 2 人）代表云南省参加第 13 届 CCTV 青年歌手电视大奖赛，荣获原生态唱法银奖。

2009 年县代表团在首届云南省酒歌大赛中“纳西野谷”组合的《纳西酒歌》获最佳歌曲奖、“纳人组合”的《敬酒歌》获最佳歌手奖，县民族歌舞团职工和文光家庭第七次登上中央电视台“神州大舞台”并获金奖，和金花荣获第九届中国艺术节、第十五届群星奖（金奖）、和文光获群星奖（作品奖），“纳西田野之声组合”获第十四届 CCTV 青年歌手电视大奖赛原生态组优秀奖等。

2011 年成功打造纳西民族歌舞精品新剧目《依古纳西》，参加云南省第十一届新剧（节）目展演，获“云南省第十一届新剧（节）目展演”歌舞、音乐、杂技类金奖，相关人员获得编导、舞台美术、演唱、媒体制作等方面的奖项。

2013 年打造纳西族“三多节”品牌。在节日期间，组织《东巴舞》《栽秧调》《犁牛调》《勒巴舞》等民族乐舞展演和首届民族传统乐舞大赛，祭祀“三多”神民族传统祭祀活动，通过丰富多彩的活动，展示纳西族的传统文化，丰富“三多节”的节日内涵。

第一部以纳西族文化为题材的影片《大东巴的女儿》在塞浦路斯国际电影节上荣获三项大奖。

（二）图书资源的利用

玉龙县图书馆拥有藏书种类丰富、历史价值高，尤其是民族文字古籍备受中外学界看重，学术价值突出。县图书馆对历史遗留未装订的旧杂志，以及由于反复搬迁未能及时装订和散落的杂志进行分类整理装订。

以 2005 年县图书馆的工作为例，共完成图书借读者 986 人次，图书流通量为 3800 册次，完成民国时期的图书、杂志登记工作。全年接待阅览读者 1400 人次，杂志流通量 4500 册次。响应“文化三下乡”工作，拿出上千种适合农村的图书、杂志，深入农村基层，送书下乡。

（三）文化馆、歌舞团活动

以 2012 年为例，文化馆承办玉龙县首届民族乐舞展演和首届民族传统乐舞大赛；组队参加市“三八节”健美操比赛并获得一等奖；开展送春联下乡活动，共赠写春联 4000 余幅；举办县文联习作交流展览、“雪缘书画展”、庆祝国庆喜迎十八大书画作品展、寒假少儿书法培训班、退休老教师舞蹈培训班等，组织开展广场舞蹈辅导参加全市大赛并分别获得一、二、三等奖及组织奖；选送 4 幅书画作品在云南省首届农民工文化节农民工美术书法摄影作品展获优秀奖；歌舞团组织迎新春文艺下乡演出 12 场，参加中国昆明国际文化旅游节昆明狂欢节，代表我国参加巴西帕苏半杜第十二届国际民俗艺术节，承担庆祝丽江军分区成立 60 周年文艺演出、玉龙县庆祝建军 85 周年文艺演出，完成政府礼仪服务接待 60 余场。

（四）经费保障

2009 年，县里将文化事业单位的业务经费和日常运行经费（如图书馆专项购书经费 5 万元/年、文化信息共享工程维护保障费 5 万元/年、民族歌舞团文艺下乡经费 10 元/年等）列入年度财政预算并按时足额拨付，使文化事业的发展得到有力的经费保障。按照农民人均 0. 5 元的标准安排文化惠农活动补助经费纳入财政预算，用于农民享有文化基本权益的活动补助和民族文化保护发展基金。

（五）免费开放

从2011年开始，全县图书馆、文化馆、红军长征过丽江纪念馆、乡镇广播电视服务中心已实现无障碍、零门槛进入，公共文化设施场地和所提供的基本服务项目全部免费。为切实抓好三馆一中心的免费开放工作，成立“玉龙县文化公共设施免费开放领导小组”，制定《免费开放专项资金管理暂行办法》《免费开放工作绩效考核暂行办法》。至2012年，全县实现基本公共文化服务全免费。

2013年在全县图书馆、文化馆、红军长征过丽江纪念馆、乡镇广播电视服务中心免费开放的基础上，各馆、中心认真总结免费开放的工作经验，进一步提高免费开放的范围和服务水平。第一季度，红军长征过丽江纪念馆举办展览4个，接待参观人数2.43万人次；文化馆举办展览1个，举办各种文艺培训班（讲座）6期，参加人数0.9万人次；图书馆免费开放阅览室4个，举办讲座、展览、培训班6个，参加人次0.073万人次；农文网培学校电子预览室终端数99台，开放时间7532余小时，使用人数1.03万人次；乡镇文化广播电视服务中心举办各类群众文化活动70余场次，参观人数达18万余人次；举办各类展览和培训班33个，参观人数3.29万人次。

（六）电影放映

全县16个乡镇已全部配齐电影机并投入使用。依托乡镇综合文化站组建16支农村电影放映队，并配备10套数字电影设备，有效推进“2131”工程的实施，基本解决农村看电影难的问题。2013年上半年，11个数字电影放映队总放映场次达到556场，观众68840人次。

（七）群众文体活动

开展社区文化、校园文化、廉政文化、节庆文化、企业文化等文体活动，利用各种节日，县文化主管部门积极组织与相关单位、协会联合举办各种文艺演出和展示活动，全县上下形成红红火火的“大文化”工作局面。据统计，五年内全县共举办各种不同类型的群众喜闻乐见的文艺演出达150余场次，观众人数累计达60万余人次，年放映电影1200余场，年均完成送戏下乡10余场次。2010年全县共举办的各种不同类型的群众喜闻乐见的文艺演出达 150 余场次。

在体育方面，申报白沙乡、巨甸镇、石鼓镇、九河乡、大具乡 5 个云南省体育特色乡镇。向三级社会指导员和裁判员培训、审批、发证，县老体协举办地掷球裁判员、教练员和三级社会指导员培训班，15 名通过考试，并审批为三级裁判员、教练员和三级社会指导员。少体校认真抓好各中、小学基层训练点进行业余训练指导，向市、省、国家推荐输送体育人才工作。开办玉龙县青少年寒假训练营，开设篮球、足球、高尔夫等训练科目，招收 200 名学生。举办萌芽杯青少年足球赛、老君山自行车越野挑战赛等。以 2010 年为例，省级体育活动 1 次（丽江老君山国家公园越野挑战赛），乡镇一级运动会 7 次，村委会一级组织运动会 81 次，县级群众体育活动 1 次，行业运动会 3 次。广场文体活动已逐步成为县农村（社区）一道亮丽的风景。

图 4-6　最偏远的村委会为民服务站（2013 年 7 月）

四　文化遗产的保护任务繁重

区县分设后，原丽江县境内的众多古建筑都分布在玉龙县，白沙壁画、北岳庙、玉峰寺、指云寺、文峰寺等古建筑的保护工作、特别是对国家级、省级建筑文物、各类文化遗产的保护工作显得尤为重要。

（一）普查与申报

2004年5月，县文广局主动配合市文化局的文化普查小组到塔城乡进行普查工作，了解那里的“古铁桥遗址”、东巴文化发源地之一——“署明行政村”“勒巴舞之乡”等丰富多彩的传统民族文化资源及得天独厚的原生态自然景观，这些珍贵的资源都有待于进一步挖掘、整理与开发。7月，普查工作深入黄山镇。至2005年，共完成普查材料223份，撰写专题调查报告65份，调查表200份，录制音像资料30余份，曲谱、舞谱40余份，走访被调查人次共达785人次。初步形成（拟申报）为县级保护名录的有109份，从中精选出57份列为申报市级名录，暂为资料登录存档的有93份。通过对普查材料进行认真分析，按照要求进行严格筛选，对基本符合申报条件的材料，按照《云南省民族民间传统文化保护条例》等相关条文、条款的内容，成立专家委员会作认真评审，进而推荐申报有文化价值的民族民间文化保护项目。经市级评审，县石鼓竹园村草竹编工艺之乡，黄山白华纳西古乐舞之乡，传承人有杨寿星、和学礼、阿石才等12个项目列入市级重点保护名录，其中7个项目被推荐申报省级的重点保护名录。拟报县人民政府命名保护名录52个，其中有区域性文化保护名录2个，文化传承人26人，民族民间音乐4个，民族民间舞蹈4个，民族民间美术3个，民族民间建筑2个，民族民间传统习俗4个，口述文学2个，民族语言文字2个。

对国家级非物质文化遗产普查工作开始于2007年年初，在已申报的省级非物质文化遗产的基础上申报国家级非物质文化遗产，对黎明乡傈僳族地区的《摸刮》及纳西族地区的“三多节”等项目进行调查、整理，上报黎明乡傈僳族《摸刮》、纳西族“三多节”两个项目申报国家级非物质文化遗产。

经过几年的普查与申报，成绩显著。诸如：2008年申报、获批并公布第六批县级重点文物保护单位名录共计10处。在县委宣传部的领导下，完成石鼓红军长征过丽江纪念馆建设及布展，接待国内外游客。2010年成功申报宝山石头城为国家级文物保护单位。2012年洛克故居列入省级重点文保单位；申报并获批奎林寺等8项市级文物保护单位；推荐石门关点将台等13项公布为第七批县级文物保护单位。

为切实加强非遗工作，2012年成立股所级事业单位玉龙县非物质文化遗产保护中心（纳西文化研究所），完成中国非物质文化遗产云南卷丽江玉龙的材料收集整理和电子档案录入工作，逐步完善非遗项目档案资料。成立白沙玉湖纳西族文化保护村编制规划前期工作小组，开展保护区规划建议书的编制工作。选派非物质文化遗产传承人和国耀参加国家非物质文化遗产交流会，重点对县东巴舞、东巴画及“三多节”等文化进行宣传和交流。开展纳西族三多节、东巴舞、白沙细乐申报国家级非物质文化遗产代表性项目工作。通过文化保护传承协会，实施东巴（达巴）评估定级工作，逐步规范民间文化传承人资格认证工作。

2013年公布县第三批非遗保护项目47项，列出县非遗保护项目预备名单71项，完成市级非遗项目申报工作，成功申报11项市级非遗项目名录。完成中国非物质文化遗产云南卷的资料整理及上传工作（已完成省级4项、市级4项、县级100项的资料上传工作，预备项目71项的列项工作）；加强制度建设，制定《玉龙纳西族自治县非物质文化遗产保护项目代表性传承人认定与管理办法（草案）》、《玉龙纳西族自治县非物质文化遗产保护项目申报评定暂行办法（草案）》、《玉龙纳西族自治县非物质文化遗产保护区、传播基地（传承点）命名管理暂行办法（草案）》等相关规定；完成省级、市级非遗传承人9万元的财政补助；完成玉龙县白沙乡玉湖村纳西族文化保护区规划工作初稿；参与丽江木氏文化文物调研课题的前期工作，正在进行市级、省级科研和非遗研究方面社科课题的申报工作。

（二）保护与管理

文化体制改革，将原丽江县博物馆整体上划归市管，给县文物保护管理工作造成一定的影响。为此，2005年成立玉龙县文物保护管理所。境内共有各级文物保护单位11处。其中白沙大宝积宫与琉璃殿（白沙壁画）、宝山石头城属国家级重点文物保护单位；5个省级重点文物保护单位，即文峰寺、指云寺、石鼓红军长征纪念碑、北岳庙、福国寺五凤楼；5个县级文物保护单位，即启文寺、玉峰寺、石鼓碣、石鼓戏台、金沙江岩画；文物管理所下设白沙、石鼓、宝山三个文物管理所，负责县域内文物古迹的保护管理，县文物管理所于2007年1月8日接收琉璃殿与大宝宫（白沙壁画）、北岳庙、宝山石头城等项文物保护单位，于2月13日接收石鼓红军渡口，承担保护管理工作。为落实《中华人民共和国文物保护法》和《世界文化遗产保护管理办法》等，2007年3月21日和6月18日，县机构编制委员会批准成立玉龙县世界文化遗产保护管理所和玉龙县白沙壁画博物馆。2010年投资400多万元扩建省级文物保护单位石鼓红军长征过丽江纪念馆，新增公布10个县级文物保护单位。

在执法方面，2006年县文管所根据国家《中华人民共和国文物保护法》《玉龙纳西族自治县条例》等相关法律法规，根据县情制定《玉龙纳西族自治县文物保护办法（草案）》，并呈报给分管副县长。根据《文物法》的相关规定，对《白沙壁画历史展厅保护、修缮工程项目建议书》作出“不同意”的批复；对《丽江白沙文化生态园——福国寺历史文化遗址修复与环境整治工程项目建议书》作出答复意见。根据《中华人民共和国文物保护法》的规定，对“五大寺资产划转”的相关问题进行说明，建议政府在具体保护管理、开发经营活动中，注重法律法规。县文管所对2003年12月18日批准公布的第六批省级文物保护单位“文峰寺”进行划定保护范围和建设控制地带，树立标志说明，建立记录档案等。2007年4月22日至5月4日，由云南省考古研究所牵头，市博物院、县文管所及宁蒗县文化馆工作人员组成的阿海电站前期文物调查工作组一行六人，通过对鸣音桥头、阿海、托良初、江凹、乌姆、岩可、宝山石头城等部分江边村寨的实地考察，掌握大量的第一手文物考古信息及文物资料，考察组克服重重困难，圆满完成对阿海电站前期文物调查工作。此次调查对阿海电站及淹没区及相关地域进行详细的文物调查取证，为电站建设淹没区的文物保护提供具体的保护方案和依据以及需要保护、搬迁和发掘的具体数据。

在文物安全方面，2006年，全县文博系统全面加强和改进文物安全工作，6月10—13日，县文管所会同县公安局治安大队，在境内9家国家、省、市、县文物保护单位，开展联合安全大检查，对各文物管理、经营单位及个人签订文物安全使用责任书。

在维修方面，积极制订文物保护维修方案，多方筹集资金。2006年县文管所制订省级文物单位“北岳庙”的维修方案，同时为县内较有影响的九河高禾塔遗址、拉市奎林寺、龙蟠龙洞祠等古遗址古建筑制订维修方案。同时，多方筹集资金准备维修。2010年投资120余万元修缮县级文物保护单位奎林寺并建设拉市乡吉余村、余乐村民族文化广场，投资30万元完成县级文物保护单位龙洞祠修缮；争取100余万元资金着手实施国家级文物保护单位白沙壁画的抢救性保护修复工程；2011年获批琉璃殿与大宝积宫100万元的壁画抢救性保护专项经费、白沙壁画和宝山石头城210万元的保护维修专项经费、石鼓戏台及铁索桥紧急维修资金20万元。2012年对金沙江石鼓渡口进行维修，完成铁虹桥、石鼓戏台的文物修缮工作。投入200万元，分四期完成对宝山石头城的维修，并完善石头城管理所办公设施，积极收集石头城历史、人文、地理等相关资料，开始陈列室的布展工作，进一步加强石头城的地震后抢修加固及保护管理工作。编制并上报白沙壁画抢救性保护工程规划和金沙江石鼓渡口等文物单位消防安防规划。启动实施白沙壁画环境整治工程。完善红军长征过丽江纪念地火灾报警、防盗报警、监控系统等设施设备建设，为免费开放工作打好基础。

县文管所组织有关人员，进行文物资料的收集整理工作，为进一步推进文物科研做好准备。2012年正式印制出版《丽江白沙壁画图释》《丽江金沙江岩画图册》《纳西三多神》等书籍，同时在《丽江日报》《玉龙宣传》《玉龙文艺》上发表多篇研究文章。进一步加大文物的征集力度，目前县文管所文物藏品数量达73件。

在队伍建设方面，认真做好全省文博系统继续教育工作。2006年，根据玉龙县人事局的“三定”方案，玉龙县文管所充实人力，培养文博管理人员和技术科研人员，选派人员参加省文物局组织的文物执法培训班，进一步提高县文物工作者的业务能力和管理水平。

（三）民族民间传统文化保护工程

民族民间传统文化是民族文化强县建设的重中之重，以纳西东巴文化为主的民族民间传统文化保护工作得到快速发展，县内已有多数中小学开设东巴文化课程。

县文化馆为配合完成“玉龙县民族民间文化保护与传承情况专题调研”工作，用了近五个多月的时间协同县政协一道全面深入玉龙县境内各民族聚居的村寨进行调研与考察，对县的纳西族、白族、傈僳族、普米族、苗族及汉族等世居民族的生产、生活习俗等文化方面作了实地了解，先后走访边区30多个村寨，收集原始资料600多份，收集图片资料500份，录音录像400多分钟。

为加强民族民间传统文化保护工作的资金扶持，鼓励民族民间文艺团体的发展，县政府每年对民间文艺团体给予一定的资金补助。对国家级民间文化传承人给予每月300元补助，省级民间文化传承人给予每月200元补助，市级民间文化传承人给予每月100元补助。

对全县民族民间文化进行全面普查登记，“三多节”等列入省级非物质文化遗产保护项目并推荐参加国家级非物质文化遗产项目申报，公布207名县级非物质文化遗产项目代表性传承人，其中57名列入市级非遗保护名录、8个省级传承人。两本图书馆馆藏《东巴经》参加国家珍贵图书特展，并列入国家珍贵图书名录。

开展民族文化进校园，实施“传承弘扬民族文化进校园”工作，与教育局联合制定下发《玉龙县传承弘扬民族文化进校园工作实施方案》，设立白沙完小、黎光完小、塔城完小3个传承弘扬民族文化示范学校，“民族文化进校园”工作在全县逐步推广。

五　发展文化产业是当地政府的新课题

经过几年的努力，玉龙县文化建设初具规模，县委、县政府高度重视文化产业的发展，2009年出台《关于实施“文化兴县”战略、加强文化工作的决定》。在“文化兴县”的总体思路指导下，在全国文化产业发展的大环境下，构建现代文化市场体系，拓展文化产业的发展空间，进一步实施文化惠民系列工程，让广大群众在家门口就能享受到文化大餐，成为文化建设的新课题。

（一）产业概况

全县有歌舞娱乐场所13家（其中县城区7家，乡镇6家），电子游戏（动漫）场所22家，营业性演出场所12家，游乐场1家，互联网上网服务场所2家；各类文化娱乐经营单位，投资在100万元以上的5家，50万—100万元以内的12家，投资在20万—50万元以内的17家，投资在20万元以下的5家；文化娱乐行业固定资产总值2350万元，年终营业收入4042万元，从业人员921人，年上缴税金230余万元。

全县从事工艺美术品制作、销售经营单位52家，大部分投资在1万—10万元左右，从业人员200多人，主要包括石雕、石刻、木刻、绘画、扎染、刺绣、古玩、装裱、铜艺品、奇石以及多种收藏艺术品，生产及销售主要集中在县城及其周边乡镇，靠近旅游景区，年收入150万元左右。目前，绝大多数艺术品的生产与销售主要以个体为主，这些工艺品不仅受到国内外游客的欢迎，同时也对民族文化作了很好的宣传。

全县音像制品销售37家、图书零售18家、打字复印10家，投资在5000—20000元左右，从业人员80人，年收入近50万元。虽然从事专业销售的单位很少，尤其是音像制品、图书销售单位，大部分属于经营单位的辅助经营项目，但是这些经营单位遍布玉龙县城区及所有乡镇，为全县老百姓提供了更为便捷的服务。

与著名导演张艺谋合作创作的《印象丽江·雪山篇》，每天演出场次达到三场，受到国内外游客的一致好评，该节目每年创收超过 1 亿元。

（二）文化惠民

从 2010 年起开始着手“拉市吉余文化惠民示范村”创建工作，重点依托纳西刺绣，引进企业共同打造“手绣丽江”品牌，以实现规模化生产，走向产业化。而后又创建塔城十八寨沟文化惠民示范村、石鼓镇大新村委会竹园村省级文化惠民示范村，按照省级文化惠民示范村创建“八个一”的标准逐步推进各项工作。

结合旅游业，发展集民俗文化传承演艺为一体的经济实体，逐步发展一批集民俗文化传承演艺为一体的经济实体，如印象雪山、玉水寨、东巴谷等，取得很好的成效。文化市场初具规模，共审批文化市场经营户 163 家，培育一批文化市场营业户，涉及音像、图书、电子游戏、网吧等多门类的经济实体，丰富并活跃了玉龙文化市场。乡村民俗文化旅游得到快速发展，已形成一定规模，发展前景较好。一些重点文物保护单位白沙壁画、宝山石头城、文峰寺、指云寺、金沙江石鼓渡口、宝山石头城、北岳庙等，依托文物景区、景点开展文化产品经营初见成效。

图 4-7　玉水寨生态文化旅游有限公司总经理和长红（2013 年 7 月）

（三）产业协会

积极扶持玉水寨生态文化旅游有限公司等企业参与发起县文化产业协会筹建工作，于2012年5月召开玉龙纳西族自治县文化产业协会成立大会，选举文化产业协会第一届理事会，并通过协会章程（草案）。文化产业协会成立后，在政府与企业、市场沟通，增强行业自律意识，开展对外文化交流与合作，推动县文化产业协会发展等方面起到积极作用。由产业协会牵头开展文化市场经营规范专项整顿工作，取得较好成效。至2012年，玉龙县文化市场经营户185个，其中：网吧2个、电子游戏厅22个、音像70个、图书销售17个、营业性演出9个、歌舞娱乐13个、工艺品经营52个。2013年组织申报完成4个2013年度国家文化产业重点项目工作。

（四）文化市场管理

2004年区县分设后，由于地域的因素，县文化市场整体呈小、乱、散、差的局面，市场范围广，流动性大。2006年玉龙县文化市场综合执法队按照国家有关各部委联合下发的《关于开展集中打击盗版音像制品和计算机软件制品行动的通知》精神，根据丽江市文化市场综合执法队《关于开展集中打击盗版音像制品和计算机软件制品行动的通知》具体要求，结合玉龙县实际情况，拟定《玉龙县“反盗版百日行动”实施方案》。通过玉龙县电视台，宣传报道《反盗版百日行动公告》，宣传保护知识产权的重要性，为开展好“反盗版百日行动”创造积极的氛围，提高全民对“反盗版百日行动”的认识。深入各音像经营户进行宣传动员，发放《音像制品管理条例》，发放文化市场举报电话单，并组织从业人员进行分片上岗前培训、考试。到全县16个乡镇人员较为集中的位置粘贴《反盗版百日行动公告》，所有文化经营户粘贴“12318”举报电话，在这次“反盗版百日行动”中，执法队共粘贴《反盗版百日行动公告》36份，“12318 ”举报电话70余张，加大宣传和监管力度。针对玉龙县文化市场经营户主要分布在玉龙雪山景区及各乡（镇）政府所在地、点多面广、交通不便的实际特点，玉龙县文化市场综合执法队行动主要面向巨甸、黎明、石鼓、龙蟠等经济相对好的乡镇以及云杉坪、牦牛坪等玉龙雪山景区景点。共出动144人次对全县范围内所有音像、计算机软件制品经营场所及零售、出租、放映单位进行一次彻底的检查，共查缴非法音像和计算机软件制品258盘，二合一VCD200盘、DVD压缩碟20盘，处理3户无证照的经营户，清理、取缔销售盗版音像制品和计算机软件制品的无证照经营户及商点、摊点。在“反盗版百日行动”中，严格遵守行政执法程序，以事实为依据，以法律为准绳，秉公执法，清正廉洁，不徇私枉法，没有出现一起违反行政执法程序的事情。通过这次“反盗版百日行动”严厉打击违法音像制品经营活动，坚决遏制侵权盗版音像制品泛滥的势头，最大限度地提高正版音像制品的市场占有率和知识产权的保护水平，努力为民族音像产业创造公平竞争、有序发展的社会文化环境。

玉龙县文化市场综合执法队积极响应市执法队的总体部署开展以音像市场集中整治为重点的文化市场执法季的执法行动，以各旅游景区景点和重要交通沿线乡镇检查整治为主，对玉龙雪山旅游景区、石鼓、黎明、巨甸、白沙、龙蟠等乡镇作一次彻底的集中整治，查处一些违规经营的经营户，收缴非法音像制品 252 盘，并对这些经营户进行批评教育，使其认识到自己的错误以及在今后的经营活动中应该注意的问题，为今后的市场监管打下基础。

第三节　文化建设的成功经验和做法

一　实施“文化兴县”战略

玉龙县委出台了《关于实施“文化兴县”战略加强宣传文化工作的决定》，明确了实施“文化兴县”战略的指导思想、方针政策、工作重点等问题，强化措施，加大民族民间传统文化的保护力度。玉龙县委、县政府始终把民族文化建设工作放在社会经济发展的重要地位，加大了对民族民间传统文化的保护力度。

区县分设后加强了对县域民族民间传统文化艺术资源的保护、挖掘、弘扬，确立了一批优秀民族民间艺术传承人，申报确立了一批民族文化保护名录。

进一步建立民族民间艺人档案，将其纳入特殊人才库，并支持和鼓励民间艺人带徒授艺，参与乡土文化教育，使民间艺人成为非物质文化遗产的保护者和传承人，发挥他们的作用，使民间艺人的手艺和技能成为发展致富的有效手段。

由文化主管部门设立了玉水寨东巴文化保护基地、暑明东巴文化生态基地建设。2006 年玉水寨投资近 10 万元，成功承办了丽江首届东巴文化保护知识竞赛活动，大力宣传《国务院关于文化遗产保护的通知》和《云南省纳西东巴文化保护条例》，还投入大量资金，扩建了纳西古乐演奏厅、东巴画廊、东巴文物展览厅等系列保护、传承和展示东巴文化设施。积极创建申报国家级、省级民间艺术之乡、特色文化之乡、民族文化生态村、民族文化保护基地，目前中国民间文艺家协会命名玉龙县拉市乡梅子村为中国纳西刺绣之乡、塔城乡为中国勒巴舞之乡、石鼓镇大新竹园村为中国纳西草竹编之乡、玉水寨景区为东巴文化传承基地。

结合中小学素质教育和乡土知识传承教育，加强巩固中小学民族文化教育基地建设，编写了民族文化普及读物，在中小学开设了地方民族文化教育课，加强了纳西娃娃艺术团的建设。积极向上级政府争取资金修建石鼓红军长征渡江纪念馆，逐步修缮了北岳庙、宝山石头城、白沙壁画、文峰寺等文物保护点，顺利完成了宝山石头城申报国家级文物保护单位工作，编制了“十一五”文物保护管理规划。完成了“三多节”“白沙细乐”、黎明傈僳族文化申报国家级非物质文化遗产的前期工作。注重基层文化管理机构和各族群众文化活动场所“两馆一站”的建设工作。县文化馆和图书馆建成开馆；逐步解决了全县 16 个乡镇文化站的站址问题，区县分设后共投资 45 万元新建了鸣音乡、白沙乡、塔城乡 3 个文化站，计划投资 100 万元实施黄山、大具、龙蟠、巨甸四个文化站；2012 年政府投资 40 万元更新了县电视台录播设备并实施了广播电视“村村通”工程和“2131”农村电影放映工程建设。2005 年开始实施广播电视村村通工程，现已建设了 80 座，广播电视覆盖率达 75%，2008 年规划建设 374 座。到目前为止，玉龙县已经全部配齐 16 个乡镇的农村“2131”电影放映机，并投入使用，切实解决了老百姓看电影难的问题，电影覆盖率达 73%。

在文化市场监管工作中，加强了文化市场培育和管理。用科学发展观指导文化市场综合执法工作，根据“一手抓管理，一手抓繁荣”的方针，积极适应不断发展变化的新形势，建立健全文化市场管理机制，规范、培育、繁荣玉龙县文化市场。2013 年，全县各类文化市场经营户共有 118 家，其中营业性演出场所 7 家，民间职业剧团 6 个；歌舞娱乐厅 23 家，卡拉 OK 音乐茶座 2 家，电子游戏机室 12 家；音像制品零售、出租、放映单位 51 家；电脑打字复印 6 家，书报刊零售出租店 11 家。

整合资源，努力探索促进民族文化保护与发展的新路子。

文化体制改革中，文化和广电合并促进了文化资源与广电传媒资源的有效整合，通过县电视台开设了专题栏目《关注》《小赵学字》《丽江寻梦》等，扩大了民族文化的宣传力度，促进了优秀民族民间传统文化的传承工作。通过不断完善公共文化基础设施，逐步增强了公共文化服务能力，促进了文化事业的健康发展。依托丰富的民族文化资源，打造品牌，加大民族文化宣传力度，在民族文化宣传上狠下功夫，唱纳西歌，跳纳西舞，合力打造底蕴深厚、特色鲜明的“东巴文化”和纳西文化特色品牌，大力提升玉龙县民族文化的知名度。系列文化活动有序开展，成功举办了玉龙县城主体工程竣工庆典活动，得到了上级领导的好评。举办了石鼓完小百年校庆、并组织召开了丽江文化名人、文化专家、省有关教授、学者等参加的《范义田文集》和《江渔诗钞》出版座谈会。每年都举办正月十五棒棒会、三多节、阔时节等民族传统文化活动。为了提升“三多节”文化内涵，组织召开了丽江文化名人、文化专家、文化企业代表等参加的“三多节”民族文化建设座谈会。成功举办了第二届拉市湿地文化旅游节，开幕式上的原生态的纳西歌舞受到了领导、文化专家和观众的一致好评。

在文化遗产、历史文化名镇名村保护方面也做了许多全新的探索和实践，通过完善政策法规、制定保护规范、健全名录体系、建立档案数据库、命名保护区等措施，有效推动了玉龙县文化遗产保护工作。尤其重点对民族民间传统文化生态保护较为完整并具有特殊价值的村落或特定区域进行整体性保护，划出保护区的具体范围和缓冲区，系统发掘和整理民族民间传统文化重要项目、重要作品、重要技艺，实现逐步建立科学有效的抢救保护和开发利用机制。与此相应，实施农村特色文化品牌战略，着力开发具有民族特色和地域特色的民间工艺、民间艺术和民俗表演项目，积极打造一批文化名镇、名村、名人、名品。制订年度农村公益性文化项目实施计划，整合各类文化保护项目与文化资源，明确服务规范，改进服务方式，把玉龙县境内的各民族传统节日作为宣传保护民族民间文化的重要契机，纳西族的棒棒会、三月会、七月会，傈僳族的阔时节，各民族共享的火把节等民族传统节庆活动的内涵和知名度不断得到提升，激发了各民族群众自觉保护和传承非物质文化遗产的热情，增强了玉龙县文化的实力和竞争力。

组织开展“三下乡”活动，把图书报刊、广播电视、电影、科技、法律资料、卫生服务等源源不断地送进企业、送进社区、送到农村，切实丰富了群众的文化生活。注重基层民间文艺团体的扶持，现各乡镇都组织有民族歌舞打跳队，经常组织群众文化活动，各类民间文艺团体和组织在传承民间传统文化，丰富群众精神文化生活方面起着重要的作用。玉龙县充分发挥民族文化特色优势，积极推进民族文化与旅游产业的整合力度，着力打造具有地方民族特色的文化品牌，以文化理念谋划旅游业，使旅游产业与文化产业相辅相成，旅游整体规划与景点建设规划必须有民族民间风情文化建设规划，通过民族文化的展示增加旅游景点的内在魅力，旅游业整体素质得到了明显提高。如纳西乐舞之乡黄山镇依托城郊区位优势，大力培育民俗文化旅游业，以开展“吃纳西农家饭、住纳西农家院、做纳西农家活、享纳西农家乐、买纳西土特产、做一天纳西人”的民俗文化旅游，目前民俗文化旅游接待户已发展到 63 户；白沙文化旅游圈内的玉水寨、东巴王国、东巴谷、东巴万神园、玉龙村马场等文化内涵丰富的个体民营文化旅游产业异军突起，如玉水寨年接待游客达 88 万人次，缴纳税金 140 多万元，创造了良好的经济和社会效益。据统计，玉龙县文化产业产值此期增长近 9%，民族文化与旅游产业的整合，已成为玉龙县新的经济增长点。

落实“文化兴县”战略目标任务，围绕三个目标，进行六个提升，实施好九大工程。三个目标：建设活力玉龙、和谐玉龙、文化玉龙为目标。进行六个提升：着力提升外宣工作力度和影响力，使玉龙在省内外、国内外具有一定知名度；着力提升内宣工作力度，着力提升精神文明建设力度，争创全国精神文明先进县；着力提升文化、体育硬件水平，加大提升民族文化建设力度，创建民族文化资源保护开发重点县、文化产业强县，努力提高宣传文化工作者素质，在出人才、出作品方面有明显突破。实施九大工程：群众文化基础设施工程；民族民间传统文化与文物保护传承工程；现代传媒工程；体育事业与产业工程；宣传思想工作人才工程；民族文化人才工程；出作品出精品工程；民族文化产业工程；群众文化活动工程。

二　大力发展农村文化

改革开放以来，农村文化建设坚持以邓小平理论和“三个代表”重要思想为指导，树立和落实科学发展观，认真贯彻党的“二为方向”和“双百”方针，全面贯彻党的十四至十八大精神，始终把握社会主义先进文化的前进方向，努力满足广大农村群众多层次多方面精神文化需求。30年来，县委、县政府高度重视农村文化，在农村文化建设工作中，采取一系列政策措施，着力推进重点文化工程建设，组织开展形式多样的农村文化活动，积极培育农村文化市场，广泛开展文化科技卫生“三下乡”，农村群众精神文化生活得到了改善，农村文化建设呈现良好的发展局面。

玉龙县境内的各乡镇的自然生态环境和人文生态环境良好，民族文化氛围浓厚，比较典型的如塔城乡署明村、鲁甸乡新主村、宝山乡悟母村、太安乡天红村、奉科乡柳青村等纳西族古村落至今仍延续着已有千年历史的纳西族祭天、祭署（自然神）、祭祖等东巴祭祀仪式，结婚、丧葬、服饰、建筑、岁时节日等传统民俗的传承较为系统完整。这些农村基层的文化资源对增强玉龙县旅游资源吸引力、提高玉龙县知名度有着重要的意义，纳西文化成为玉龙县旅游业保持独特个性、提升文化品位的关键因素，合理利用和保护纳西族文化已成为影响玉龙县经济社会发展的重要因素。

玉龙县农村基层文化建设的扶贫攻坚进程中，塔城乡十八寨沟（洛固）村委会秉持艰苦创业、争取更多项目资金、全力依靠老百姓聪明才智、着力把塔城洛固村打造成为玉龙县西部乡镇中独具民族特色、景区特色、农村特点的社会主义新农村，其典型意义十分突出。塔城乡洛固村位于玉龙县与迪庆藏族自治州交界处，是玉龙县最偏远、最贫困的山区村寨，平均海拔2500米。洛固村委会下辖18个村民小组，有1300多人，是藏族、纳西族、傈僳族、普米族等多个民族汇聚的地方。全村村民依“洛古河”盘山居住在34平方千米的大山里，生产生活条件十分艰苦，办学条件、交通等基础设施滞后。自2007年村委会第三届领导班子上任后，以村委会主任纳西族企业家杨四龙为领头羊，本着改变全村面貌的责任与信心，经过三年奋战，在各级政府的指导和支持下，当地的基础设施建设、文化教育、经济社会发展诸方面都发生了巨变，村委会将经济社会发展、扶贫攻坚、农村基层文化建设有机结合，依靠党委政府、集思广益，提出了“要致富、先修路”“狠抓产业发展，才是经济发展的根本”，“剩余劳动力进城打工脱贫”“实行一村一品、一户一业的产业化发展思路”等理念。结合当地实际，重点开发出洛南村生态鸡、洛北村生态羊、洛西村蜂蜜、洛固村山猪、药材等一批适合当地的土特产品进行产业化发展，进行市场化运作，在本地土特产品的产业化发展基础上进一步提出

“塔城（洛固）十八寨沟”旅游基础设施建设，主要以生态旅游、民俗旅游、文化旅游为主，结合塔城的“中国勒巴舞之乡”“丽江歌舞之乡”等美誉，逐步建设成为当地旅游业的第一品牌，为玉龙县旅游业和农村文化建设注入了全新的活力，带动了各项事业的发展。在经济社会发展的基础上，村委会重视教育的发展，努力改善当地中小学办学条件，与此同时设立村委会助学金，对洛固村委会下属各村组当年考上一本、二本、三本、一专、二专、高中的学生给予一次性补助“村委会助学金”，学生可凭录取通知书到村委会领取助学金。

在洛固村文化建设中，村委会提倡保护也是发展的全新理念。由于洛固村所在区域为玉龙县乃至丽江市唯一一块生态保护最好、深林覆盖率最高的林区。村委会通过教育当地农民，增强森林保护意识、每家每户与洛固村委班子签署禁伐协议书，村委会用其他方式补偿村民的生产生活需求。修路时控制桥面宽度，以防不法分子盗运木材。实施发展不了的地方就保护，保护也促进了发展。在洛固村委会的文化建设中，村委班子从交通设施、教育办学条件、人畜饮水工程的改善为抓手，强化“民族特征、农村特点、景区特色”的社会主义新农村文化建设的标准，在交通建设聚焦村道水泥硬化工程、铺设水泥涵道管、拦沙坝工程；教育办学方面重点盖教学楼；完善洛固村医疗卫生室建设、完成移动信号塔建设工程；扶贫方面实施整村推进工程、人畜饮水工程、推广节柴灶、改进村落间电网工程、民居改造工程、培植投资 30 多万元的核桃产业园区。通过数年的努力，洛固村社区实现了脱贫致富，村容村貌明显改善，民族文化建设也得到长足发展，农村基层文化阵地得到有效巩固，文化站职能得到发挥，村民的文化素质得以全方位提升，民族民间文化资源得到有效保护。洛固村委会将农村文化建设与扶贫攻坚、基础设施改善工程有机整合，让村里有能力、有群众信任基础的企业家和复合型文化人才发挥能人效应，推动农村经济社会全面发展的成功经验得到了玉龙县各族干部群众的肯定和赞扬。

2009 年玉龙县首批实施了 18 个农村书屋工程，2010 年实施了 31 个农家书屋，并将继续在全县村委会一级规划实施，为解决农民就近阅读看书难的问题找到了新路子；但要在 2012 年以前完成全县 102 个村（居）委会农家书屋工程任务十分艰巨，需要投入大量人力物力保障农家书屋的正常运转，有效发挥功能。

完成了全国文化信息资源共享工程玉龙县支中心和 11 个乡镇基层站点建设，实现了图书管理电子化，依托共享工程基层服务点创办了“农民素质教育网络培训学校”，搭建起农民科技致富的信息平台；但设备资源的利用率还不高，基层站点建设需要进一步落实，建立健全运行保障机制。

加强了县广播电视台软硬件建设，节目采编播实现数字化，新闻宣传工作紧紧围绕县委、县政府的中心工作，全面记录、报道玉龙县经济、政治、社会发展的历程，结合实际创办了《丽江寻梦》《学东巴文化》《纳西语一周要闻》等电视专题栏目，将民族文化保护与广电传媒有机结合起来，整合了资源，丰富了电视荧屏；但电视台总体投入不够，设备更新远远跟不上电子产品更新换代，节目传输途径有待进一步完善，电视节目质量整体水平还不高，缺少优秀专题节目和新闻。

改革开放 40 年来，党和政府对文化设施建设投放了大量的人力物力，民族文化艺术机构健全，得到了全面和迅速的发展，目前基本实现了县有文化馆、图书馆，乡镇一级有综合文化站，行政村有文化活动室。全县现有文化文物机构 20 个，在职职工 140 余人。其中专业艺术表演团体 1 个；艺术创作机构 1 个；文化馆 1 个；公共图书馆 1 个，藏书总量 10 万余册；乡镇文化站 16 个，到 2005 年有 6 个达标文化站；文物管理机构 1 个。

以提高中央台和省台广播电视节目入户率为重点，采取多种技术手段，加大了实施广播电视村村通工程的力度。重视完善和发挥有无线转播台站的作用，利用无线、有线和卫星等多种技术手段，力争农村群众收听收看到套数更多、质量更好的广播电视节目。目前，全县共有电视卫星收转站 134 座，农户自装卫星电视接收设备 26000 余面，乡镇政府所在地基本开通闭路电视，普通电视综合覆盖率 75%，广播综合覆盖率 64%，广播电视进村入户。

实施农村电影数字化放映“2131”工程，加大专项资金投入，重点做好本着电影流动放映车和丰富农村电影片源等工作。目前，玉龙县有一辆流动放映车，17 支电影放映队覆盖全县 16 个乡镇，每年放映电影 300 余场次，电影覆盖率达 73%，基本实现了一个行政村每月放映一场电影。农村文化活动以贴近群众生产生活实际，坚持业余自愿、形式多样、健康有益、便捷长效原则，开展多种形式的群众文化活动，不断丰富和活跃农民群众精神文化生活。东巴艺术团每年为农民群众演出150余场，文化馆每年组织文艺活动30余场次，16个乡镇文化站每年组织文艺活动200余场次，图书馆在保护管理好重点文献资料的同时，积极为群众开展图书借阅活动。近年，玉龙县在抓好重大传统节日文化活动的同时，认真开展社区文化、校园文化、廉政文化、节庆文化、企业文化等文体活动，利用各种节日，县文化主管部门积极组织各单位、协会联合举办各种文艺演出和展示活动，全县上下形成了红红火火的“大文化”工作局面。据统计，五年来全县共举办了各种不同类型大型广场文艺演出达150余场次，观众人数累计达60余万人次，年放映电影1200余场，年均完成送戏下乡10余场次。2010年全县共举办各种不同类型、群众喜闻乐见的文艺演出达100余场次，广场文体活动已逐步成为玉龙县农村（社区）一道亮丽的风景。

在文化体制改革工作中，加快公益性文化事业单位改革，县级文化馆、图书馆的改革主要是增加投入，转换机制，提高公共服务水平。深化劳动、人事、分配等方面的改革，建立竞争、激励、约束机制和岗位目标责任制，实行聘用制和劳动合同制。

培育和发展文化产业，文化市场健康有序。落实文化惠民政策推进文化产业发展，从2010年起开始着手“拉市吉余文化惠民示范村”创建工作，重点依托纳西刺绣，引进企业共同打造“手绣丽江”品牌，以实现规模化生产，走向产业化。结合旅游业，逐步发展了一批集民俗文化传承演艺为一体的经济实体（如印象丽江、玉水寨、东巴谷等），并取得了很好的成效。文化市场初具规模，共审批了文化市场经营户163家，培育了一批文化市场营业户，涉及音像、图书、电子游戏、网吧等多门类的经济实体，丰富并活跃了玉龙文化市场。乡村民俗文化旅游得到快速发展，已形成一定规模，发展前景较好，一些重点文物保护单位白沙壁画、宝山石头城、文峰寺、指云寺、金沙江石鼓渡口、北岳庙等，依托文物景区、景点开展文化产品经营初见成效。

三　文化艺术人才为本

丰富的民族文化艺术资源是玉龙文化艺术活动的重要载体。以东巴文化、纳西古乐为代表的纳西族文化艺术，还有彝族、傈僳族、普米族、白族等众多少数民族传统文化，共同组成了一幅绚丽斑斓、精美绝伦的民族文化艺术画卷。深厚的文化也使得丽江文化艺术人才辈出，如历史学家方国瑜，画家周霖，书法家李群杰，国学家周凡，民族史家范义田，作家李寒谷、赵银棠、王丕震、木丽春，以及宣科、王耐夫等。

近十年来涌现出了词曲作家和新民、和文光，民族歌手和金花、和民达、和集虎、和春信，画家张春亭、傈僳族民间艺人阿石才等以及一批比较知名的民间传统文化传承艺人。他们为继承和弘扬玉龙各民族的文化艺术，促进民族文化艺术的交流做出了贡献。民族文化艺术硕果累累，创作出了大批具有浓郁民族特色的优秀歌曲，如《北京有个金太阳》《玉龙山上开红花》《丽江美》《走进丽江》《摩梭敬酒歌》《纳西敬酒歌》；出版了《走进丽江》《和新民歌曲选》，编辑内部刊物《玉龙文艺》等。

舞台艺术在云南省占有重要地位。曾多次参加各地举办的全国、全省性文艺汇演、调演及重大比赛并获得佳绩。玉龙县东巴艺术团是原丽江纳西族自治县民族歌舞团更名而来，始建于1965年，已有40年的历史，艺术团以勤奋、团结、诚信、创新为宗旨，坚持深入到偏远山区，是近年来丽江市开展“文化下乡”活动的主要力量，被群众形象地称为“先进文化传播者，方针政策宣传队”和“和谐社会的推动者”。东巴艺术团创作演出的歌舞节目近年来也多次获奖：纳西族舞蹈《玉龙风》《纳西韵》在“2003年云南省民族民间歌舞乐展演”比赛中荣获金奖和银奖；纳西族歌手和金花、和民达演唱的《纳西民歌联唱》在2003年中国中央电视台西部频道电视民歌大赛中荣获银奖；曾代表云南丽江赴日本、美国等国家进行文化交流演出，深受业内外人士的好评。通过参加全国性的艺术表演比赛、文化论坛等文化交流方式，不断提高了丽江、玉龙的知名度。纳西古乐走出国门，博物馆先后到瑞士和加拿大举办了“纳西文化展”；“勒巴舞”“热美舞”“东巴舞”等民间歌舞队走出家门。1999年和2003年成功举办了两届“中国丽江国际东巴文化艺术节”，成功展示了丽江纳西文化等少数民族文化的风采，收集出版了理论研究文集，通过著名歌手唱丽江等形式扩大了丽江的国际知名度，2004年成功承办了以宣传玉龙，树立丽江文化形象，培养和发现优秀声乐人才为目的的“丽江‘玉龙杯’西部地区青年歌手大奖赛”，来自甘肃、青海、内蒙古、陕西、宁夏、四川、广西、云南8个省（自治区）的代表队参加了比赛。上述成绩的取得无不归因于各类文化艺术人才充分发挥各自的才能与智慧，实现人尽其才。

四　实施民族文化保护与传承工程

物质文化遗产保护工作成效显著。“十一五”期间，成功申报宝山石头城为国家级文物保护单位，投资400多万元扩建了石鼓镇省级文物保护单位“红军长征过丽江纪念馆”，新增公布10个县级文物保护单位，投资120余万元修缮了县级文物保护单位奎林寺并建设了一个民族文化广场，投资30万元完成县级文物保护单位龙洞祠修缮，开展第三次全国文物普查工作并取得了较好成效，进行了石鼓和宝山石头城为历史文化名村名镇申报，实施国家级文物保护单位白沙壁画的抢救性保护修复工程。

大力推进民族民间文化保护工程。对全县民族民间文化进行了多次全面普查登记，“三多节”列入省级非物质文化遗产保护项目并推荐参加国家级非物质文化遗产项目申报，公布207名县级非物质文化遗产项目代表性传承人，并推荐了79名申报市级非物质文化遗产代表性传承人项目，其中49个正式列入市级保护名录。目前，全县现有非物质文化遗产项目代表性传承人省级7人、市级56人、县级149人。

县委、县政府十分重视民族文艺人才的培养，从财力、人力上积极努力支持本土歌手创作演出，出版发行作品，切实从财力、人力上加强民间文艺团体组织的管理和扶持，关注民族音乐的保护工作并取得了实效。近年通过鼓励和扶持文艺创作演出，取得了较好的成绩。

结合时代特征和电视收视影响力，玉龙县加强了电视新闻宣传工作，重点从新闻栏目创新上下功夫，提升电视台新闻质量，并取得了成效。通过组织参加优秀广播电视节目评选，提高新闻采编人员的积极性。玉龙县电视新闻节目在丽江市2009年年底优秀电视节目评选中获得荣誉，县委宣传部给予了奖励：玉龙电视台选送的《烤烟丰收农民笑》《关注大学生就业》获电视新闻二等奖；MTV《纳西天籁》获电视文艺节目二等奖；专题《为了不能启动的记忆》获电视播音、主持三等奖；MTV《纳西天籁》获云南省2009年度优秀电视作品奖；《雪桃产业——推进玉龙县社会主义新农村建设的重要产业》获电视消息类二等奖；《今夜独我》获广播、电视文艺类三等奖；《大理—丽江铁路开通运营》获电视连续（系列）报告类三等奖。

体育发展工作突出，2010年完成了白沙乡、巨甸镇、石鼓镇、九河乡、大具乡5个云南省体育特色乡镇申报工作，认真开展三级社会指导员和裁判员培训、审批、发证工作，年内县老体协举办了地掷球裁判员、教练员和三级社会指导员培训班，15 名通过考试，并审批为三级裁判员、教练员和三级社会指导员。少体校认真抓好各中、小学基层训练点并开展了业余训练指导，向市、省、国家推荐输送体育人才。一是开办了玉龙县青少年寒假训练营，开设了篮球、足球、高尔夫等训练科目，招收 200 名学生。加强干部和文艺人才队伍建设。2010 年玉龙县民族歌舞团共招聘了 2 名民间艺人、10 名舞蹈演员，并对新招演员进行了军训，成立了玉龙县女子民兵排。另外，县民族歌舞团还实行了编内与编外相结合的办法，聘用编外演员 8 名。二是进一步加强文化队伍干部素质教育。通过召开系统干部职工大会、形势报告会、业务培训会等形式，以促进干部队伍认真学习落实县委、县政府关于文化工作方针战略，不断提高队伍的政治素质和思想意识。三是抓好事业单位岗位设置管理工作。完成了下属事业单位文化馆、图书馆、电视台、歌舞团、文管所、少体校、16 个文化站在职人员岗位设置管理工作，并开始逐步推行人员岗位管理和绩效工资制。鼓励和扶持文艺创作演出，文化艺术硕果累累；但仍缺少文艺精品，人才引进机制尚未成熟，文艺后辈人才培养任重道远。

在实施民族文化保护与传承实践方面，玉龙县各乡镇都出现了许多生动典型的案例。其中玉龙县白沙乡玉湖村的特色村寨文化保护与民族文化旅游发展、生态文化建设、挖掘民族文化等方面都有全新的尝试，并取得了诸多成功的实践经验，值得总结和梳理。

玉湖村位于丽江玉龙县北部玉龙雪山麓，积淀有深厚的纳西族文化，相传为纳西族先民在丽江坝子的最早定居点，堪称丽江纳西文化的发源地之一，人称“玉龙雪山第一村”，全村 3 个自然村，9 个村民小组，357 户，计有 1336 人，纳西族为主体。全村辖区面积 36.66 平方千米，人均耕地面积 3.04 亩，平均海拔 2730 米。1922 年至 1949 年奥地利裔美国探险家、植物学家、纳西学家约瑟夫·骆克曾以玉湖村为美国国家地理学会在滇西北区域调查研究和探险的大本营，前后停留时间达 27 年。玉湖村的纳西语村名“乌鲁肯”伴随着骆克的纳西学研究著述而蜚声海外。

玉湖村背依玉龙大雪山俯瞰丽江坝子，旅游景点云集有玉柱擎天、龙女树、龙女湖、骆克故居、仙迹岩、巨坚寺遗址、杜鹃山等，雪山化雪水形成的潺潺水流遍布村落各地。玉湖村纳西族民居建筑保护较为完备，多为“三坊一照壁”“四合五天井”，或是“一进两院”“前后院”的造型各具，墙体多为当地雪山麓盛产的特殊的褶皱型冰川石砌成，有别于土坯或用砖头累砌的墙体，独具特色。

玉湖村在特色村寨文化保护与发展项目实施过程中，以保护纳西族民居建筑为重点，着力体现农户的大门、墙壁、道路的纳西族特有风格，特别强调体现冰川石的石头文化特色，建设石子串户弹石路，经过改造和保护，玉湖全村实现了墙面、围墙全部为冰川石墙马路面全部为石子路，做到整体村容村貌上有风格一致的特征，实现村容整洁大方、使用功能齐备的特点，在此基础上配备了公共基础设施建筑，如增建了公共厕所、老年活动中心、修缮了骆克故居、保护了古树名木，设置了特色村标志性建筑、建设排水沟及桥涵等。

在基础设施健全的基础上开展发展特色产业，玉湖村在玉龙县首创“支部+合作社+农户”的旅游经济发展模式，及时追踪当地旅游市场的变化特点，及时调整思路，提高民族文化旅游竞争力，增加旅游创收。与此同时指导和鼓励农村党员和技术能人带头发展特色养殖和种植业，伴随着纳西特色文化村寨建设项目的完成和村容村貌的改善，进一步推动农家乐与旅游业结合的发展路径，目前全村从事旅游服务业的人员达 600 多人，收入已十分可观。保护纳西文化和生态环境逐步成为村民自觉的意识，全村退耕还林面积达 1331 亩，植树造林面积达 2000 余亩，种植核桃 5000 多亩、雪桃 1500 亩，形成了一批新兴林果基地，同时强调积极保护好 2800 亩森林保护区的 2300 亩水源涵养区的日常管护运转，整合 3 万多亩草地和草坡，大力发展牛、羊的生态养殖。

在挖掘与发展纳西文化方面，编修了玉湖村历史，购置了玉湖村民族歌舞队设备，村委会鼓励宣传、继承和弘扬讲纳西话、穿纳西族服装、学习纳西东巴文、跳纳西东巴舞、学习演奏纳西古乐等传统文化的风气。坚持维护住房、大门、家具、装修、路基、墙体的纳西族特色风格。搜集纳西族民间故事、保护文化古迹和整理历代名人文化事迹，开办纳西文化艺术培训学习班，建立了白沙细乐演唱队、纳西歌舞表演队、建立了纳西东巴文化传承学校、制定《玉湖村村规民约》，有力地推动了玉湖村文化建设，丰富了旅游文化的内容。

在弘扬纳西族文化的同时玉湖村强调社会主义新农村精神文明建设，常抓不懈，积极化解社会矛盾，消除社会隐患，围绕群众最敏感和矛盾集中的利益分配问题，把旅游景区的门票收入、旅游促销费、旅游中服务马匹所得、管理人员工资、办公经费、基础设施建资金、教育基金、特困救济金和农民分红等收支做到大会决定、张榜公布，实现账目公开，消除群众疑虑。

利用好国家政策资金，村委会团结动员社会力量和社会资本参与民俗保护，促进村社经济发展，增强群众发展生产、积极参加纳西文化的学习和保护传承的信心和决心。玉湖村纳西文化特色村寨建设本着“保护为主、抢救第一、科学规划、合理利用、政府主导、社会参与”的原则，以纳西族民居保护与改造为突破口，加强村容村貌建设，以促进农民增收致富为目的，大力发展富有纳西文化特色的旅游服务业，以保护和挖掘纳西族传统文化为切入点，推动纳西族文化的传承和发展，结合新农村建设，努力改善农村人居环境，实现了玉湖村村容村貌整洁干净、纳西族建筑风格浓郁，纳西文化氛围十足，农民增收致富步伐加快。

在社会主义新农村建设中，玉湖村的基本经验是：坚持“生态立村、文化兴村、旅游富村”的基本思路，遵循“资源共有、利益共享、人人参与、户户受益、发展和壮大集体经济”的原则，整合生态环境保护、旅游、民居、水系、纳西文化、村委会基层党建组织建设等多方面要素于一体，打造纳西文化特色显明的“纳西生态文化旅游村”，全面实现纳西族传统文化与现代文化的结合、纳西族地区人文景观与玉龙雪山山麓的自然景观的结合、纳西文化资源保护利用的结合，坚持保护为主，合理开发，人与自然和谐。文化建设中纳西族民众发挥了主体作用，群众中自觉形成保护民族文化遗产、保护古村落民居建筑的意识，纳西族优秀文化得到传承保护，开发利用，注重制度建设，结合村规民约建设，建立了一系列约束机制和责任机制，实现玉湖村纳西族文化特色村寨保护、建设形成可持续发展的长管理制度，使文化资源优势与制度优势成为发展的基础。

县政府十分重视民族文艺人才的培养，从财力、人力上积极努力支持本土歌手创作演出，出版发行作品；进一步加强了民族音乐的保护，现已恢复并保持经常性演出的纳西古乐队有十余个。但从总体来看，玉龙县文艺人才较为缺乏，特别是缺少编剧、编导人才，文艺宣传的影响力较小，缺少艺术精品。

文化兴县战略经过五年发展，文化事业有了发展，但文化产业发展滞后，不能充分发挥文化优势。“十一五”期间，民族文化资源优势不能转化为经济优势。

为了扩大景区范围，玉龙县把宗教活动场所建设一并纳入城市总体规划。玉龙县几个大的寺庙都在风景名胜区，宗教文化也是旅游主要内容，修缮建设符合丽江历史文化传统，服从风景区建设的规划，同时也要满足宗教团体进行宗教活动的需要。政府对几个重点活动场所进行科学规划，按有关规定控制规模，使之既能满足信教群众的需要，又能体现丽江宗教文化的特色，为旅游业的发展提供新的内涵。

区县分设后，玉龙县重新组建文化馆，为基层单位、学校、村社和社会各界开展文化服务工作，积极传播民族的、科学的和大众的社会主义文化，活跃农村和社区群众的精神文化生活，促进了全县精神文明建设。

五 文化发展中存在的问题和困难

在玉龙县民族文化建设过程中存在的问题和困难：玉龙县是省级贫困县，经济底子薄，公共财政基础薄弱，无法满足公益性文化事业的发展需要，无法保障文化、广播电视、新闻出版等事业发展所必需的经费。由于财政困难对文化产业的资金投入不足，造成了许多工作被动，文化基础设施薄弱，文化建设项目缺口资金大，影响了发展进度；文化馆（站）、图书馆等业务部门办公条件差，无法正常有效地开展工作，电视台设备更新跟不上电子产品更新换代步伐，无法满足社会发展的需要。民族文化人才队伍匮乏；民族文化体制及工作机制有待进一步完善；资源型文化产业的创新力度不够，表现形式单一。从业人员素质、整体水平有待提高，缺少专业的创作人才。文化发展基础薄弱且不平衡，民族文化濒危现象仍严重。

区县分设后，从整体上来看，玉龙县文化发展基础薄弱且不平衡，县城文化和基层社区文化都显薄弱；东巴文化、纳西古乐已有较高的知名度，但其他领域文化发掘宣传不够，文化基础设施建设严重滞后；民族文化由于本身的弱势进而被淡化，消失的可能性并未消除，民族语言、民族服饰存在淡化的危险，民族民间歌舞也面临生存危机；东巴文化、纳西古乐面临失传的危险；民族文化建设的人才群尚未形成，知名度较高的尖子人才较缺乏，能代表玉龙的作品或精品仍然缺乏。

民族文化的抢救、保护、传承形势十分严峻，面临诸多错综复杂和单一部门人难解决的问题。缺乏整体性保护规划。县域内民族文化保护工作由于涉及部门多，存在口径不一的现象，文化资源保护没有统一规划，造成了一定程度的资源浪费。缺乏创新性保护手段。现有的民族文化保护手段大多依然采用传统的方式，即征集、整理、收藏、研究、出版。一部文献的整理出版往往需要经历若干年，甚至数十年，这种对信息加工处理的传统方式已远远不能适应文化保护利用的现实需要。缺乏多样性传播手段。现有传播手段过于陈旧，主要以图书出版，演出展示为主，内容丰富、水准较高的音像制品、电子读物、多媒体光盘、网络传媒至今难以寻觅，运用现代科技手段进行加工、提炼、传播的能力严重不足。缺乏有效的共享机制。现有图书馆、博物馆、研究所、文化馆等文化保护研究机构，与具有强大采、编、播能力的电视媒体、网络媒体分属不同体系，履行不同职能，难以实现文化资源优势与传媒资源优势的结合与共享。缺乏民间的广泛参与。现有挖掘出来的民族文化，大多是供学术界参考的研究资料，非专业人士，很难看得懂，没有很好的本民族大众参与基础和条件，致使本民族人都不能理解，要保存于民间的目标也就不可能实现。保护与利用相互脱节。现有图书馆、博物馆、研究所、文化馆等文化保护研究机构属公益性事业体制，主导工作就是征集、收藏、研究和展示，缺乏加工、提炼、传播、创收的意识和能力，无法实现保护与利用的互动循环。民族文化挖掘、保护和传承工作经费投入不足。

近年来，政府对民族文化的保护和研究十分重视，但苦于财政困难，无力对民族文化的保护与研究工作投入大量资金，严重制约了民族文化特别是一些少数民族民间传统文化（如民间传统工艺、美术、音乐等）挖掘保护与研究开发工作。由于财政困难对文化产业的资金投入不足，造成了许多工作被动，民族文化的开发利用深入研究的基础薄弱，具有民族特色的工艺品以及可以转化为商品开发的民族文化产业项目较多，但其开发有待于旅游业的发展，以及扩大对外招商引资。

玉龙是省级贫困县，经济基础差、社会发展缓慢仍是制约着文化发展的重要因素，实现“文化兴县”战略目标需要进一步解放思想，更新观念，深入实践科学发展观，不断深化体制改革和机制创新，扎扎实实地落实好各项工作。

主要存在以下问题和矛盾：

（1）整体文化基础设施条件还相对薄弱，离省级文化先进县的指标仍有较大差距。

（2）玉龙县以农村为主，体制改革后有线电视网络老化而得不到加强，电视节目传输困难，数字电视受农民经济承受能力制约推广面小，广播电视覆盖率低于80%，仍处于落后水平。

（3）农村电影“2131”工程向数字化发展，在短时间内全面推行数字化电影有难度。

（4）要完成全县102个村委会农家书屋工程任务十分艰巨，需要投入大量人力物力，关键还要抓好建设好后的使用管理工作；受地理条件等因素影响，文化信息资源共享工程设备资源的利用率还很低，农村基层站点建设需要进一步落实，关键是要建立健全运行保障机制，增加维护管理的投入仍有难度。

（5）公共财政对电视台总体投入不够，设备更新跟不上电子产品更新换代，节目传输途经亟待完善，电视节目质量整体水平不高，特别是缺少在全省有影响力的优秀电视专题和新闻。

（6）文艺工作缺少精品，人才引进机制不健全，文艺队伍后辈人才缺少，特别是缺少编剧、编导人才，文艺宣传的影响力较小，歌舞团走市场化的条件尚不成熟，仍存在很大的困难和问题。

（7）公共财政底子薄，对公益性农村群众文化活动的组织管理及经费投入不足，对民间文艺团体的管理和扶持力度小。

（8）文化产业发展规模较小且缺少现代高科技文化产业，文化市场规模点多面广，监管难度较大。

（9）文化产业发展思想观念还不适应文化发展的要求，缺乏市场意识，对文化在经济发展中的重要作用缺乏全面、深刻的认识；文化产业规模小、效益低、经营粗放；文化产业管理、经营人才匮乏，从业人员整体素质不高，尤其是高级管理、经营人才、文化经纪人、专业技术人才和复合型人才奇缺，现有文化人才优势尚未有效转化为发展优势，人才瓶颈制约着我市文化事业、产业的发展。

随着改革的深入和对外开放的推进，许多外来文化冲击着民族文化传承与发展，民族文化的保护与传承形势严峻；缺乏专业的文化艺术创作人才，不利于民族文化精品工程建设；个人与集体的利益，体制与机制的矛盾制约等因素仍影响文化体制改革工作的顺利推进；文化产业的培育和发展缺少实力雄厚的企业投资和新型高科技文化产业开发项目；文化事业和文化产业发展的关系仍未理顺，文化工作队伍整体素质还不高；文化市场的规模小，文物保护和非物质文化遗产保护资金投入不足，城乡发展不平衡和教育水平低等因素仍制约文化事业的发展和人民文化素质的提高。

积极鼓励和扶持农民自办文化，扩大文化产业链。贯彻落实好国家关于鼓励和扶持农民自办文化相关政策，充分调动农民的积极性，挖掘开发民族文化产品，吸引各民族民间工艺和艺人入场制作和交易。开发保护和传承玉龙民族民间工艺品，如手工刺绣、编织、东巴绘画、东巴雕刻、竹木器等民间工艺制作和交易，逐步完善市场，形成品牌，使具有玉龙特色的民族民间工艺产品走向全国走向世界。需要进一步完善鼓励社会力量支持文化建设的文化经济政策，拓宽支持文化建设的途径；加大扶持民办文化机构和团体的发展，打破体制界限，在资金扶持、队伍培训、行业评估等各方面对民办文化机构和国办文化机构一视同仁；注重积极发展文化志愿者队伍。

六　繁荣和发展文化产业的对策及建议

（一）降低准入门槛

落实国家关于非公有资本、外资进入文化产业的有关规定，根据文化产业不同类别，通过独资、合资、合作等多种途径，积极吸收社会资本和外资进入政策允许的文化产业领域，参与国有文化企业的股份制改造，形成以公有制为主体、多种所有制共同发展的文化产业格局。

（二）加大政府投入

政府通过贷款贴息、项目补贴、补充资金等方式，支持文化产业基地建设和文化产业重点项目整合，支持文化领域新产品、新技术的研发，支持大宗文化产品和服务的出口。争取中央财政“扶持文化产业发展专项资金”和文化体制改革专项资金，加大对文化产业发展和文化体制改革的支持力度。

（三）落实税收政策

贯彻落实《国务院办公厅关于印发文化体制改革中经营性文化事业单位转制为企业和支持文化企业发展两个规定的通知》中的相关税收优惠政策，研究确定文化产业支撑技术的具体范围，加大税收扶持力度，支持文化产业发展。

（四）加大金融支持

鼓励银行业金融机构加大对文化企业的金融支持力度。积极倡导鼓励担保和再担保机构大力开发支持文化产业发展、“走出去”的贷款担保业务品种。支持有条件的文化企业进入主板、创业板上市融资，鼓励已上市文化企业通过公开增发、定向增发等再融资方式进行并购和重组，迅速做大做强。支持符合条件的文化企业发行企业债券。

（五）深化文化体制改革

通过深化文化体制改革，进一步解放和发展文化生产力，激发全社会的文化创造活力。要紧紧抓住转企改制、重塑市场主体这个中心环节，加快推进出版发行单位转企改制和兼并重组，加快电影制片、发行、放映单位和文艺院团转企改制，抓好党报党刊发行体制和广播电视节目制播分离改革。大力推动行政管理体制改革和政府职能转变，建立统一高效的文化市场综合执法机构。

（六）培养文化产业人才

继续抓好宣传文化系统“四个一批”人才培养工程，着力加强领军人物和各类专门人才的培养。由政府主导开办经营管理人才培训班，培养一批熟悉市场经济规律，懂经营、善管理的人才。吸引财经、金融、科技等领域的优秀人才进入文化产业领域。注重国内外文化创意、研发、管理等高端人才的引进，为玉龙县文化产业发展提供强有力的人才保障。

依托民族文化保护和旅游开发，挖掘和开发县域内优秀民族文化资源，拓宽投融资渠道，培育发展一批优秀的文化产业，逐步建成比较完善的文化产业生产、服务、销售网络体系，形成文艺演出业、文化旅游产品加工销售业、民族文化体验休闲业为主体、多种门类共同发展的文化产业格局。要转变思想观念，从事业向产业转型；坚持以文化为主，搞好产业经营，培养经营管理人才，推进文化产业发展。

第四节　民族文化特色教育与纳西文化保护传承模式探索

纳西族特有的东巴文化，以东巴象形文字、东巴经、东巴绘画、东巴音乐、东巴舞蹈等构成，是纳西族文化艺术重要的象征，需要不断继承弘扬，如何在新的历史时期不断继承弘扬，采取什么样的传承教育模式，实现可持续发展，这是教育界和文化界共同关注的问题。在玉龙县委、县政府的高度重视下，在社会各界的关心支持下，通过教育主管部门和广大一线教育工作者的艰辛努力，玉龙县民族文化传承教育取得了可喜的成绩。玉龙县民族文化特色教育与纳西文化保护传承模式的探索起步较早，1999年，在原丽江县在进行全国农村学校艺术教育实验时，县教育局结合县域民族文化地域传承特点，就曾组织创建了“一团五基地”① 的纳西文化艺术传承教育框架。“一团五基地”结合各乡镇文化传承特色，重点突出且接地气，传承民族文化教育扎根乡镇基层，又激发了当地群众的学习传承本乡本土特色文化的热情，收效良好。此外，社会各界也都结合各自的实际做了许多有益的探索，值得关注总结。

一　民族文化进中小学课堂

1999 年以来通过省市县专家的辛勤指导和玉龙县教育工作者的不懈努力，玉龙县（原丽江县）从东巴艺术、民族音乐、民族舞蹈、民间美术四个方面挖掘、收集、整理民族民间艺术资源，编写出一系列艺术教育乡土教材。2005 年通过云南省中小学教材审编委员会审定，在全县范围内推广使用。艺术教育乡土教材包括美术和音乐 1—9 年级共 17 册，在全县中小学使用，以音乐课、美术课课时总量 15%—20% 开始地方艺术课程，内容包括东巴象形文字、东巴绘画、东巴音乐、东巴舞蹈、纳西民俗文化等。

为了促进民族文化进课堂的行动行之有效，县教育局采取多种措施，督促各中小学开齐开足音体美课，强化课程设置，从 2010 年起各学校又增设“民族文化传习”课，每周一节课的课时，民族文化在学校教育中得到了基本保障。各个学校在利用县教育局推荐的艺术乡土教材的同时，不断结合各个学校的具体实际，结合当地富有地域特色的纳西文化，充实学校艺术教育教学，得到校内外文化界人士的大力支持。结合玉龙县 16 个乡镇都有丰厚的纳西族民间文化底蕴，而且各乡镇都有一两项当地独有的地域特色文化强项的具体实际，县文化教育管理部门依托各乡镇的纳西文化特色内容，总结并重点展示各乡镇的纳西文化特色拳头项目，吸收纳西文化艺术中的经典音乐、舞蹈精髓部分广泛应用于学校教育教学中，深受师生的欢迎。学校艺术教育依托地方民族文艺资源，开展丰富多彩的教育教学活动，也丰富了学校教学内容，广大民间艺人和文艺爱好者有了自

① 具体组成有：“一团”为纳西娃娃艺术团，“五基地”为黄山民族舞基地、白沙细乐基地、拉市民族打跳基地、黎明锅庄舞基地、塔城勒巴舞艺术基地。

我展示的平台，乡村文化生活也因此得以持续发展。

玉龙县各中小学在搞好常规艺术教育的同时，依靠学校内的艺术教师和当地民族民间艺人，总结整理出具有纳西族特色的音乐作品、乐器演奏等内容，不断充实更新学校艺术教育教学，每年“五四”“六一”或民族传统节日，学校和村社民族文艺节目同台演出，交相辉映。黎明傈僳族乡茨可完小依托地方文化氛围，取得民族文化传承与充实学校艺术教育双丰收的典型范例。在当地退休教师、本土艺术家秦继尧老师的辛勤努力和学校的大力配合下，从组建各类乐器演奏乐队，包括二胡队、扬琴队、笛子队、民乐队、合唱队等，自行制作乐器、训练演出非常有特色。通过训练大部分学生在音乐才艺方面，如乐器演奏、歌曲演唱等方面都有长足的进步，让每个学生掌握一门艺术技艺，实属难得。积极搭建平台，每周举行一次全校性文艺活动，为学生提供展示才艺的平台，实现了学校培养学生综合素质的目的，同时让校园充满学习艺术的氛围。在当地民俗节庆期间学校组织学生到村社进行演出，让乡村百姓也饱享艺术大餐，这些活动不仅促进了学生艺术技能和文化修养的进步，也让学生的心理素质得到了锤炼，实实在在地成为当地乡镇文化活动中一道亮丽的风景线，赢得了家长及乡村干部群众的支持与赞誉，中央电视台曾在少儿频道以“走进校园”为题对茨可完小艺术教育情况进行全面报道。同时也吸引大量外省市教育界人士前来观摩借鉴并给予高度评价，走出了一条富有玉龙县乡土特色的学校艺术教育的创新发展之路。

在茨可完小艺术教育经验的启示下，玉龙县教育局利用各方面资源组建了云旅希望小学艺术团。在国际农业发展基金少数民族援助部的支持下，玉龙县的教育、文化等部门精心组织县内文化界知名人士收集、创编纳西艺术精粹，将传统文化知识转化为学生的文化常识，便于教师教学，学生学习。玉龙县从东巴艺术、民族音乐、民族舞蹈、民间美术四个方面挖掘、收集、整理民族民间艺术资源，编写出艺术教育乡土教材，2005年通过云南省中小学教材审编委员会审定，在全县范围内使用。玉龙县各级教育部门，依托“全国农村艺术教育实验县”项目支持，扎根本土丰厚的民族文化资源，勇于探索，大胆尝试，从教材教法的研究到更多民族文化的挖掘、利用，进一步充实学校艺术教育。例如 2008 年经丽江文化专家收集整理后出版《纳西儿歌》《儿歌伴我们成长》《纳西经典民歌与诗词》光碟，向全县学校发行了 2000 余张，让学生在喜闻乐见的儿歌传唱学习中感悟纳西族传统文化的魅力，也充实了幼儿园和小学低年级地方艺术教学内容。

教育部门全方位地对玉龙县的文化艺术瑰宝的传承和发展工作进行诊脉的结果证明，充分利用丰富的地方文化资源，发展学校民族艺术教材体系，推广优秀艺术文化改革中小学艺术教育教学内容，使传承民族艺术文化更系统、更全面、更规范，在培养学生全面发展方面收到更好的效果，与此同时也指出关键在于要有一套传承民族艺术文化的地方民族艺术教材。结合玉龙县多民族多元文化富集的特点，因地制宜请当地艺人到校培训教师或长期上课，地方艺术课的内容不断得到丰富。为此，玉龙县教育管理部门发动云南省社科院民族文化研究所、丽江民族文化研究会、丽江群艺馆、丽江东巴研究所、大研古乐会等十余个单位的丽江及纳西文化艺术研究界的知名的各民族作曲家、音乐家、美术家、民间艺人、民族工艺制作者、东巴学者、宗教人士、科研人员、文化艺术工作者等积极参与其中，起到了非常有效的示范教育作用，形成了强大的传承民族艺术文化、推动艺术教育改革的队伍。

在扶持艺术教育特色学校发展的同时，以点带面，总结推广，辐射全县，注意总结经验全面推广重点扶持与普及提高相结合是玉龙县艺术教育改革与发展的思路。学校艺术教育以“一团五基地”为示范典型在全县铺开艺术教育。学校结合实际情况，确立了以课堂教学为主阵地，中心学校在校长及专兼职教研员领导下建章立制，不断完善艺术教育网络，并且在一批骨干教师倡导和影响下，广大师生积极参与到艺术教育活动中来，很多学校成立了合唱团、器乐队、舞蹈队等兴趣活动小组，在“一团五基地”精益求精地发展的同时，扶持一部分有艺术特色的学校发展。近两年来组建了拉市乡美泉完小艺术团，拥有少先队鼓号队 80 余人、民族舞蹈队等；还组建了黎明乡云旅希望小学傈僳少儿艺术团，通过各界爱心人士的捐助，广大师生艰苦训练，现初步形成规模。

各乡镇学校注意利用当地资源，并注重特色，积极探索艺术教研，大批学校在“人无我有、人有我优、人优我精”方针指导下，组建东巴舞蹈表演队、纳西族民间艺术传习班等，使玉龙县学校艺术教育如雨后春蕾，迅速发展。2011 年玉龙县文化体育广电新闻出版局和教育局联合为三所“玉龙纳西族自治县传承弘扬民族文化示范学校”挂牌，制定了民族文化教育和发展措施，整合了文化和教育资源，县委、县政府高度重视这项工作，已列为接受政府督办的玉龙县“十二五”发展要务。2008 年 12 月，全国农村艺术教育经验交流会在丽江召开，玉龙县艺术教育教研成果得到各级主管部门的高度赞誉，成为名副其实的“全国农村艺术教育示范县”。

广泛利用社会资源，促进学校艺术教育教学，艺术教育硕果累累。随着丽江旅游经济的发展，来自社会各界人士进入丽江，关注丽江，希望以各种方式支持丽江各方面的发展。宣明会、中国艺术家协会、深圳市松禾成长基金会、滋根集团以及爱心人士等都在以不同的方式支持着玉龙县学校艺术教育。2006 年 8 月塔城乡被中国艺术家协会命名为“勒巴舞之乡”，塔城中心完小正式挂牌授予“勒巴舞艺术传承基地”；2008 年 7 月，深圳市松禾成长基金会通过长期考察，在塔城中心完小成立了“五十六个民族五十六个少年合唱团”——中国丽江·深圳松禾慈善基金纳西族少年合唱团。随后在黎明乡云旅希望小学组建傈僳少年合唱团。基金会派专家或聘请当地艺人执教，为两所学校配置了标准的音乐教室，每年两个艺术团都要赴深圳参加国际旅游文化节等演出并作文化交流，成功展示了各民族音乐和舞蹈的风采，赢得海内外人士的赞誉。

依托地方文化氛围，弃粗取精，广泛应用于学校教育教学。结合“书香校园、歌声校园”的建设工作，深入开展了阳光体育运动，以纳西集体打跳、重走红军长征路、锅庄舞及勒巴舞等民族舞蹈为载体，组织了丰富多彩的课间活动；稳步实施了“三生”教育系列活动，结合“弘扬和培育民族精神月”宣传教育活动，对学生进行民族精神、时代精神和理想信念教育，组织召开玉龙县传承弘扬民族文化示范学校工作会议，利用中央专项彩票公益金支持乡村学校少年宫项目，为白马完小选派了民间民族文化传承教师，设立了白沙完小、黎明完小、塔城完小 3 所传承弘扬民族文化示范学校，积极参加了各级各类比赛，充分展现了玉龙青少年的风采，在云南省第二届中小学生书画大赛，共有 18 件作品获奖，在全国教育系统“祖国万岁”歌咏活动中获优秀组织奖，在云南省第三届中小学艺术展演活动中，塔城中心完小推荐的舞蹈《月亮花》荣获二等奖，黎明中心完小推荐的 4 个舞蹈获舞蹈类三等奖，黄山文华完小、玉龙二中推荐的学生美术作品荣获三等奖。

目前，玉龙县已探索出了一条具有地方特色的艺术教育新路子，传承民族文化的工作任重道远，通过几年的不懈努力，不断培育形成了白马完小的艺术教育示范基地（纳西娃娃艺术团）、教育教学研究示范基地，长水完小的德育教育示范基地、文华完小的绿色学校示范基地、南溪完小的养成教育示范基地等示范学校建设，学校充当了挖掘、传承、弘扬民族艺术教育的主阵地，并已形成各具特色的教育发展格局。民族文化、校本课程开发和运用得到应有的重视，以纳西族为主体的各民族学生在校园里和谐相处，团结友爱，健康成长。

2006 年以来，全县 148 所中小学已有近百个具有民族特色的文艺节目到北京、深圳和省市县等各级活动中参加演出，部分节目在中央、省、市、县各级电视台都展示过风采。《酒歌》《傈僳儿女跳起来》等节目在纪念深圳特区成立 30 周年暨“山海和声、飞越彩虹”少数民族少儿音乐晚会上获得特别奖。《月亮花》《火恋》《麦乌来其玛来阿结斗》《启本合奏》和《酒歌》在云南省第三届中小学生艺术展演暨“祖国万岁”歌咏比赛艺术表演中荣获小学组第二、三等奖。古老的民族民间舞蹈艺术将在演变流传千百年后与现代教育艺术完美结合，并以崭新的姿态呈现在世人面前。

玉龙县丰富多彩的多民族传统文化为民族艺术教育提供了优良的土壤。新颁布的《关于进一步加快玉龙教育改革发展的 15 条决定》提出，要坚持民族文化进校园、进课堂，推进民族文化传承示范学校建设。要办好 3 所传承弘扬民族文化示范学校，编写好中小学民族文化乡土教材，开展好丰富多彩的校园文化活动，打造好玉龙足球名片。并设立 20 万元专项基金，用于编写、普及民族文化乡土教材，切实开展好校园民族文化传承工作。

教育管理部门要求各学校要将民族文化的传承与弘扬工作纳入学校的教育教学管理工作中，切实加强艺术教育特色学校的建设，将学校艺术教育与民族文化艺术传承有机结合，形成本地本校的艺术教育特色和品牌。配合相关部门、当地党委政府认真编写具有浓郁地方特色的风物志，聘请一批校外文化名人做辅导员。让学生了解自己的家乡、热爱自己的家乡，带着对家乡的深情走向更广阔的天地。

2008 年丽江市政府依托玉龙县举办的“纳西东巴文化保护传承培训班”，对来自川滇两省的 80 多名东巴学员进行了为期三个月的培训，这批成员成为纳西东巴文化生态社区的传承骨干。“十一五”期间，东巴文化传承人有了明显的增加。纳西东巴文化课、纳西母语课等课程在玉龙县中小学得到开设；丽江师专、云南大学旅游学院分别开设了纳西东巴文化的相关课程。东巴文化传承已经进入了大中小学的课堂，为纳西东巴文化的保护传承提供了保障。纳西族的热美蹉（歌舞）、东巴绘画、东巴造纸术、白沙细乐（音乐）等已在“十一五”期间进入了国家级非物质文化遗产名录，对纳西东巴文化的保护传承起到了重要的推动作用。

二 民营企业办东巴文化学校：玉水寨模式

纳西文化传承和东巴人才的培养问题与我们本次调研的重要内容之一，也与丽江民族文化旅游业的发展休戚相关，内容属于教育范畴，但又不能归入常规的国民教育和义务教育的范围，东巴文化在丽江又属于地方展示民族文化和文化传承教育的重点内容。因此，需要结合文化传承予以讨论。“东巴文化”这一概念问世于20世纪80年代初期，是纳西族学者和精英们为了抢救翻译东巴经典而创设的文化学术语。东巴文化概念的出现迎合了改革开放初期的文化热潮，明智地避开了东巴教、封建迷信等当时尚未脱敏的概念的束缚，为抢救翻译整理东巴经典和纳西族传统文化赢得了十分合理的舆论和发展空间，争取了抢救东巴文化的黄金时间，也为后来丽江纳西文化旅游业的兴起奠定了基础。

就纳西族文化保护而言，纳西族的文化精英大都认为民族文化保护有两个层次：第一个层次，各少数民族文化的核心是宗教，因为宗教涉及信仰，东巴文化是纳西族信仰文化的核心，民族文化保护涉及民族宗教问题，民族传统宗教如何定位也就成为问题，2010年国家民委领导来到丽江做调研，丽江方面代表也曾经提过这个问题，即纳西民族的东巴教是否享有与诸多人为宗教一样的合法地位。第二个层次，民族文化传统与现代化关系问题，是每一个民族必须面对的问题。即如何把本民族本位传统保存下去，既非固定不变，而是主张从发展变化的眼光看待传统文化和无形的文化传统，随着经济社会翻天覆地发展，古老的文化传统与现代化之间存在冲突既在事理中，也是不可回避的事实。东巴教及其相关文化，必须面对社会环境，经济文化背景的巨变的客观现实。纳西族传统文化中的部分文化传统已经不再适应现实生活，如纳西族的祭天大典原来非常隆重，但历经“文化大革命”的断裂，这些仪式已经不可能恢复如前，目前只能简化或象征性的举行若干简化版的仪式。

在丽江古城，纳西族的东巴文化已失传，全面恢复已经不可能，只能要求在现实的新民俗仪式中尽量保留一些纳西古文化的要素，这样做也是延续传统文化的选项之一。东巴文化目前只是在纳西族边沿区域两三万人口中传扬，完整保存东巴文化已经不可能。民族文化传承必须依靠很多重要的本位文化核心要素，唯有如此，传统文化的精华内容才能保留下来，保留传统文化的形式就是纳西族日常民俗活动，伴随着新的民俗生活而变迁，必须适应新的生活方式的要求。

1996年丽江大地震后，丽江的知名度一度蜚声中外，到1999年举办国际东巴文化艺术节时达到高峰，在此基础上创立了东巴文化研究院和东巴文化博物馆。目前，虽然有些东巴会参与学校母语和母语文化传承课程的教学工作，但和双语师资之间没有进行有机融合，如何有机统一，需要破解并协调民族文化传承与义务教育之间的诸多层面的关系，如民族文化教材、东巴经典、教师师资及执教资格等。作为活态文化的东巴文化的根本在纳西族文化社区。传统村落中的文化遗产处于非常危险的状态。其中的物质文化遗产处于无人管理、无资金维护的状态，非物质文化遗产中的语言、服饰、民歌、音乐、舞蹈、习俗等受功利化、世俗化，以及市场经济的冲击很大，面临着逐渐变异甚至消亡的威胁。在各界所尝试或试验的文化的传承实践中，最引起我们关注的是玉水寨的小东巴培养模式。小东巴既接受课堂室内教学培养，又在乡村民间社区进行实践。玉水寨的小东巴培养模式引发了东巴文化师资队伍的育成、教材的编纂、文化产业人才的培养等问题的讨论。

丽江玉水寨生态文化旅游集团有限公司成立于1997年，注册资本1000万元，是丽江优秀的本土企业，公司成立之初就把“传承保护纳西族优秀传统文化与生态旅游相结合”作为企业经营的核心理念和企业的核心价值观，坚持走“以民族文化促进旅游产业发展，旅游文化产业发展反哺民族文化传承保护”的科学发展道路，十余年来累计无偿投入6600余万元传承保护东巴文化遗产，在纳西族大东巴的指导下，恢复了东巴文化传统的祭天场、祭风场、祭自然神场；自2001年倡议成立并独家资助“丽江市纳西东巴文化传承协会”，至今恢复并连续举办了18届东巴法会，为广大会员和东巴文化学者、爱好者提供了相互交流切磋和共商传承大计的大平台。

玉水寨保护区涉及白沙镇下属500多户纳西族住户、2000多人的一个村子。丽江经济发展后，位于丽江坝子北边，经济发展较落后，但旅游资源丰富，有名胜古迹玉峰寺、玉水寨等六个景点，相传是纳西族最早定居的地方，历史底蕴丰厚，分为：玉龙村（纳西语堆古，坝子最上端之意）、丰乐村、向阳村三个自然村。根据当地和氏家谱分析，玉水寨老总和长红他们家族在此间居住已有 24、25 代，和长红母亲的家族相对又长一点。一般认为先有白沙古镇、后有丽江古城。因此，通常认为白沙一带气候寒冷、资源环境紧张，故下面富、上面穷。一般认为，纳西族先民应该是从白沙、束河逐步往南，向丽江古城发展，白沙成为纳西文化的故都，故以白沙镇玉水寨为代表的纳西文化保护区的建设颇具特色。

玉水寨的传承活动试图把东巴文化尽量完整地保存下来，但仅仅局限在白沙乡一个区域、玉水寨一个公司、一个企业的管辖范围之内，纯属局部行为，显然仅仅靠一个民间文化协会无法把纳西族传统文化都保护传扬下去。玉水寨每年定期组织各地方东巴达巴聚会交流，认定东巴的学识水平和身份。东巴文化在广大纳西族乡村已经失传两代，文化断层十分明显。各民族民族文化是任其自生自灭，还是由国家政府层面扶持弘扬是个大问题。纳西民众认为国家有挽救扶持的责任。

玉水寨以企业民间行为集资办纳西东巴文化学校的合法性问题，目前没有明确的政策和法令可以依据，政府和作为企业的玉水寨双方都处在两难中。虽然民政部门承认纳西东巴传承协会为社会组织，但从管理教育的教育局也有他们的管理难点，教学讲求系统，尤其是义务教育，国家有严格系统的管理和认证标准和法律依据。任何涉及公民的教育行为首先要认定办学条件和合法资质，否则是违法行为，显然会与国家的《义务教育法》相冲突。民办的东巴文化学校没有合法办学的资质依据，自然无法与公办义务教育学校同等看待，办学校必须有省级教育行政管理部门的逐级审批。培养年轻的东巴又必须从小开始，历史上的纳西族东巴都是从 6、7 岁开始培养，也就是义务教育阶段的学生中选择学生进行培养，这与《义务教育法》的规定相悖，如果选择 15、16 岁的学生，也就是超过义务教育年龄阶段，学习接受能力远不如年轻学生。加上举行传统的东巴祭祀仪式的社区十分有限，培养太多东巴也没有社会需求。玉水寨原计划 5 年一批，可能花 10 年培养七八个，加上民间自学的东巴，纳西族社区的需求基本能满足。玉水寨在办东巴学校前，前后一共培养了 30 多个东巴，有客人来就给表演一阵，满足客人的需求，仪式成为表演的内容。如祭天仪式，通过短期培训主持祭天仪式的东巴，促成了部分地方，如丽江市古城区的贵峰村就成功恢复了祭天仪式。

目前由玉水寨出资，以纳西东巴传承协会的名义，依据 2012 年的政府批文，成立“纳西东巴文学校”，但依旧与九年义务教育之间有冲撞。故玉水寨的民间团体办学校行为属于非法行为，但又符合云南省里颁布的《东巴文化保护条例》规定：办学校必须要与社会团体挂钩。因此，如何实现合理合情合法的可持续发展的办学，依然是必须解决的难题之一。

2009 年玉水寨成立东巴文化学校，当年 12 月开学，现在已经是第四年，每期 8 个人，培训期预定 5 年。五年中主要课程的设置、招生都由玉水寨老总和长红负责。东巴文化学校的课程主要是：东巴文化课——东巴象形文字（象形文字 1000 多字，很多象形字有同形的）、纳西拼音文字、东巴经典（所设置的课时最多，用纳西语授课）、东巴雕刻、东巴舞、东巴画、跟祭祀相关的音乐、竹木编扎等内容，此外结合义务教育设置有：汉语文（国家教材小学 5 年级教材课本，掌握基本汉字）、学校自编的纳西族本土教材（历史、自然地理状况等，用汉语教学）、劳动课、体育课、计算机课（掌握汉语言文字的输入，计划购入东巴文字输入软件）。玉水寨的目标是把这批东巴培养成既掌握纳西族传统的东巴文化知识、同时掌握汉语口语和书面语的基本表达、掌握电脑基本知识技能的新型的东巴。

目前是第一期学员的第 4 个学年，教授东巴经典（核心）、东巴传统仪式，突出仪式展演实践活动，由两位东巴老师具体演示给学生做一些基本的祭祀的场所，道场设置，仪式程序、经文念诵、法仪舞蹈，以传统的祭祀仪式为教学的核心内容，每月举行一个祭祀活动，结合两位东巴老师经常被下面老百姓请去做法事的时机，分批分期带小东巴学员参与仪式实践，目前在丽江纳西族地区的年轻人中，系统完整学习纳西东巴文化的仅有玉水寨东巴文化学校的这 8 位学员。

2012 年东巴传承协会以协会名义开始评定东巴学位等级，产生了良好的社会效应，得到滇川藏三省区各地纳西族信众的强烈呼应。第一次评定东巴学位等级活动评出 6 个东巴大法师、30 位东巴师、40 个传承员，兑现 23. 8 万元补助金，影响到周边各省区纳西族分布区域。宁蒗县城附近的达巴，四川盐源、木里都有人来报名参加，目前报名的人已统计到 60 人，大部分是申请学员这一级，如何继续完善评审机制和考试制度，如何面对跨省区的评审合法性问题，许多权限已经超出丽江市或云南省东巴传承协会的管辖范围，原来纳西族摩梭人对纳西不那么认同，但现在认同东巴，达巴仪式和东巴很多大同小异，他们的语言也有很多相同之处，通过学位评定达成共识，产生民族认同的效果，有效促进了彼此间的交流和谐。

玉水寨为了让东巴享有合法的社会地位和传扬文化的合法资质，开始创设东巴分级的尝试，也即采用学经考试的方式。专门聘请东巴大师，6个大师每天考核2个东巴，东巴文化考核的主要内容为：东巴文字识字能力考核、东巴经典的诵读水平、东巴教祭祀仪式道场布置、仪式规程、跳东巴法仪舞、绘制东巴画、东巴面偶制作，一天最多考3—4个东巴。其中的笔试内容主要考核能不能画出完整的道场布置图，面试时会不会诵读所考核的经典、诵读水平如何，每种仪式（东巴大师从10种仪式里抽3种仪式，要求讲述具体的仪式规程），现场评分。每年的东巴达巴聚会的东巴会会期以及考试时间，除了云南省境内，四川省的纳西族也积极前来参与，或来观光考察。考试后发现，东巴中获得好成绩的广受民间欢迎，相应地，水平有限的自然就不敢前来应试，自然得不到合法的资格。玉水寨尊重传统做法成立东巴学位评定委员会，有政府、学者、大东巴方面的代表参加区分东巴的级别，“大师” = “大东巴”完全是通过考试认定，其他等级的东巴也要通过相应级别的考试才能有资格享有东巴的相应学位，根据考试成绩理顺东巴学位分级认定体系，证件由政府统一认证盖章，具体的所需的经费支出，丽江市、玉龙县均无力支付，完全由玉水寨承担。

2003年东巴传承协会取得政府认可的合法社会团体资格。规范后怎么进入社会办学的问题。政府的预算中对民族文化的保护传承应该有专项文化保护经费，但目前没有专门的拨付途径，都是由企业玉水寨自己出资。东巴学位等级评定所需的经费也都由玉水寨出资，政府只负责盖章确认东巴学位等级资格合法性。玉水寨给各级东巴补助，东巴大师每年6000元，东巴师每年4000元，东巴传承员每年2000元，一年资助经费达30万元。

为了保证资助经费的持续发放和学位等级制度的合法性的延续，同时为了避免企业经营不善等导致的资金困难，不少人提议成立“保护基金会”，通过政府、民间组织、企业等多渠道注入资金希望能成立公募基金，这样可以保障东巴文化传承保护行动的持续发展壮大。

玉水寨以村落为单位，弘扬民族文化也是一种模式，就是期盼纳西文化消失得慢一点。玉水寨将旅游文化产业发展和文化保护有机结合的实践证明，保护区内应给予民间若干权利，诸如为村规民约制定规范。文化保护的内容逐步需要出台审核标准及推荐的程序，如果纯粹以牟利为目的，反而是亵渎破坏文化的行为。各种社会文化环境在变，东巴仪式的程序也可以且需要做若干的变通。为此由玉水寨牵头出资，开始尝试建立纳西文化保护区。此举纯属民间企业行为，并未有政府参与。

2006 年玉水寨率先首次尝试建立纳西文化保护区，当年 6 月开始在玉龙县塔城乡署明村成立纳西文化保护区，涉及 6 个自然村，160 多家住户，涉及人口 800 多人。玉水寨是以塑造东巴圣地的旅游品牌而起家的民营企业，发展中他们认识到孤立做景区毫无发展无根基，在选择文化保护区时发现署明纳西族东巴传统活动，还比较完整地处在传扬中，符合做纳西文化保护区的基本条件。为此企业先为村里修桥铺路，制定村规民约，第一条就是保护当地水源森林自然环境，第二条是恢复纳西族传统的祭天祭神仪式，其他还规定了诸如讲文明礼貌等现代化的条约，综合起来总共 10 条，作为对农户的基本要求，以百分制打分，100 分每户每月补助 50 元。主要由村民小组组长、公司东巴代表组成专门委员会负责每个月的评定。其他的文化传统内容如：有传统的纳西火塘、有纳西族传统的早上烧香祭拜等祭祀活动内容，每三个月评一次分、兑现奖金，这一制度实施延续了一年半，结果越来越难做。玉水寨原来想把保护生态环境和文化保护相结合，但老百姓经济困难，加上木材老板非法收购木材力度加大，玉水寨跟林业部门、林业公安都出动搜查处罚，造成玉水寨公司下去的专门委员与当地木材老板产生矛盾，受到威胁，培训不得不停下来。2007 年 12 月结束。2008 年 1 月退出署明社区。

2009—2010 年玉水寨第二次尝试建立纳西文化保护区。所选择的纳西族文化保护区为鲁甸乡新主行政村，当地东巴比较积极，村社主任也有兴趣，向丽江市、玉龙县申请经费建设东巴文化传承场所，玉水寨公司也给予了一些资金上的支持。但离玉水寨太远，纳西族聚居的区域是丽江坝、拉市、太安、龙山，新主村不在纳西文化核心区范围，因此玉水寨认为在边缘地方做得再好，整个文化主体依旧无法把控。这些现实中碰到的问题，迫使玉水寨老板和长红的思路就转到自己的家乡玉水寨所在地白沙镇。

玉水寨第二次尝试建立纳西文化保护区旨在探寻旅游景区和民间文化

传承两者之间结合的切合点，为此第一步提出做一个保护区项目，申请600亩土地，但县政府只批了200亩。和长红提到把整个区域发展同民族文化保护传承结合起来考虑，不再主张跑去特定的地方单纯做任何保护行动，可是全面认识到离开经济活动、地域社会发展，孤立做文化做不下去。为了获得村寨社区百姓的支持，和长红回去竞选村主任，初衷就是把十几年旅游与文化结合的玉水寨经验在自己的家乡白沙新善村做探索实践，探索思路就是把这个行政村区域整体长远规划与文化传承结合起来考虑。在本乡本土开展旅游与文化的结合的文化保护传扬模式。

玉水寨给保护区出资、补助、配合要项目，帮助社区。但出资做了之后发现企业依旧好像是外人，社区组织对企业表示尊敬，但企业成了旁观者而非参与者。企业不仅要出资而且要直接参与社区文化保护活动，特别是保护区规划建设、项目落实、资金申请，企业不参与社区自身无财力，有热情无条件。基于老百姓的要求，和长红参与了村主任的竞选，现在是行政村村委会主任，以村主任角度开展东巴文化保护区的建设，有力地推动了社区纳西文化保护事业和旅游文化开发事业。和长红意识到玉水寨是观光型旅游区，而新善村可能会成为体验纳西文化的休闲型旅游区，观光农业，体验纳西族民间活生生的日常生活文化，文化活动作为活态、让旅游者进入并感受。

和长红自己经过多次的尝试和摸索，认识到保护东巴文化的重要性，从政府层面上看确实也非常重要，但真正落到实处的就只有两部分人：一部分是东巴，本身信仰，处于自生自灭的状态；另一部分是企业老板等个别人。此外有些老师在做东巴文字、东巴舞在义务教育学校中的传播，云南省有《云南省纳西东巴文化保护条例》，贯彻《条例》的核心问题依旧是资金的落实问题。

国家非遗传人评定工作的开展，也全面推动了纳西族文化保护工作，至少全民认识到民族文化的价值和保护的重要意义。《云南省纳西东巴文化保护条例》的有效范围只在云南范围，《云南省纳西东巴文化保护条例》修改、丽江市东巴传承协会只能在丽江市范围内。随着知名度的扩大，现在四川、西藏的纳西族也前来参加，是否属于超出属地管理范围的越界违法行为？客观实际要求政府层面必须面对这类问题，协调理顺属地管理和跨界管理间的矛盾问题。所以东巴文化协会出面申请成立“中国东巴（达巴）传承协会”，跨省跨区，无法用“丽江”涵盖现实跨省区传承问题，只有尊重事实建立跨省区的协调机制，将来建立跨省区的纳西文化生态保护区时，各省区之间管理沟通才会有合法性，否则西藏、四川的纳西族来参加评级，丽江市或云南省层面无以应对和操作，无法覆盖滇川藏三省区的纳西族。现实的发展要求《云南省纳西东巴文化保护条例》升格到中国纳西族文化的范畴，实现尊重民族文化均衡发展，而各省区政府也需要均衡客观对待各民族及其文化发展的诉求。

玉水寨开始从周边来开展文化保护，失败的教训迫使企业家和文化学者意识到不能只考虑边缘地方的小范围影响力，要面对车水马龙的城市，各种肤色宗教语言的人流，以前不敢面对现实、去边远地方，离城太近的又不敢做，错误地认为城市不是纳西文化植根的地方。实践七八年后才醒悟，不能纠结于木楞房还是钢筋混凝土，东巴文化传承进入新思路。传扬本民族文化必须立足在纳西族本乡本土的土地上，白沙玉水寨所在地的4个自然村都是世居纳西族，促进本地人学东巴。东巴文化发展从无活动场所到盖庙，无组织到有东巴传承协会，传承空间、内容、形式上都要有全新的改观，在这个行政区内，回到城市周边来做纳西文化保护，在现代化范围内旅游业、农业、社会发展结合起来做，城里有钱人给的启示，死人、盖房子请东巴做法事，有这样的需要，在城里的纳西族成为东巴协会可以服务的对象。逐步形成玉水寨与纳西族村寨文化保护区结合模式，即玉水寨试图探寻旅游景区和民间文化传承保护有机结合的契合点，以图实现纳西东巴文化保护区创设的可持续发展路径。

通过以上的坚守与努力，强化了纳西东巴文化与民间社区间的血肉联系，成功打造了玉水寨品牌。玉水寨提倡的纳西族文化传承保护与旅游文化产业深度融合的科学发展模式收到了良好的经济、社会和生态效应，形成了“看世界遗产到丽江古城，看世界自然遗产到玉龙雪山，看世界记忆遗产到玉水寨”的丽江大玉龙旅游格局。

玉水寨公司从最初的一个单一景区和十几位员工发展到目前拥有玉水寨景区、剑川闲林文化生态旅游公司、和合文化传播公司、两个东巴文化生态文化保护区、芒市友好综合医院、云南省鲁美精品庄园等员工280人的综合型集团企业，并且旅游业反哺纳西文化传承保护成效显著。玉水寨帮助四川盐源县达祖村恢复中断了60年的纳西族祭天民俗活动；先后设立了“原生态纳西文化（塔城署明）保护区”“丽江新善东巴文化生态保护区”“丽江市纳西东巴文化传承协会新主分会”“宁蒗拉伯树枝东巴文化传承点”，在传承和保护东巴文化遗产的同时，为纳西文化保护区修桥筑路、兴修水利设施、举办传统民俗节庆和恢复东巴文化传统习俗、为村民购买养老保险，把开展系列纳西文化保护惠民工程与带动农民增收和农村产业结构调整有机结合，企业也获得国家4A级景区称号，同时收到了良好的经济和社会效应，企业收入超过7000万元，上缴利税700多万元，实现了立足传承保护纳西族优秀文化，做大做强生态旅游、民族文化旅游产业的发展目标。

玉水寨的实践证明民族文化旅游产业的发展，需要以传承保护民族文化和传统民俗为坚实基础和强大支撑，以民族文化保护促进经济发展，以经济发展反哺民族文化保护。文化保护传承、文化旅游业的可持续发展都离不开独特和独具价值的民族文化为立足点，发展创新是永恒的主题，但是创新必须以尊重民族文化本真、民族文化传统和传播社会主义正能量文化为前提和生命线。

三 纳西族文化进入高等教育

20世纪50年代初北京中央民族学院（现中央民族大学）语文系曾设置有纳西语言文学专业，先后招收过两届内地汉族学生学习纳西语言文学专业的本科生，采取纳西族教员和内地招收的汉族学生相结合的方式，在著名语言学家马学良先生的指导下，纳西族教师周汝诚、和即仁、和志武等教员负责编写讲义教材，教授纳西语，并带领学生带纳西族地区实地参加社会实践，学习纳西语言文化，收集纳西东巴经典、调查纳西语言等。这些学生毕业后有的经过数十年的沉潜努力，已经成为国内外知名的纳西文化研究专家，[①] 此举堪称新中国成立以来纳西文化进入高等教育的第一次壮举，也是共和国民族教育史上浓墨重彩的第一页。

随着丽江旅游业的兴起，外国人来丽江旅游观光的人员日益增多，为满足国内外来丽江考察观光人士的需求，丽江师范高等专科学校自1995年开始招收纳西语专业留学生，截至2013年，主要由旅游文化学院负责开设，共设置了《丽江旅游风情》《纳西语会话与纳西民谣》等10种相关全校性选修课，培养出了孙堂茂（Thomas Pison）等众多致力于纳西语言文化事业的外国学者和国际友人，此后来丽江学习纳西语言文化的国外

① 如姜竹仪、杨甲荣、朱宝田、马忠义等都坚持终身从事纳西语言文字文化的调查研究。

学生一直不绝如缕。

2002年3月，云南民族大学民族文化学院与丽江市及丽江东巴文化研究院经过协商，在丽江市人民政府的支持下，决定在云南民族大学民族文化学院的中国少数民族语言文学专业下，联合开办纳西语言文学及东巴文化方向专业，由丽江方面提供开办专业方向所需资金，在每年参加普通高等学校招生考试的学生中，录取丽江籍纳西族学生5—8名，目的是培养掌握纳西语言文学及东巴文化专业知识、推动丽江民族文化建设、弘扬纳西东巴文化、促进丽江旅游业发展的专门人才。自此，纳西语言文学、东巴文化作为全日制高等学校的专业方向进入了大学，其示范先行意义自不待言，也得到了各级政府和个民族各界人士的好评。

到目前为止，这个合作办学的高等学校项目已经进行了两期，从2002年至2010年9月前为第一期，2010年9月至2013年为第二期。2008年以前，该专业方向学生的录取控制在高出省定二本线的云南民族大学提档线上，截至2007年，6年中招收丽江籍纳西族学生23人。为了增加录取学生人数，2008年，学校调整了该专业招生录取的做法，推出了民族语口语测试的特殊措施，在口语合格的学生中单独划定录取分数线，录取的计划人数按协议的培养人数确定。

2009年开始增加纳西语口语考试。当年共录取了25名会说纳西语的纳西族学生（玉龙县15人，古城区10人）。在随后几年的招生中丽江籍学生人数有了较大增长，落实了协议商定的录取计划。2010年，推出第二期合作计划，由古城区、玉龙县政府出资支持该专业方向的二期建设。每年招生人数增加至30人，2010年、2011年两年实际招生人数超额完成了招生计划数。计划2012年招生录取名额会超过以往年份，该专业在校的学生将保持在120名左右。2002年9月至2012年7月，共招收10届学生，计116名，7个年级毕业，丽江籍学生29名。3个年级在读，共87名，全部是丽江籍学生。

云南民族大学民族文化学院目前暂时没有为纳西语言文学及东巴文化专业设置教师固定编制和具体岗位，主要采取从校外聘请了10余名教师，有的来自丽江东巴文化研究院，有的来自云南省委党校，有的来自云南省民族语言文字工作指导委员会等多个部门中多年从事纳西语言文学和东巴文化研究的专家、学者。该专业开设纳西语言文学及东巴文化课程共十余门，经过多年的教学实践和历经修订，编写出了富有专业特点的专业自用教材，自2001年开始，已经先后正式出版的教材有和少英著《纳西族文化史》（云南民族出版社2001年版）、李静生编著《东巴文字概论》（云南大学出版社2016年版）、和学光编著《纳西语言基础》（云南大学出版社2014年版）、李丽芬编著《纳西族文学概论》（待版）、和品正编著《东巴艺术》（山东美术出版社2001年版）、李英编著《纳西语翻译理论与实践》（云南民族出版社2010年版）等多部主题各异，又紧紧围绕纳西族语言文化及东巴文化的主题教材，十分有力地推动了纳西语言文学专业的发展进步。

纳西族语言及东巴文化专业的确立，有力地推动了纳西语言文化研究及教学人才的培养，对于促进地方经济社会的全面协调发展而言，具有重要的启示意义和参考价值。中国民族教学学界将这一尝试模式称为“订单式培养民族语言文化人才模式”，即地方政府与高校更具地方需求，培养人才，由地方提供大部分资金，由高校配备教师及管理人员，严格按照高等教育管理运行模式，培养专业人才。此举得到云南省各地州市各民族人士的好评，成为纷纷效仿的模式之一。此后还出现了白族语言文学专业等专业的渐次问世。

除了云南民族大学招收的纳西语言文学及东巴文化专业本科班外，全国不少高校也设置有丽江地域与民族文化相关的课程、专业、硕士点、博士点等，此类的高校主要有以下几所：丽江师范高等专科学校、西南民族大学、云南民族大学、西南大学、华东师范大学。西南民族大学民族研究院开设了纳西族文化课程，设立了纳西文化博物馆。就培养层次而言，云南民族大学民族文化学院中国少数民族语言文学专业招收纳西语言文学方向的本科生；西南大学文献研究所与丽江东巴研究院联合招收东巴象形文字方向的研究生和博士生。此外，华东师范大学汉语言文字专业数位硕士生、博士生撰写的毕业论文也是有关东巴文和达巴文研究方面的。

纳西语言文学及东巴文化专业成立之初没有建立固定的师资，而过于依赖外聘教师，没有形成严格的科研教学人才合理梯队，没有教研室等相关机构，由于受到各种主客观因素的局限，无论是招生规模、学生素质、教师师资力量都呈现参差不齐的局面，注定给办学带来了诸多困难和不便。在大学设置专业，必须尊重高等教育自身的规矩和人才教育规律，将来的发展，必须要采取措施引进高质量、高层次教师和科研人才队伍做支撑，固定教师岗位及其职称职数编制、建立该专业固定岗位的高水平师资队伍，已成为必须面对的首要问题。

由于纳西族语言文学及东巴文化专业的特殊性，受专业的局限，社会需求及适应面较窄，在毕业生就业问题上地方政府虽然制定了一些优惠政策，但毕业生学非所用的情况十分明显，大多数改行从事别的无关行业成为主要的就业路径。从目前我们调查所得的数据来看，除了专业设立之初第一、二批，即2002年及2003年部分毕业生大多数能够从事所学专业外，其他年级的毕业生几乎不再从事与所学专业相关的工作。后经地方政府和学校的协调和要求之后，从2009年开始，这个专业开始扩招，2013年毕业生是扩招后的第一届，目前我们没有见到2013届毕业生就业的情况以及数据，但从以往的数据看，就业形势以及就业结果不是那么乐观，大多成了文凭教育的补充。

从我们调查了解到的情况来看，丽江的双语、三语教育和国际中外文化交流方面的师资十分紧缺，尤其缺乏能够使用外语向来丽江旅游观光考察的外国友人提供服务的专业人才，纳西语言文学及东巴文化专业的学生具有先天的母语优势，需要通过强化外语水平，尤其是英语水平，以满足丽江地方旅游业大发展的需求。云南民族大学方面需要考虑拓宽专业口径，增加并强化英语学习，增加相关课程，为拓宽学生的就业渠道提供帮助。以往的课程设置几乎限于纳西东巴文字及文献研究相关的科目，而丽江地方东巴文字文献翻译研究机构需要的相关人才的数量非常有限，专业课程设置太狭小，在一定程度上，不利于学生综合全面素质的提升，专业太专也在一定程度上限制了学生的就业选择机会，无法适应就业市场的挑战。

大部分学生所学非所用的同时，也要针对极少数继续谋求深造的学生而言，尤其从纳西语言文学及东巴文化专业的长远谋划而言，需要从业者具备精深的语言文字学专业知识，从目前云南民族大学纳西语言文学及东巴文化专业课程设置来看，语言学专业课程太少，对于学生科研能力的培养十分不利。此外云南民族大学如何与开设纳西语言文学及东巴文化方向专业的硕士、博士专业的各高校之间实现专业口径对接，实现纳西语言文学及东巴文化专业进一步拓展研究视野和增加深造的机会，也是需要统筹解决的问题。

如何让更多纳西语言文学及东巴文化专业的毕业生都能就业并且能够在开始就业时，学以致用，发挥专业特长，与地方政府设置此专业的初衷相吻合，需要丽江市政府和云南民族大学两个合作主体，进行系统调研，面对就业形势和社会需求，认真分析研判，及时改弦更张，将专业设置、人才培养、就业升学诸端环环相扣，使地方政府和学校的经费筹集使用、人才培养与市场需求实现一条龙的合理配置，让这一专业成为促进丽江及其他纳西族地方经济社会的全面发展而培养专门急需人才的重要平台，扮演更重要的角色，唯有及时调整供需关系才体现出设置这一专业的必要性和有效性，这是丽江市政府和云南民族大学双方需要尽快协调解决的迫在眉睫的大问题。

自 1996 年丽江大地震至今，随着丽江地方民族文化旅游业的升级换代引来的大发展，已经使丽江纳西族社会发生了前所未有的全方位的大变化，就业市场对人才的需求自然也发生了前所未有的更新换代，丽江纳西族地方经济社会及文化建设究竟需要培养什么样的人才？订单式合作培养的学生在多大程度上能够满足丽江地方和政府的需求？云南民族大学方面需要对纳西语言文学及东巴文化专业学生的知识结构、专业知识素养、语言能力（外语、民族语言、国家通用语言文字）需求进行全方位的调研，而不能闭门造车，需要在实际调研的基础上，增开相关课程，开阔学生的视野，培养综合素质，实现纳西语言文学及东巴文化专业的加宽发展口径，及时更新换代，向更高更强的发展阶段迈进，方能适应社会变化的需求。

总之，在各级各类学校开展纳西文化教育，作为民族文化进课堂的具体案例至今仍在探索中，有成绩也有问题。民族文化进入学校教育、民营企业办学的合法化的进程也在争议中前行，但无论如何，这些都是依托玉龙县为根据地开展的民族文化传承保护实践的内容之一，把这些探索中的案例放在更长的时间段内考量其发展实效，可能是比较可行的做法，我们暂且不做简单的对错结论，仅仅只是把它们作为丽江纳西族各界面对民族文化传统断裂，面对现代化与全球化的时代，对维系和延续自身本位文化的一种思考维度和实验、实践过程。

第五章

民族文化旅游业的发展

玉龙纳西族自治县地处中国的西南边陲，位于青藏高原向云贵高原过渡衔接地带，是巴蜀文化、藏文化、南诏—大理文化、纳西文化等多元文化的交汇地和融合地。因其独特的地理环境，深厚的文化积淀，蕴藏着得天独厚、丰富多彩的旅游资源。玉龙县是云南省旅游资源的富集地区，发展旅游业有着很好的资源条件和客观条件，是发展旅游产业的适宜地区。区县分设以来，玉龙依托得天独厚的民族文化资源和自然资源禀赋，先后实施了“旅游强县”“旅游活县”和“文化兴县”战略，把文化产业作为优先发展的产业，把旅游业作为支柱产业进行培育，取得了丰硕的成果，为全县经济、社会发展做出了重要贡献。

一　玉龙县民族文化旅游业发展现状

玉龙纳西族自治县是云南省乃至全国的旅游资源大县，规模宏大。丽江市 75%的自然、文化旅游资源分布在玉龙县。玉龙县有“二山、一带、一海、一江、一文化”的旅游资源，“两山”为全国首批 5A 级景区玉龙雪山和中国三江并流世界自然遗产核心区老君山；“一带”是白沙黄山纳西文化带，由世界文化遗产丽江古城的重要组成部分白沙古街，以及白沙壁画、玉水寨、玉柱擎天、玉湖古村落、玉峰寺、北岳庙、东巴万神园、福国寺、东巴谷等人文景观构成；“一海”为拉市海湿地公园；“一江”为沿金沙江分布的旅游资源，包括万里长江第一湾石鼓、虎跳峡、宝山石头城等；“一文化”指的是以世界记忆遗产东巴古籍文献为代表的纳西东巴文化。另外，还有黄山田园风光、文笔海旅游休闲度假区等。神奇秀丽的自然风光，悠久灿烂的历史文化，多彩浓郁的民俗风情造就了玉龙得天独厚的旅游资源，为玉龙旅游的可持续发展提供了坚实的物质基础和独特的文化魅力，旅游资源优势非常突出：一是世界级旅游资源数量多，类型丰富，有三大世界遗产（世界文化遗产、世界自然遗产、世界记忆遗产）。二是民族文化旅游资源特征突出，民族文化多样性显著。东巴字、东巴绘画、东巴经、东巴音乐等东巴文化唯我独有，与众不同。丰富而高品位的自然景观旅游资源和人文景观旅游资源为玉龙县旅游业的可持续发展提供了良好的物质基础。

在“旅游强县”战略的带动下，品牌创建工作取得了显著成效，打造了享誉海内外的旅游品牌。目前，玉龙县旅游业已取得了包括世界文化遗产、世界自然遗产、世界记忆遗产、首批中国旅游强县之一、国家5A级旅游区、国家公园、国家地质公园、国家红色经典旅游景区、国家爱国主义教育基地、国家重点文物保护单位、全国休闲农业与乡村旅游示范点、云南省旅游小镇、云南省旅游特色村、云南省休闲农业与乡村旅游示范企业等品牌。《印象丽江·雪山篇》实景演出的成功推出，并荣获中国文化旅游发展贡献奖，2011 年接待海内外游客突破 200.8 万人次，实现营业收入 2.3 亿元；玉水寨景区、拉市海湿地公园荣获“全国休闲农业与乡村旅游示范点”称号。东巴文化、纳西古乐、宗教文化、白沙细乐的传承发展，东巴字画、石鼓草竹编、拉市纳西族刺绣、“涵紫谷”金钥匙等旅游产品的开发，自然景观、民俗文化、历史文化逐渐成为旅游持续发展的载体，全县形成了休闲旅游、文化旅游、生态旅游、乡村旅游、红色旅游互动发展的格局，使玉龙旅游的影响力迅速扩大，竞争力迅速提升，对外开放程度不断加大。

旅游经济持续增长。从丽江撤地设市，区县分设的 2003—2012 年，玉龙县旅游经济实现了持续增长的良好态势。据玉龙县旅游统计显示，除 2004 年受“非典”影响外，其他年份都保持较高的增长率。玉龙旅游接待人数从 2003 年的 252 万人次增加到 2012 的 678.51 万人次，为 2003 年的 2.69 倍。全县旅游收入从 2003 年的 17.66 亿元增加到 2012 年的 66.52 亿元，为 2003 年的 3.77 倍。区县分设以来，2003 年到 2011 年 9 年间，玉龙县共接待游客 3697.37 万人次（其中接待海外游客 236.18 万人次，接待国内游客 3461.19 万人次），年均递增 11.63%；旅游综合收入 351.87 亿元（其中外汇收入 66637.78 万美元，国内收入 305.3 亿元），年均递增 15.87%。旅游经济持续增长，呈现出良好的发展态势。

旅游产业发展迅速。玉龙旅游业历经丽江县到玉龙县十多年的发展已取得了显著成绩。基础设施不断得到改善，产业体系不断完善，景区（点）开发建设得到提升，乡村旅游方兴未艾，旅游接待设施逐渐完善，玉龙旅游品牌影响力进一步扩大。旅游业在县域经济发展、新农村建设、构建和谐玉龙和全面建成小康社会中的作用越来越凸显，旅游业已成为全县的主导产业和支柱产业。

（1）全县旅游产业体系基本形成，产业素质不断提高。

县委、县政府高度重视旅游业的发展，积极创造和优化旅游发展的环境，围绕旅游者“食、住、行、游、购、娱”要求，涵盖六大要素产业链建设正在不断完善。目前全县重点旅游景区（点）有 40 个，其中，国家 5A 级旅游景区 1 个、国家 4A 级旅游景区 2 个、国家 3A 级旅游景区 3 个、国家 2A 级旅游景区 6 个、国家 A 级旅游景区 1 个、国家水利名胜区 1 个、国家级红色旅游经典景区及爱国主义教育基地 1 个、全国休闲农业与乡村旅游示范点 2 个、全国首批传统村落 3 个、省级旅游小镇 2 个、省级旅游特色村 4 个、全省休闲农业与乡村旅游示范企业 2 家、国际标准高尔夫球场 2 个。旅游饭店 7 家，其中丽江古城湖畔高尔夫精致酒店产权式度假别墅 159 栋。两家五星级饭店和一个旅游演艺项目正在筹建中。旅游餐馆 36 家，旅游购物店 75 家，普通住宿设施 113 家，农家乐 120 家，旅游出租汽车 560 辆，旅游大巴 180 辆，旅游服务马队 30 个，共 3878 匹。

（2）旅游业在全县国民经济中的地位和作用日益突出。

随着旅游经济的持续发展，玉龙县旅游收入在全县国民经济的贡献率达 40%，旅游税收在县级财政中比重达 30%。玉龙雪山旅游区的综合收入超过 7 亿元，年上缴税收达 4000 多万元，丽江玉龙旅游是云南第一支上市旅游股。到 2011 年全县旅游直接从业人员 10000 人，间接从业人员 40000 人，众多大中专毕业生、城镇就业人员、农村剩余劳动力、失地少地农民通过参与旅游业获得了劳动的机会和收入，旅游业劳动密集型产业特点和旅游业强带动高辐射的作用日益突出，旅游利益在社会各阶层的分配日趋合理，促进了玉龙社会经济和谐健康发展。

（3）旅游基础设施进一步改善，旅游投资有力地拉动玉龙经济发展。

县委、县政府积极筹措建设资金，加大了以道路为重点的旅游基础设施的投入，基本形成了以县城为中心辐射东部和西部的旅游公路网络。先后建成了县城—拉市—石鼓—中兴（黎明）—塔城的旅游公路，建成了县城—玉龙雪山—大具—鸣音—宝山—奉科的旅游公路，建成的全县三级以上旅游公路达500多千米，旅游可进入性明显改善。同时实施玉龙雪山旅游区、拉市海、石鼓、老君山、虎跳峡和白沙等旅游区基础设施建设和招商引资旅游重大项目的开发，近百亿元的投资有力地拉动了玉龙经济社会的发展。

（4）通过旅游业的发展，玉龙的对外开放不断扩大，知名度不断提高。旅游业是对外开放程度较高的产业，旅游业的发展，使许多国内外的客商认识玉龙，进入玉龙，投资玉龙，开发玉龙。美国、新加坡、印度、印度尼西亚，以及国内的香港、台湾和广州、上海、浙江等国内外投资者在玉龙兴办产业，推动玉龙的发展。旅游带动的日益频繁的交流，旅游带动的国内外旅游者对玉龙的不断认知和认可，使玉龙县的旅游品牌形象不断壮大，知名度不断提高，玉龙县的影响力不断扩大。

玉龙县成为云南省唯一、全国首批17个“中国旅游强县”之一。2007年，继省旅游局把玉龙县列入全省7个旅游强县创建试点县之一后，经省旅游局推荐，同年6月，国家旅游局又把玉龙县列入了全国17个旅游强县创建试点县之一。县委、县政府高度重视，认真研究，积极探索，借机造势，全面动员社会各方力量开展创建中国旅游强县工作。在国家旅游局、省旅游局和市旅游局的关心指导下，把创建工作向深度延伸和扩展，严格按照《中国旅游强县标准》和县委、县政府关于旅游强县的战略决策，紧紧围绕“列入首批中国旅游强县名单”目标，加强组织领导，按照方案，全面部署，齐抓共管，形成合力，狠抓落实。整个创建工作做到了领导到位、认识到位、措施到位、人员到位、工作到位、经费到位，最终以1135分的验收得分被国家旅游局列入全国首批17个中国旅游强县之一。成为云南省唯一的“中国旅游强县”。使玉龙旅游的影响迅速扩大，旅游业的竞争力迅速提升，对外开放度不断加大。一批大项目和成长性较好的项目相继落户玉龙。通过打基础、创环境、抓机遇、提质量，旅游业呈现出“快速发展、持续增长、健康发展”的良好态势。

表5-1　　玉龙县2011—2015年旅游业发展进展图示

指标 年份	旅游总人数（万人次）		旅游综合收入（亿元）	
2011	575 （增15%）	国内旅游人数538.98万人次	67.79	国内旅游收入59.6亿元
		海外旅游人数36.02万人次		外汇收入11701.46万美元

续表

指标 年份	旅游总人数（万人次）		旅游综合收入（亿元）	
2012	661.25 （增 15%）	国内旅游人数 621.63 万人次	81.35	国内旅游收入 71.8 亿元
		海外旅游人数 39.62 万人次		外汇收入 13643.21 万美元
2013	760.44 （增 15%）	国内旅游人 716.86 万人次	97.62	国内旅游收入 86.48 亿元
		海外旅游人数 43.58 万人次		外汇收入 15907.25 万美元
2014	874.5 （增 15%）	国内旅游人数 826.56 万人次	117.14	国内旅游收入 104.16 亿元
		海外旅游人数 47.94 万人次		外汇收入 18548.63 万美元
2015	1005.68 （增 15%）	国内旅游人数 952.94 万人次	140.57	国内旅游收入 125.43 亿元
		海外旅游人数 52.74 万人次		外汇收入 21630.16 万美元

通过旅游标准化试点工作，提升了乡村旅游行业整体素质。2010 年，在国家旅游局和省旅游局的关心和支持下，丽江被列为首批全国旅游标准化 5 个试点城市之一，玉龙雪山列为首批全国旅游标准化试点企业（单位）之一。玉龙县被丽江市政府确定为全市旅游标准化试点县。玉龙县扎实开展了旅游标准化试点工作，通过成立工作领导小组，制定旅游标准化试点工作实施方案、旅游标准化管理办法、奖励办法等；聘请专家编制了《玉龙纳西族自治县旅游标准化发展规划》《玉龙纳西族自治县旅游标准化体系表》；完成了四个地方旅游服务规范的编制上报工作，已由云南省质监局备案、丽江市质监局发布实施，地方旅游规范制定工作突出，被丽江市人民政府授予“丽江市制定实施旅游业地方标准先进单位”；完成了 37 个国家标准和行业标准、13 个云南省地方标准的宣贯执行和评定认定工作，完成宣传培训 15 期计 365 人次；组织完成县城及旅游景区点交通公共信息导向系统标识标牌规划和建设工作，完成了 177 块城市旅游交通导向标识牌和通往景区点主干道路的旅游交通标识牌建设；推进了 12 个国家 A 级旅游景区创建工作；完成了 8 个星级旅游厕所评定和 7 户金银铜牌级旅游餐馆评定。旅游标准化试点企业创建扎实推进，45 家试点企业均按要求全面推进了试点工作，提升了服务质量和水平，基本实现标准化管理，人性化服务，促进了旅游业的提质增效和转型升级，形成了全社会关心旅游、支持旅游、服务旅游的良好氛围，增强了旅游企业贯彻国家、行业、地方标准的自觉性和主动性，提高了旅游从业人员的综合素质和业务水平，规范了旅游经营、管理和服务行为，增强了玉龙旅游品牌的

吸引力和竞争力，促进了全县旅游产业持续、快速、健康发展，促进了玉龙县景区服务质量、品牌形象、综合效益的提升。2011 年 12 月 9 日，国家旅游评估验收组对玉龙县旅游标准化试点工作给予了高度评价。

二 民族文化旅游发展中的实践与经验

（一）“旅游强县”和“旅游活县”战略目标的实施现状

（1）旅游产业发展现状

2008 年到 2012 年这五年，是玉龙县在经过区县分设后，延续丽江县十多年的旅游发展，又从新起点逐步走向跨越发展科学发展的重要时期，是完成“十一五”规划、深入实施“十二五”规划的重要时期。五年来，玉龙县旅游局紧紧围绕完成县委、县政府实施“旅游强县”和“旅游活县”战略目标，以丽江旅游“六个转变”为指导，坚持以自然为本、特色为根、文化为灵魂、市场为导向，以改革为动力，大力优化旅游产业结构，不断配套完善基础设施，强力开展宣传促销，持续推进区域合作，认真行使部门职能，加大旅游投入，努力开拓旅游市场，积极推进全县旅游产业发展。

（2）全县旅游经济持续增长

全县游客接待从 2008 年的 330 万人次增加到 2012 年（1—10 月）的 595.96 万人次，较 2008 年增长 80.59%。5 年间（2008—2012 年 10 月），全县共接待国内外游客 2457.25 万人次，前四年年均增长 21.94%。旅游综合收入从 2008 年的 35 亿元增加到 2012 年（1—10 月）的 58.34 亿元，比 2008 年增长 66.69%；5 年间（2008—2012 年 10 月）旅游综合收入 247.41 亿元，前四年年均增长 19.61%。旅游收入持续增长，旅游支柱产业的主导地位基本确立，在全县国民经济中的作用明显提高，玉龙县旅游的经济、社会、环境效益日益突出。

（3）精品旅游景区建设成效显著

以玉龙雪山景区为主的老景区提升改造步伐进一步加快，以老君山等为主新景区建设步伐明显加快。2009 年，国家 3A 级旅游景区白沙壁画并入大玉龙景区运营，使大玉龙景区数量达到 8 个，大玉龙景区接待游客逐年攀升，经济效益显著提高。

文笔山、虎跳峡、拉市海湿地公园等一批国家 A 级旅游景区的创建和提升，玉龙县大多数景区成为丽江的重要景区，精品旅游景区建设成效显著。特别是玉龙雪山景区成功创建国家5A级旅游景区，荣获“欧洲人最喜爱的中国十大旅游景区”云南省“最具影响力老景区改造项目”“中国青年最喜爱的旅游目的地”“全国文明单位（景区）”“全国首批旅游标准化示范单位”“云南十佳景区”等荣誉。

（4）品牌建设取得新成效在“旅游强县”和“旅游活县”战略的带动下，品牌创建工作取得了显著成效

目前，玉龙旅游业已取得的各种类型和不同阶位的旅游业品牌有：世界文化遗产、世界自然遗产、世界记忆遗产、首批中国旅游强县之一、国家5A级旅游区、国家公园、国家地质公园、国家红色经典旅游景区、国家爱国主义教育基地、国家重点文物保护单位、全国休闲农业与乡村旅游示范点、云南省旅游小镇、云南省旅游特色村、云南省休闲农业与乡村旅游示范企业等品牌。其中《印象丽江·雪山篇》实景演出成功推出以来，2010年荣获中国文化旅游发展贡献奖，社会效益和经济效益的外溢效益明显，带动了其他景区、景点。玉水寨景区、拉市海湿地公园也紧随其后于2011年荣获“全国休闲农业与乡村旅游示范点”称号。随着旅游业的发展，纳西族传统文化传承和发展得到各级政府的重视和民众的配合支持，一大批富有民族特色和地域特色的旅游产品实现有序开发，民族文化逐渐成为旅游业持续发展的载体，全县的旅游业实现全方位的升级，知名度和影响力持续扩大。玉龙县以41.594分名列2011年中国县级城市旅游竞争排名第50名，名列2011年中国十佳最具知名度县级城市排名第1名。

（5）旅游产业发展迅速，产业体系逐渐完善

2008年以来，玉龙县旅游基础设施不断得到改善，产业体系不断完善，产业素质不断提高，围绕民族文化打造旅游强县，争创省级、国家级“文化先进县”，促进旅游业转型升级，扩大产业化规模，做大、做强、做精具有玉龙特色的旅游产业，助推农旅结合，创新旅游反哺农业资金筹措及金融支持机制，继续强调政府财政作为反哺主渠道的作用，建立财政支农政策；通过加快工业化进程来带动农业生产的实发展，提高旅游业反哺农业的能力，切实完善公司、基地、农户等利益联结机制，实现用于反哺农业的资金在农业基础设施、农村公共服务体系投入、特色农业扶持、农村劳动力转移、创新城乡资源整合机制等具体的措施实施过程中发挥效应，使玉龙县在破解“三农”问题，走出一条成功且有特色的路子。进

而转变发展方式、促进科学发展，建设山川秀美的旅游风景区，在旅游业产业化效应的拉动之下，景区与景点开发建设得到加强，大众参与的乡村旅游正在崛起中。旅游业基础设施的建设完善与产业升级换代持续向好发展，旅游品牌影响力正转换为吸引投资的优势。旅游业在玉龙县经济社会发展中的主导作用和支柱角色日益凸显。

“十二五”期间，县委、县政府提出了实施“7441”发展思路，即深入实施农业、生态、文化、旅游、工业、水能和全面开放“七大战略”，加快推进农业产业化、新型工业化、教育现代化和城镇化进程，着力打造清洁能源基地、生态产业基地、国际精品旅游胜地和纳西文化产业基地，努力构建中国大香格里拉生态旅游圈的核心示范区、国家生态安全的重要屏障、清洁能源开发的重点区域和展示纳西文化的重要窗口，建设云南省最具特色的民族自治县，为玉龙旅游提供和创造了良好的发展环境，加快培育旅游支柱和主导产业地位，建设国际精品旅游胜地，努力把玉龙打造成中国大香格里拉生态旅游圈的核心示范区、滇西北旅游的龙头、国内外知名的旅游胜地和旅游强县。

（二）旅游强县进程中存在的问题及具体措施

（1）加大旅游基础设施建设力度，突破旅游发展瓶颈制约

充分利用“两山一带一海一江一文化”旅游资源优势，充分发挥三遗产、“中国旅游强县”、国家5A级旅游景区、国家公园等品牌吸引力，加大投入，加强以交通为重点，电力、电信、供水、排污、卫生防疫和紧急救护、环保等相配套的旅游基础设施和服务设施建设。一是改善全县旅游通达条件，完善以县城为中心向东西部延伸的旅游交通网络，完善重点旅游景区主干道向旅游名镇名乡、旅游特色村、民族文化村的交通网络。二是大力发展乡村旅游，加强乡村旅游基础设施建设，完善乡村旅游游客服务中心、休息站、旅游营地、旅游厕所、停车场和旅游标识系统建设。

（2）加强旅游景区点开发建设，优化旅游生产力空间布局

按照“提升玉龙雪山、开发老君山、建设新县城、带动东西部”的原则，充分发挥玉龙县作为17个“中国旅游强县”之一的品牌优势和我市打造国际旅游精品胜地的契机，打造“三大精品旅游区”，即：依托世界文化遗产丽江古城，打造以玉湖、北岳庙、白沙壁画、五大寺、文笔山、拉市海等为重点的中部文化生态旅游区，打造以世界自然遗产三江并流核心区——老君山为重点的西部自然生态旅游区，打造以首批国家5A

级旅游景区玉龙雪山为核心的东部雪山生态旅游区。中部旅游区以提升、转型为主，加强县城及其周边的旅游休闲度假开发建设，促进旅游商贸发展；西部旅游区以黎明、九十九龙潭为重点进行开发建设；东部旅游区在提质增效玉龙雪山景区的基础上推进延伸开发，扩大辐射带动区域。争取玉水寨、老君山景区进入国家5A级旅游景区，东巴谷、白沙壁画、文笔山和拉市海湿地公园景区进入国家4A级旅游景区；力争把玉龙雪山建设成为国家级旅游度假区，把老君山建设成为国家生态旅游示范区，建设好石鼓千年古镇，打造“湾育文化”品牌，把拉市海和文笔海打造成国际高端休闲旅游度假区，把玉龙县城建设成为中国最佳民族文化旅游城市。

（3）打造特色旅游精品线路，建设特色旅游产品系列

在巩固提升现实三大旅游线路（丽江城—玉龙雪山—白沙文化旅游区；丽江城—拉市海；丽江城—下虎跳峡—长江第一湾）的基础上，开发建设三条新旅游线路：丽江城—玉龙雪山—宝山石头城—奉科革囊渡江遗址—泸沽湖—四川；丽江城—玉龙雪山—大具虎跳峡—香格里拉；丽江城—长江第一湾—九十九龙潭—黎明。重点打造生态旅游、文化旅游、休闲度假旅游三大产品。在此基础上，打造雪山冰川生态游、高原草甸生态游、江河峡谷生态游、高山湖泊生态游、观光农业生态游、原始森林生态游、地貌奇观生态游、金丝猴主题游、古城古镇古村民俗游、东巴文化主题游、高尔夫休闲度假游、纳西乡村民俗游、大型水利工程观光游、宗教主题游、红军渡江主题游、天文科普游、温泉SPA休闲游、登山越野康体游等系列旅游产品。

（4）加强政策保障，优化旅游发展环境

创新旅游投融资体制，加大旅游招商力度，完善旅游开发经营的优惠政策，在用地、税收、价格等方面给予更加实在的优惠；完善旅游管理体制机制；加强旅游行业监管；建立健全各部门联动的市场监管机制，规范旅游行为，维护旅游市场秩序；发挥行业组织自律作用；加强旅游规划编制工作，确保旅游业健康、协调、有序发展。

规划完成了《玉龙县十二五旅游业发展规划》《玉龙县旅游标准化发展规划》，指导玉龙县旅游业持续健康发展。聘请西南林学院完成了《玉龙县太安乡旅游总体规划与重点地段修建性详细规划》，成为玉龙县第一个乡村旅游专项规划，着重打造了玉龙县又一个以洋芋花、秋油菜为代表的农业观光型景点。配合景区主管单位，完成了《玉龙雪山景区总体规

划》及《云南省三江并流风景名胜区丽江老君山景区详细规划》，《云南省三江并流风景名胜区丽江老君山景区详细规划》于 2012 年 10 月 5 日获得国家住房和城乡建设部批复。积极参与梨园、阿海电站水利旅游规划工作。

实现了玉龙雪山景区的开发、规范、提升相统一。累计投资超过 10 亿元完成了省级旅游开发区玉龙雪山景区（甘海子）、冰川公园、蓝月谷（白水河）、云杉坪、牦牛坪等玉龙雪山精品旅游景点建设，创建了玉龙雪山冰川公园旅游索道、云杉坪旅游索道、牦牛坪旅游索道和玉龙雪山高尔夫球场、《印象丽江·雪山篇》及玉龙雪山的开发继续向周边区域延伸。自国家旅游局批准玉龙雪山旅游区为中国首批国家 5A 级旅游景区后，玉龙雪山成为中国最高级别的旅游区，实现了社会效益和经济效益双丰收。实施并完成玉龙雪山冰川公园大索道、印象丽江提升工程，对牦牛坪景点进行了整治，推进甘海子餐饮服务中心、国际生态休闲公园、金茂酒店等建设，以及推进玉湖、大具、鸣音、宝山石头城的规划工作。

老君山景区的开发工作得到了实质性的推进。经过各方努力，确立老君山国家公园的发展思路，正按照《丽江老君山国家公园建设一期建设工作方案》有序推进老君山国家公园建设，开展了老君山国家公园各片区规划设计，对黎明景区进行提升改造，先后投入 1 亿多元，开展九十九龙潭（桃花）索道、千龟山索道、石鼓万里长江第一湾观景索道、桃花游路、大羊场游路、黎明河谷景观带、黎明红石街改造、格拉丹草原、老君石像等重点项目的前期工作及黎明景区旅游建设用地的征地工作，建设完成千龟山栈道修复工程、安七尼景点建设工程、芦笙村旅游公路建设工程等。老君山公园的开工建设带动了长江第一湾、虎跳峡等金沙江一线景点的开发。

玉龙县城重大旅游项目相继开工建设。2008 年 12 月，玉龙县城又一重大旅游休闲度假项目雪山水城开工建设。玉龙县城不仅成为县域的政治、经济和文化中心，同时将成为玉龙县和丽江市的旅游集散中心。2012 年 2 月，宋城·丽江茶马古城项目举行开工典礼，将建设一个主题公园、丽江千古情大剧院、一台以本土传统文化为核心的旅游演艺精品《丽江千古情》，以及个性化的旅游休闲综合配套酒店和商业区“茶马古城”项目。2012 年 7 月，丽江龙润茶马古道文化博物馆（购物店）在玉龙县城丽江街隆重开业，正式接待来自五湖四海的社会各界人士，参观、品茗的游客络绎不绝。2012 年 10 月 18 日，江东玉龙五星级酒店—民俗文化商业街举行开工典礼。江东玉龙五星酒店及丽江民俗文化街项目总用地 520 亩，总建筑面积约 29 万平方米，地上建筑面积约 23 万平方米。其中，五星级会议度假酒店地上及地下建筑面积约 15 万平方米，包含五星级花园度假酒店、五星级高端别墅酒店、会议中心、商业中心、娱乐中心；民俗文化街地上及地下总建筑面积约 14 万平方米，由民俗文化商业街酒店公寓、快捷酒店、开放式公园、中型游乐场等多个项目组成，总投资约 15 亿元。该项目对于增强玉龙县城的“人气”与“活力”，具有十分重要和深远的意义。

玉龙雪山及周边景区实现整合，提高了效益。玉水寨、东巴谷、东巴万神园、白沙壁画等八大国家 A 级旅游景区开展景区等级提升，整合了旅游资源，并入大玉龙景区，实现大玉龙景区联合销售，游客接待、经济拉动作用明显，成果喜人。

丽江火车站落户玉龙，丽江至香格里拉铁路开工建设。自 2009 年年初开始，丽江火车客运站开始建设。丽江至香格里拉铁路从玉龙县城的丽江火车客运站开始延伸至香格里拉，成为滇藏铁路的重要枢纽。2011 年 8 月丽江火车客运站建成并投入试运营，是大（理）丽（江）铁路的终点站，是云南省第二大火车客运站。丽江火车客运站运营和丽江—香格里拉铁路的建设，使玉龙县城成为丽江市乃至云南省重要的旅游集散地，并逐步发展为最适宜人居的旅游休闲度假城市。

玉龙县城高尔夫度假区建成运营。在玉龙县城文笔海边建设的古城湖畔高尔夫运动休闲度假区，通过近五年的开发建设后开始投入运营，18 洞高尔夫球场、会所，159 栋半山别墅等休闲度假设施建成。古城湖畔高尔夫运动休闲度假区为玉龙县旅游的发展，为丽江旅游的提质增效和云南旅游的二次腾飞打下了良好的基础。

大力推进石鼓红色旅游工作。2008 年以来，在国家、省、市各级各部门的大力支持下，前后投入 1767.38 万元，对石鼓红军渡陈列馆、渡口纪念碑、游客中心、旅游厕所、排污主管网、电力电信电视三线入地等红色旅游基础设施升级改造建设。2009 年 5 月石鼓成为国家级爱国主义教育基地。红色旅游项目的建设，为革命老区经济社会的发展，为丰富丽江旅游产品结构提供了良好的条件，推动了丽江旅游的健康、持续发展。

大力发展乡村旅游，取得了良好的经济、社会、生态效益。以白沙、拉市、黄山、石鼓、龙蟠、黎明、太安为代表，以浓郁的乡村风土人情、良好的自然环境、丰富的地方特色和布局合理的民俗民居为主要载体，大力发展乡村旅游，成为玉龙县乡村旅游的主要集散地。前后投入 189 万元，完成玉湖首批省级旅游特色村、黎明第二批省级旅游特色村、宝山石头城第三批省级旅游特色村和白沙村第四批省级旅游特色村项目建设，结合社会主义新农村建设，提升乡村旅游景区接待条件，进一步规范乡村旅游市场秩序，提高乡村旅游服务质量，加强乡村旅游宣传促销，接待游客数量逐渐增多，旅游经济呈现良好的发展态势，提升了玉龙县乡村旅游形象，丰富了“中国旅游强县”的内涵，扩大了玉龙旅游品牌影响力。为进一步完善乡村旅游管理体制，2012 年 5 月，县委、县政府成立了拉市海景区管理委员会，进一步理顺了拉市海景区管理体制，确保了拉市海景区乡村旅游的持续健康发展。乡村旅游产业在建设社会主义小康社会、建设社会主义新农村和构建社会主义和谐社会，以及解决“三农”问题等方面发挥了巨大作用，取得了可喜成绩，乡村旅游业正在成为重点旅游乡镇的主导产业和支柱产业，促进了玉龙经济社会和谐健康发展。

（三）加强旅游行业管理工作，提升旅游行业素质

全面履行旅游工作职责，切实加强旅游行业管理工作。县旅游局按照分工，细化责任，恪尽职守，加强了旅游执法巡逻，针对旅游从业者态度恶劣，价格欺诈和为了赚取回扣、牟取暴利，打着骑马上玉龙雪山、逃避景点门票和古城维护费的幌子骗取游客骑马，甚至直接协助游客逃避古城维护费和景点门票费，乱收费，无证经营，产品假冒伪劣等行为和现象进行整治，加强了旅游行业的管理。加大了交通、消防、公共卫生、食品、设施设备安全、社会治安等的管理力度，按照“谁主管、谁负责”和属地原则，落实安全责任制，完善突发事件应急预案，加强应急演练，提高突发事件应急能力。与县安监局联合开展了旅游从业人员安全知识培训。加强了旅游从业人员安全知识培训和急救知识培训。同时，进一步加大了安全质量监督检查力度，切实保障了游客生命财产安全，维持了旅游秩序。5 年来，玉龙县旅游局认真开展“安全生产月”活动，针对旅游景区点的安全问题，每年开展了多次定期或不定期的旅游联合大检查、旅游安全检查、旅游行业不稳定因素排查等，重点对旅游接待设施、游览设备、大型索道、消防器材、食品卫生、警示标牌、旅游公路、安全应急措施等方面仔细排查，共出动旅游执法车辆 1012 车次，执法人员 2521 人次，发

出责令限期整改通知 13 份，通报了旅游公路桥梁安全隐患 5 处。针对群众从事旅游服务存在的问题，玉龙县旅游局组织了多次相关培训，共计培训乡村旅游从业者 385 人次，规范了旅游从业人员的服务行为，提升了服务质量，从源头上减少了旅游纠纷和旅游投诉的数量。

县旅游局在全县旅游行业中强化责任意识、服务意识，加强对旅游企业、旅游设施、旅游价格、旅游安全的监督管理，规范旅游企业经营行为，坚持标准化管理，人性化服务，加大旅游市场综合治理力度，通过加强对旅游行业的管理，促进和保障了旅游业健康有序发展，创造了良好的行业形象。

（1）加强黄金周旅游监管，提升假日经济发展水平。每年的两个黄金周（春节和国庆），是玉龙县重要的两个旅游高峰期。县旅游局全面履行假日旅游协调领导小组办公室的职责，切实做好黄金周旅游安全和接待工作，努力促进旅游消费、营造节日氛围、促进社会和谐稳定，让游客感受到节日的祥和快乐，确保游客在玉龙度过一个幸福快乐的节日。黄金周前，认真制定接待方案和应急预案，组织召开全县动员大会、开展节前旅游安全大检查、节中的旅游咨询、接待、景区点巡逻、旅游投诉处理等工作，保护好每一个游客的财产和人身安全。5 年来，玉龙县在两个黄金周共接待海内外游客 153.11 万人次，年平均增长 15.41%；实现旅游社会综合收入达 13.74 亿元，年平均增长 13.78%。

（2）加强旅游标准化创建工作，提升旅游行业服务水平。

2010 年，在国家旅游局和省旅游局的关心和支持下，丽江被列为首批全国旅游标准化 5 个试点城市之一，玉龙雪山景区被列为首批全国旅游标准化试点企业（单位）之一，玉龙县被丽江市政府确定为全市旅游标准化试点县。自开展旅游标准化试点工作以来，通过成立工作领导小组，制定旅游标准化试点工作实施方案、旅游标准化管理办法、奖励办法等；聘请专家编制《玉龙纳西族自治县旅游标准化发展规划》《玉龙纳西族自治县旅游标准化体系表》；主要由县旅游局人员编写的《乡村旅游马队服务管理规范》等 4 个地方旅游服务规范，经省标准化委员会评审和云南省质监局备案，并由丽江市质监局发布实施，地方规范编制工作突出，被丽江市人民政府授予“丽江市制定实施旅游业地方标准先进单位”；完成了 37 个国家标准和行业标准、13 个云南省地方标准的宣贯执行和评定认定工作，完成宣贯培训 15 期、365 人次；组织完成县城及旅游景区点交通公共信息导向系统标识标牌规划和建设工作，完成了177块城市旅游交通导向标识牌和通往景区点主干道路的旅游交通标识牌建设；推进了12个国家A级旅游景区创建工作；完成了8个星级旅游厕所评定和7户金银铜牌级旅游餐馆评定。旅游标准化试点企业创建扎实推进，45家试点企业均按要求全面推进了试点工作，提升了服务质量和水平，基本实现标准化管理，人性化服务，促进了旅游业的提质增效和转型升级，形成了全社会关心旅游、支持旅游、服务旅游的良好氛围，增强了旅游企业贯彻国家、行业、地方标准的自觉性和主动性，提高了旅游从业人员的综合素质和业务水平，规范了旅游经营、管理和服务行为，增强了玉龙旅游品牌的吸引力和竞争力，促进了全县旅游产业持续、快速、健康发展，促进了玉龙县景区服务质量、品牌形象、综合效益的提升。

2011年12月9日，国家旅游评估验收组对玉龙县旅游标准化试点工作给予了高度评价。2012年3月26日，国家旅游局在武汉召开的全国旅游标准化工作会议上，公布了首批全国旅游标准化示范单位名单，丽江市等10个城市（区、县）被宣布成为首批国家旅游标准化示范城市。

（3）加强乡村旅游从业人员服务规范管理工作，由于拉市、白沙等地为代表的乡村旅游业发展起步较晚，旅游资源开发起点不高，旅游促销手段较弱，基础设施建设滞后，旅游参与水平低等问题存在，阻碍了玉龙旅游业的发展。特别是农民参与的骑马、划船等旅游项目，由于乡村旅游从业人员素质不高、服务水平低、利益分配不合理等问题依然不同程度地存在。为此，玉龙县旅游局在认真做好调查研究的基础上，制定了《乡村旅游马队服务管理规范》，贯彻执行好旅游相关标准和《云南省旅游条例》，积极配合相关部门、拉市海景区管委会和有关乡镇人民政府，认真抓好拉市海景区、白沙片区农民参与旅游服务规范管理工作，并不断探索寻求各种适合的旅游管理长效机制，以求在旅游管理方面得到提高和完善。

（4）持续开展旅游市场专项整治行动。

五年来，玉龙县旅游局持续开展夏季旅游市场专项整治、旅游市场“喊客拉客”行为整治、旅游购物欺诈专项整治、旅游行业“打非治违”专项行动等，严厉打击了旅游行业违法违规行为、非法经营旅游服务业务、社会闲散人员私揽旅游业务、假冒伪劣产品服务等行为，有效遏制了欺客宰客，丽甘路沿途拉客等现象，达到了“规范旅游市场秩序，净化旅游环境”的目标，促进了玉龙县旅游业健康有序的发展。2011 年以来，玉龙县旅游局干部职工立足于“持之以恒、净化环境、规范秩序、树立形象”的指导思想，放弃周末及休假日，安排全局干部职工坚持在香格里大道北延伸线和丽甘路沿线轮流值班，严厉打击非法拉客行为。共教育警告“喊客拉客”人员 182 人次，罚款 21 人次。出动旅游执法人员 1318 人次，出动车辆 615 辆次。2012 年 8 月起，聘请保安公司对丽甘路进行长期治理，严厉打击了旅游市场“喊客拉客”嚣张气焰，有力根治玉龙县“喊客拉客”行为，避免了许多逃避进山费、古城维护费等行为的发生，净化了旅游环境，努力为“大玉龙”的正常运行营造了良好的旅游环境，维护了丽江旅游形象。在丽江火车站设立旅游综合服务点，安排玉龙县旅游局全体干部职工轮流到服务点值班，加强对火车站游客咨询、宣传资料发放、应急事件等服务处理工作。

（5）及时妥善处理旅游投诉，维护旅游者合法权益。

2008—2012 年 10 月，玉龙县旅游局共受理和处理旅游投诉案件共 396 件，涉及游客 1181 人，理退赔款 74.59 万元，投诉结案率达 99%。

（6）加大旅游宣传促销力度，打造玉龙旅游形象结合民族文化和岁时传统民族节日。

重点开展好棒棒节、“三多节”、春节、县庆、“五一”、端午节、中秋节、国庆节等节庆日活动，加强了旅游宣传促销工作。配合有关部门、乡镇完成了每年一届的“三多节”庆典及旅游接待相关工作，着力打造“三多节”民俗节日文化旅游品牌。借助网络、新闻媒体、宣传刊物等平台，大力宣传玉龙旅游。完成《科学发展看玉龙——旅游资源篇》的人民网视屏宣传短片、《玉龙旅游形象宣传短片》等的制作，在《中国旅游年鉴》（2009 年）上作了《中国旅游强县：玉龙纳西族自治县》宣传，在丽江市年鉴和玉龙县年鉴上作了《云南唯一的中国旅游强县》的宣传，及时发布微博和在玉龙旅游网上更新旅游信息。参加 2012 年 5 月 31 日丽江—香港直航首航和 7 月 6 日在香港举办的“浪漫丽江，飞翔之旅”旅游推介会，进一步扩大了玉龙影响力。借云南省旅游局营销分会之力，在昆明三星级以上酒店发放旅游宣传资料 6700 余份。编辑《玉龙旅游信息》16 期。积极参与由市旅游局推出的“云南人游丽江，丽江人游丽江”优惠活动，鼓励县域内各旅游企业积极参加本次活动，打开省内市场。积极配合玉龙雪山管理委员会积极开展区域合作，玉龙雪山成为云南精品景区之一。为加强对外交流合作，先后接待了广东省清新县旅游考察团、内蒙古自治区旅游考察团、四川省甘孜州旅游考察团、北京密云县党政考察团、河南栾川县党政考察团、黄山市旅游考察团、石林县旅游局、香格里拉县人大代表考察团等旅游考察团，进一步促进了玉龙县的对外交往，提高了玉龙旅游的知名度。

（7）抓好重点项目综合协调服务，推进玉龙旅游建设重点项目的良性进展。

五年来，配合有关部门，加强对台商翔鹭集团投资的玉龙县城高星级酒店及住宅项目、玉龙地产投资的丽江街、云南金凯房地产公司投资的文笔旅游小镇、广州美林基业集团投资的雪山水城项目、杭州宋城集团投资的宋城·丽江茶马古城项目、江东集团投资的五星级酒店项目等重点招商旅游项目进行了协调服务工作，加快项目建设进度，进一步完善和提升玉龙旅游产业。

玉龙雪山已成为国内外知名的旅游景区，老君山国家公园等品牌也已初具规模，高尔夫游、乡村旅游、房车旅游、漂流攀岩、自驾游等旅游新业态将层出不穷，全县旅游接待和服务设施日益改善。旅游从业人员的素质明显提高，管理水平逐步提升，旅游的标准化水平大幅推进，已成为海内外旅游者重要的旅游目的地，玉龙县旅游产业体系正在逐步完善、产业效益提升明显，玉龙旅游实现从小到大，逐渐从旅游资源大县向旅游经济强县迈进。

三　玉龙县民族文化旅游业发展中存在的问题及挑战

玉龙县旅游产业发展虽然取得了可喜的成绩，但仍然存在一些亟待解决的问题，首先是旅游资源利用程度低，发展方式粗放；其结果导致旅游要素供给不平衡（“一多一少”——旅游景区点多，饭店旅行社少），区域发展不均衡（“一冷一热”——县城冷乡村热），旅游产业结构调整面临挑战。县域经济的实力有限，县辖旅游企业实力不强，从业人员整体素质不能适应发展需要，旅游基础设施有待进一步完善。人才要素在旅游业中至为关键，旅游从业人员素质有待进一步提升；旅游宣传从零起步，有超越以往的发展和明显的效果，促销有待加强。需要继续努力、扎实、深入工作，开拓创新、团结奋进，围绕新的工作计划和工作重点，重点在老君山景区、拉市海景区、太安片区、东部片区等旅游发展上取得新突破，在旅游行业管理与规范能力和水平提高到一个新的高度，在旅游经济发展和旅游产业完善上取得新的、更大的成绩，推动全县乃至全市旅游业取得更大的发展。

“十一五”期间玉龙县旅游业虽然取得了较好的成绩，但发展中也存在一些问题，具体存在的主要问题如下：

（一）全县旅游资源开发程度较低、资源优势尚未转化为经济优势，旅游基础设施和服务设施建设滞后，制约了旅游业提质增效

旅游管理机制还不够科学、合理。旅游宣传促销投入不足。中东西部旅游经济发展不平衡，全县没有一个科学、统一的旅游发展总体规划。农民参与旅游经营服务方式粗放，经营管理和服务质量低，旅游投诉多，旅游安全隐患大。旅游从业人员队伍素质有待提高，急需加强旅游从业人员的培训工作，提高从业人员的职业道德和业务素质。由于玉龙县地域广大，景区点分散，旅游行管、旅游执法和“黄金周”管理经费严重不足，影响了正常工作的开展。

（二）关于玉龙雪山门票收入分成问题的争议

玉龙雪山景区是丽江市的精品旅游景区之一，也是玉龙县精品旅游景区之一。玉龙雪山景区开发建设十多年来，累计投资 10 多亿元，除水、电、道路等旅游基础设施建设外，还先后完成了甘海子、冰川公园、云杉坪、牦牛坪、蓝月谷以及高尔夫球场、《印象·丽江》雪山篇等一批精品景点和旅游文化品牌的建设。旅游区于 2007 年被评定为国家首批 5A 级旅游景区，2009 年被中央文明办、国家住房和城乡建设部、国家旅游局评为“创建全国文明风景旅游区工作先进单位”，曾先后获得省、市“优秀文明旅游区”、云南省“拥军优属先进单位”、云南省“旅游产业发展突出贡献先进集体”、云南省“海内外游客最向往的景区”“欧洲人最喜爱的中国十大景区”“全国文明单位（景区）”“全国首批旅游标准化示范单位”“云南十佳景区”等 60 多项殊荣，玉龙雪山已经成为享誉海内外的精品旅游景区。

玉龙雪山旅游区在开发建设过程中取得了良好的经济效益、社会效益和生态效益，在丽江旅游业中发挥了龙头作用，撑起丽江精品旅游金牌，为丽江旅游业的发展做出了积极贡献。玉龙雪山景区在精品景区建设不断推进的同时，接待游客、门票收入和综合效益逐年攀升，2012 年，“大玉

龙”景区接待人数达到299万人次，比2011年同期增长6%，玉龙雪山进山人数为276万人次，比2011年同期增长5.5%；“大玉龙”景区门票总收入为3.91亿元，同比2011年同期增幅为7%，玉龙雪山门票收入达2.705亿元，比2011年同期增长11.2%。景区综合产值达14.5亿元，玉龙雪山景区门票及综合收入逐年增加的情况下，玉龙县从玉龙雪山景区门票中返还的资金却未得到如实兑现。根据《丽江市人民政府关于调整丽江古城玉龙雪山泸沽湖景区利益分配机制的通知》文件精神，规定了景区利益分配比例，即：“从2007年下半年起，玉龙雪山景区门票收入按30%返还玉龙县，……以后逐年递增返还比例5%，直至每年返还玉龙县玉龙雪山景区门票收入50%，资金返还比例达到50%以后，市政府将根据各景区基础设施建设情况，在原返还比例的基础上，进一步加大下放力度。”《丽江市人民政府办公室关于丽江古城维护费和玉龙雪山泸沽湖景区门票收入划拨问题的通知》中规定了征收成本统一按景区门票资金总收入的15%确定。根据丽江市人民政府相关文件规定，2007年玉龙雪山景区门票收入14767万元，按15%测算的征收成本为2215万元，按照门票返还比例30%的规定，实际返还玉龙县14102.5万元；2008年玉龙雪山门票收入14683万元，按15%测算的征收成本为2202万元，按照门票返还比例35%的规定，扣除征收成本后按比例测算应返还玉龙县4368万元，实际返还玉龙县4368万元。2009年起，市人民政府未按《丽江市人民政府办公室关于丽江古城维护费和玉龙雪山泸沽湖景区门票收入划拨问题的通知》的文件规定执行。2009年，玉龙雪山门票收入16828万元，按15%测算的征收成本为2524万元，按照门票返还比例40%的规定，扣除征收成本后按比例测算应返还玉龙县5722万元，而实际只返还了玉龙县4000万元；2010年，玉龙雪山门票收入19182万元，按15%测算的征收成本为2877万元，按照门票返还比例45%的规定，扣除征收成本后按比例测算应返还玉龙县7337万元，而实际只返还了玉龙县4000万元；2011年，玉龙雪山门票收入24300万元，按15%测算的征收成本为3645万元，按照门票返还比例50%的规定，扣除征收成本后按比例测算应返还玉龙县10328万元，实际只返还了玉龙县4000万元；2012年，玉龙雪山门票收入27050万元，按15%测算的征收成本为4058万元，按照门票返还比例50%的规定，扣除征收成本后按比例测算应返还玉龙县11496万元，实际只返还了玉龙县4000万元。

建议由于玉龙县是省级贫困县，县财政资金十分困难，特请丽江市人民政府按照丽政发〔2007〕19号文件规定执行，每年把玉龙雪山门票收入扣除成本后按50%返还给玉龙县。玉龙县将按照丽政发〔2007〕19号文件规定的资金管理使用要求，规范使用返还资金，保证资金用途不变，发挥资金的最大效益。

（三）各级党委、政府需要进一步提高对发展旅游业重要性的认识

旅游业是综合性强、辐射带动能力高的产业，发展好旅游业能够带动区域经济的大幅度发展。丽江和玉龙作为边疆民族地区，发展旅游业符合市情，也符合县情，丽江旅游十几年的发展也充分证明了丽江选择和重点培植旅游产业是正确的，丽江旅游产业的发展带动了丽江区域经济的振兴。因此玉龙县的各级党委、政府和相关部门要提高对发展旅游产业的认识、加大投入、研究政策、改善环境、加强领导，进一步提高旅游业在全县国民经济中的地位和作用，提高旅游业对本级财政的贡献率，带动全县人民脱贫致富，有效解决玉龙县的“三农”问题，使旅游业真正成为富民强县的产业。

（四）旅游资源利用程度低，县内区域发展不平衡

玉龙县旅游资源丰富多彩，并且分布在各个乡镇，开发利用需要投入大量的资金。由于丽江和玉龙经济总量偏低，自我发展、自我投入的能力不足，除了玉龙雪山旅游区开发建设基本形成规模，老君山、宝山石头城、虎跳峡、长江第一湾、拉市海等区域还处于待开发状况，资源优势还没有变成经济优势。在“十一五”的基础上，需要在“十二五”期间加大开发利用的力度，从玉龙雪山向西部的老君山和东部的宝山石头城等区域拓展和延伸，从而进一步提高旅游产业发展的经济效益、社会效益和生态效益。在向东西拓展的同时，还要加大对玉龙县城旅游产业发展的扶持力度，把玉龙县城建成丽江的旅游经济中心。

（五）玉龙旅游的可持续发展能力正受严峻考验

玉龙雪山等重点旅游资源日趋枯竭，冰川消退萎缩，生态环境恶化，旅游业发展特别是旅游业的可持续发展面临严重的危机。乡村旅游自由发展，旅游经营者和旅游服务者素质偏低，旅游秩序混乱，旅游投诉增多，旅游者满意度日趋下降，需要加大行业管理，规范经营行为，提高从业人员的综合素质。旅游产品质量有待提高。目前玉龙旅游产品规划和项目策

划总体水平低，旅游资源开发利用的方式、方法陈旧，向游客展示的旅游产品粗放，游客不能体验到独出心裁的旅游产品，旅游产品的科技含量不高，影响产品的效用。旅游产品市场化程度不高，一些产品雷同，有的甚至是低水平重复，不少产品对目标市场的把握、文化主题的塑造均感不足，旅游附加值不高。旅游产业结构不合理。由于区县分设等特殊原因，玉龙旅游产业六大要素发展不平衡，总体消费水平难以提高。主要表现在玉龙旅游区点多，而酒店住宿、娱乐、购物、交通、旅行社等少，严重影响着玉龙旅游经济效益的提高。在深层次上，玉龙旅游产品以观光产品为主，休闲度假和文化旅游产品偏少，对开拓新市场，实现新发展造成一定的障碍，制约着玉龙旅游的科学、全面、协调、可持续发展。越来越庞大的从业人员素质与人才教育培训工作缺失不能适宜“旅游强县”战略的要求。

（六）基础设施薄弱，缺乏专业人才队伍

县内文化基础设施比较薄弱，特别是农村文化体育设施缺乏，公共文化服务网络尚未健全，全县仍有 6 个乡镇文化站急需新建（或改扩建），全县无供演出的剧场或影剧院；缺乏高素质、高水平的文化经营人才和文化专业人才，从业人员整体素质不高，尤其是高级经营管理人才、专业技术人才和复合型文化经营创意性人才短缺，现有的用人机制也不能适合文化产业的发展需要；群众保护传统文化的意识淡薄，对文化产业发展认识不到位，阻碍了文化产业的发展。

（七）机构不健全，缺乏完整的文化产业规划

文化产业涵盖面广，主要包括媒体传播业、出版发行业、文化旅游业、文艺演艺业、文化娱乐业、文化体育业、文博会展业、文化制造业、民间工艺业、文化信息服务业十大产业。针对玉龙县民族文化资源优势，文化产业的定位、发展规划尚未形成。文化产业协会刚刚成立，目前还没有能力来主导分析玉龙县文化产业发展的路径，扶持政策不到位，政府在鼓励文化产业规模化经营和专业化协作方面，尤其是对文化产业结构调整、文化产业布局、文化支柱产业等方面缺乏科学有效的产业政策保障；在文化产业发展涉及的土地使用、税收优惠、财政支持、融资通道、基建设施等方面缺乏实质性的战略举措推动和优惠政策支持。对文化旅游来讲，文化与旅游是一对密不可分的整体，缺乏文化的旅游是没有生命力的，而文化的经济实现形式又要依托旅游才能实现。所以需要一个强有力

的机构来系统地研究统计、分析玉龙县的独特文化资源优势，引入资金投入发展文化产业。体制机制不协调，目前玉龙县文化产业仍分属若干不同部、委、办、局，文化产业管理职能严重分散，部门利益、区域利益相互交织冲突，缺乏统一规划和强有力的领导协调机制，难以形成管理的合力，体制机制性障碍突出。

（八）对文化产业培育发展的资金投入不足，文化市场活力未显现

从目前玉龙县的情况来看，文化事业发展主要依靠县财政的支持，而整个文化市场发展仍处于粗放的状态，文化项目建设资金不足，市场缺乏活力，导致乡镇综合文化站、村级文化室、文化信息资源共享工程村级服务点等项目地方配套资金落实难，制约了各文化项目的顺利推进；公共基础文化设施总量不足，规模偏小，缺乏能够举办不同类型文艺活动，同时又具有商贸等多功能的复合性文化场所；由于对文化遗产的保护、文化产品的开发、舞台精品艺术的打造及文化人才的激励等方面经费仍无法保障，导致深入挖掘、整理、利用民俗文化资源困难重重，制约了文化产业的发展。

（九）文化品牌开发力度不够

文化产业发展主要存在资金和人才两大瓶颈制约，缺少有效的行政管理体制，产业统计工作尚不规范，对文化资源缺少经营性、开发性整合，缺少文化品牌的战略策划和运作，通过品牌的创建、促进产业发展的能力和水平较低，民族文化产业开发缺乏创新意识，农民自办文化产业缺少机制和资金扶持，文化产业优惠政策难以落实。

（十）文化产业发展不均衡

调查表明，玉龙县文化产业发展至今没形成合力，关键是缺少发展的浓厚氛围，资源优势综合利用不足，玉龙县文化资源沉淀深厚，但开发各自为政，缺乏有效整合，资源优势还不能真正转化为产业优势和市场优势。如文化演艺团体对民族文化的展演依然以比较凌乱而又相对重复的面貌出现在游人的眼前。

四　玉龙县民族文化旅游发展前景

从资源的角度分析玉龙县旅游业，丽江市的四大旅游品牌资源在玉龙县境内的有玉龙雪山、老君山、白沙古街，约占 60%，是丽江市的旅游

大县。从生态旅游建设发展情况来看，云南省两家首批国家5A级旅游景区之一的玉龙雪山旅游区在玉龙县境内，经营玉龙雪山旅游区的玉龙旅游股份公司是云南的第一支旅游股，其他不同等级的民族文化旅游区景点70%在玉龙县。

2007年玉龙县被国家旅游局评定为全国首批、云南省唯一的中国旅游强县。从旅游经济发展前景看，玉龙旅游在丽江旅游中占有重要的主导地位，玉龙旅游前景十分广阔，可以说做大了玉龙旅游就做大了丽江旅游。

（1）以玉龙雪山、老君山为主的风景名胜观光旅游。玉龙雪山和老君山都是国家级风景名胜区，以国家级风景名胜区为重点，加大开发力度，必将成为玉龙生态旅游的“名片”。巩固提升国家风景名胜区、国家5A级旅游景区玉龙雪山景区，对玉湖、文海、甘海子、蓝月谷、大具、鸣音、宝山石头城七大片区景点的综合开发。老君山景区，老君山是世界自然遗产、国家风景名胜区、国家地质公园，开发需要超前谋划，处理好保护与开发的关系，高起点规划、高标准建设、高效能管理，把老君山国家公园建设成一个高品质景区。

（2）以石鼓为中心开展红色旅游。2005年石鼓被列为“全国100个红色旅游经典景区”之一，围绕着“红色旅游”线路开发与挖掘沿线的旅游资源，可以形成上下一线的旅游链条，形成进入老君山国家公园的重要环节，促进旅游资源的整体联动，进而促进本地旅游经济上档次、上水平，促进本地经济快速健康地发展。

（3）以黄山、白沙、拉市、大具、黎明、九河为主的民俗旅游。黄山、白沙、拉市、大具、黎明、九河分布着纳西族、白族、傈僳族等多种民族，民族旅游以观赏、理解以及参与地域性风土人情为目的，特别适合于较短路途的乡村旅游。它主要是将旅游纳入文化之中，进而展示区域文化特征。各个民族都有自己传统的民族文化、生活习性，各民族的服饰文化、饮食文化、建筑文化、交通、宗教、节庆、婚丧、礼仪、集市等都具有特色，并富有极为强烈的可视性和独有的观光魅力。

（4）体育旅游。体育旅游已逐渐成为一种时尚。全县境内都可以开展体育旅游，通过旅游参与一些体育活动，比如骑自行车郊游、上山滑雪、山间旅游，周末的时候到金沙江游泳、漂流游等，既达到健身目的，又实现了对大自然的回归，使身心彻底放松。

（5）观光农业旅游。观光农业旅游是旅游市场中的一种新产品，游为主题，巧妙利用城乡各种差异来规划、设计以农业资源为基础，以民族文化与生态旅游组合的新产品，引起旅游消费欲望，满足旅游者食、住、行、游、购、娱的需求以及亲身体验参与新型农业技术与生态农业活动，感受大自然情趣的一种旅游形式，黄山、白沙、拉市等乡镇都可以开展观光农业旅游。让游客在农业旅游中找到了一种真正接近自我、回归自然的乡土感觉。

（6）湖泊湿地旅游。拉市海湿地景观结构具有一定的特殊性，在进行湿地生态旅游开发时，要注意开发项目的特色性。开发项目包括观鸟、水上体育运动、垂钓、捕鱼等活动。重点开发项目为观赏鸟类。

五　玉龙县民族文化旅游业发展新对策及成就

（一）民族文化旅游业发展新对策

围绕建设世界级精品旅游胜地的目标，实施大项目带动大发展战略，树立玉龙品牌意识和大旅游、大市场观念，建设好三大生态文化旅游区，使玉龙成为国内外游客重要的旅游目的地。首先要在《云南旅游发展总体规划》和《丽江市旅游发展总体规划》指导下，编制好具有国际化特点、玉龙特色的《玉龙县旅游发展总体规划》。同时编制、完善和提升好新县城、玉龙雪山、老君山等旅游区的旅游发展规划，为开发建设好三大旅游区奠定基础。其次是要理顺关系，创新体制，坚持“政府主导、企业开发”的原则，发挥企业在旅游开发中的主体作用。支持玉龙雪山旅游开发公司、市旅游投资公司、云南玉龙城市房地产公司、鼎业集团、丽江玉龙生态旅游公司、丽江翔鹭房地产公司、丽江美林基业房地产公司、香港瑞安集团等企业，集中力量做好玉龙雪山、老君山国家公园、玉龙新县城、白沙文化圈、雪山水城、拉市海的旅游开发工作，力争在近期形成新的旅游生产力和接待力，形成玉龙旅游新的增长点。

此外还要建立一套有利于旅游业可持续发展的融资、投资和积累机制。抓住国家宏观经济调控政策大变化的有利时机，政府要协调好银企关系，让银行加大对旅游企业的资金扶持力度，使旅游企业在旅游发展中有很好的项目时有足够的资金支持。提高旅游资源保护利用水平，建设世界一流的生态旅游区。要吸收和借鉴国内外生态旅游区建设的先进经验和技术，建设好观光、度假、休闲、康体、会展、科考、探险、商贸等复合型综合性的旅游区（点），以玉龙雪山、老君山、白沙旅游文化圈、拉市海、玉龙新县城、石鼓、黎明为重点，规划建设一批具有标准化、个性化、特色化和具有参与性、知识性和娱乐性的生态旅游产品。

在发展的同时加大以交通为重点的旅游基础设施的投资建设力度，大力改善玉龙旅游的旅游线路。积极支持丽江机场改扩建、大理丽江高速公路和大丽铁路、丽香铁路建设，大力改善玉龙旅游的外部发展环境，形成多元化的安全、舒适、便捷的立体旅游交通网络，保证旅游者进得来、出得去。内部要以老君山国家公园旅游环路、大具和奉科跨江大桥、丽江城至大具公路、丽江城至宝山石头城至奉科旅游小环线公路为重点，大力改善旅游线路，增加游客可进入性。协调水电开发和旅游开发共赢。

及时主动建设一批旅游集散地，实现旅游者的便捷集散和合理流动。要以建设中国最佳旅游城市为目标，突出休闲度假为主题，建设好高尔夫球场、高档次度假酒店、国际会议中心、东巴文化城，使玉龙县城成为丽江的 CBD 和 RBD，成为丽江旅游的一级集散地，完善和提升县城的旅游功能。大力发展乡村旅游，要以白沙、拉市、黄山、石鼓、黎明、大具等为重点建设旅游特色乡镇；要以玉湖、白华、长水、美泉、宝山石头城、世外桃源村等为重点，建设旅游特色村，形成完善的旅游集散体系，发挥旅游带动和辐射作用。

切实强化各项目措施，做好旅游资源的保护工作。要正确处理好资源保护和利用的关系，坚持在保护的基础上开发，在开发中加强保护的原则：根据玉龙自然生态环境和文化生态环境，建设好自然生态旅游区和文化生态旅游区，转变旅游业发展观、资源观和开发模式，提高旅游开发技术和方法，有批判性吸收国内外旅游发展的先进经验，充分分析研究玉龙自身特点，探索一条符合玉龙特色的旅游发展新路子；同时，需要从永续利用的角度，选择好旅游地，安排好旅游线路，控制好游客数量、建筑物等，建设好旅游环保设施，通过“游住分离、吃住分开”等方式，实现可持续发展；要加大力度，做好本土文化的保护、传承和弘扬工作。

积极实施走出去战略，加大市场营销力度。在“一手抓建设，一手抓促销”的方针指引下，要加强对国内外旅游市场的调研力度，及时掌握国内外旅游市场的需求特点和需求变化趋势，做好旅游市场细分等工作，把握好玉龙旅游的目标市场和重点市场，针对目标市场进行立体式、全方位、渗透式的宣传促销，刺激旅游动机，促进形成旅游行为。

以建设中国香格里拉生态旅游区为目标，加强旅游区域合作。玉龙地处滇、川、藏的结合部，是世界屋脊青藏高原向云贵高原过渡衔接的地带，是国家规划建设的中国西南香格里拉生态旅游区的中心。玉龙要立足得天独厚的自然资源和多姿多彩的民族文化，与省内外的大理、迪庆、四川西昌、攀枝花、西藏昌都等地市开展合作，建设“世外桃源”为主题的香格里拉生态旅游区，提高利用资源、保护资源的水平，打造世界级的旅游品牌。

以建设世界级精品旅游胜地为目标，加强旅游人才培养，提高旅游从业人员素质。旅游行业是劳动力密集型的行业，旅游行业吸附的人员最多，旅游行业对人才的需求较大，不仅有数量的需求，更重要的是对质量的要求。要通过“请进来，送出去”和长短期培训相结合等多种方式、多种途径加强旅游人才的培养，形成高、中、低结构合理的旅游人才队伍。要经常性地开展旅游知识和旅游法规培训，提高旅游从业人员的旅游知识和旅游服务技能。

强化旅游管理，创新旅游体制。当前，要根据玉龙旅游发展的实际和国内外旅游市场的特点，完善旅游经营和管理体制，理顺各种关系，建立适应旅游发展需求，能推动旅游生产力发展的经营和管理体制。强化旅游行政部门的管理职能，做好旅游法规的贯彻落实，地方法规的制定实施，抓好规划、发展、管理等工作，通过法规实现对整个旅游行业和旅游市场的监管。充分发挥好行业协会等行业中介组织的作用，通过行业自我管理、自我约束、自我提高，实现自我发展。按照“属地管理”原则，以乡镇为主体，旅游乡镇要加强农民参与旅游服务的管理工作，拉市、白沙乡政府要特别加强马队管理，要下决心建立健全旅游安全保险机制，下力气解决好旅游安全和服务质量方面存在的隐患和问题，为游客提供安全优质服务，全力维护玉龙旅游形象，提升玉龙旅游品牌；旅游部门要加强业务指导和培训工作，及时受理旅游投诉，严格旅游执法，维护旅游者和旅游经营者的合法权益，维护旅游市场秩序。

（二）“十一五”民族文化旅游业发展进路

“十一五”期间，是丽江撤地设市区县分设后，玉龙县从新的起点逐步走向繁荣的重要时期。这期间，玉龙县县级党政机关从古城区迁入（2005 年 10 月）玉龙新县城办公，全县经济社会有了较大的发展，旅游业也实现了长足的发展。海内外旅游者接待量、旅游总收入、旅游创汇和旅游区点、旅游饭店、旅游客栈、农家乐、旅游购物店、旅游从业人员、旅游税收、旅游增加值占国民经济增加值的比重、旅游税收对县级财政的贡献率等各项旅游经济指标得到了较大增长，旅游经济总量不断扩大，玉龙县已基本从旅游资源大县转变为旅游经济强县。

据统计，截至2005年年底，玉龙县重点旅游区点24个，其中国家4A级旅游景区1个，国家3A级旅游景区1个，国家2A级旅游景区2个。旅游饭店7家，农家乐50家，普通旅游住宿设施43家，旅游购物店26家，旅游马队10个，共1926匹，旅游直接从业人员5000人，旅游间接从业人员2000人，旅游总收入占全县国民经济中的比重为25%，旅游税收对本级财政的贡献率达20%。旅游业的配套设施、新增设施都得以促进和升级改造，如老君山开发、商贸拉动模式（凭借交通枢纽优势，促进周边农村集镇市场的活跃）促成白汉场升级改造，通过交通沿线聚集模式（集中在交通沿线发展小城镇），实现石鼓镇的升级改造，有力扩大了“长江第一湾”景区的接待能力和知名度，使这些区域的农民在旅游资源开发建设中受惠，企业家也在盘活资源中获利，实现劳动力转移，旅游业从业人员日益增多。2009年年底全县旅游直接从业人员10000人，旅游间接从业人员40000人，旅游总收入占全县国民经济中的比重达40%，旅游税收对本级财政的贡献率达30%。预计2010年全县共接待海内外旅游者500万人次，旅游总收入50亿元，接待海外旅游者34.6万人次，旅游外汇收入13450万美元。全面完成了“十一五”规划中确定的各项旅游经济指标。

表5-2　　玉龙县“十一五”旅游经济指标比较表

（单位：万人次/亿元/万美元）

指标 年份	旅游总人数（增长率）	旅游综合收入（增长率）	国内游客（增长率）	国内旅游收入（增长率）	海外游客（增长率）	旅游创汇（增长率）
2005	209.85	14.60	199.88	13.10	9.97	1912.99
2009	426.19 （增103.09%）	43.44 （增197.53%）	396.69 （增98.46%）	36.36 （增174.88%）	29.5 （增95.89%）	9855.29 （增415.18%）

（三）“十一五”旅游发展的标志性事件

（1）玉龙县成为云南省唯一列入全国首批17个“中国旅游强县”试点县之一。

为了夯实中国建设旅游经济强国的基础，2006年国家旅游局决定在全国开展创建“中国旅游强县”活动，推动我国县域旅游经济的发展。2007年年初经云南省旅游局筛选推荐，玉龙县、石林县等县份创建“中国旅游强县”试点县上报国家旅游局，经国家旅游局综合研究，玉龙纳西族自治县确定为全国首批“中国旅游强县”试点县。2007年3月开始，玉龙县正式启动创建“中国旅游强县”的试点工作。县委、县政府召开全县创建“中国旅游强县”动员大会，成立创建领导小组和工作组，在全县范围内掀起了创建“中国旅游强县”的高潮。经丽江市旅游局初评，云南省旅游局最终评定，于2007年11月上报国家旅游局，2007年12月25日经国家旅游局正式批准，玉龙纳西族自治县成为首批中国旅游强县之一，已正式步入全国旅游经济发展强县的行列，县域旅游经济有了较快的发展。

（2）玉龙雪山旅游区成为首批国家5A级旅游景区。

玉龙雪山是丽江改革开放的窗口，也是丽江旅游发展的重要引擎。从1992年开始，通过十几年的开发建设，玉龙雪山旅游区成为丽江和云南旅游的拳头产品。2006年国家旅游局决定开展国家5A级旅游景区的评定工作，经过一年多的努力，大力改善了旅游区的软硬件设施，2007年5月国家旅游局批准玉龙雪山旅游区为中国首批国家5A级旅游景区，成为中国最高级别的旅游区之一。

（3）丽江老君山国家公园开工建设。

为了实现云南旅游的二次腾飞，云南省人民政府和丽江市委、市政府决定加快丽江老君山的开发建设进程，经多方招商和谈判，2008年10月，丽江市人民政府与云南旅游产业集团（现改制为云南世博旅游控股集团）签订了合作开发建设丽江老君山国家公园的协议书。2009年2月，丽江老君山国家公园开工仪式在玉龙县黎明乡举行，拉开了丽江老君山国家公园建设的序幕。

（4）玉龙县城主体工程竣工、重大旅游项目相继开工建设。

玉龙县城是全国唯 纳西族自治县的政治、经济和文化中心，通过近四年的建设，县城开发建设取得阶段性成果。2006年12月29日，玉龙县城主体工程竣工庆典在玉龙县城隆重举行，当天在丽江翔鹭酒店同天举行开工仪式。2008年12月，玉龙县城又一重大旅游休闲度假项目雪山水城开工建设。玉龙县城不仅成为县域的政治、经济和文化中心，同时将发展成为玉龙县和丽江市的旅游中心。

（5）丽江火车站落户玉龙，丽江至香格里拉铁路开工建设。

经多年的论证研究，丽江火车客运站选址在玉龙县城东南边，距玉龙县行政中心仅500米。2009年年初开始，丽江火车客运站开始建设。丽江至香格里拉铁路从玉龙县城的丽江火车客运站开始延伸至香格里拉，成为滇藏铁路的重要枢纽。丽江火车客运站和丽江香格里拉铁路的建设，将使玉龙县城成为丽江和云南重要的旅游集散地，成为重要的国际化旅游城市。

（6）玉龙县东部旅游公路建成。

玉龙县的东部是丽江重要的旅游后续发展区，以前受交通等基础条件的制约，经济发展相对滞后。2007年开始，随着金沙江水电开发进程的加快，丽江古城至玉龙雪山至鸣音至宝山石头城至奉科革囊渡江跨江桥到宁蒗泸沽湖的玉龙县东部公路建成，公路全长95千米，按国家二级公路标准建设，极大地改善了东部旅游发展的条件，为丽江旅游的发展奠定了良好的基础。

（7）玉龙县城高尔夫度假区建成运营。

在玉龙县城文笔海边建设的古城湖畔高尔夫运动休闲度假区，通过近5年的开发建设，18洞高尔夫球场、会所、159栋半山别墅等休闲度假设施建成，2006年开始投入运营，有效推动了玉龙旅游的发展、丽江旅游的提质增效和云南旅游的二次腾飞。

（8）石鼓红色旅游项目建成。

红色旅游是以发生在中国共产党成立到新中国成立期间的革命历史、革命人物、革命纪念地等为旅游资源开发建设主题的旅游产品，宗旨是对青少年进行革命传统和爱国主义教育。2004年，根据中共中央的总体部署，中央宣传部、国家发改委、国家旅游局公布了《2004—2010年全国红色旅游发展规划纲要》，玉龙县万里长江第一湾石鼓红军渡口纳入了规划纲要中。在国家和省的大力支持下，石鼓红军渡陈列馆、渡口纪念碑、游客中心、红色旅游基础设施项目相继竣工。2009年5月，石鼓正式成为国家级爱国主义教育基地。红色旅游项目的建设，为革命老区经济社会的发展，为丰富丽江旅游产品结构提供了良好的条件，推动了丽江旅游的健康、持续发展。

“旅游强县”的发展战略得到确立。新分设后的玉龙纳西族自治县拥有丰富的旅游资源和品牌优势，有玉龙雪山、老君山、虎跳峡、长江第一湾等重要的著名旅游区点，蕴藏着丰富多样的水能资源和森林、花卉、药材等生物资源，是全省的一个资源大县、旅游大县和民族文化大县。为加快玉龙县的经济社会发展，变资源优势为经济优势，县委、县政府提出了跨越式、超常规的发展思路，紧紧围绕与全市同步实现全面建成小康社会的目标，突出又好又快发展这个主题，以调整经济结构和转变增长方式为主线，以统筹城乡和区域协调发展为重点，全面实施农业稳县、旅游强县、水能富县、生态立县、工业强县、文化兴县和全面开放七大战略，努力打造县城、金沙江、玉龙雪山、老君山四大经济平台，坚持开发与保护并重，统筹兼顾，不断开创全县经济、政治、文化和社会发展新局面，努力把玉龙县建设成为云南省最具活力的民族自治县。为实施好“旅游强县”的发展战略，把玉龙建成世界级精品旅游胜地，县委、县政府先后成立了旅游产业领导小组、旅游协调工作领导小组等机构，多次召开全县旅游工作会议，统一思想，加强领导，改善旅游发展环境，促进了旅游经济的快速发展。

政府重视、部门支持、企业主体的旅游产业发展模式基本形成。旅游产业是一项综合性很强的产业，旅游业要实现又好又快地发展，必须强化政府对旅游产业的领导，实施好旅游产业发展中“政府主导”的战略，形成强势政府，引领旅游产业的发展。“十一五”期间，玉龙县委、县政府为了实施好“旅游强县”的发展战略，加强了对玉龙旅游产业的领导，编制旅游发展规划，出台旅游发展的相关政策，扶持旅游企业的发展，加大对重大旅游基础设施的投入力度，推动玉龙旅游产业的快速、健康发展。发改、财政、国土、建设、文化、工商、卫生、公安等部门大力支持旅游产业的发展。丽江玉龙旅游股份有限公司等旅游企业发挥了在玉龙旅游发展中的主体作用，旅游接待能力和旅游服务能力不断提高，通过政府、部门、企业的“三合唱”，促进了玉龙旅游的跨越发展。

旅游产业成为县域的支柱产业。2006 年以来，紧紧围绕建设世界级精品旅游胜地的目标，下力气抓旅游业的培育和旅游资源的开发工作。通过对玉龙雪山、白沙壁画、长江第一湾等老景区的改造和对老君山、虎跳峡、高山植物园、文笔海旅游度假区等新景区的开发，大力发展黄山、白沙、拉市等乡村生态、民俗旅游，加快玉峰寺至白沙壁画文化带等项目的建设，巩固旅游业的主导地位，提升了旅游业产业素质，实现了旅游业的持续、健康发展。在开发建设中注意与市场的结合，对各类旅游资源进行了选择性、特色性、创意性、综合性开发，建设了一批独具特色、有影响的旅游产品。2009 年全县接待海内外游客 426.19 万人次，实现旅游综合收入 43.44 亿元，旅游接待人数持续上升，旅游收入持续增长，旅游业在全县国民经济中的地位和作用已经确立，实现了良好的经济、社会、生态效益。

旅游基础设施不断改善。“十一五”期间，玉龙旅游的基础条件日趋完善。丽江机场先后开通了昆明—丽江—西双版纳航线和丽江直飞北京、上海、广州、重庆、贵阳、深圳、成都、香港等 13 个重点客源城市的航班，丽江机场改扩建工程已经竣工投入使用。完成了丽江至金庄至其宗段、巨甸至鲁甸公路、玉龙雪山至大具下虎跳峡、玉龙雪山至鸣音、鸣音至宝山、鸣音至奉科革囊渡江遗址的柏油公路建设。航线、航班增多，公路等级提高，速度加快，舒适度增加，交通的改善有力地促进了玉龙旅游的发展。对重点旅游区进行封山育林、人工绿化等措施，美化了环境，使山川增色，城市改观，改善了生态环境、生活环境和投资环境。旅游的社会效益日益明显。旅游业是劳动密集型产业，已成为解决就业和吸纳下岗人员、吸纳农村剩余劳动力的重要产业。2005 年，全县旅游直接从业人员 5000 人，间接从业人员 20000 人。到 2009 年全县旅游直接从业人员 10000 人，间接从业人员达 40000 人，特别是在乡村骑马旅游、农家乐等产业吸纳了众多的城市下岗人员和乡村剩余劳动力。通过培训，从业人员的职业道德、职业素养得到提高，为旅游业可持续发展提供了人才支持和保障。

总之，通过充分发挥政府主导作用，实施“旅游先导”战略，加大旅游行业管理力度，调整产业结构，加大基础设施建设，优化投资环境，多层次多渠道筹措资金，加大投入，充分发挥旅游业的扶贫功能，较好地完成了“十一五”期间各项任务，使旅游业保持了较好的发展势头。玉龙县旅游资源丰富，旅游发展具有较好的基础，未来的发展将面临良好的发展机遇，旅游发展前景广阔。随着经济社会的快速发展、人民生活水平的提高，基础设施的逐步完善，对内对外开放的不断扩大，玉龙县的旅游产业只要坚持政府主导，企业开发，改革开放，打造精品的原则，适时解决好旅游业发展中的重大问题，保障旅游产业各要素协调发展，将实现又好又快的发展，玉龙县将建成名副其实的中国旅游强县，实现经济、社会的健康、持续、协调发展。

第六章

宗教信仰与宗教管理

第一节　宗教概况

丽江宗教工作者生动而准确地将丽江的民族宗教状况总结为“和谐相处”①。各世居民族多有自己的传统宗教信仰，如纳西族信东巴，摩梭人信达巴，彝族信毕摩、朵兮簿，普米族信韩归，白族的本主崇拜，傈僳族的多神崇拜等。此外，信奉佛教、道教、伊斯兰教、基督教和天主教的信教群众达 12 万人，占全市总人口的 10.17%；这五大宗教的信众当中，少数民族达 68.4%。已纳入依法批准登记的 98 个宗教活动场所，分布于全市各（区）县 80%以上的乡镇、办事处。在丽江，民族工作和宗教工作高度重合，具有全局性、战略性地位，十分重要。

表 6-1　　2012 年丽江市五大宗教基本情况

		宗教团体	宗教活动场所	教职人员	信教群众
佛教	藏传佛教	市级协会 1，县级协会 3	17	423	57379
	汉传佛教		43	23	51356
道教			2	19	2335
伊斯兰教		县级协会 3	8	7	4583
基督教		县级爱国会 3，县级协会 4	56	62	6508
天主教		县级爱国会 1，县级教务委员会 1	1		1260
合计		16	127	534	123421

资料来源：丽江市民族宗教事务局提供。

① 熊宗林：《丽江十二种世居民族　五大宗教和谐相处政治价值浅析》，《丽江佛教》2010 年第 2 期。

表 6-2　　2012 年古城区与玉龙县五大宗教基本情况

		宗教团体	宗教活动场所	教职人员	信教群众
佛教	藏传佛教	县级协会 1	8	148	17379
	汉传佛教		5	9	15698
道教			1	5	135
伊斯兰教		县级协会 1	1	1	627
基督教		县级爱国会 2，县级协会 2	43	48	4188
合计		6	58	211	38027

资料来源：丽江市民族宗教事务局提供。天主教在古城区和玉龙县几乎无活动，从略。

根据政府历年的统计数字来分析，伊斯兰教、天主教信徒数量的变动非常小；相对而言，基督教和佛教的增长要明显一些。

一　佛教

历史上木土司大多虔信佛教，这对丽江纳西族文化的发展产生了相当大的影响。① 汉传佛教和藏传佛教在丽江境内都有一席之地，历史上，两种佛教体系以丽江为交汇点：藏传佛教自北向南传播，止步于丽江地区，不再向大理渗透；而汉传佛教从南边来到丽江之后，亦不再北去。如果视野再扩展，还会发现基督教传入怒江的傈僳族之后，再从西边传入丽江，不再往东边发展（直到解放后才传入攀枝花）。这些奇特而有趣的历史现象充分体现了丽江在交通、贸易和文化传播等方面的独特位置，也使它在宗教方面格外包容。

由于丽江毗邻藏区的地理地点以及当下藏传佛教的传播引人瞩目，这里侧重讨论藏传佛教。其信仰的主体主要是纳西族、傈僳族部分人、纳西族摩梭人和普米族。在历史上，藏族称大理、丽江地区为姜域（lJang yul）。土司木嵚（1428—1485 年）、木泰（1455—1502 年）的超度法事都是由噶玛巴即藏传佛教噶玛噶举派黑帽系活佛主持。受木土司木定（阿牙阿秋，1477—1526 年，1502—1526 年任土司）盛情邀请，第八世噶玛巴弥久多杰（Mi bskyod rdo rje，1507—1554 年）于火鼠年（1516 年，明正德十一年）抵达丽江，受到盛大礼遇。这一良机促成丽江开始建造藏传佛教寺院，纳西族开始有人出家为喇嘛，木定本人也接受了法号

① 参见张信《木氏土司弘扬佛学推动丽江发展的贡献》。感谢作者惠赐电子文本。

"噶玛·绛央扎巴" (Karma 'Jam dbyangs grags pa)。1561 年、1582 年、1586 年、1593 年，第九世噶玛巴旺秋多杰（dBang phyug rdo rje，1556—1603 年）亦数次接受木氏的礼物或被邀访问丽江。1600 年时任丽江知府的木增（1587—1646 年，藏文法名 Karma Mi pham tshe dbang bSod nams rab brtan）再次发出邀请，希望刊刻新版藏文《甘珠尔》。第六世夏玛巴（噶玛噶举派红帽系活佛）却吉旺秋（Chos kyi dbang phyug，1584—1635 年）作为噶玛巴的代表前往，以蔡巴《甘珠尔》为底本，从 1608 年开始筹备，在 1614—1621 年完成这一壮举，共 108 函。木增还将朱印甘珠尔装成 54 箱，奉献至拉萨大昭寺。近年文物普查中还发现西藏昌都地区贡觉县卓珍寺藏有 108 函丽江版，[①] 此外国内外还有散存。这是丽江对西藏文化发展做出的一大贡献。康熙三十七年（1698 年）经版被下令用骡马运至四川理塘，存放于格鲁派寺院强巴林（Byams pa gling，亦称理塘寺。1908 年经版毁于战乱），因此后世又称之为理塘版或丽江—理塘版《甘珠尔》。[②] 支持格鲁派的卫拉特蒙古和硕特首领固始汗（Güshi Khan，1582—1654 年）率兵入藏并占领康区后，清顺治六年（1649 年）第十世噶玛巴却英多杰（Chos dbyings rdo rje，1604—1674 年）避难至丽江，在驻锡于此的二十余年中广度僧徒，剃度授戒，弘扬教法。

木氏土司因襄赞护法的贡献，而在藏族地区被传颂为"丽江王"（ljang sa tham rgyal po）。[③] 以包括土司家庙福国寺从汉传佛教寺院改归藏传（康熙十八年，1679 年）为标志，藏传佛教取得了相当高的地位。不仅纳西族出家修佛、攻读各种学位，据统计，清康熙末年至民国年间，丽江境内还先后出世 26 位活佛。其中，第十五世仲巴活佛白玛赤烈旺秋（Padma phrin las dbang phyug，1860—1925 年）还转世于木土司家，原名

① 程越主编：《中国共产党西藏昌都地区历史大事记》（1949—2009 年），中国藏学出版社 2010 年版，第 383 页。

② 参见 Yoshiro Imaeda，"L'édition du Kanjur Tibetain de 'Jang sa-tham"，*Journal Asiatique* 270（1982）；王尧《藏文大藏经丽江一理塘版〈甘珠尔〉经述略》，载郭大烈主编《纳西族研究论文集》，民族出版社 1992 年版。

③ 参见冯智《明清滇藏政教关系与木氏土司》，载《纳西族研究论文集》；习煜华、王晓松《木氏土司与藏传佛教噶举教派法缘关系浅谈》，载《云南藏学研究论文集》，云南民族出版社 1997 年版；许存仁《丽江藏传佛教噶玛噶举派（白教）大事记》，《丽江日报·文化周刊》第 786 期（2012 年 9 月 8 日）。

木槐青。如今，供养在藏传佛教最神圣之地——拉萨大昭寺的大藏经①和白沙大宝积宫②融汇汉传、藏传、道教神祇形象的壁画一样，是历史上丽江与西藏政教关系的真切体现。

噶举派在木土司治下的滇西北地区创建了十三大寺，其中八座分布在丽江境内，它们是：白沙芝山间的福国寺、玉龙山南麓玉峰寺、拉市秣度山麓指云寺、普济山里普济寺、文笔山腰的文峰寺、巨甸镇金河村兴化寺、鲁甸坝北端灵照寺以及塔城洛固的达来寺。③ 以福国寺为例，这座木土司家庙始建于万历二十九年（1601 年），原名解脱林，后由明熹宗赐名“福国寺”，康熙十八年（1679 年）改宗藏传佛教，藏名 ’Og min rnam grol gling（色究竟天解脱洲），这座云南最大的噶举派寺院也被认为是丽江五大寺院（玉峰寺、福国寺、普济寺、指云寺、文峰寺）的母寺。清同治甲子年（1864 年）正月毁于兵火，光绪八年（1882 年）重建。“文化大革命”期间复遭毁坏，1974 年五凤楼（法云阁）与“解脱林”门楼迁建至黑龙潭玉泉公园。1983 年被列为云南省重点文物保护单位。2009 年 9 月 25 日，福国寺开始在原址动工恢复重建，至今仍在陆续建设之中。

在噶举派势力进入丽江地区之前，萨迦派就在元代随忽必烈传入宁蒗、永宁一带，建立寺院。而清初五世达赖喇嘛和固始汗联手建立政教格局之后，格鲁派势力迅猛扩张，进入永宁地区并排斥原来的萨迦派。但由于历史上的渊源，纳西族更认可噶举派：“噶玛噶举派的纳西族信仰者往往自称‘阿格噶玛以’（意即我们噶玛噶举派），称黄教为‘他格格鲁巴’（意即他们格鲁派），说明噶玛噶举派在纳西族地方的影响很深。”④目前丽江市的藏传佛教出家信众当中，噶举派僧人 148 名都在玉龙县和古

① 大昭寺藏丽江版《甘珠尔》经现代手段复制完工后，于 2013 年 7 月 13 日移交丽江市，入藏市图书馆、博物馆、佛教协会等处，为两地、两个民族的文化交流续写新篇。

② 参见 Karl Debreczeny，“Dabaojigong and the regional Tradition of Ming Sino-Tibetan Painting in the Kingdom of Lijiang”，in Matthew T. Kapstein（ed.），*Buddhism Between Tibet and China*，Sommerville：Wisdom Publications Inc，2009，pp. 97-154。

③ 其他五座寺院是维西的兰金寺，维西喇普的达摩寺、来远寺，维西康普的寿国寺，贡山丙中洛的普化寺。它们今分属云南迪庆藏族自治州维西傈僳族自治县与怒江贡山独龙族怒族自治县。

④ 王彦苹：《宗教与民族的互动：藏传佛教噶玛噶举派与纳西族》，《中国民族报》2008 年 3 月 25 日第 7 版。

图 6-1　丽江市玉龙县重建的福国寺大殿内景

城区，而 176 名格鲁派、99 名萨迦派僧尼则都在宁蒗县。[①] 应该说这与历史上的版图分布具有一定的脉络关系，而又呈现出新时期的变化特征，也是民族宗教工作中需要留意之处。

纳西普遍对藏传佛教心存敬仰。清人余庆远《维西见闻纪》中曾记“麽些（即纳西族）头目二三子，必以一子为喇嘛”。今虽不复昔时景况，但遇重大节日和事件，仍拜佛礼僧。有人描述为“有事就信，没事就不信，倒信不信”，生动地勾勒出信仰中现世、实用的一面。

二　道教

道教信徒基本上是汉族，白族也比较多，此外还有彝族的一些支系。古代内地对普通民众精神世界影响最大的应属道教，这一现象也在丽江反映出来。道教传入丽江地区的历史非常悠久，很大程度上已经渗透到人们

① 赵沛曦《论藏传佛教在云南丽江的传播》一文中详记藏传佛教格鲁派和萨迦派的丽江发展的数据（《楚雄师范学院学报》2006 年第 1 期）：民国时期，藏传佛教在永宁发展迅速，成为摩梭人、普米族的主崇宗教。在当地当喇嘛是一件很荣耀的事，喇嘛的社会地位很高，家有二子，必送一子当喇嘛，永宁摩梭人中喇嘛最多时达 1000 多人，其中格鲁派 700 人，萨迦派 300 人。民主改革前，永宁扎美戈寺和者波寺共有喇嘛 731 人，其中普米族 88 人，摩梭人 600 多人。

思想观念的根本，几乎村村寨寨都建有祠观，也得到木氏土司的欢迎。道士主要居家，不脱离社会，法事活动能组织更多的人参与，降低了宗教活动的成本，密切了道教与现实生产生活的关系，也使其世俗化，并能够涵纳吸收身边的其他神祇，壮大道教神谱，并对周边各民族的民间信仰施加重要而深刻的影响。①

民间道教信徒自发形成皇经会、洞经会、谈经班等组织形式，谈经斋醮，保存下来明清时期内地道教音乐与科仪并本土化，实现了从“洞经音乐”到“纳西古乐”的演化，这也成为丽江深厚文化的一部分，在发掘展示之后早已为全世界所瞩目。② 道教既是丽江纳西族与中原各民族文化交流的纽带，也是观察纳西族文化形成与逐步成长发展的一个窗口。此外还有老妈妈会这样的民间自发组织，参加的都是老年妇女，烧香、聚餐，既具备一定的宗教活动内容，也是特定人群的社交形式。

三　基督教

丽江信仰基督教比较突出的族群是傈僳族，从地理分布看则是在金沙江沿岸，一直到维西。傈僳族受中原文化影响弱，新中国成立之初很多人不会讲汉语，至今仍有人不能用汉语沟通。这样基督教信仰就有很大活动空间。丽江靠西的傈僳族与怒江的傈僳族近，西方传教士医学水平高，很多地方传教都靠药品和医疗技术，救治当地人，留下了好口碑。再者文化生活相对单调，教内活动成为人们文化生活的重要部分。从某种角度看，信教成为生活中的依托，他们从现实需要出发去信仰基督教。目前 90%信众都有家族信仰的背景：父母爷爷奶奶信，孙子会受到熏陶，成长到一定时候自然去教堂。至今丽江的基督徒仍以傈僳族为主体，约占 80%以上。相应地翻译有傈僳语《圣经》，做弥撒等仪式也使用傈僳语，两会负责人（基督教三自爱国运动委员会和基督教协会）也大都是傈僳族。

基督教也在纳西族中间传播，但不如傈僳族兴盛。纳西族自己的解释

① 例如道教和纳西族东巴信仰相互之间关系，见和宝林《道教与东巴原始宗教》，载和自兴、郭大烈、白庚胜主编《丽江第二届国际东巴艺术节学术研讨会论文集》，云南民族出版社 2005 年版。

② 明清朝汉族地区的洞经音乐传入丽江，这是大醮科仪音乐，共计 38 首，流行十余首，目前丽江正动员文化人整理出版。参见桑德诺瓦《丽江纳西族洞经音乐的功用、异变及现状》，《民族艺术研究》1995 年第 1 期；杨曦帆《区域文化视野中的丽江洞经音乐》，《宗教学研究》2002 年第 2 期；张育英《纳西洞经古乐与道教音乐》，《中国宗教》2008 年第 11 期。

是他们主要生活在坝区，条件稍好，最初接触到基督教这个新东西时有兴趣去了解，但了解后对生活产生的影响不像傈僳族人群中那么显著，基督教也就不易深入人心。同时，纳西族精神世界中根深蒂固的是东巴和道教，汉传和藏传佛教也有一席之地，这样就限制了基督教的传播空间。

按照丽江著名文化人宣科老师的回忆，解放前丽江总共有 40 多家教会，都属于英国五旬节会（Pentecostal Missionary Union）。其中非常重要的传承人就是荷兰人斯淑添（Cornelia Elize Scharten，1876—1965 年）。她出生的家庭有多名成员是路德派教职人员，她受五旬节会指派，于 1912 年前来中国，辗转经越南、昆明并最终于 1913 年 5 月 3 日抵达丽江。[①] 这也是五旬节会在中国传教的开端之一。1908—1945 年她大部分时间停留在中国[②]，后来荷兰人与美国、德国的传教士共同工作。后来才知道她是大作家，写过一本关于丽江的书，翻译为荷兰文/英文对照的书。[③] 大多数时间她在纳西族和傈僳族中间传教，终身未嫁，既设福音堂传教，也担任教会小学的老师。她学习汉语，也学习丽江各种少数民族的语言，并借鉴摩拉维亚教徒（Moravian）翻译印制的藏文圣经和诗歌，为纳西族开展翻译工作，包括编字典、翻译《马可福音》、教义问答手册和歌集

---

① 斯淑添出生在阿姆斯特丹，来自归正福音路德会（Hersteld Evangelisch-Lutherse Kerk，一译“信义会”）家庭，不过主要活动则在五旬节会。由于后来五旬节会不再支持在中国的传教活动，1926 年她转属美国的神召会（Assemblies of God，一译“帝教会”）；1931 年和大部分荷兰传教士一样，转属德国的肥柏基督教会（Velbert Mission）。一说“1920 年代转为自养教士”，未知所据，见黄光域编《近代中国专名翻译词典》，四川人民出版社 2001 年版，第 644 页。1947 年斯淑添返居荷兰宰斯特（Zeist），直至去世。其家庭与事迹详见 K. Scharten，“Genealogie van de familie Scharten”，*Gens Nostra* 34（1979 年）；C. van der Laan and Paul N. van der Laan，*Toen de kracht Gods op mij viel*：*100 jaar pinksterbeweging in Nederland* 1907-2007，Kok，2007，pp. 46-54. Cornelis van der Laan，“Beyond the Clouds：Elize Scharten（1876-1965），Pentecostal Missionary to China”，in Wonsuk Ma and Robert P. Menzies（eds.），*Pentecostalism in Context*：*Essays in Honor of William W. Menzies*，Sheffield：Sheffield Academic Press，1997，pp. 337-360. 宣科老师的父亲曾担任她的助手。在宣科的回忆中，她 1905 年来丽江，一直到 1948 年，年份似稍有出入。她在 17、18 岁的少女时代就有个愿望绕地球一周，直到来到丽江。她盖了教堂，周日钟一敲都能听到。有英文和荷兰文的《圣经》。一说荷兰莱顿的国立民族学博物馆（Rijksmuseum voor Volkenkunde，Leiden）藏有 15 件“莎尔顿”（E. Scharten）于 1880 年收集的东巴经，与我们讨论的斯淑添在华活动年代不符，待考。见杨福泉《纳西族文化史论》，云南大学出版社 2006 年版，第 78 页；转引自 Anthony Jackson；*Na-khi Religion*：*An Analytical Appraisal of Na-khi Ritual Texts*，The Hague：Mouton Publishers，1979，p. 23。

② 其间仅中断过三次，包括 1919. 11—1921. 10 因病，1927. 4. 27—1929. 6. 18 因内战以及 1934. 2—1936. 12. 12。

③ 斯淑添重要的传世著作有：*Tot eer van God*，1908；*Uit het binnenland van China*，Polman，1922。

等，1932年用柏格理（Samuel Pollard，1864—1915，早期圣经基督教教会英国传教士）字出版的纳西语《马可福音》。第一个皈依的当地人是宣明德——也正是宣科的父亲。他懂多种当地民族语言，为福音堂做翻译，类似的当地信徒为翻译和传教等工作提供了极大的便利。斯淑添在上江、巨甸、石鼓等地传教，1949年时教徒发展到200余人。斯淑添在丽江传教的经历，是那个时代的一个缩影。其他重要人物还包括1910年年初就动身入华、并于1912—1919年选择丽江地区传教（并以此为据点多次入藏）的荷兰人郭嘉（Arie Kok，1883—1951年，一译郭佳或葛嘉）及其妻子斯德（Elsie R. Aldenberg，1887年生，卒年不详），1918—1925年活动于斯的妹妹Annie Cook；1921年前来的德国传教士郭祖寿和翌年到来的德永乐；英国传教士安永静（James H. Andrews）及其妻杰西，1922年起活动于丽江的王家庄、大研镇、石鼓、巨甸、大具等堂点以及永胜，其中安永静1934—1936年任大研镇教堂的主任牧师；等等。[①] 还有1921年一起来华的两名荷兰女传教士Geertje Roos（1879年生，卒年不详）和华盛荣（Trijntje Bakker），前者在中国至1927年，后者则一直活动到1938年。

总的来看，新中国成立前基督教传教士们努力的作用有限。据统计，丽江城附近的纳西族主要为五旬节会教徒，约40人；傈僳族则主要为路德派教徒，约200人。但是，用拉丁字写纳西语的文化创造仍有相当的意义。

四　天主教

清光绪元年（1875年。一说1877年），受大理教区委派，巴黎外方传教会（Missions étrangères de Paris）[②] 法国传教士艾若瑟进入永北旧衙坪（今华坪县荣将镇）传教，这被视为丽江地区天主教之发端。1879年，华坪建成第一座天主教教堂——旧衙坪教堂。

目前丽江只有天星教堂这一座天主教教堂，位于华坪县，1200多名

① 参见肖耀辉、刘鼎寅《云南基督教史》，云南大学出版社2007年版，第373—374页；白郎《月亮是丽江的夜莺——一个纳西人对故乡的人文追述》，重庆出版社2007年版，第128—130页。

② 巴黎外方传教会成立于1659年，1664年得到教宗批准，是最早全力从事海外传教活动的天主教组织。1680年其传教士开始进入中国，后在西南（包括西藏边缘地区）、两广和东北等地展开活动。

信徒分布在中心镇、荣将镇、新庄乡等几个乡镇；永胜的片角、仁和也有一些信徒。丽江天主教信徒中汉族居多，望弥撒都用汉语。

五　伊斯兰教

伊斯兰教约于元代传入丽江。回族至此或屯垦，或经商，或从事手工业，或逃难；伴随着他们落籍，伊斯兰教也随之来到这里。明清两代持续迁入。清末杜文秀起义（1856—1872 年）失败后，有大批大理一带的回族迁往丽江各地。回族主要信仰伊斯兰教，丽江亦不例外。今在古城区的大研以及永胜、华坪、宁蒗等县都有分布，其中永胜最多，约 90% 的信徒分布在该县境内。

六　民间信仰

丽江民族众多，民间宗教信仰情况比较复杂。包括汉族在内，各民族的民间信仰、传统宗教都不一样。其中道教和多种民间本土信仰联系紧密，如道教与纳西族东巴信仰、白族本主崇拜都存在明显的影响。丽江市境内初步估计，“有各类民间信仰群众近 20 万人左右，有达巴 70 人，韩规 24 人，比扒 40 人，毕摩 636 人。除玉龙县的 47 个活动场所外，全市大部分民间信仰职业者，散居于民间，主要以诵经念咒从事各种祭祀、婚丧等活动，以家庭、神山、神泉等为主要活动场所，绝大多数无固定活动场所”①。其主要者包括：

（1）纳西族的东巴、摩梭人的达巴。其祭司“东巴”意为占卜和念经者，永宁等地则称为“达巴”。东巴信仰信奉各种自然神以及以“三朵”为至尊的神灵，在形成过程中也受到周边苯教与藏传佛教的影响。这是纳西族独特文化的核心，本书还将专文讨论。

（2）白族和一些彝族支系信朵兮薄（白语“伟大的心灵与主宰者”）教。南诏时期境内的土著民族普遍信仰这种以本主（彝族的一些支系称为“土主”）崇拜为核心的传统宗教。在九河坝及其他地方，基本上每个村都会有一两个本主庙，规模不大，只是一两间平房的小庙。

（3）普米族大多信奉藏传佛教，其传统宗教韩归也比较明显突出。韩归是在普米族最初的“雅比”（“掌权”“祭司”）信仰基础上，吸收

① 此据丽江市民族宗教事务局提供的调研报告（2013 年 4 月 18 日）。

西藏民间宗教苯教而逐步形成的。普米族有些藏传佛教信徒同时也信仰韩归，这在永胜、宁蒗都较普遍；而顺州的普米群众往往只信韩归。

（4）大体来说，彝族信毕摩和朵兮簿。“毕摩”既是沟通人与鬼神的巫师，也是民族系谱、史诗、神话、故事、占卜、医药等文明的传承者。细致区分，彝族在丽江有11个支系，各有各的民间信仰，永胜的湘潭、他留支系与玉龙的傥郎支系的信仰有所不同。有些支系信道教，也有很少部分人常去基督教堂与汉传佛寺。

（5）傈僳族尊崇比扒、尼扒。[①]“比扒”和“尼扒”均为巫师，是傈僳族主持重大祭典和度亡等法事活动的专职人员，其中比扒的法力小于尼扒。

此外，近年曾发现“门徒会”等邪教组织仍在丽江活动的现象。门徒会以基督教为幌子，在彝族等族群的群众中发展很快，在藏传佛教地区和纳西族中也有所渗透。

第二节　宗教和谐与民族团结

十二个民族世居丽江，长期以来杂居共处，在生产活动中协作，在经济往来中互补，形成了友好和睦的关系。一个民族可能信仰多种宗教，而多个民族可以拥有相同的信仰，彼此包容，民族团结与宗教和谐形成了相互促进的关系。纳西族将自身与周边民族的和谐共处解释为商人的特点：跟别人做生意，要先学对方的文化，从而了解有什么生意可以做，取得信任，做生意就方便了。纳西族把生意和文化联系在一起，视为最基本的人际交流、族际交流的要素。古城区历史上存在过30多个寺庙。开发束河的鼎业集团工作人员介绍，集团老板是穆斯林，但束河人非常欢迎他，毫不排外，就像一家人。从现象上观察，“丽江人喜欢赶热闹，有病有痛，丽江坝子搞个宗教什么人都来了，什么民族都有”。例如永宁的丧葬仪式就有不同宗教的仪式夹杂在一起，消灾、念经是藏传佛教僧人在做，而最后把人送到祖宗那里则是达巴负责。若是家人信了基督，还会有基督徒来唱歌，只是现在大家尚未普遍接受这种方式。

举例来说，丽江的摩梭人和普米族信仰藏传佛教相对虔诚，反而是藏

① 参见李智环《试析傈僳族传统生态文化及其现代价值》，《教育文化论坛》2010年第5期；韩迎迎、李智环《试析傈僳族的“比扒”文化》，《教育文化论坛》2013年第5期。

族当中，真正信仰藏传佛教者占的比例并不高。永胜县大安乡是藏族、苗族和纳西族杂居之地，这里有座大山叫娥姆古山（海拔 3477 米），藏族就住在山脚下，山下还有座山神庙，当地的 1100 多名藏族做道教仪式，敬山、敬神树，每家每户的鸡要到山神庙去杀，而家中有事的时候还会请纳西族的东巴——这显然是民族杂居带来的文化融通现象。

在一个民族多种信仰方面，金山白族也相当典型。他们信仰本主，同时也融合汉传佛教。这里有以印经版而闻名滇西的禅林金山寺；金山寺毁后，1936 年正修和尚主持，在相距不远处又营建起正觉寺。而供奉有本主的东山庙则与藏传佛教关系密切。

最好的例子，大概应该是大研镇亦即享誉遐迩的丽江古城。古城内文庙、武庙、财神庙、观音庙、天主教堂、清真寺等一应俱全，完满展现出纳西族在宗教方面的心胸和包容，多种宗教文化都在这里留下痕迹。传教士当初买地建起了福音堂，后来改为中医院，目前医院已搬走，政府准备把福音堂还给教会。文庙也准备维修，将来拟交由佛教协会管理。2013 年古城维护管理方面的这些举措，正是为了展现纳西族文化包容的特质。

宗教和谐也包括同一宗教不同宗派之间的和平共处。前文已谈到，噶举、格鲁、萨迦派在丽江共存不悖。丽江地区噶举派最重要的活佛是东宝·仲巴活佛（Shar nor Drung pa rin po che）。现在的第十七世活佛白玛塔清于 1967 年出生在四川省九龙县嚓尔村，1991 年举行坐床仪式，2001 年按照历史传统住指云寺。玉龙县诸寺僧团定额定编是 139 人，目前有 120 多人，其中 95%的僧人来自外地，管理难度大。所幸东宝·仲巴活佛爱国爱教，在信众中威望崇隆，因此维稳工作和谐。而宁蒗彝族自治县当代格鲁派高僧中，最重要的是罗桑益世活佛（1929—2011 年）。罗桑益世出生在宁蒗永宁，摩梭人。1933 年被认定为西藏哲蚌寺甘丹赤珠第五世活佛，1941 年赴西藏哲蚌寺学习藏文及佛教经典，最后取得格西学位。1955 年回到了家乡，担任格鲁派寺院扎美寺堪布。普米族、纳西族摩梭人对罗桑活佛极为崇信。目前罗桑活佛的转世灵童尚在寻找之中。能否按宗教界惯例和国家政策找到大家公认的灵童，无疑是维护和谐、团结信众的重要手段。

藏传佛教的不同教派，不但在教义、戒律、修行实践等方面有各自的特点，在学习和传承方面也存在不同，在历史上形成了相对固定的传统。如近代噶举派以四川甘孜、阿坝为大本营，仲巴活佛本人及周围僧众多来自四川（尤其是与丽江接壤的甘孜州稻城县），而丽江本地人其实少之又少。萨迦派僧徒需要前往西藏或四川学经，本地人才会认可。而格鲁派僧徒学经则须去西藏。这不单是历史传统，而且从现实来看，老百姓就认可从西藏学成归来的僧人。

第三节 宗教局势的发展变化与旅游及外来人口

在信仰自由的当下，氛围宽松，价值观多元，精神诉求也很丰富。每个人的信仰与其生活的环境（如家庭、朋友圈等等）有很大关系，如果身边有信徒，就容易信仰某种宗教。因此，不但全国的总体趋势是宗教信仰人士的人数会有所增加，呈现出平稳健康发展的状态；而且在因旅游而导致外地人口增长、新文化快速出现的丽江，这种趋势更值得格外关注。

旅游产业带来的经济大交流、文化大融合在民族和宗教方面都发挥着重大的影响。过去没有机会接触的东西，现在不再遥不可及。以前彝族（如凉山彝族）接触不到基督教，自然没有信徒，但现在就开始有了，哪怕有些人不是纯粹的、真正的信仰，只是因为好奇而去领略一下。总的来看，基督教传播的势头比较盛。丽江城附近有四个活动点：城区分布有两个点，周六周日一两百人做礼拜；城外的点人少；東河有个固定处所。特别的，在古城的活动点里，外来务工的年轻人占了一半，主要是汉族。这个比例应该说明，他们是在来丽江之前已经信仰基督教，而在这个陌生的地方因信仰而相聚，成为抱团取暖、互相支撑、建立新的社交网络的有效办法，并带动同乡或同事参与进来。和基督教的情形类似，本地穆斯林很少，伊斯兰教在古城区和玉龙县的存在主要与外来经商务工人员带来的信仰有关。因此清真寺（图 6-2）也就位于古城周边，距离鱼米河基督教聚会点（图6-3）不远。清真餐馆有 54 家，主要在城区。古城也有少量天主教信徒，基本为外地人，他们自行在家中举行小型宗教活动。

基督教传教非常用心，细致入微。大家平时看到的互联网页面几乎没有民族语言，但一些传教网站上可以看到、听到不同方言的传教信息，经文翻译成包括纳西语在内的几乎所有民族语言，甚至细化到了方言的层次。其中以录音资料为最多，也有文字材料，这些材料在私下流传，例如以刻录光碟的形式分发给社区群众。网上信息的传布无法控制。

对照各种宗教历史上的传承脉络，现代社会更交流、更融合。历史对心理和行为的影响仍然存在，不过年轻人出门在外，父母、家乡的信仰的约束力大幅度削弱，他们更多受到自己学习、生活和工作的圈子的感染。除了伊斯兰教父母对子女的约束仍然很强势外，其他宗教不是很明显。以前纳西族有完整的传统思想体系，别的新宗教不易进入，但 20 世纪 70 年代及以后出生的人没有从父祖辈那里接受传统信仰熏陶，就容易信佛教或基督教，后者尤甚。由于丽江经济的发展、观念的改变以及国际化的趋势，年轻人出国之后受环境感染，接受基督教之后跟家乡信教的群众有联系，可能为国外传教组织牵线搭桥。另外，“现在没钱的信基督教；有钱的信佛教，活佛不去没钱人家”。这些是人们对目前宗教发展状况的朴素的观察总结，也值得关注。

图 6-2　丽江市古城区鱼米河基督教聚会点

由此可见，外来经商务工人员在很大程度上改变了原以纳西族为主的市镇的信仰面貌，这与旅游外来人口置换导致的文化变迁是同步的。

此外，还有一些宗教方面的文化与社会问题与旅游业息息相关，下面稍加探讨。

图 6-3 从丽江市古城区繁华的红太阳广场远眺古城清真寺

一 宗教文物保护与文化旅游

宗教文物涉及多部门多方面协调。单就经费来说，各级文物保护单位有相应的保护维修经费，各级政府财政会解决僧人的生活用电、饮水、消防、安全等项开支。其他寺院的修缮经费国家会给活佛“网开一面”，信教群众也会捐资布施，资金方面没太大问题。通常多头管理难以避免很多问题，协调难度大，这在丽江也有所体现，让实际管理者和包括信徒在内的使用者都颇觉为难。①

（一）多头管理的困局

寺观教堂的管理比较复杂，牵涉到政协民族宗教事务委员会、县委统战部、县住房和城乡规划建设局、民族宗教事务局、国土资源局、林业局等多个部门；按照属地管理原则，乡镇有专门的工作班子；如果它是历史古迹，必然还要接受文物管理部门的指导；而这种地方通常也是文化旅游的热点，位于旅游景点内的寺观最为棘手。大体上说，寺院本身是国有资产、社会管理。城建局、民宗局、园林局、文化部门各管一片，产权由城建局、林业局等核实、登记，宗教方面由寺管会、活佛等把握，寺院中僧人的活动由民宗局管控。

① 详情参见玉龙县政协民宗委《玉龙纳西族自治县宗教活动场所建设及管理现状调研报告》（2013 年 5 月）。

宗教房产就是一个涉及多头管理的复杂难题，更何况还是历史遗留问题，所幸正逐步落实和解决。目前的情形大体是：

（1）大部分宗教活动场所没有明确国土属性，没有办理过土地使用证书。

（2）基督教“两会”已完善了土地、房产等证书。此外，依法登记的 39 个聚会点除了在建的两个，其余 37 个活动场所大多尚未办理土地使用手续。部分办理了房产证书的活动场所是由信教群众以个人名义进行登记的，存在许多隐患，按规范应由教会统一管理。

（3）达来寺、雪花寺尚未确认土地范围。

（4）文峰寺、指云寺、福国寺、玉峰寺、正觉寺的林地已设定四至界线，划为国有林由林业部门管理，但尚未定桩，因此时有争议。指云寺与老百姓权属不清，产生的纠纷比较突出。

（5）文峰寺、福国寺、达来寺、雪花寺、正觉寺等活动场所均未办理房产证书，指云寺、文峰寺办有房产证和土地使用证，所有证件均由城建局龙建公司管理。

（6）区县分设后普济寺的资产一并划入玉龙县，因涉及林权、房产证书、土地证书等多方面原因，未能进行有效管理。①

以上主要是多头管理下产权和使用权方面尚存的问题。涉及消防等具体事务时，由于主体不明确、责任不清晰，也难免互相推诿。

（二）社会承包寺观

近年来，随着文化旅游的推进，社会承包寺观的现象愈演愈烈。在适当、合理合法的门票收入而外，不但功德箱成了聚宝盆，更为严重甚至恶劣的还有强卖、强捐等种种事件，不绝于耳。或烧香撞钟求福祈子，或占卜打卦消灾解厄，不但欺骗普通游客，也伤害到广大信教群众的宗教感情。参与其中的固然有宗门败类，假和尚（喇嘛）也绝不在少数，形形色色的骗局层出不穷，根源之一在于急功近利，对传统毫无起码的敬畏，对宗教毫无必需的尊重。由于历史上佛道两教在中华大地上广为传播、留下的宗教建筑最多，依附于寺观的类似案例也最为常见。此外，这或许也与佛教修行六度（六波罗蜜，指度生死海、到彼涅槃岸）讲求布施、持

① 参见玉龙县针对全县宗教活动场所房产状况进行专题调研而形成的《玉龙县宗教房产状况调研报告》。

戒、忍辱等有关。善信不惜财力，而行者隐忍自持，逐利者故意寻隙其间，遂使乱象丛生，乃至形成完整的“产业链”和敛财模式，进而风靡大江南北，影响恶劣至极。

2009 年中国第一座佛寺——河南登封少林寺——被政府启动运作上市事宜，[①] 曾在全国范围内激起反响，反对之声沸沸扬扬。正是由于全国范围内寺观被承包、被上市等现象愈演愈烈，在上引条例等基础上，2012 年 10 月 8 日国家宗教事务局等十部门[②]联合下发《关于处理涉及佛教寺庙、道教宫观管理有关问题的意见》（国宗发〔2012〕41 号），旨在对上述现象进行纠偏。在丽江，虽然没有出现上市等商业操作，但作为旅游大市，承包寺院的现象还是比较突出的。现状是佛寺道观均坐落在风景区内，包括：古城区的三清宫、三圣殿、白马龙潭寺、东元白塔，玉龙县的指云寺、福国寺、文峰寺、玉峰寺和雪花寺等。根据丽江市民族宗教事务局的专项调研，全市宗教活动场所中，处于重点景区或景点的有 11 处，管理权限基本掌握在风景管理、文物管理局或县（区）园林管理部门。[③]

在丽江地方列入国家级和省级文物保护单位名单的文物古迹当中，白沙壁画、黑龙潭明清古建筑群、大觉宫、普济寺、三圣宫等都是宗教文化遗存，也是旅游线路上的热点。其中多个活动场所属于各级文物保护单位，如大宝积宫和琉璃殿、大觉宫壁画、普济寺为国家级，指云寺、文峰寺是省级，玉峰寺则是县级文物保护单位。但一直以来，未能对它们进行有效管理和维护。这并非文物部门不作为，也是因为多头管理或者企业承包所致。如指云寺、玉峰寺内有城建局管理人员，而玉峰寺还由玉水寨公司、“大玉龙”旅游区相关部门进行管理。

寺院由企业承包现象的出现，与它们重建过程中政府和企业投资的现象息息相关，这与传统上由僧侣募建和设计寺院迥然不同。为规划、开发和建设文峰寺为主题的景区、景点，相继成立了黄山乡旅游开发公司、丽江文峰寺旅游开发公司。指云寺的修复始于 1997 年，由原丽江县城市公

---

① 据当时媒体透露的情况，登封市人民政府、河南省嵩山风景名胜区管理委员会与港中旅集团讨论合作及成立合资公司“港中旅（登封）嵩山少林文化旅游有限公司”，主要开展旅游开发投资、文化产业项目开发、旅游地产等业务，

② 其他九个部委是：中共中央统战部、国家发展和改革委员会、公安部、住房和城乡建设部、文化部、国家工商行政管理总局、国家旅游局、中国证券监督管理委员会与国家文物局。

③ 《丽江市民族宗教事务局关于核查“寺观被承包”等问题的调查报告》（2012 年 3 月 5 日），第 3 页。

用事业管理局风景园林管理所投资 220 多万元进行了各种基础建设。尽管指云寺的重建请来了四川省甘孜州乡城县白依乡丁真岭寺第九世翁堆活佛（1959—2010 年）[①] 主持，但一直僧徒稀少，开发方只能通过与民宗局协作，施行发放僧侣生活费和津贴等“养起来”的办法，以求吸引僧众。重建寺院中僧人的不足给了假冒僧人巨大的活动空间，而假冒僧人则视寺院为生财之门，这就埋下了隐患。

其中，旅游开发的承包商和文物保护部门之间矛盾的相对突出。以 1996 年被国家公布为第四批全国重点文物保护单位的白沙村大宝积宫壁画为例，当年各种宗教和文保条例和管理制度还不完善的时候，某集团要开发整个束河和白沙片区，[②] 按照当初签订的协议大宝积宫也由该集团负责。国家文物局开会说不允许经营，政府和该集团就存在“行政违法”。据传该集团签了 50 年协议，协议当前，政府无法单方面终止协议，让该集团撤出大宝积宫。很多地区都出现过这一尴尬局面，目前依然存在。当时的初衷是改善文物保护资金捉襟见肘，事实上的效果还难称完美。原来大宝积宫每年有约 300 万元门票收入；交由该集团经营后，集团方面称没赚钱，这样要修缮文物就没有费用，连工作人员加班费都无法支付。就文管所方面而言，光用文物盈利、不考虑维护是绝对不行的，文物抢救为第一要务，无论如何不能影响文物管理工作，因此表现得也相当强硬：集团不支付维修费，文管所就关门拒绝游客参观。经多次磋商，该集团从 2011 年开始有所盈利，盈利部分返还玉龙县。存在企业经营行为的文物点往往跟文保的要求有冲突。

丽江旅游开发早期曾出现过承包宗教活动场所的现象，承包寺庙的企业是园林、旅游部门下属的企业或当地乡镇直属企业，直至 2007 年出现转折点。事情缘起玉峰寺，这里因烧高香而引发游客投诉事件。玉峰寺坐落在距离丽江城 13 千米处的玉龙山南麓，始建于清康熙中期（1700 年前后），是丽江噶举派的五大寺之一。寺中有一株传说植于明永乐年间的山茶树，《徐霞客游记》中就曾提到过“盘荫数亩，高与楼齐”，向以“万朵茶花”的盛景而知名。1994 年，玉峰寺成立了寺管会，但被纳入丽江

① 纳西族，出生在中甸（今香格里拉县）三坝乡东坝村的一个东巴世家。俗名习胜明，法名登精琼吉嘉措·登嘉，属宁玛派。1996 年 5 月经甘孜州宗教局批准认定为第九世翁堆活佛，长期在丽江管理五大寺。

② 2003 年 5 月 12 日，鼎业集团“丽江束河茶马古镇保护与发展”项目正式启动。

市的旅游景点（2A 级）后，除大雄宝殿有五六名固定僧人由宗教职能部门行政管理外，其余部分由园林所及城建局下属某企业统一经营，收取门票。[①] 2007 年 1 月有昆明游客投诉，玉峰寺有假冒僧人采用欺诈手段骗取钱财。经丽江“四黑”专项整治小组工作人员核实，当场清退游客被骗钱财，没收银联刷卡机、电话机，清退假冒僧人周敏，民宗局按照《宗教事务条例》依法对玉峰寺负责人处以 2214 元人民币的行政处罚。[②]

丽江市旅游管理协会方面提供的数据表明，以烧香、打卦、解厄等名义强行或诱骗钱财而引发的投诉，有的地方一天就高达八起；“玉峰寺原来是丽江旅游热点，烧香拜佛骗钱后名声都坏了”。这也成了采取措施、严格管理宗教活动场所的一个导火索。这绝非丽江一地的现象，丽江由于自身在宗教文化方面的特色，这里存在“假喇嘛”“假活佛”以及东巴参与产业链。

承包开发束河古镇的某集团提出，很多原住民把房子出租后，随着束河的迅猛发展，如今房租已是天价，他们发现自己当年租便宜了，毁约非常多，发生很多起纠纷闹到打官司，已经成为社会问题。对金钱物质的崇拜是社会的倒退，破坏了纳西族的淳朴善良。在寺院问题上也有类似的现象：

> 龙泉寺是汉传佛教很重要的一个地方，现在还是废墟，我去年花了很大力气在三圣宫投资 70 多万元，彻底维修了一遍，焕然一新，土砂石路换石板路，池边没栏杆危险、现在安设了大理石栏杆。……龙泉寺恢复起来，登高望远，拜佛，看古城区，非常惬意的事情。……村子跟××集团签了管理合同，龙泉寺、博物馆等 30 年合同。……人家不退，直接把门堵掉。村长说你们承包的龙泉寺只是寺里面，其余都不是，要做生意。……现在开会都是分钱的会，公民道德教育没听说过。修龙泉寺时为了防止安全问题，设了路障，功德箱是老年协会在管，老年协会发动老年人跑到××集团来要钱，因为他们这段时间没收入。纳西族传统完全倒退了，一点痕迹都见不到了。

① 五大寺的另一座指云寺则是由某公司投资修缮，2004 年 8 月后开始由该公司卖门票作为旅游景点经营。

② 各种媒体有多篇报道。例见刘伟《疯狂的“香火”产业链》，《南方都市报》2009 年 9 月 25 日第 3 版。

相关讨论认为，寺观承包等问题的症结，在于“教产公有”，政府从而控制宗教资源，成为处置和使用宗教资源的真正主体；多头监管则催生圈钱共生体。[①] 当这些资源成为经济要素时，当旅游经济为大、地方财政为尊时，各部门必然争相取利。如果寺院承包出去，那矛盾的焦点就是承包商。而如果完全由寺院“自办自养”，在文物保护方面又存在隐忧，见识、能力、物质条件均可能不足。因此，一方面各级政府应投入充足的文物修复、保护经费，另一方面寺院要具备自我管理的条件和能力。

（三）信徒与门票

社会企业承包寺观经常带来的另一个后果，就是为逐利故，将前来的人员一律视为游客而征收门票。从企业的角度看，他们要缴纳承包费用，要承担文物保护的各项支出，如果对信徒网开一面，那游客若自称信徒，该如何分辨呢？但是对于信众而言，从宗教习俗和情感方方面面来看，都不能接受。换言之，自愿捐施财物给寺僧是功德善事，但交费给不相干的管理人员则无理无据。更何况，寺院的修建、重建或者修缮要依靠广大善信捐资，信众聚沙成塔、集腋成裘，最终却要被挡在寺观院墙之外，购买门票方可进入，他们感到很难接受。对家境贫寒的信徒来说，这种做法更是过分冰冷严苛。

是否收取门票跟寺院本身无关，而是由旅游经济决定的。如丽江五大寺之一的普济寺始建于清乾隆三十六年（1771 年），离城仅数千米，是五大寺中最近的一座，寺中有云南省留存至今的唯一一座铜瓦大殿，1987 年云南省人民政府公布为省级重点文物保护单位，2013 年更被列为国家级。1941 年，国民政府再次邀请寺中第四世活佛圣露（1915—1941 年）[②] 到重庆主持超度抗战阵亡将士法事，同时请他参与组织“蒙、回、藏联合慰劳抗日将士代表团”并任副首席代表，可知该寺当日辉煌。但道路状况不佳，山路迤逦约 1 千米，车辆无法上山，因此没有旅游部门承包，目前也不收门票。[③]

《宗教事务条例》（2004 年 7 月 7 日国务院第 57 次常务会议通过，自

① 参见网易新闻专题《佛门不清净源于衙门争利》，http：//news. 163. com/special/reviews/buddhisttemple. html。

② 全称世都登僧旺波，出生在丽江，纳西族。7 岁迎请至普济寺行坐床大典，24 岁晋升格西，后受“呼图克图”称号。参见许存仁《纳西族高僧圣露活佛事略》，《丽江日报》2011 年 7 月 16 日“文化周刊”第 727 期。

③ 收支由寺院自己管理，每年民宗局按照财务监督制度，会对寺院开支进行检查。

2005年3月1日起施行）第二十六条指出：

> 以宗教活动场所为主要游览内容的风景名胜区，其所在地的县级以上地方人民政府应当协调、处理宗教活动场所与园林、文物、旅游等方面的利益关系，维护宗教活动场所的合法权益。
>
> 以宗教活动场所为主要游览内容的风景名胜区的规划建设，应当与宗教活动场所的风格、环境相协调。

就这个问题而言，玉峰寺、文峰寺的矛盾比较突出。这两座寺院都是“大玉龙”景点，位于景区内，四至边界内的地方属于寺院，出山门就是景区的地盘，而进入景区要收取门票。“大玉龙”每年给玉峰寺20万元作为生活费；文峰寺由乡里招商引资，企业本身不景气，建成寺后在下面收门票，没有被包括进“大玉龙”，因此至今尚未解决经济来源。寺里有40多名僧人，他们自己带人上去也能通融放行，但普通信众自己来就必须买票，连本地人都不能免，渐渐导致老百姓也都不去了。信教群众进寺不愿意买门票，时常出现扯皮现象。作为参照，宁蒗的寺院虽然在泸沽湖景区当中，寺庙本身自主管理，不收门票。金塔寺有公司承包，是一座集资重建的寺院，位于休闲度假公园内，丽江本地人不收门票，矛盾稍缓和。

（四）宗教与文物保护

多头管理、寺观承包带来的另一个弊端，是对文物保护工作有所影响。涉及门票等收入则趋之若鹜，而维修保护的支出则退避三舍，前文已有所涉及。玉峰寺、文峰寺、指云寺、正觉寺基本上得以恢复重建，一些正常的宗教活动逐步恢复。2013年在县民宗局等部门单位的协调下，对达来寺、福国寺等寺院恢复重建工作做好了安排。但值得注意的是，除永宁外，纳西族地区的玉峰寺、文峰寺、指云寺、普济寺等昔日大寺目前仍然僧人数寡、后继乏人，虽然游人如织，但从宗教角度看则是一派沉寂寥落，前景堪忧。如前所述，如果寺中僧人弱势，宗教文化水平低落，在信徒中缺乏凝聚力和威望的话，伪僧就可乘虚而入，寻隙敛财。

而在另一方面，即寺院宗教活动与文物保护之间的矛盾，也是不容忽视的。文物部门坚持实施文物法，并贯彻到古城的维修保护当中。玉峰寺大殿的修缮也强调这个原则，但僧人觉得不方便，为此开了多次协调会。

单纯从文物管理角度看，希望各方面形成合力，最终达成共识。为适应保护文物古迹与遗址的迫切现实需要，我国颁布了《文物保护法》（1982 年 11 月 19 日公布；2002 年 10 月 28 日修订；2007 年 12 月 29 日第二次修证），后来多次修改（最近修改在 2013 年 6 月 29 日通过），但是普及《文物保护法》的工作仍任重道远，“对文物的破坏就是犯罪”的观念必须深入人心。

这在丽江大规模重建旧寺的情况下，矛盾被放大了。传统上，滇西北地区的藏传佛教噶玛噶举派十三大寺由仲巴活佛掌管。近年来，东宝·仲巴活佛主持玉龙县佛教协会工作，涉及藏传佛教的活动场所得到修缮，建设规模大，速度快，在建设过程中能按规定到宗教、文物管理部门审批。相关部门提出两点意见：没有办理建设许可、用地许可等相关手续；按照藏传佛教寺院修建的传统做法，[①] 没有统一进行建设规划，募到一点钱就修缮一部分，随意性较大。

福国寺曾遭完全破坏，其修复重建工作在几个部门的共同努力下进行，被认为做得比较好。在汉藏文化交界地带，历史上藏传佛教寺院往往采取汉式的木结构建筑，而在具体的设计上又兼顾右绕礼佛等仪式的需要。丽江过去的很多藏传佛教寺院也不例外，在具体细节上又有地方特征并糅合周边白族等建筑工艺；而原汉传寺院改宗藏传的情况下，这种情形就更加突出，外观上藏式特征并不鲜明。而指云寺等数座寺院经改建完全改变了原有风格，出现藏式建筑标志性的平顶，发了停工通知书也不管用，违背文物保护的原则，各方面颇觉尴尬，最后采取的解决办法是平顶上加盖瓦屋面。“喇嘛寺到处都是，以前不张扬，现在张扬得一塌糊涂。白塔不是过去的形式，白色不吸引人，（现在用的）金色张扬。”

2007 年 12 月 23 日提请审议的《文物保护法》修正案修改了一项行政许可。2002 年规定（着重号为笔者所加）：

> 不可移动文物已经全部毁坏的，应当实施遗址保护，不得在原址重建。但是，因特殊情况需要在原址重建的，由省、自治区、直辖市人民政府文物行政部门征得国务院文物行政部门同意后，报省、自治

① 典型汉传佛教寺院布局的主体结构为中轴线对称，沿着中轴线数进院落递进，显得具有完整而明确的设计感。而藏传佛寺由于组织结构与前者不同，很少突出整体设计，各建筑群落之间关系相对松散。

区、直辖市人民政府批准；全国重点文物保护单位需要在原址重建的，由省、自治区、直辖市人民政府报国务院批准。

修正案删除了上述条款中需“征得国务院文物行政部门同意后”的规定，实际上放宽了已毁文物的原址重建。近年仿古复建文物古迹之风愈演愈烈，而很重要的动机就是“文化旅游”的利益驱使。先不讨论普遍复建、重建（甚至拆毁遗址重建）能否得到学理支撑，在实践中，“大干快上”式的重建工程在设计、技术、材料和施工等方面如何能保证“修旧如旧”？重建如何能尊重传统形式、取得民众的认可，同时也顺应宗教活动的现实需要，这是保护与发展问题的又一个表现形式。其实，破坏本身就是历史的一部分，我们正视历史，就不能试图以“重建”的形式抹去历史上惨痛的一页。大规模地、普遍地重建，不是直面历史，不是尊重宗教，不是弘扬传统文化，表现出的心态是迎合所谓“文化旅游”的现实需要，是迎合游客与观者。

二　民间信仰的未来

在作为现代化社会、国际旅游城市的当今丽江，如何保护纳西族民间特有的东巴信仰，官员、学者和有识之士做了非常多的思考和努力。现在被视为民间信仰祭司的东巴，在过去和喇嘛一样，很受人们尊崇。过去藏区实在偏僻，喇嘛是老师、是医生、是学校、是衙门（处理纠纷），慢慢形成现在藏传佛教的地位。东巴也是类似的角色，是医生、是裁决者，社会地位比较高，承担政府管理的部分功能，有病了组织人找药，每逢生老病死等大事都能看到东巴的身影。对东巴文化的热心弘扬，还使其在当今发挥着一定的社会作用。尽管丽江的人们认为摩梭人就是纳西族，但是在其他地方，对摩梭人的族属有不同的看法和认同。可是现在东巴文化走向世界，声名远扬，其影响早就远远超出了丽江市的范围。对纳西原本不那么认同的摩梭人现在逐渐认同东巴，他们看到自己的达巴仪式和纳西的东巴大同小异，语言也有很多相同之处。例如在民间实际运作中，东巴（达巴）的学位评定是一起操作的。通过学位评定、有了共识，产生民族认同的效果。举行东巴法会的时候，除了丽江各地，香格里拉、四川木里的东巴都会前来参加。组织学位评定工作的丽江市东巴文化传承协会（2003 年成立）自豪地说：“从民族角度看，我们做了件大好事，有了认同。去年、今年的东巴会，省外市外的人都来得非常积极。”

图 6-4　2013 年东巴（达巴）学位颁证暨第十三届东巴会合影

（一）去宗教化

纳西族学者自认为，东巴文化是纳西族的核心，民族文化保护涉及民族宗教问题。2010 年国家民委来员到丽江调研时，东巴文化研究院曾以书面方式提问：纳西族族的东巴信仰究竟是什么地位？作为一种宗教，“认，还是不认？不认，很快就完，认，有合法地位，可能还会延续一段时间。”由于多年来各级地方政策较少关注民间信仰，教职人员无人过问管理，也没有完善的管理标准。现在只有少数人凭某些一技之长被评定为传承人，大多数人的身份没有得到认定。

丽江纳西族在对待自己独特的宗教信仰——东巴信仰时，同样表现出民族的智慧。在对民间宗教信仰的态度持重、与五大宗教区别对待的情况下，他们将之“去宗教化”，以民间文化的名义申请传承保护，以及相关的知识产权保护等工作。[①] 因此，相应的传承、教育等内容也将在文化部分阐述，这里只观察一种民间宗教向文化转化的尝试和目前出现的若干

① 民间信仰去宗教化是当前保存民间信仰的一种常见策略，发挥民间信仰的某些宗教功能，但不按宗教去对待、建构和发展。相关理论探讨可参见和晓蓉《“民族信仰”定义及其特质探析》，《广西民族研究》2010 年第 3 期。

特点。

2005年12月2日，云南省第十届人民代表大会常务委员会第十九次会议审议通过了《云南省纳西东巴文化保护条例》，自2006年1月1日起施行。所涉及的纳西族东巴文化包括东巴古籍文献、纳西族语言文字、音乐、舞蹈、曲艺、绘画、雕塑、服饰、器皿、代表性建筑及设施、传统知识和技艺、传统民俗活动以及文化生态空间，包括了以东巴为内核的方方面面，内容十分广泛。《条例》的颁布实施，标志着东巴文化保护纳入了法制化轨道，这在全国范围内来看都具有先锋特色。设立文化保护区，传承点（传习所）、表演队、非遗等，都是按照文化来操作。大多数地区是把东巴宗教活动过滤、演变为一种民俗活动来开展。如今，纳西族“东巴文化”早已广为人知，并拥有了很高国际知名度。

（二）转向城市

这些年来丽江发展很快，东巴文化的表现形式也逐渐变得多种多样。“文化搭台、经济唱戏”，而要用东巴文化唱好经济的戏，势必要在经济活动的桥头堡和大舞台上占有一席之地，这种地方就是城市。纳西族民间宗教思路的转化，非常突出的一点就是在大城市中操作。

历史上东巴传承分不同的类型、不同的层次，但有一点非常突出，被形象地归纳为“东巴不进城”——古城范围内从来没一个东巴，以汉文化为主，木土司接受汉文化相当多。而白马龙潭离古城也就100米，该地就有东巴。这和历史上大研古镇虽然是繁华的商镇，但居民全是纳西族一样，体现出奇特而高强度的纯粹性。

然而人们认为，目前来看已很难按照传统的、自发的方式进行师徒传承，需要外界介入。东巴还活动的区域都处于比较边缘的地区，只有两三万人，而这个区域中能把完整东巴文化保存下来的又毕竟只是少数，对纳西族主体难以产生很大影响。除了在鲁甸等乡镇尝试进行“原汁原味”的传承，纳西族学者还提出在大城市中开展，二者涉及的宗教文化知识不同，目的不一样。古城区文广局局长王建南将未来东巴传承的途径归纳为三条——学术国际化、传承民间化、产业市场化——从而将不同的任务赋予不同身份的人物。

最初一些民间组织从周边、尤其是边远地区来开展文化保护，认为城市不是纳西文化植根的地方，选择在鲁甸乡培养出一些人，但其中很多最后从事服务业。有了这个教训，他们意识到不能仅仅考虑边缘地方，影响小；要面对车水马龙的城市，面对各种肤色、各种宗教、各种语言的人流。参与其中的纳西族积极分子如是总结：

> 七八年后才醒悟，不要纠结于木楞房还是钢筋混凝土，我们传承进入新思路……传承空间、内容、形式上都要有改变或进步，在这个行政区内，回到城市周边来做纳西文化保护，在现代化范围内旅游业、农业、社会发展结合起来做。(这是) 城里有钱人给的启示，死人、盖房子请东巴做法事，有这样的需要，在城里的纳西族成为我们可服务的对象。于是在纳西城周边选择。

东巴文化研究院、东巴文化传承协会等各种机构的专家们对“东巴进城”这个战略转变做了周密的思考与理论分析，提出：

> 民族文化保护实际上是如何适应现代社会……把传统的保存下来，并非原封不动，而是随着社会历史的发展而不断发展，古老传统文化在现在碰到与传统社会不同的环境。……社会条件变了，文化经济条件变了——过去是小农经济，现在是市场经济了。……在古城，东巴传统文化已失传，要把传统恢复起来不可能。只有一个办法：怎样把传统仪式中的要素保存下来，通过一种新的民俗活动的方式保存下来，我认为只有这样做才能延续传统。

具体的举措是多方面的。对外方面，成熟的做法大体包括：

(1) 组建体现东巴文化的旅游企业，开发旅游景点，如“大玉龙”下属的玉水寨、东巴万神园、东巴谷、东巴王国等主打东巴文化牌。

(2) 成立以展现东巴文化为重要内容的演出团体并开展商业演出，如今“印象丽江·雪山篇”、纳西古乐、丽水金沙等都有了很高的知名度。①

对内，则涉及对传统中一些不适应现在现代生活节奏、观念的东西进行改造：

---

① 一些民间人士认为，地方政府讲的“文化”是张艺谋式的，利用某些符号（甚至是歪曲的符号）作为纳西民族文化、东巴文化来宣扬。举例来说，玉龙雪山下的云杉坪被打造为“东巴第三国”“殉情谷”，但自杀在东巴文化里不是好死，是被抵制的，绝非丽江纳西族独特的本土文化。

（1）传统仪式需要时间比较长，投入用品比较多，因此加大了宗教仪式的时间和物质成本。如祭天非常隆重，以家庭为单位，要杀的猪需要喂一年；其他准备工作要从腊月中开始，耗费半个月时间；主要仪式费时一天。东巴仪式的程序一般包含除秽（清理场地）→请神→敬神→送神等步骤，祭天还不算复杂，还有更复杂的如超度，非正常死亡的人超度至少三天，要宰杀牛、羊、猪作为贡品。对牺牲的要求也很苛刻，例如指定要毛色洁白的绵羊，现在一只这样的羊运来就需要 1000 元。近年恢复做了一个祭自然神“署”的仪式，20 多个东巴参与，做了四天，有企业家赞助，花费 10 万元。这些仪式需适度精简，不可能完整恢复，[①] 如祭天时念的经书可以缩减到其中精华的六七本，花费时间少。农村地区没电视等娱乐节目的时候，任何可能的聚会都是业余生活的节目；但在城里，两三个小时人们就坐不住了。

（2）60 岁以下的人基本上没接触过东巴，纳西族也只有 10%地区还有东巴的活动空间。所以不要妄图把所有仪式都完整地保存下来。祭天仪式等有可能恢复。可以操作短期培训，单独讲授如何祭天。部分地方也正在努力再现这一仪式，如贵峰就先恢复祭天。

（3）从个人角度看，纳西族传统信仰要将亡者送回祖先身边，这个观念是深入人心的，丧葬仪式也因此非常独特。现在正在被汉族、汉语仪式逐步代替。希望能以纳西语做精简的传统丧葬仪式，度送亡者。这样，将原来要办 3—4 天的仪式简化到 1—2 小时，从耗时缩短到符合现代城市工作生活节奏的水平，就是城市人也可以接触到东巴仪式。

（4）各种仪式主要是东巴们在张罗，而一般的群众参与度比较小，点香而已，可尝试改造成现代人乐于参加的活动。祭天时的射箭具有文体活动性质，有望提高群众参与的热情。即淡化宗教色彩，保留其中人们喜闻乐见、踊跃参加的部分形式和内容方面的重要元素，从而演变成新的民俗。

（5）现在城中有人赶时髦，开店志庆、动土奠基也请东巴，举行简单的仪式作为一个环节，是新的动态。

---

① 历史上的纳西族以祭天为大事，每个家族都有祭天场，也被认为是纳西族独特信仰的标志。1951 年起官方一律禁止祭天；1953 年民间尚有余响，由年轻人望风，偷着在山上举行。以后就再没做过。东巴曾作为反面人物遭批斗，因此现在知道祭天是怎么回事的人已经很少，能做该仪式的东巴也很稀见。

说到底，“东巴进城”主要目的不是满足城市人群的精神需求，而是服务于旅游业，充当文化的点缀。客栈请个东巴写写东巴字，就是东巴文化。例如给“东巴狗肉店”写东巴文招牌，而实际上纳西族对狗非常有感情，食用狗肉在东巴信仰中是禁忌。玉水寨生态文化旅游有限公司曾先后一共培养了30多个东巴，有客人来就给表演一下，没客人时学习。后来发现学员们接触旅游业太多会影响东巴传统教学的信念，他们学会做生意、学会在报酬上斤斤计较，学东巴变成挣钱谋生之道。按照城市需求、商业目的培养的年轻人能否获得历史上大东巴在群众心目中的地位，传承东巴宗教文化？他们学习东巴文化的目的，有的是为了从事民族文化工作，有的是为了从事旅游服务，有的是为了从事文化商业；“而真正要做东巴继承人的几乎没有”。

（三）向其他宗教靠拢

考纳西族的民族发展史，从西北部迁徙到三江汇流区域后，夹在中原汉族、白族、藏族三大势力中间，唐朝初年开始跟藏族、白族发生摩擦。[①] 唐德宗贞元中（约8世纪末），南诏破铁桥（今丽江塔城）及昆明（今四川盐源）等诸城，将万户摩些（即纳西族）迁往滇中（今滇池周围及澄江、玉溪、江川、元江一带），逐渐融合于当地族群。现在丽江的纳西族是那次迁徙后剩下的、相对弱的团体发展起来的。从那以后，纳西族文化中开始记载藏族、纳西族、白族三兄弟的传说，藏族是大哥、白族是三弟，并写到《创世纪》等很多东巴经当中，代代相传。纳西文化中传下来这个因子——顺从、迎合周边强大民族的文化，不得罪、求周全，形成民族性格，虚心学习其他民族好的东西。推崇、积极地学习外来的汉族文化等强势文化，这是普遍的民间心态。

因此，在官方、学界推行“去宗教化”，力图保证东巴文化“委曲求全”的同时，民间却出现了仿照佛教等其他宗教，大张旗鼓地修建东巴庙的情形。应该说作为民间信仰，东巴没有大规模修庙的传统；历史上白地那里盖过东巴庙，由于烧香后房子被烧掉了，没殿堂、没塑造供奉自己的神，眼界开阔的纳西族觉得就不像宗教。保存至今的奉祀三多大神[②]的三多庙（又称玉龙祠、北岳庙，是因南诏国王封玉龙山为北岳），是纳西

① 参见方铁《南诏、吐蕃与唐朝三者间的关系》，《中国藏学》2003年第3期。

② 纳西族的本主神灵和最高保护神，传说骑白马、穿白甲、戴白盔、执白矛。也被认为是玉龙雪山的化身。他可能类似于西藏神话中的山神或者 sa bdag。

图 6-5 玉水寨古树神泉处塑像

族自己的宗教信仰的唯一祠庙。但这个小小的庙被排除在了旅游路线之外，平时也并不开放。① 现在，部分为了旅游的需要，打造“东巴圣地丽江之源”，在兴建的玉水寨（4A 级景区）内建造了三多阁、圣水祠、建起了宏伟的玉水缘——一座供奉着纳西族祖先和东巴信仰诸神的殿堂（图 6-5、图 6-7）。东巴（达巴）学位颁证等活动也在此地举行。人们说，有庙之后，东巴仪式中的除秽和请神、送神等环节不用全做完，程序上有所简化节省。除了建庙，还采用了其他东巴信仰史上前所未有的举措，颇富创新意义。例如由于很少建庙，历史上东巴艺术没有壁画这个门类，现在有了壁画画廊（图 6-6）；塑造了巨大的神像（图 6-8）；为大

① 三多庙位于玉龙山麓。每年的二月初八日，纳西人来到三多庙，用全羊作牺牲进行祭拜，这就是被称为“三多颂”的隆重仪式，《云南省玉龙纳西族自治县自治条例》（2005 年 3 月 21 日通过）已将之列为纳西族传统节日，放假三天。此外八月属羊日亦会出现类似的盛大场面。不过，平时这里人迹罕至。

图 6–6　玉水寨东巴画廊壁画（局部）

东巴、东巴文化学者树“传承东巴文化功德碑”，竖“东巴大事记”碑；树高大的柱状“东巴古籍文献纪念碑”，等等。[①]

由于是创举，东巴文化内部甚少传统，因此在营建创作过程中大量借鉴了其他民族、其他文化的元素。不难看出，壁画风格、组织等与传统的东巴经插图、神路图和唐卡等都有很大不同。工匠来自江川某个工艺美术

① 玉水缘的缘起和设计、建设的简略情况，可见景区所树碑：

玉水缘建设记事碑

二十世纪中后期，丽江兴起旅游热。纳西人和长红顺势而谋，在古老的东巴圣地，投资兴办玉水寨景区。经过数年苦心经营，玉水寨已建成自然风光与纳西文化交相辉映的国家级旅游景区。和先生对本民族文化情有独钟，在景区内修建了和合院（玉水缘）及祭天、祭署（自然神）、风等场所，聘师招徒，着力将景区办成培养新一代东巴传人的基地，探索出一条传承东巴文化的新途径。从 2001 年起，在和先生的倡议下，每逢农历三月五日，各地东巴汇聚在玉水寨东巴什罗殿，举行传统法会。2003 年 8 月，纳西东巴古籍文献被列入世界记忆遗产名录。因而使对东巴文化本体的保护与传承也具有了世界意义。信仰东巴教的东巴及其祭祀仪式、仪规、习俗和场所，是东巴文化的本体，也是纳西民族的重要历史传统。和长红先生为了适应传承东巴文化的需要，采纳了郭大烈、和力民、李锡、和锐、木丽春、木琛、和继全、和学文、杨文吉、杨玉华、和丁巴、和志伟等专家学者、东巴的建议，于 2004 年年初投资修建“玉水缘”，当年竣工。玉水缘大殿仿白沙古建筑等纳西古寺院的建筑特色，独具东巴文化内涵，由和长红表弟和亚群负责工程设计，由九河仿古建筑师赵八雄负责施工，由白沙仿古建筑师和积功负责监理。殿内外雕塑由鹤庆“国际民间工艺大师”寸发标负责设计制作。建设总投资近 500 万元，历时 13 个月。玉水缘的建成，是纳西东巴文化传承史上的一件盛事，特此记述。

图 6-7　玉水寨玉水缘大殿外景

图 6-8　玉水寨玉水缘大殿内纳西族保护神阿普三朵及藏族、白族公主妻子塑像（局部）。图像系拼合

厂，白族艺师在木雕、器具等方面以巧艺闻名四方，庙里塑像请的是鹤庆“国际民间工艺大师”寸发标。当然，绘塑要遵循东巴信仰传统，形象特征、穿戴服饰等均由东巴文化传承协会来确定，他们认为这样就可以保证纳西族“来了一看就知道是自己的神”；“东巴画很容易学，也许粗糙，画里面的含义和情感只有这个民族知道”。不过为了提高东巴画的“档次”，还是派了画师到藏区学唐卡，希望艺术水平有所提升。

玉水寨在东巴信仰方面的这些创新举动，不可避免地受到质疑。一方面，这些东西，究竟还是不是东巴？① 另一方面，面目过分接近其他宗教，② 缺乏自身特色，东巴信仰的前途会不会面对“泯然”的危机？都需要继续在摸索中前进。

① 针对学术界和社会上的质疑，和锐《玉水缘与东巴教信仰结构》一文（http：//www. yushuizhai. com/news /？66_1369. html）提出：

建东巴庙是有纳西民间历史事实先例的。鉴于玉水寨建东巴庙的举动，引发了一些议论，和长红便于2003年3月，指派笔者带领和丽明、杨玉勋等的调研组到历史上的东巴教圣地——白地开展调研活动，征求当地老东巴的意见。据至今健在的白地东巴教大法师和志本介绍说：新中国成立前白地白水台“圣泉”旁曾建过一座供奉东巴什罗的神殿，不幸毁于火灾，至今仍可在庙址找到瓦砾。从白地回来后，在同年4月举行的东巴法会上，笔者把和志本介绍的情况转告给与会者。太安籍东巴教大法师和学文也向众人介绍说：新中国成立前夕，太安汝南化村后山灵洞“什罗乃可”内曾塑有东巴什罗、阿普三朵、恒底窝排三尊神像，在洞口建有瓦木结构的门坊，因而，在那灵洞前举办过多次大型的东巴聚会活动。这说明历史上有过东巴庙。因此，玉水寨于2004年在实施国家4A级旅游景区规划中，拆除2001年建的小规格东巴庙，新建现在的玉水缘大殿，是有历史依据的。在2005年4月11日市东巴传承协会常务理事会研究“汝神崩议式”的会上，和学文再次讲过汝南化岩洞塑过东巴什罗等神像的史实。

② 网上论坛、博客等贴出的玉水寨游记和观感中，经常提到玉水缘大殿很像“喇嘛庙”或类似的意见。

第七章

生态文明建设与经济社会可持续发展

第一节　生态与纳西族文化理念及传统知识

很多民族都有自己的生态文化理念。居住、生活在丽江及周边地区的纳西族、白族都有良好的传统，如农历三月繁殖期的鸟不打，七八月芭蕉树不砍，这些文化观念有助于保护生态环境。民间的乡规民约从民族传统文化角度制定政策，如不能吃青蛙、蛇和狗，不能往水沟里吐口水等，很有约束力。纳西族传统文化非常重视祭“署”——自然神，纳西神话传说人和自然是同父异母兄弟，应和睦共处，而人一直从自然索取，所以要祭“署”。[①] 着眼未来发展，保护文化、保持生态系统、保障生物的多样性，还有大量的工作亟待加强。环保理念应该做成执政理念，成为地方政府首要考虑的问题，在 GDP 和保护的选择上，更突出保护的也是生产力，视为和谐持续发展的关键问题。党的十八大三中全会公报（2013 年 11 月 12 日）中强调要深化生态文明体制改革，为生态文明建设提供了明确的政策导向。

某纸业在云南大量种植桉树，这是一种速生丰产林，同时又被指为“抽水机”，对土壤的水分需求极大，在云南近年来的持续干旱事件中被认为是元凶之一。对桉树需要科学理性地去认识，[②] 而纳西族干部群众对

---

① 以玉水寨生态文化旅游有限公司为例，其公司的标志就是房子里有自然神的形象，表达人与自然的关系就如同父异母兄弟在同一个屋檐下生活，作为整个公司发展的企业文化理念、未来发展目标。这赋予纳西族传统文化观念以新时期的解读和价值。

② 关于桉树生长特性、某纸业集团的种植行为与云南持续干旱之间的关系，目前还存在不同的看法。参见吴红军、谢耀坚、王志华《西南地区特大干旱与桉树种植关系分析》，《林业经济》2010 年第 6 期；孙鹤章《云南干旱 桉树无罪》，《印刷世界》2010 年第 5 期；董文渊《森林、桉树与云南干旱之关系》，《云南林业》2012 年第 2 期。

此树种颇为警惕，亦可见出他们对生态问题的密切关注。人们也在积极寻找保护生态、保水净化的有益物种，如水冬瓜树（图 7-1）。水冬瓜为桦木科桤木属（Alnus cremastogyne Burk），落叶阔叶乔木，生长迅速，适应性广，根系发达，耐瘠薄、耐潮湿土壤，有助于抗旱保水、涵养水源、固沙保土。对水冬瓜树保水特性的认识是乡土的朴素知识，人们认为树身里面一半是水，吸水厉害，干旱时又能放水出来。作为木材的特性是又脆又硬，硬度高过梨木，做地板能够把刀片划烂。一些地方已经尝试性地种植水冬瓜林应用于干旱防治，[①] 丽江一些地方以之为水源林。

图 7-1　水冬瓜树（左图高出松林者即是。右图为枝叶特写）

第二节　生态与产业发展

玉龙县以良好、优美的生态环境为骄傲，并且在发展产业方面，也围绕生态做足了文章。

一　生态与当地旅游业

官方把当地得天独厚的旅游资源总结为“两山、一城、一湖、一江、一文化、一风情”，其中以下均为自然生态景观：

---

① 参见彭明俊、郎南军、温绍龙等《金沙江流域 4 种林下枯落物储量及其持水特性研究》，《林业实用技术》2006 年第 3 期；祝列克主编《岩溶地区石漠化防治实用技术与治理模式》“桤木与柏树混交防护林治理模式”一节，中国林业出版社 2009 年版，第 70—71 页；《云南永平种植水冬瓜树应对干旱》，《农家致富顾问》2010 年第 5 期。

（1）“两山”即玉龙雪山和老君山。玉龙雪山景区是国家风景名胜区、国家首批5A级旅游景区、省级自然保护区和省级旅游开发区，被誉为冰川博物馆和动植物宝库；老君山位于世界自然遗产“三江并流”核心区域，有独特的丹霞地貌、茂密的原始森林和种类丰富的动植物群落，在中国乃至全世界，都堪称生物多样性的宝库。

（2）“一湖”即泸沽湖，是云南省九大高原湖泊之一，是云南省级自然保护区、省级旅游度假区，享有“高原明珠”的美誉。

（3）“一江”即金沙江，流经丽江615千米，万里长江第一湾、虎跳峡等景观闻名遐迩。

丽江作为国家级园林城市，生态建设引人关注，政府方面也投入巨资，坚持保护与发展的并举与互动——旅游业从业者都有共识，“没有环境，旅游等行业发展的基本要素就不在了”。古城发展快、但也以保护为主；束河建筑风格、生态、空间各方面都保护非常到位，绿化排污、污水处理等基础设施建设非常重要，作为保护旅游资源的措施，不能随便上山挖树、开采砂石等建筑材料。目前正在搞“四创”（创建文明、卫生、环境保护模范、节水型城市）、“两申”（申报全国人居奖；申报联合国人居奖，即最适合人类居住的城镇），投入10亿—20亿元以上。古城有清水才吸引游客；束河是束河古镇的灵魂，非常清澈、直接可饮用。这关系到城市的可持续性发展，去年启动、今年具体做事情。有年限要求，即必须于2013年建成节水型城市。

丽江古城、束河古镇、玉水寨等都是靠水而知名的景区。它们风光各异，根据各自的地理、人文、交通等条件以及旅游目标人群定位，设计了不同的生态保护方案。

丽江古城从项目选择到景区建设始终坚持保护第一，在保护的前提下发展。从2002年以来累计投入9.8亿元，实施了一批以改善古城旅游、卫生、通信、供电、水系等环境为重点的基础设施建设项目。完成了三线两管入地、五花石路面改造、夜景灯光、玉河广场、户内外供电线路以及星级厕所改造等基础设施建设、改造项目。同时，实施了北门坡环路环境整治项目、景观用水源头治理，东郊环境整治一期工程、大丽路绿化等一系列周边环境整治项目，这些项目的实施保持了古城的小桥流水、古朴自然的风貌。旨在保护与开发形成良性互动的丽江古城实践经验，被联合国教科文组织总结为世界遗产保护与旅游业协调发展的丽江模式。

束河古镇重点推出了“分区模式”：保护与开发中新区建筑与老区风格统一，二者和谐地连在一起，服务功能齐全。这种模式引起了业界的广泛重视，亦可为广大城市规划部门提供借鉴。清华大学建筑学院建筑与城乡规划学家、人居环境科学创建者吴良镛教授的学生翟辉正在撰写博士学位论文，探索香格里拉人居环境中人与自然的和谐，怎样保护、充分利用自然。[①] 鼎业集团请他来设计束河的开发，2003 年 5 月 13 日正式启动保护与发展束河项目。水被视为是古镇的灵魂。鼎业集团加固了水源九鼎龙潭的坝堤，加宽、铺平游路，同时扩建疏河源头水系，建成湿地生态公园。又将夏天上游冲来的洪水用导洪渠绕道引走。在旅游管理部门要求在，集团将水源头和河两边的 29 亩菜地征用并赔偿，2600 棵楸木、核桃、香椿全部买下，又与农民签下保护协议，无偿提供给他们使用，现在仍然种菜，一派田园风光、使得古镇周边四季生机盎然。防止老百姓在利益驱动下乱动，这种严密而互惠的规划堪称创举。束河开发时提出路网、田坎、水系不能动，没砍过一棵树，开发过程控制得非常严格。

玉龙雪山景区先后投入大量资金用于环境的保护工作，实施三大工程提升景区生态环境质量。(1)“绿洲效应”工程，修复景区 35 万平方米裸露面积的植被，种植林木 2 万多株（丛）；对甘海子、蓝月谷（白水河）、推广覆土建筑和三线入地工程，保留生态景观原貌。(2)“冷湖效应”工程，兴修 12 个库容量达 38 万立方米的人工湖，积极支持文海水库、拉市海、玉龙水库、清溪水库、玉湖水库等水系整治工程，维持景区湿度与气温的平衡，避免景区环境倾向于干燥恶化，保护冰川资源。(3)“绿色交通”工程，购置 25 辆达到欧Ⅲ标准的环保大巴，建立辐射冰川公园、蓝月谷（白水河）、牦牛坪景点的环保专线车线路，减少景区汽车尾气排放量。建成了丽江第一家污水处理系统，日处理污水达 1200 吨，污水经处理后的水质达到国家一级排放标准。

为整治景区环境，泸沽湖景区实施了以下工程：(1) 泸沽湖环湖道路工程；(2) 里格民族文化生态旅游示范村项目工程；(3) 泸沽湖综合规划编制；(4) 洛水摩梭民俗观光村恢复项目工程；(5) 泸沽湖旅游区污水处理系统工程；(6) 泸沽湖旅游区垃圾处理工程；(7) 国家“863”泸沽湖高原湖泊污染控制技术工程；(8) 湖滨带生态恢复工程。上述工

① 翟辉：《香格里拉·乌托邦·理想城——香格里拉地区人居环境研究》，博士学位论文，清华大学，2004 年。

程总投资9185万元，共征用土地236亩，拆除里格、洛水等村寨各种违规违章建筑78户，面积3.15万平方米。目标是“不让一滴污水进入泸沽湖”，让泸沽湖的水更清澈。泸沽湖为高原湖泊治理保护树立了一个典范，取得了良好的社会效益、环境效益及经济效益。①

玉水寨除了植树造林，保护水源，以民间信仰的神泉、“丽江源”而闻名之外，泉水养殖的虹鳟鱼同样有上佳口碑，而这种对水环境要求苛刻的鱼的生存就见证了上乘水质，为游人所津津乐道。

目前，环保有关部门正在开展饮用水源地保护项目、农村环境综合整治项目、创建“生态乡镇”的工作。大力发展旅游的丽江比较注重水源、景观、植被等的保护，注重恢复裸露面积的植被，兴修人工湖以增加空气湿度和降雨量，② 森林消防，生活垃圾的收集分类和集中处理，厕所的建造和改造，废油、废电池等危险品无害化处理，污水的处理与排放等工作，环保车辆、电瓶车的投放，对特定片区的采砂、采石、取土等活动进行打击，加强环评把关。但是，在旅游景区之外，可以说仍是两重天。城市化建设进程的加快、人口的较快增长以及游客人数的增多，在一定程度上加重了环境承载能力；随着农村集镇的发展，乡镇集贸地环境卫生问题日渐突出。即：生活垃圾量多，生活污水排放不规范，环境卫生管理不完善等。随着城市建设步伐的加快，对砂石等建筑材料的需求较大，因而这种乱采滥挖砂石，造成周边面山破坏的现象时有反弹趋势；金沙江沿线矿业企业等的环境监管，化肥和农药的过量使用加剧了水体的污染，畜禽养殖业的污染不容忽视。③ 城市规模扩大，旅游的发展，造成人多水少，垃圾成灾，必然加大了市政环卫工人的工作强度。在丽江调查期间，《丽江日报》上刊登了市委书记带头捡垃圾的照片，表达了问题的严重性以及丽江人对垃圾处理和卫生习惯的重视。

---

① 参考丽江市旅游局提供的《丽江旅游发展情况简介》（2012年版电子文本），第5—7页。

② 以玉龙雪山景区为例，兴修了12个人工湖；在白水河蓝月谷生态景观走廊建筑6个水坝，恢复6个水面，约15万平方米，库容量达38万立方米，目的在于“充分发挥冷湖效应，维持景区湿度与气温平衡，避免景区环境倾向于干燥恶化”。见玉龙雪山管委会提供的《玉龙雪山景区生态环境保护情况》电子文本。

③ 参见《玉龙县环保局“十一五”期间工作总结》。

二　正在起步的生态农业

玉龙县是生物多样性很突出的地方，[①] 是我国三大特有物种分化中心之一，也是中国17个生物多样性保护关键地区之一，在科研、旅游、开发各方面价值非常好，很受关注。由此而来的保护区很多，高原湿地省级保护区第一个就设在这里。当地干部表示，玉龙县在“生物多样性”这样的敏感问题上名声大，以后发展一定抓住这个优势。现在全球都非常关注生物遗传基因库，丽江地区广受各种团体、组织瞩目。当地在研究如何发挥优势，把生物多样性的资源转化为生产力。目前玉龙县无公害蔬菜、水果基地和绿色食品生产有了初步的规模。烤烟、药材、林果、马铃薯、芸豆、夏秋冷凉蔬菜、油菜、杂交玉米制种和香叶天竺葵等玉龙县特色农业产业有了较大发展。

（1）金沙江的独特气候土壤才能生产优质烟叶，这是地理和气候条件带来的优势。2009年，玉龙县烤烟种植面积50759亩（2006年约41800亩[②]），占总播种面积的8.1%，产值11538.7万元；种烤烟农户收入由2005年的6245万元增至2009年的11538万元，增长45.9%，年均增长9.2%。[③] 玉龙县计划以塔城、巨甸、金庄、石鼓、龙蟠、大具等金沙江沿岸乡镇为中心，在全县建设30万亩优质烟叶种植基地，到“十二五”末，年产烟叶力争达45万担，打造出丽江金沙江区域优质特色烟叶品牌。

（2）雪桃是近年在玉龙拉市海地区开发出来的新品种，种植区为海拔2500—3000米高度原生态高原地区，其他地方都没有。由于它成熟、上市的季节在国庆节前后，比其他品种的桃要晚，加上品质出众，因此市场前景十分看好，丽江人自豪地说雪桃已经上了国宴。此外青梅、核桃、花椒等经济林果也有广阔发展空间。

① 参见杨家伟《滇西北地区生物多样性保护现状与对策》，《林业资源管理》2002年第3期；吴之坤、张长芹、黄媛等《长江上游玉龙雪山植物物种多样性形成的探讨》，《长江流域资源与环境》2006年第1期；冯建孟、王襄平、徐成东等《玉龙雪山植物物种多样性和群落结构沿海拔梯度的分布格局》，《山地学报》第24卷第1期（2006年1月）。

② 《玉龙县农业局2006年业务工作总结》。

③ 《玉龙县“十二五”期间农业发展基本思路研究》，第1—2页。

表 7-1　　2008—2011 年玉龙县雪桃种植情况

	2008	2009	2010	2011	2012
新种植面积（亩）	5312. 9	1774	3831. 2	1788. 2	2080. 5
累计种植面积（亩）	10004	11778	15609. 2	17397. 4	19477. 9
实际挂果面积（亩）	不详	不详	2775. 8	>3600	不详
总产量（吨）	不详	不详	不详	>1200	不详

资料来源：《玉龙县 2008—2012 年生态产业发展情况》，第 3—5 页。

（3）药材是另一个重点发展的生态种植业。木香（Aucklandia lappa Decne）是芳香健胃、行气、止痛的常用中药，丽江所产品质非常好，味浓郁，油性足，150 斤能提炼 1 斤油，是玉龙县一大优势产品，出口价值很高。它原产于印度，1935 年，鹤庆商人张相臣把从印度获得的种子寄给居住在云南的侄子，在丽江鲁甸培植成功并逐步发展，1959 年首次出口，被誉为“云木香”。丽江的木香种植业发展本身就是当地活跃的国际商贸活动的传奇写照。近年来玛咖（Maca）在丽江的种植也引人瞩目，这种植物对海拔要求较高，2003 年开始在云南部分海拔 3000 米以上区域引种成功，玉龙雪山区域最为突出，技术成熟，质量正宗。只是由于产量较低，目前尚不能大批量向市场推广。① 玉龙县“十二五”期间计划以鲁甸、塔城、巨甸、黎明、仁和、石头、石鼓、鸣音等金沙江沿岸的乡镇为中心，发展云木香、秦艽、重楼、珠子参、附子、黄山药、续断、桔梗等药材，到 2015 年种植面积达到 5 万亩规模。②

表 7-2　　2008—2011 年玉龙县药材种植情况　　（单位：亩）

	云木香	秦艽	桔梗	当归	续断	白术	附子	玛咖	黄山药	重楼	纹党	珠子参	总计
2008	≈9400	8500	840	>820	2000	1510	830	1000	350	714	不详	不详	27044
2009	8631. 5	5078. 5	1215	920	2387. 5	1660	3110. 5	2611	700	948. 2	1350	不详	30611. 6
2010	18729. 68	16639. 71	4776. 09	不详	3604. 58	不详	7466. 6	2400	510	1791. 56	220	160. 05	57881. 18
2011	9741	8296	8674	不详	4583	1429	7794	4028	700	1588	130	154	69859

资料来源：《玉龙县 2008—2012 年生态产业发展情况》，第 1—3 页。

在永胜、华平等地方搞滴灌，更大程度上需要国家支持，靠农村的科

① 参见玉龙县农业局提供《玉龙县 2008—2012 年生态产业发展情况》电子文本。

② 参见玉龙县农业局《玉龙县“十二五”期间农业发展基本思路研究》（2010 年 5 月 18 日），玉龙县发改局提供电子本，第 6 页。

技协会不行。在国家政策导向和地方政府的重视下，未来经济发展中应进一步挖掘生态特色产业，做大做强，同时也切实服务于民生。

第三节　水资源告急——以黑龙潭和玉龙雪山为例

在云南很多地区，都会听到关于缺水、干旱、断流的各种现象和讨论。丽江也不例外。2008 年起，丽江进入枯水季。而由于丽江是个旅游名城，水是生态风景的灵魂，这就使水的问题具有了特别重大的意义。

丽江分属长江（又可分为金沙江和雅砻江水系）与澜沧江两个流域，大小河流共计 91 条，其中流域面积在 500 平方千米或年径流量在 2 亿立方米以上的河流就有 10 条，包括玉龙县金庄河、冲江河，古城区漾弓江、黑白水河等。全市河流平均年过水量 84 亿立方米（不计金沙江年过境水量 416 亿立方米）。全市主要天然湖泊有程海、泸沽湖、拉市海、文海等四个，总蓄水量 41 亿立方米。在人们的印象中，丽江不应该与“缺水”扯上关系。

图 7-2　干涸的黑龙潭与祈水的用品

（摄于 2013 年 6 月 23 日）

然而 2013 年夏来到丽江调查时，最直接的印象就是名胜黑龙潭的干涸见底。这是丽江古城的重要风景地，周边的古建筑群（乾隆二年，1737 年）龙神祠、得月楼、锁翠桥、玉皇阁；1979 年迁建于此的原明代木土司别业及家庙——明万历二十九年（1601 年）芝山福国寺解脱林门楼五凤楼，以及原知府衙署的明代光碧楼及清代听鹂榭、一文亭、文明坊等建筑于 2006 年被列为国家级重点文物保护单位，2009 年被评为国家 4A 级旅游景区。2012 年 1 月 21 日黑龙潭的珍珠泉等泉群全部断流，水务部门启动景观用水应急预案，多水源联合调度，从拉市海和清溪水库调水补给，实施文海水库工程，严格管理水资源。清溪水库本身的6个泉眼中只有2个出水，自身难保。拉市海的水又不够清澈，今年几乎也没有水了。于是再把雪山融化的黑水河、白水河交汇处的水抽上来，埋管调进古城。

根据文献记载，历史上黑龙潭断流时间（参见表7-3）最长是1982年4月至1984年9月，持续断流801天。当时讨论这场持续干旱的成因，丽江科委有人说象山那儿建地震观测站，打洞对气象产生影响，但没有证据。而自2005年以来，黑龙潭每年都会断流数月之久。① 2013年6—7月我们在丽江调查期间，断流仍在继续，而人们的忧虑不安与日俱增。龙王庙里，黑龙潭的每个泉眼处，都可以看到烧香求雨的人们的身影（图7-2）。所幸，雨季进入尾声之后，9、10月的降雨量仍在持续增加。终于，10月29日14时许，人们发现黑龙潭珍珠泉出水口的水位已上升至泉眼以上14厘米，黑龙潭真正出水、复流指日可待。②

表7-3　黑龙潭历年断流时段（不完全统计）

断流时段	断流天数	长短排序
1960年4月至1962年8月	>700	2
1982年4月19日至1984年9月19日	801	1
1993年6月26日至8月9日	43	9
1995年5月10日至7月31日	45	8
1998年4月18日至6月23日	67	6
2006年5月24日至7月24日	61	7
2007年3月19日至7月26日	70	4
2010年6月14日至8月22日	70	4
2012年1月21日至2013年10月29日	667	3

资料来源：王法：《丽江黑龙潭泉群完全断流政府启动景观用水应急预案，确保古城旅游环境不受影响》；杨冬合、刘晓佳：《干了667天，黑龙潭真的快出水了！》。

另一个旅游者可以观察到、当地纳西族也备感焚心的指标是玉龙雪山雪线的持续下降。玉龙雪山是欧亚大陆纬度最低并发育有现代海洋性温冰川的雪山，终年积雪，在海拔4200米以上分布有19条大小不一的冰川，是北半球离赤道最近的高山温暖型冰川，对气候环境变化反应最为敏感。

① 王法：《丽江黑龙潭泉群完全断流政府启动景观用水应急预案，确保古城旅游环境不受影响》，《春城晚报》2012年2月3日第A205版。

② 杨冬合、刘晓佳：《干了667天，黑龙潭真的快出水了！》，《云南信息报——丽江读本》2013年10月31日。

从1996年开始，管委会即与中科院合作对玉龙雪山的冰川、冻土、水资源、环境变化等开展系列课题研究，建立了中国第二个冰川观测站，同时也是中国第一个海洋性冰川观测站——“玉龙雪山冰川与环境观测研究站”，为我国季风海洋性冰川的研究，特别是玉龙雪山冰川资源的开发利用，提供了科学研究平台。

通俗地说，玉龙雪山是北半球最靠南的大雪山，张艺谋导演就选择这里作为大型实景歌舞《印象·丽江》的演出地。这里的旅游开发始于1992年，2007年5月被国家旅游局批准为中国首批国家5A级旅游景区，即国内最高级别的旅游区。先后获得“欧洲人最喜爱的中国十大旅游景区”、云南省“最具影响力老景区改造项目”“中国青年最喜爱的旅游目的地”“全国文明单位（景区）”“全国首批旅游标准化示范单位”“云南十佳景区”等荣誉。玉龙雪山第一条索道建在云杉坪，大约三年后建了大索道即玉龙山索道，后来又建了牦牛坪索道。目前索道能抵达海拔4500米左右的地方。1998年索道开通但尚未运行时，周边还全部是雪，晶莹的冰衬出雪也是绿莹莹的。索道开通才过去十二三年光景，雪线退缩了几百米，“绿雪晴峰”的奇景消失不见。2012年雪山的三条索道共接待279.18万人次，① 换言之，进山的游客几乎都依赖索道。这三条索道和每天纷至沓来的游客、甚至相应的大量工作人员本身都遭到了批评。数据显示，雪山游客数量确实可观，而且近年还在按5%—6%的速度增长(表7-4)。

表7-4　　2001—2012年玉龙雪山旅游区总接待人数表　（单位：万人次）

年份	2001	2002	2003	2004	2005	2006	2007	2008	2009	2010	2011	2012	2013—2017年平均（规划）
接待量	110	135	130	180	188	189	183	190	231	234	261.5	276	263②

资料来源：丽江玉龙雪山省级旅游开发区管理委员会提供。

① 此据《玉龙雪山景区精品建设不断推进》，载玉龙县旅游局编《旅游信息》2013年第1期（总第17期）。在“十二五”期间，玉龙景区“以玉龙雪山冰川公园作为示范区，参照原老索道700—800人/小时，最高7600人/日，平均4000人/日，新索道1200人/小时等参数，根据冰川公园的游览面积、停留时间等因素，确定合理的最大控制容量”（《玉龙纳西族自治县“十二五”旅游业发展规划》，第79页），此数据亦可作游客数量的参考。

② 按照丽江玉龙旅游发展研究会、玉龙纳西族自治县旅游局2011年11月编制的《玉龙纳西族自治县“十二五”旅游业发展规划》，2015年玉龙雪山旅游区接待规模规划为328万人次。

平均每天有逾7500名游客进山，加上景区各类工作人员①、表演者②及其他从业人员、当地附近住户③等，每天活动在雪山周边的人群逼近10000人，的确是惊人的数字。

人们还认为，黑龙潭的断流可能与玉龙雪山雪量的减少有关，因为有雨的云层数量也少了。玉龙雪山是巨大的固体水源，古城、拉市海都是靠玉龙雪山融化的水，因此，应将它作为水源地来保护。有识之士提出从海拔3300米以上就不应有人类活动，更不能人为去破坏，用光、声去污染水源地。气象条件的变迁和旅游的过度开发使当地人不由得疾呼：

> 丽江前五十年，小桥流水，纳西人家，很漂亮、玉龙雪山永不化，很伟大的神山；现在五十年，“古城哪有纳西人，玉龙何处明白雪”，对纳西人来说是很悲哀的事。将来是：“传说古城有纳西，遥听玉龙曾有雪”。
>
> 我呼吁叫停玉龙雪山索道，呼吁十年了！有本事自己爬上去。以前每天两千多人上去，现在一万人左右。纳西族有句古话：人进一尺，冰退一丈。人的体温是不得了的，一天一万人上去，玉龙雪山没雪，冰川化完怎么生存？不要讲发展，我们讲怎么去生存，现在生存都有问题了。我用那首歌来说：“纳西民族到了最危险的时候……”真的很危险。

玉龙雪山省级旅游开发区管理委员会与中国科学院合作成立了全国第一个海洋性冰川观测研究站，举办了四届高规格的国际冰川研讨会，投资近200万元着重开展了“城市化与人类活动对玉龙雪山冰川的影响”“玉

---

① 按2013年7月5日调查中丽江玉龙省级旅游开发区管理委员会提供的数据，该管委会有415名事业编制，加上股份公司的职工就更多了，约有1500人常年在雪山工作，其中很多员工在海拔3800米以上工作。

② 以印象·丽江演出团队为例，各种报道称参加每场演出的农民演员的数量近500人，马100匹。

③ 以玉龙雪山景区核心区域的甲子社区为例，它包括甲子村委会的18个自然村组和玉龙县直属村二十三公里村，海拔1800—3800米，属高寒地区，境内居住有苗族、彝族、藏族、纳西族、汉族5个民族，共计633户、2349人。此据玉龙山管委会提供的《玉龙雪山社区基本情况》电子文档。

截至2012年5月，在玉龙山景区各企事业单位就业的社区群众已达400多人。“未来三至五年内，将力争实现户均一人在景区企业就业、确保社区劳动力的50%在景区就业的目标。”此据丽江玉龙雪山省级旅游开发区管理委员会提供的《玉龙雪山社区基本情况》电子文档。

龙雪山冰川消融对水资源及环境的影响”等20多项科研课题。这既反映了人们对于雪线下降、冰川消融问题的重视，也从侧面反映出面临的严峻形势。

黑龙潭的雪山倒影是丽江旅游的经典名片。比较起来，这两个地点不仅是风景名胜，对丽江来说更有着深层次的意义。黑龙潭水系营造着古城的景观，更是古城居民直接的饮用水来源。而玉龙雪山，则不仅是玉龙县饮用水源三束河的发源地，更是当地纳西族的精神家园：

> 玉龙雪山是我们纳西族的神山。有没有雪，不仅是风景，也是生存问题。周围的水都是雪山的水。保护丽江古城与保护雪山有一致性，因为古城的水就从雪山下来，是一个体系的，不要把它们分开来看，这样才全面。环保是很重要。东巴文化的重要灵魂就是人与自然和谐相处。自然环境破坏了，跟东巴文化背道而驰。

对于丽江的持续干旱，每个当地人都会有自己的想法和见解。比较常见的观点包括：

（1）全球大气候使然。消耗能源，排放温室气体，在温室效应、全球性气候变暖的大趋势下，中国、云南的气候变化都不容乐观。云南已连续四年干旱；2010年，云南省遭遇了百年不遇的大旱灾。这种情形下丽江自然也不能独善其身，近年来，城区降水量一直只有840毫米左右。从2012年冬天到2013年5月，滴雨皆无。古城区居民每户限用15立方水，超过15立方后水流就很小。每逢下雨，人们就在屋檐下用盆接水。黑龙潭断流并非今天才面对的问题；不过，根据历年数据可以看出，断流频率越来越高，环保局工作人员归纳说：“以前三年（断一次），现在每年断，而且每次断的时候越来越长。九鼎龙潭和清溪水库水流量逐年减少。”同样，人们也承认雪线在不开放旅游之前就上升了，但那个时候人们不关注。中科院冰川研究所（甘肃）请了很多专家来研究玉龙雪山的问题，也认为雪线的变动跟人为活动有一定关系，但跟温室效应相比，作用微乎其微。而在互联网时代，世界级旅游胜地的一切问题都被放大并呈现在人们眼前。

（2）城市过度发展。城市化之后到处是柏油路面、水泥地坪，就算有降水，也无法渗入地下、蓄留为可利用的水源，通过城市下水管网都流到下游去了。过去村落市镇建设中普遍使用的不规则青石板路面具有较大的缝隙，相对而言降水可以部分渗入地下，这些建筑文化传统应重新进入人们的视野。

（3）伐木等生产活动对自然生态系统造成了破坏。1965 年开始，国家林业开发大军从大小兴安岭撤来滇西北，丽江有好几个林业管理机构，专司伐木，丽江的森林就从 20 世纪 60 年代末一直毁到 80 年代。看见国家机构砍树，农民也开始偷伐，通过金沙江来运走木材，或用汽车并经火车转运到全国各地。由此丽江的生态不断恶化，森林越来越少。人们不断提到，出生在束河古镇的云南省前省长和志强，就曾对长期大量砍伐原始森林、“金沙江面漂满木头”的现象痛心疾首。正是他发挥了自己的影响力，1990 年，为丽江设计了全新的发展思路：“一要保持生态，不能搞破坏；二是少砍树、多发电；三是发展滇西北的旅游。”① 在这之后，90 年代痛下决心关停了伐木和造纸厂，而这两项是当时丽江主要的财政收入来源。还有人提道：“丽江原先山上树子现在倒了，连续砍伐，80 年代把山地、森林分到各家各户，砍了，对气候影响可能相当大。”现在，山民自家盖房子可以到林业工作站申请，大致上一栋房子需要四方木材，包括：八根过梁，直径约 60 厘米（树龄约 40 年），一棵树可以锯出四根梁；柱子，直径约 30 厘米；枋子，直径约 20 厘米；椽子，直径约 7、8 厘米。尽管规定不准砍伐云南松、桦树等经济林，水冬瓜等水源林，以及一些值钱的杂木，民俗约定不能砍伐特别大的树（被视为神树），也不能到容易产生滑坡等地质灾害的地方砍树，但是有些村民仍持“靠山吃山”的观念，盗伐盗卖现象屡禁不止。村委会不具备执法的资格和能力，打击力度不够。

玉水寨的旅游开发企业最初选择在玉龙县塔城乡署明村从 2006 年 6 月开始操作东巴文化和生态保护区，原设想保护生态环境和文化保护相结合。但老百姓贫穷，木材老板非法收购木材，开发商跟林业部门、林业公安都出动搜查处罚，造成公司下去的人和当地木材老板产生矛盾，受到威胁。最后署明项目不了了之。

（4）旅游业带来用水量的剧增。这一点几乎成为人们的共识。当然，随着生活方式的现代化，当地人的用水量也在增长。例如，现代生活方式

① 此据原丽江日报社总编辑、市人大副巡视员李群育的回忆，转引自吕明合《丽江何来，丽江何去——电解铝罗生门背后的生死抉择》，《南方周末》2013 年 3 月 7 日。

中必不可少的马桶的使用，沐浴等卫生习惯和健康观念的改变，等等。但这和每天6万—7万游客带来的餐饮、旅馆等服务行业的用水相比，人们更强调旅游带来的问题。不计自备水源和生产用水，集中供水管网供应区域每天的用水量高峰时段达到6万多方。在人们争执高档酒店①与家庭式客栈的优劣时，二者的客户习惯和卫生要求不同，各自用水量的对比为一个衡量指标。

不仅如此，旅游业还不可避免地带来水质量的恶化。一方面，游客量过大导致垃圾量的迅猛增加。另一方面，随意丢弃垃圾等习惯导致污染扩大。以近年发展强劲、游客逐渐增多的束河旅游为例，有些素质低的游客在青龙河边随地扔餐巾纸、吐痰，从白沙到束河到处是垃圾，不堪入目，青龙河每年清除的垃圾触目惊心，清洁员来回打扫苦不堪言。国民富了，尚需引导如何做文明人。

丽江旅游业从业人员普遍呼吁，不再一味追求扩大游客数量，而要将发展点放在提高游客档次，吸引更多的高端游客。但是这显然只符合部分从业者的利益。发展策略侧重于细化游客层次、提供相应的服务、使旅游服务增值，而划定旅游门槛、筛选游客的做法是很难实现的。

根据丽江市环境保护局近年对环境质量的监测报告，丽江环境在粉尘、烟尘、噪音等方面都相当理想，环境质量基本稳定。从23个监测断面得到的数据来看，河流的水质状况大体如下（图7-3、图7-4）。

按《云南省地表水水环境功能区划（复审）》要求，按各断面应达到的水环境功能类别衡量，7个断面超标，其他12个断面达相应水环境功能区标准，达标率为63.2%。受污染河流的主要污染物为粪大肠菌群、氨氮或总磷，可推知主要污染源均为城市生活污水。② 特别地，古城下游所设检测断面的城市水质指数为0，水质类别为劣五，属重度污染，主要污染物为粪大肠菌。③

（5）私挖深水井、滥采地下水造成地下水水位的下降。街头巷尾议论纷纷："所有宾馆酒店都挖了180米深的井，井一填，水马上就有了。"古城老住户说，居民早年间在白马龙潭挑水，1983年旱情严重时那里断

---

① 截至2012年年底，丽江全市引进国际知名品牌酒店10家，其中建成开业3家；共有星级酒店187家，其中五星级3家，四星级18家，数量位列云南省第一。此据丽江市旅游局提供的《丽江旅游发展情况简介》（2012年版电子文本），第4页。

② 丽江市环境保护局：《2011年度丽江市环境质量报告书》，第19页。

③ 丽江市环境保护局：《2011年度丽江市环境质量报告书》，第23页表六。

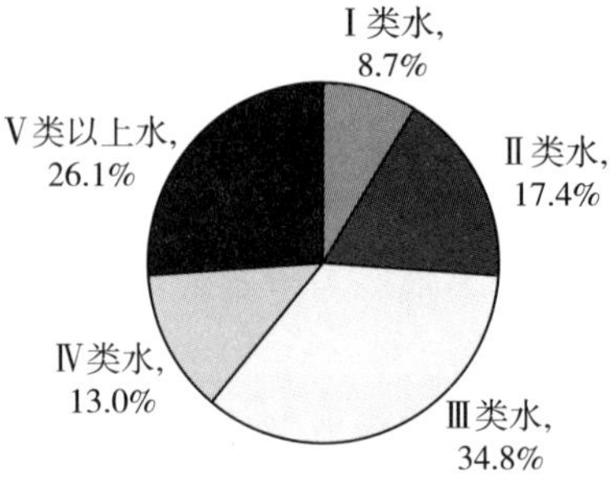

图 7-3　2011 年丽江主要河流水质类别图

资料来源：丽江市环境保护局：《2011 年度丽江市环境质量报告书》（简本电子文本），2012 年 2 月，第 19 页。

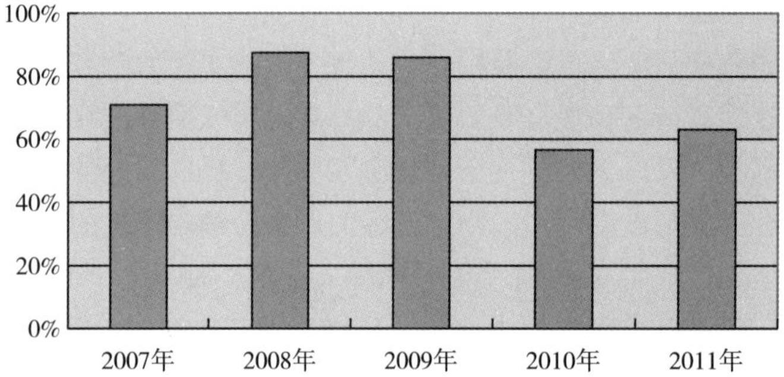

图 7-4　2007—2011 年丽江主要河流水质达标率变化图

资料来源：丽江市环境保护局：《2011 年度丽江市环境质量报告书》（简本电子文本），第 20 页。

了水，各家就打井取水，当时打 5 米的井就能出水。现在那口井已经没水了。前两年曾发现古城有人家安的管网假装和自来水管网连接到一起，实则在堂屋中间打井使用地下水，井深 15 米。这说明地下水水位的下降和用水管理的不规范。至于现在打井是不是深至口口相传的 180 米，那需要实地调研，因为打井是寻找土壤中的含水层，并不是越深越好。黑龙潭泉水断流后，从清溪水库或拉市海的引水调入，结果不仅不出水，还出现“倒灌”现象，即补进去的水又通过原来的出水口倒吸出去。这一现象表明，黑龙潭周围地下水严重不足。① 尽管这个说法没能从政府部门那里得

① 王法：《丽江黑龙潭泉群完全断流　政府启动景观用水应急预案》，2012 年 2 月 3 日云南网发布。

到正式承认，但在官方提出的治理手段中，提到“严格地下水管理，封填了近 300 口深井，大幅度压缩地下水开采量”，证明这种现象的确严重存在。当然，深井主要关乎取水的方式和渠道，因此对它的治理会有助于地下水位的控制和景观的维护，但并不能因此压缩用水量。人们期待能够立竿见影，但它是否是治本的良方，尚需等待实践的检验。

（6）人们的频繁活动扰乱了水脉。生态脆弱，水脉堵住了、水就会流向别处，难以复原。人群活动范围的大规模快速扩张以大兴土木为标志，而动土则可能导致地下水流动的路径走向。2013 年 7 月 2 日，鹤庆的一些妈妈会的老妈妈跑到象山那里烧香。原来，尽管黑龙潭断流，但是下游鹤庆却发洪水，老妈妈们认为这是因为黑龙跑到鹤庆去了而造成的，因此烧香祈请黑龙归位。这一事件蒙着“迷信”的面纱，背后是否有着合理的内核，还是值得思考的。

（7）有些务农的老人认为，近年来烟草这种经济作物的大量种植和迅猛扩张导致干旱，“没有井水，泉水是小股小股的”。烤烟的生长期从 5 月开始，10 月收获。5 月高原地区（受访地区主体海拔 2200—2700 米左右）常有冰雹，会打坏烟草幼苗，因此发射防雹弹驱散雨云，最终导致无雨、少雨。而 5—6 月间干旱又会晒死烟苗并波及小麦等大批农作物，只有药材相对耐晒。

（8）有人认为断流是神的惩罚，提出：

> 现在中国很多人不信共产党、宗教，太可怕。纳西族认为山水树都有神，都有生命。很多来旅游的人、在这里租住的人，……垃圾往沟里倒，拖把在水沟里洗，当地农民不会这样做，对水有感情。老家有说法，吐痰到沟里、嘴巴会生疮。现在毫无敬畏，这是最大的危机。租住的古建筑也不爱护。

在沉浸于纳西传统文化而又直口敢言的人口中，断流是丽江纳西文化的变异的警示：

> ……丽江的宗教文化吸引人。……酒吧供“艳遇佛”，成了个大笑话，跟历史文化完全背道而驰。……丽江古城被现代垃圾糟粕置换，颓废、发泄的文化全部占领了古城。我作为地地道道的丽江人，

古城进去感到压抑、约束，不是真正的丽江，商业味重我赞同，但应该是民族商业、文化特质的商业，现在是里面夹杂色情、糟粕的东西，政府再不管，黑龙潭的水便再不会冒出来。我们东巴的始祖，对现况的一种惩罚——变成沙漠都有可能性。

作为应急的解决措施，政府部门提出，丽江作为一个少数民族地方，水利设施比较落后，光靠拉市海西水东调等工程已经不能满足丽江人口增长和旅游发展所需。将来需要借西部大开发的良机加大基础设施投入，从金沙江调水。下一步大的思路主要包括：

（1）建好拉市海的环海排污，它有巨大的蓄水容量，必须做好周围的排污工作，否则海水被污染、调过来也用不了。马上就要修建拉市海环湖公路、铺设一次性配套排污设施。

（2）为小型水库的加库扩容，比如说，清溪水库、中济海、玉龙水库，在西北方向文海那边建大水库，规划在离城20多公里处的金安镇（原名龙山乡）建一个很大的水库用来调节，下一步就是从金沙江调水，一个坝子蓄水，可能要搬迁四五百户居民；团山水库已经交付扩容。

（3）虎跳峡规划八级开发。这个计划在《金沙江中游河段水电规划报告》（昆明勘测设计研究院和中南勘测设计研究院1999年联合编制完成，国家计委2003年审批）初见雏形，引发争议，目前发改委已经立项，开工建设。龙头大坝建成涉及7个乡镇，水位海拔2010米，库区有些山峰会露出来成为新的岛屿，形成新的旅游度假景区。龙山水库（大坝2700米）准备在金安桥电站坝前调水。金安桥电站去年已经发电，大坝蓄水最高水位接近海拔1500米。

（4）做好水的循环利用系统。由于丽江坝子的朝向，地表地下水都流向飞机场那个方向。规划投入几十亿元资金，在丽江坝子南端做一个很大的工程，使古城流出去的所有水经过一定范围的流淌后自然净化，或者有意识用工业手段净化，循环利用。

（5）市政府拟申请“水生态保护系统”项目，把玉龙雪山到云南大学旅游文化学院（古城区玉泉路1号）的整个大空间、几万亩土地做成保持地表水位的水库，做下来以后增加湿度，延缓玉龙雪山冰川融化，水就够用了。它不单是水库，还有配套的绿化，形成公园式水库，变成游玩的景点。

（6）过去丽江市供排水没完全覆盖，最近几年内要建设排污管网，杜绝偷排、偷放水的现象，同时加大收集固体垃圾的频率，今后杜绝污染。玉龙县城是新县城，城市排污管、垃圾场的设施建设比较到位，一次性规划，相对完善。而 18 个乡镇除拉市和黄山镇有垃圾处理厂外，农村几乎没有对生活垃圾做收集、运输、管理、填埋等处理，有的只进行简单的焚烧，致使垃圾堆积如山，带来环境污染等，问题非常突出——固体垃圾处理不好最后也将反映到水环境上。污水处理厂也还不能实现水的循环使用。

另一方面，针对丽江过去尽全力发展旅游的策略，在生态问题上有深切忧患意识的人提出，直面缺水的现状，不能再盲目大量干旅游，必须做好合理预期与长远规划。以丽江古城为例，它的 7.4 平方千米究竟能安全承载多少游客，要有科学可信、来自权威机构的数据。喝的水都存在供应问题，遑论其他需求。丽江旅游要解决一些基本问题：来的人住哪儿，去哪儿玩，喝什么水，吃什么，怎么洗澡。“城市规模和人口逐年增加，从整个环境上说，必须处理好人和资源的关系。领导都讲，但很难落实。关键问题是领导（政绩是）执政时的 GDP，杀鸡取卵，把子子孙孙的资源都耗费了，不看花了多少资源获得这个 GDP，造成多少污染也不管，这个评价体系有问题。这才能判断路是不是走对了。”

政府需引导全民提高素质教育。从小孩教起，要有保护生态的观念。每个行业都要有相应的行为准则，如要引导农民不随意丢弃农用塑料布。这是一个系统工程，需举全国之力。

第四节　石漠化的危机与应对

众所周知，在生态治理方面我国面临国土沙漠化，形势严峻。相对而言，公众对“石漠化”知之甚少，但它同样不容忽视。石漠化即石质荒漠化（rocky desertification），多发于南方山地高原区，是湿润石灰岩岩溶地区特有的生态灾害；在我国主要发生在云南、贵州、广西三省区和直辖市重庆等西南地区，此外还波及四川、湖南、湖北和广东的部分地区。碳酸盐岩构成的喀斯特地貌在生态系统方面相当脆弱，热带、亚热带湿润、半湿润气候条件下多雨地区遇雨水后易发生溶蚀化学反应，在人类不合理活动等因素的相互作用下就会造成植被退化、水土流失，岩石主要裸露出来而呈现荒漠景观。直接的后果就是耕地减少或者土壤品质下降，土层瘠薄，保水、保肥性极差。据调查，我国西南地区石漠化现象呈现逐渐加剧的势头，20 世纪 80—90 年代平均每年递增 1800 多平方千米，速度惊人，直接威胁长江、珠江两大水系下游地区未来的生态安全与可持续发展。

在云南省，玉龙县在石漠化方面相当典型。丽江地处青藏高原东南边缘横断山脉，向云贵高原过渡的衔接地段，属长江流域金沙江中游地区。境内土壤主要由石灰岩、磷酸盐类岩、武岩、砂岩等发育而成。古城区土地总面积 1255.4 平方千米，岩溶面积为 885.08 平方千米，岩溶比例为 69.81%；岩溶地区石漠化面积为 392.92 平方千米，其中轻度 129.20 平方千米，中度 159.79 平方千米，重度 103.94 平方千米，石漠化率为 44.39%。1987—1999 年，古城区石漠化面积从 8.3 万平方千米增加到 10.5 万平方千米，几年净增 2.2 万平方千米。① 玉龙县的情况类似。根据玉龙县土地利用现状的调查报告、县农林水利等各个部门的有关资料，参照土壤侵蚀遥感调查报告，结合野外实地调绘修正之后，确定全县水土流失面积为 2560.40 平方千米，占全县土地总面积的 41.31%（表 7-5）。全县 16 个乡镇均在不同程度上存在水土流失现象，主要分布在金沙江沿河流域一带，最为严重的是大于 15°以上的坡耕地、未成林造林地以及荒山荒坡。② “在金沙江两岸，一些农民为了避免稀薄干燥的土层被风吹走，只能等到雨季，土壤湿润，才敢拔掉玉米秸秆，种植新的植株。”③

表 7-5　　玉龙县水土流失状况

	轻度流失	中度流失	强度流失	极强度流失	流失总面积
面积（平方千米）	474.81	264.59	180.13	48.39	2560.40
占水土流失总面积的比例（%）	18.54	10.33	7.03	1.88	—

资料来源：张德明：《玉龙县石漠化综合治理现状与人工造林技术》，《云南农业科技》第 5 期。

对于玉龙县石漠化和水土流失状况，农业部门专家从自然因素和人为

① 此据《云南省古城区 2011 年—2013 年石漠化综合治理建设项目实施方案》，第 1—2 页。

② 张德明：《玉龙县石漠化综合治理现状与人工造林技术》，《云南农业科技》2012 年第 5 期。

③ 吕明合：《丽江何来，丽江何去——电解铝罗生门背后的生死抉择》，《南方周末》2013 年 3 月 7 日。

因素两个角度给出了解释，扼要转引如下：①

（1）自然因素：玉龙县地处青藏高原东南边缘向滇中高原的过渡地段，高原、山地占总面积的95%以上；地层和地质构造比较复杂，褶皱和断裂分布较为广泛，地形破碎，山高、箐深、坡陡；降水量大且集中，5—10月的雨季降水量占全年总降水量的80%以上。

（2）人为因素：原始农业长期处于低层次垦殖山地，近代对森林资源的开发不合理。毁林开垦，过度樵采，以及近年对矿产资源的不合理开发、交通道路的不规范规划与建设，都导致生态环境方面的压力增大，对土地过度垦殖，破坏脆弱的生态系统。

这两个原因又互相作用：

石漠化与农村贫困互为因果，生态环境的恶化和人口贫困相互交织，出现了“一方水土养不活一方人”的现象，形成“山光人穷，穷山恶水”的恶性循环。人们对土地掠夺式的开发利用，致使石山地区的生态环境遭到巨大的破坏，水土流失加剧，形成石山地区的石漠化。而石漠化的出现，加剧了水土流失，使自然生态环境进一步恶化，使当地的贫困人口越贫困，严重制约了社会经济的发展。②

2008年4月，国务院批复了《岩溶地区石漠化综合治理规划大纲（2006—2015）》，同年启动实施100个县的岩溶地区石漠化综合治理试点工程，云南省有12个县被列入，玉龙县是试点县之　。2011年，国家发改委、农业部、水利部和国家林业局联合发出《关于印发2011年岩溶地区石漠化综合治理重点县名单的通知》（发改办农经〔2011〕682号），全国共有200个岩溶地区石漠化综合治理重点县。其中云南省有35个，玉龙县又被列为重点县。2011—2013年，石漠化综合治理工程在资金及政策上得到国家和云南省更大力度的支持。

2008年时，玉龙县共有石漠化面积812.46平方千米，占全县土地面积的12.72%。通过2008—2010年三年的项目实施，截至2010年，共完成治理面积140.15平方千米，占全县石漠化面积的17.3%，年可增加蓄

① 张德明：《玉龙县石漠化综合治理现状与人工造林技术》，第37—38页。另可参见李海明《云南省玉龙县喀斯特石漠化机理与防治对策研究》，硕士学位论文，中国地质大学，2009年。

② 《云南省古城区2011—2013年石漠化综合治理建设项目实施方案》，第2页。

水 111.03 万立方米，增加灌溉面积 9397 亩，固土 17.79 万吨（详见表 7-6）。[①] 在第二个实施阶段的 2013 年，玉龙县在龙蟠乡、白沙镇开展石漠化综合治理，拟建设谷坊 13 座，M7.5 浆砌石重力坝；建设蓄水池 38 口，均为 50 立方米；配套 DN32PE 引水管 35000 米。[②]

表 7-6　岩溶地区石漠化综合治理试点县玉龙县主要建设情况（2008—2010 年）

	实施地点	主要建设内容
2008	漾弓江流域（白沙乡）	封山育林 2580.87 平方千米，防护林 225.47 平方千米，经济林 287 平方千米 坡改梯 11.13 平方千米 建拦砂坎 4 座，谷坊坝 4 座，引水管 8.329 千米，小水池 16 个
2009	漾弓江流域（白沙乡） 冲江河流域（石鼓镇、石头乡）	封山育林 1666.87 平方千米，防护林 86.67 平方千米，经济林 842.73 平方千米 人工种草 133.33 平方千米，改良草地 166.67 平方千米 建拦砂坝 18 座，谷坊坝 8 座，引水管 32.88 千米，小水池 61 个
2010	金庄河流域（黎明乡） 新主河流域（巨甸镇）	封山育林 1585.4 平方千米，防护林 93.33 平方千米，经济林 1292.2 平方千米 改良草地 133.33 平方千米 建拦砂坝 26 座，谷坊坝 17 座，引水管 10.591 千米，小水池 74 个

资料来源：张德明：《玉龙县石漠化综合治理现状与人工造林技术》，第 38 页。

经过 6 年的治理，2013 年年底中国岩溶地区石漠化土地面积减少 9000 平方千米，首次实现石漠化面积由持续增加向净减少的重大转变。[③] 玉龙县注意抚育森林、退耕还林、[④] 恢复植被，并开展包括节柴灶、太阳能、沼气池项目在内的农村能源建设，收到一定成效。在该县最为偏远贫困的塔城乡十八寨沟村（原名洛固村），都能看到太阳能的身影（图 7-5）。然而，在巨大经济利益驱使下，无序砍伐森林等现象不可能戛然而

① 此据袁悦《玉龙县石漠化治理试点工程通过验收》，《云南日报》2011 年 8 月 15 日。另可参见张德明《玉龙县石漠化综合治理现状与人工造林技术》，第 38 页。

② 此据丽江市水利局 2013 年 9 月 17 日公开发布的“玉龙县 2013 年石漠化综合治理建设项目招标公告”。

③ 此据 2013 年 11 月 14 日新华社对中国国家发展和改革委员会副主任杜鹰的采访《中国首次实现石漠化土地面积由持续增加向净减少转变》，见 http：//zgws.xinhuanet.com/tvinfo.aspx?id=35916&typeid=15。

④ 以玉龙县塔城乡为例，退耕还林部分的补贴标准为 300 元/亩，补贴年限为八年。现在有的地方继续补签八年合同，补贴标准为 160 元/亩。

止（图 7-6）。塔城乡十八寨沟村村委会讲述他们的工作事项就包括在村民中开展宣传教育、增强森林资源保护意识；与每家每户签署禁伐协议书；承诺村委会用其他方式来补偿老百姓的生产生活需要；修路时控制桥面宽度，以防不法分子盗运木材；等等。这也从一个侧面反映出，在缺乏经济来源和具体责任的情况下，单纯地提生态保护既不够人性化也缺乏约束力。要打造“森林玉龙”，仍然任重道远。

图 7-5　玉龙县塔城乡十八寨沟村南寨五组村民安装的太阳能热水器

图 7-6　玉龙县塔城乡伐木的卡车

第五节　纳西族对于生态问题的反思

一　生态补偿

丽江纳西族对生态补偿制度寄予厚望：

希望国家进一步加大扶持力度。这批地方贫穷落后，生物多样性丰富，不论保护还是利用，对国家贡献大。长江上游治理水污染，“十一五”期间（玉龙县）强制性关闭很多企业，如纸厂、水泥厂，为全国做出很大贡献。作为国家重点生物区，国家扶持力度应相应加强。我们没上污染企业、为减少污染做了贡献，国家是否应该有所补偿？下游地区的水质得到保护，上游牺牲很多经济发展机会，能否进行生态补偿？

据了解，目前在国家方面对云南 18 个县有所补偿，玉龙县是重点之一。按政策应该每年补偿 6000 万元，但现在只有三四千万元。因此地方希望更进一步加强扶持力度。还有些人追溯历史，提出 20 世纪 50 年代开始砍树，导致丽江森林覆盖率大幅度下降，国家对历史上的这些贡献应给予肯定和相应的鼓励、表彰：“我们刚解放时，森林覆盖率是相当好的，几千年的原始森林，几十年来一直在采伐，金沙江漂了多少，现在都变成秃山了。这些地方默默无闻做贡献，应该得到一定的扶持。”玉龙作为生态屏障，树不能砍。原来百姓靠木材，现在需要发展药材，希望“十二五”期间财政拨款按时到位。

根据 2005 年国务院颁布施行的《实施〈中华人民共和国民族区域自治法〉若干规定》，应对国家经济建设做出贡献的民族地区要适当给予生态补偿。① 如果这个规定有细化的实施标准，那么生态补偿制度就容易建立。在 2013 年 11 月 12 日通过的《中国共产党第十八届中央委员会第三次全体会议公报》中，亦强调要建设生态补偿制度，作为深化生态文明体制改革的重要举措之一。另外，对于给予生态补偿的主体，他们认为林木保护好了既然有利于长江中下游地区，那么这些地区应进行反哺，支付一定的经济补偿。

多年来丽江人一直在提生态反哺与生态转移支付。利用经济杠杆来调控人们的经济活动，为探索生态保护提供了更多尝试的可能。在实际操作中，他们在旅游区尝试旅游反哺农业的模式。以玉龙雪山景区为例，采取

① 《国务院实施〈中华人民共和国民族区域自治法〉若干规定》（2005 年 5 月 11 日通过，同年 5 月 31 日施行）第八条：

国家加快建立生态补偿机制，根据开发者付费、受益者补偿、破坏者赔偿的原则，从国家、区域、产业三个层面，通过财政转移支付、项目支持等措施，对在野生动植物保护和自然保护区建设等生态环境保护方面作出贡献的民族自治地方，给予合理补偿。

了以下措施：[①]

（1）直接发放经济补贴。资金来源是政府补助一点，景区企业资助一点，社区经营公司找一点。2007—2011年（第一轮），社区群众享受旅游反哺补助资金年人均5000元；2012—2016年（第二轮），提高到年人均6000元。

（2）全面恢复社区农业，因地制宜发展特色农牧产业，根据需要补助农业生产扶持专项资金。

（3）扩大就业，解决社区剩余劳动力安置。目标是实现户均一人在景区企业就业、确保社区劳动力的50%在景区就业。

（4）结合社会主义新农村建设，努力建设玉龙雪山景区新社区，从根本上解决景区脏、乱、差问题，还景区一片良好的生态环境。

反哺模式包括直接的经济补助、间接的传统生计方式的支持以及提供就业岗位和培训机会。生态反哺面临的问题与之类似，解决与支付的渠道也可以相互借鉴，通过资源的合理配置实现经济、环境、文化的共同持久繁荣，最终构建社会和谐、地域互补与民族团结。

二　钢筋混凝土时代的田园理想

2013年夏在丽江调查期间，当地干部群众口中议论纷纷的另一个热点问题就是电解铝项目。[②] 市领导多次提出“无工不富”，要发展工业，引进电解铝项目。人们援引几个月前、也就是2013年5月昆明闹得沸沸扬扬的PX项目群体性事件，普遍认为电解铝项目可能干不成。事实上，普通人不一定知道“PX项目”具体何指，就算知道它牵涉石油化工方面，也未必深入了解这个年炼油1000万吨项目的来龙去脉和利弊。消息灵通的人士告诉我们电解铝项目高耗电、高污染，铝材需从澳大利亚运过来……但就算甚少了解的人，也对污染企业、高耗能企业往西部转移的现象非常关心以至警惕。他们希望这些项目的上马要充分论证环境和长远得失，更要征求民众意见。对于“无工不富”的看法，财经方面的人士并不认同。他们认为：

① 此据玉龙雪山管委会提供的《玉龙雪山社区基本情况》电子文本。

② 相关舆情可参见吕明合《丽江何来，丽江何去——电解铝罗生门背后的生死抉择》，《南方周末》2013年3月7日。

> 旅游业不行，还可以靠生物产业。丽江95%是山地，要念“山字经”，这也是丽江的优势方向。

古城长大的纳西族无不满怀感情地追念过去：“我家房子原在四方街[①]，我的房间以河作为枕头，现在卖掉了。”诗意的过去式与生活现状之间的对比。

> 我们从小在古城长大，百看不厌。有山、有水、有桥，换个地方住没这个环境。我的感觉是，越到外面（外国和全国各地）去，对丽江古城的价值认识越深刻。原来生活在这里，不稀奇，但走出去，外面看看，全国大城市去过，丽江古城深刻烙印民族特征、地域文化。没别人的视野就看不到自己，随着自己走的地方多（就看到了）。

类似的话，在纳西人群中不断听到。“云南人不用找钱，吃饱喝足就够，所以会出现民工荒。”“老百姓就种田，也穷不到哪里去。当时我建议土地不能再卖，做田园风光，只租房子不卖房子。”这些话看似自我揶揄，但其中透露出了一种现在不常能听到的、或者说“非主流”的价值观。在挣钱、不断挣钱、挣更多的钱之外，还有其他的人生追求，而多元价值观是构建和谐社会的重要条件。其中，就包括中国历史上包括纳西族在内的人们的田园生活理想。

然而，严峻的现实却是，生态和居住环境的迅速变化使田园生活不但迅速成为过去，而且成为难以重现的泡影：

> 资源是在萎缩，水流量越来越少，水库水量越来越少，古城的水是调过来的，每天六万人消耗的水太大，城市供水面临危机。水资源很危险。环境大家都能感觉到，下降，环保站有指标，空气质量都有指标，都不是向好的方向走，严峻。丽江坝能容纳多少人，房地产现在卖不出去了，人口30万就不得了了。很多买了房子不敢开发。我们喜欢田和房子融合在一起，清水长流，不喜欢钢筋混凝土，核心问

① 丽江古城的中心，商业繁盛，周围街巷幽静。

题就是人口。资源在萎缩而人口在增加。本地人说句实话，丽江坝有20来万人了，要山环水绕，空间就这么点，我们现在都有感觉了。土地财政不卖不行，房地产商也害怕了。五年前看桂林不舒适，房子黑压压的，一点地都没有，全是房子，一点不舒适。古城田中有城，(但现在) 我们的生态环境很严峻。

如果不保护基本农田和农用地，卖地给商人，发财是很快的。但国家必须保护基本农田、耕地，否则若有一天旅游成了夕阳产业，纳西族如何谋生，靠钢筋混凝土还是东巴艺术品？不保护土地、自然风光、生态环境，就将不再能感受到田园格调。千百年来孕育了中国式审美理想的田园的丧失，丽江只是一个缩影而已，绝非孤例，甚至也难称代表。在“城镇化”的建设进程中，应该汲取一些教训，使“丽郡从来喜植树，古城无户不养花”成为代代相传的生活写照，而非记录在纸上的美谈。这是整齐单一的园林规划，全国差别都不大的行道树、彩叶苗木所无法取代的。

第八章

结束语

自新中国成立以来，玉龙纳西族自治县与全国各地一道，经历了 70 余年天翻地覆的变化和风雨兼程的发展进程。其间的坎坷与曲折，磨炼了玉龙县各族人民百折不挠的精神。在改革开放大潮掀起新高潮之际，各民族干部和群众秉持自觉维护国家统一、促进民族团结，勇于探索进取的高风，在党的领导下，结合当地实际、因地制宜、审时度势结合玉龙县文化和自然资源、有形文化遗产、非物质文化遗产，在西南中国走出了富有玉龙县特色的发展之路，

尤其是玉龙县“十一五”国民经济和社会发展 36 个主要经济指标、九大任务、项目实施基本实现了《规划》目标，实现了综合实力明显增强，三个产业协同发展，人民生活稳步提高，基础设施明显改善，对外开放水平不断提高，社会事业全面进步、民生明显改善，人口、资源、环境协调发展。作为玉龙县发展架构的“两大重点”“七大战略”“四大经济平台”建设对于玉龙县发展的现阶段和将来而言，至关重要，值得总结和讨论，正视问题和困难。

一 “两个重点”“七大战略”“四大经济平台”总体评价

玉龙县委提出突出“两个重点”、实施“七大战略”、抓好“四大经济平台”的战略，是站得高，看得远，符合县情的举措。经过五年努力，已完成打基础、建骨架的工作，但还不能充分发挥战略优势和资源优势，与全县人民的期盼和发达地区的发展相比还有一定差距。

（一）统筹城乡和区域协调发展两个重点评价

统筹城乡发展。经过五年努力，县城休闲度假区、县城中心区、工业园区和居住区四大片区建设初具规模，主要完成行政中心建设，基本实现

统一办公，同时休闲度假区翔鹭酒店、半山别墅二期、雪山水城、文笔旅游小镇等高端旅游服务设施正加快建设，丽江古城国际高尔夫营业。工业园区入园企业只有 8 家。居住区目前已建成“丽江人家”一期、二期、丽水园、白马苑一期等小区，但入住率低，“丽江 1 号”、华荣居、南电小区、财兴苑、廉租房和安居房，山水苑、玉和苑、天籁雅筑正在建设。完成黄山、拉市、白沙、九河等 6 个小城镇建设。统筹区域协调发展。经过 5 年发展，中东西部协调发展。加大中部地区对外开放力度，以县城、玉龙雪山为重点引进许多招商引资项目，推动了区域发展。发展了县域西部，加快了烤烟、畜牧产业发展，加大了红色旅游景区、老君山景区的开发力度。阿海、梨园电站加快建设，全长 47 千米的阿海进场公路和 90.5 千米的梨园进场公路已经全面实现油路通车，西部地区交通条件有较大改善。

（二）“七大战略”评价

农业稳县战略。经过五年发展，农业产业有了较快发展，烤烟产业、畜牧业形成规模，但农业基础脆弱，传统农业向现代农业转化速度慢，产业化程度低，农民增收困难。

旅游强县战略。2007 年，成功创建为“中国旅游强县”，但资源优势还不能转化为经济优势，由于资源深度开发不足，旅游要素不完整等原因，旅游资源开发程度较低，资源大县尚未转化为旅游经济强县。立体开发不足，尚处在观光型旅游阶段，急需向休闲度假、生态、民族、文化、科考、乡村旅游诸多方向发展。旅游产品结构较单一，仅有玉龙雪山、玉水寨等代表性的精品景区支撑，新县城及其周边的老君山、虎跳峡、长江第一湾、宝山石头城等新的旅游景区急需开发，游客滞留玉龙的时间短暂，旅游企业集团化、规模化程度不高，缺乏一批龙头企业。旅游要素建设不完整。旅游“六要素”的“吃、住、行、游、购、娱”中，仅仅是“行”和“游”体现在玉龙县。县城旅游开发推进缓慢，旅游中心的地位尚未确立，旅游集散地的功能未能发挥。离建设最适宜人居住的旅游休闲度假县城、优秀旅游城市和 5A 级旅游景区的目标差距甚远。

水能富县战略。依靠金沙江经济平台，加大水能资源的开发，全力配合金沙江中游水电开发公司对全市“一库八级”水电站的开发，涉及玉龙县的有“一库六级”，阿海电站、梨园电站正在筹建，还没有发挥经济功能，目前阶段有利于提高地方财政收入和改善涉及乡镇的交通基础设施。

生态立县战略。具有资源可再生及具备循环经济显著特征的生物资源开发仍未摆脱初级资源型产品的格局，很多资源的开发利用尚处于刚开始建立人工培植资源的起步阶段。生物资源保护与开发并重的措施还没有落实，在有效保护前提下的生物多样性可持续利用更加迫切。

工业强县战略。新型工业化建设步伐加快，即工业园区扩容面积迈出新步伐，蛇山 31.6 公顷缓坡山地纳入园区工业用地规划。全县规模以上工业增加值由 1.3 亿元增加到 2 亿元。农产品加工产值占农业总产值的比重，文化产业和规模以上工业增加值占 GDP 的比重均明显提高。需要进一步强化“工业强县”的发展理念，加快提升南口工业园区，拓展工业园区，促进清洁能源基地的建设，推动工业稳步发展。

文化兴县战略。玉龙县是全国唯一的纳西族自治县，有世界唯一的东巴文化，经过五年发展，文化事业有了发展，完成县城文化馆、博物馆、图书馆，9 个乡镇综合文化站建设。但文化产业发展滞后，不能充分发挥文化优势。

对外开放战略。经过五年发展，在面对严峻复杂的国际和国内经济形势的情况下，招商引资工作取得新成效，2006—2009 年，签约项目达 22 个，签约资金达 55.63 亿元，已成为促进玉龙县经济发展和拉动投资增长的新亮点。但招商引资项目推进缓慢，22 个签约项目只有 6 个开工，其余 16 个项目正在开展前期工作。2009 年招商引资项目完成投资 12.5 亿元，只占全年固定资产投资总额的 55%，与投资高位增长存在差距。

（三）四大经济平台评价

县城、金沙江、玉龙雪山、老君山“四大经济平台”还不能充分发挥经济优势。四大经济平台打造中，只有玉龙雪山实现了经济效益，经过多年开发建设，玉龙雪山门票收入对全市和全县财政收入做出了巨大贡献。老君山正在开发中，还没有发挥经济功能。金沙江经济平台，阿海电站、梨园电站正在筹建，还没有发挥经济功能，改善了涉及乡镇的交通基础设施，县城具备行政中心功能，尚不具备经济中心、文化中心功能。县城“活”起来的目标还没有实现。

二　玉龙县取得的成绩

（一）综合实力明显增强

综合实力明显增强，国民经济持续快速发展。至 2009 年，全县生产总值 19.08 亿元（现价），按可比价计算，年均增长 13.6%，人均生产总值完成 8751 元（现价），年均增长 12.5%。财政收入较快增长。地方财政收入完成 2.22 亿元，年均增长 43.3%。地方财政一般预算收入完成 1.41 亿元，年均增长 30.2%。消费需求较快增长。社会消费品零售总额完成 4.04 亿元，年均增长 20.6%。全社会固定资产投资 2006—2009 年累计完成投资 67.24 亿元，年均增长 26.3%，预计到 2010 年累计完成投资达 97.04 亿元，加上不包含统计的梨园、阿海电站等重大项目投资额，超过 100 亿元。“十一五”期间，争取项目资金实现了新突破，共争取项目资金 53759.76 万元。

（二）三个产业协同发展

2009 年，全县生产总值完成 19.08 亿元，按可比价计算年均增长 13.6%。第一产业完成 5.41 亿元，年均增长 7.3%；第二产业完成 5.31 亿元，年均增长 22.96%；第三产业完成 8.36 亿元，年均增长 13.5%。三次产业增加值比重从 2005 年的 38.2∶21.4∶40.4 调整为 2009 年的 31.5∶30.8∶37.7。粮食总产量达到 10.25 万吨，农业产业化、社会化程度明显提高，有力地带动了烤烟、青梅、芸豆、药材、蔬菜、魔芋等特色产业不断发展，畜牧业发展势头强劲。新型工业化进展顺利。南口工业园区稳步推进，阿海、梨园电站加快建设。全县工业总产值达 4.95 亿元，年均增长 37.1%，在旅游业的带动下，第三产业快速发展，2009 年接待国内外游客 426 万人次，年均增长 19.4%，旅游业总收入达到 43.44 亿元，年均增长 31.1%，非公有制经济快速发展，非公经济增加值占 GDP 的 48.5%。

（三）人民生活水平稳步提高

2009 年，农民人均纯收入完成 2997 元，年均增长 17.6%。城镇居民人均可支配收入完成 14457 元，年均增长 11.5%。2006 年以来累计减少农村贫困人口 4.125 万人，五年累计减少 5 万人，完成预期目标的 82.5%。

（四）基础设施明显改善

“十一五”以来，交通、水利、能源、市政等一批重大项目相继建成。交通基础设施实现新突破。先后建设了过境路、连接线、红色景区公路、西山游路、巨鲁路、大具路、宝山路等，大丽铁路已通车，南口火车客运站加快建设，丽香铁路、大丽高速玉龙段已开工建设，丽攀高速公路在筹建，铁路和高速公路实现新突破。全县16个乡镇中15个通沥青、水泥路，有1个通弹石路公路，102个建制村100%通达，使全县所有乡镇路面均实现硬化（通沥青、水泥或弹石）。水利基础设施明显改善，实施了拉市海调蓄水工程、拉市海南干渠防渗工程、文笔海水库除险加固地质勘探、甸尾坪水库除险加固工程等骨干水源工程建设、实施农村饮水安全工程、农田水利建设、防洪抗旱减灾工程、水土保持生态建设工程等项目，改善了人畜饮水和灌溉条件，提高了农田抗旱防涝能力。能源建设实现新突破。阿海、梨园电站加快建设，完成了新主河三级站5000千瓦装机建设，解决小水电代燃料户2474户，计9934人，开工建设陇巴河电站、金庄河三级站、新主河二级站、新民河电站，实施了三期农村电网改造和县城电网改造。新县城市政建设逐步完善。推进了路网建设。全长4.38千米的过境路中段、东段已全面完成；全长2.1千米的市县连接路已全面完成；内部路网工程目前已建设完成26条、52.6千米。推进电力、电信、供排水建设。完成南口变电站、文笔变电站建设并开始运行；电信大楼已建成；供排水管网、输电电网主线架设已全面完成。推进县城绿化、亮化、净化建设。完成县城主干道、行政办公区、记忆遗产公园、丽江人家等绿化工程，滨江绿化带的规划建设正在开展；中轴线上的红绿灯已投入使用；行政办公区亮光工程已完成；新增绿地面积2.5万平方米。“丽江人家”一期、二期，丽水园等项目已完工。完成行政中心一期、二期建设，三期正在筹建，基本实现了统一办公。

（五）对外开放水平不断提高

推进投资体制改革。资源性产品价格和节能环保体制改革，深化科技、教育、文化、卫生体制改革，继续深化农村改革、财税体制改革等各项改革。全方位开放战略迈出重大步伐。至2009年，招商引资项目累计完成投资41.07亿元，年均增长18.35%，签约资金达56.718亿元。玉龙县开元投资公司处置国有资产和金融部门融资达5.49亿元，出口较快增长。外贸进出口总额完成953万美元，年均增长8.8%。

（六）社会事业全面进步，民生明显改善，优先发展教育，优化教育布局和结构

始终坚持走集中办学的路子，由2005年的各级各类学校350所撤并为现在的183所。医疗卫生事业蓬勃发展，实际参加新型农村合作医疗农

民 192194 人，参合率为 95.92%，深入实施“文化兴县”战略，实施积极的就业政策，千方百计扩大就业。“十一五”期间，全县促进城镇就业 2987 人，转移农村剩余劳动力 27269 人，城镇登记失业率控制在 3%以内，社会保障体系不断完善，2009 年 6 月起启动了城镇居民医疗保险后，实现了以城镇职工医疗保险、城镇居民医疗保险、新型农村合作医疗三位一体的全民医保。到 2009 年城镇基本养老保险人数达 4222 人，农村社会养老保险人数达 4810 人，基本医疗保险参保人数达 16810 人（其中：城镇职工参加基本医疗保险 10933 人，城镇居民参加基本医疗保险 5877 人）。加大对低收入群众的扶持，建立了城乡一体的社会救助体系。到 2009 年年底，参加农村低保对象 5750 户 10600 人，城市低保对象 1877 户 4223 人。安全生产工作取得新成效。全县安全生产状况总体稳定，趋于好转。食品药品安全形势持续好转，饮食用药保障水平进一步提高。建立健全社会治安防控体系，切实保障了人民群众生命财产的安全。

（七）人口、资源、环境协调发展

严格控制人口总量，2009 年，全县总人口 21.94 万人，人口自然增长率 1.98‰，控制在 5.5‰的预期目标内。森林覆盖率从 2005 年的 65%提高到 72.3%。万元 GDP 能耗从 2005 年的 1.83 吨标准煤下降到 0.729 吨标准煤，四年累计下降 11.10%，超过 10%预期目标。

（八）政治建设逐步加强

政治建设、精神文明和民主法制建设不断加强。开展了深入学习实践科学发展观活动，民主法制建设和勤政廉政建设得到加强。社会治安综合治理力度不断加大，维护了社会稳定。群众性精神文明创建活动广泛开展，城乡人民的思想道德水平不断提高。认真贯彻落实党的民族宗教政策，促进了民族团结。

三　存在的困难和问题

（一）资源丰而不富

玉龙县有丰富的旅游资源、水能资源、生物资源、文化资源，但不能将资源优势转化为经济优势。旅游资源不能转化为经济优势。“两山两海一城”资源优势中，只有玉龙雪山形成品牌，产生经济效益，老君山、拉市海、文笔海、玉龙县城等景区还在建设，没有转化为经济优势。水能资源不能转化为经济优势。玉龙县位于金沙江中上游，金沙江干流流经县境 364 千米，蕴藏着巨大的水能资源，开发价值较高。玉龙县有龙蟠、两家人、梨园、阿海 4 座大型梯级水电站，现在启动开发的只有梨园、阿海电站。除了金沙江干流，全县河流众多，但小水电发展慢。到 2009 年，运营的小水电站 12 座，建设小水电站 4 座。拉市海水库、文海水库不仅是全县的水源，而且是全市的水源，由于资金投入不足，不能充分保护开发利用。生物和矿产资源优势不能转化为经济优势。境内有 2900 多种种子植物、200 多种花卉植物、2000 多种药材，被誉为“高山植物王国”和“药材之乡”。全县已探明有工业开采价值的矿藏有铜矿、铁矿、硅矿、大理石、花岗石、褐煤矿等 30 余种。独特丰富的药材、菌类、花卉等生物资源和矿藏资源还没有充分开发利用。

民族文化资源优势不能转化为经济优势。玉龙县是全国唯一的纳西族自治县，地处滇、川、藏经济文化板块的结合部，聚居着以纳西族为主体的十多个民族，是东巴文化的发源地，拥有以东巴文化为代表的少数民族文化和民族风情，尤其是东巴古籍文献获得了世界记忆遗产殊荣，但文化产业仅有实景演出《印象丽江·雪山篇》一项。

（二）区域优势尚不能转化为经济优势

大丽高速、丽香铁路、南口火车客运站、丽江机场改扩建等一批大通道项目开工建设，丽攀高速公路筹建，玉龙县将成为滇、川、藏大香格里拉生态文化旅游圈重要集散地。县城开发进程缓慢，旅游集散地的功能未能发挥。丽江街、火车站片区项目、文笔海旅游休闲度假区项目正在建设，仅有丽江古城湖畔高尔夫运营，没有充分发挥区位优势。

（三）发展快而不足，主要表现为发展不平衡、不协调、不充分、不全面

产业升级缓慢，发展水平偏低。第一产业不稳，基础脆弱，传统农业向现代农业转化速度慢，产业化程度低，农民增收困难；第二产业不强，原料型、资源型、传统型或初级产品较多，发展主要依赖外延扩张的方式，整体效益和市场竞争能力较差；第三产业发展不足，金融、保险、信息、物流等现代服务业增长乏力。

公共服务投入的增长速度低于经济增长速度，社会发展相对滞后，总体水平偏低。长期以来，全县经济社会发展存在“一条腿长、一条腿短”

的矛盾，社会事业发展的速度与人民群众日益增长的需求之间的矛盾逐步显现。农村义务教育、卫生、文化、体育等基本公共服务与小康要求仍有很大差距。公共事业管理相对落后，社会发展领域投入严重不足。虽然近年来国家逐步加大了投入，但资金需求与供给之间的矛盾仍然很突出，投入严重不足，极大地制约了社会发展整体水平的提高。

基础设施滞后制约经济发展。全县交通、水利、电力、市政基础设施滞后，不能满足经济发展要求。县城开发建设需要加快县城污水管网、雨水排放、自来水厂及管网配套工程、垃圾清运及处理、南口火车客运站等城市基础设施建设。白沙乡、拉市乡、黄山镇开发需要加快水利、电力、环保等设施建设力度，老君山开发、玉龙雪山延伸开发和滇、川、藏大香格里拉生态文化旅游圈的构建需要加快交通设施建设。

四　取得的成功经验

（一）以实现又好又快发展为第一要务，在发展中解决困难和问题

“十一五”以来，玉龙县坚持贯彻落实党中央、国务院的各项方针政策，开创了加快发展的大好局面。县委、县政府高瞻远瞩，用科学发展观统揽全局，创新发展思路，在推进基础设施建设的同时，紧紧围绕“一个目标”，全面实施“七大战略”“四大经济平台”和“两个重点”，走出了一条符合玉龙实际的发展路子，实现了在解决困难和问题中加快发展。玉龙目前最大的矛盾和问题是发展不足、发展不充分，与全国的差距还在拉大。要实现全面建成小康社会的目标必须始终坚持发展这个第一要务，以加快发展、赶超发展为中心安排各项工作。

（二）一切从玉龙实际出发，拓宽融资渠道，加大投资力度

自区县分设以来，玉龙县仍处在加快发展阶段，而且在相当长的时间内，经济发展仍将主要依靠投资拉动，这是一个短期无法逾越的阶段。“十一五”期间，县委、县政府提出了“大项目带动大建设，大建设促进大发展”的思路，充分发挥投资对经济增长的拉动作用，紧紧抓住中央要求扩大内需、加大投资的重大机遇，积极争取国家政策和资金的支持，在促进经济和社会持续稳定健康发展中起到了非常关键的作用。通过建立政府信用合作机构、企业融资、世行贷款等多个融资平台，不断加强与银行的合作力度，拓宽了资金渠道。加大招商引资工作，成为促进全县经济发展和拉动投资增长的新亮点。全面放开竞争性项目，改善非公经济发展

的环境，极大地激发了全社会的创业热情。把项目前期工作作为固定资产投资工作的起点和切入点，切实加强项目前期工作，不断优化投资结构，加快基础设施、农业产业化、新型工业化等项目建设。投资的高速增长和投资结构的优化，拉动了经济快速增长。项目管理工作得到创新，制定并出台了《玉龙县政府性资金投资项目管理办法》，做到项目资金事前、事中、事后全过程管理，确保了项目安全、资金安全、干部廉政安全，提高了资金使用效益。

（三）针对问题，找准突出难点，调结构增效益

县委、县政府进一步明确了发展方向和工作重点，抓住发展中的薄弱环节，把结构调整作为经济工作的主线，大力培育和扶持优势产业。突出发展重点，把抓好农业产业化、新型工业化、以旅游业为龙头的服务业以及固定资产投资、城镇化作为突破口。加大农业产业化，大力推进烤烟、核桃、药材、经济林果、马铃薯、无公害蔬菜、山嵛菜、魔芋、畜牧业等优势特色农产业，增加了农民收入。加快培育以水电为主的清洁能源，推进新型工业化，进一步做好阿海、梨园电站移民搬迁安置工作，配合做好金沙江中游阿海、梨园电站建设项目核准及筹建工作。继续推进小水电和工业园区建设。大力发展旅游业，扩大消费需求。保护与开发并重，以玉龙雪山、老君山两大旅游经济平台的打造来带动旅游业发展。还创造了大量的就业机会，经济增长取得了速度、质量与效益的统一。

（四）坚持统筹兼顾，实现全县区域协调发展

玉龙县在经济发展任务繁重的情况下，仍按照统筹兼顾，协调发展的要求，统筹城乡发展、区域协调发展、经济社会协调发展。紧紧抓住“县城和农村”两个重点，充分发挥中部、西部、东部自然资源优势和区位优势，共同发展。高度重视人口、环境等可持续发展工作，加大社会事业发展的力度，教育、卫生、文化等社会事业取得良好成绩，按照协调发展的要求，加强扶贫、社会保障、就业等工作，公平发展的措施更加具体，减贫工作更为实在。

（五）坚持深化改革，为经济社会发展提供强大动力

“十一五”期间，在经济社会继续快速发展的同时，新情况、新问题层出不穷，改革进入更加困难的攻坚阶段。县委、县政府通过继续坚持深化改革和扩大开放，较为妥善地解决了发展中出现的各种矛盾和问题。农

村改革稳步推进，做到了村村减负，户户受益，社会主义新农村建设取得新成绩。投资体制改革的深化，增强了财政资金的引导作用，吸引了大量社会资金、民间投资和企业自筹资金，促进了全社会固定资产投资的快速增长。专业投资公司的组建为产业建设搭建了新的平台。实行政府价格决策听证和价格公示制度，价格形成机制和社会监督机制进一步完善。财税改革的继续深化，使公共财政体制得到建立健全，加大了社会发展和公共服务的投入，促进了经济社会协调发展。粮食流通、国土资源管理、金融、教育、卫生、科技、文化体制等各项改革的进一步深化，为加快发展提供了有效支撑和良好环境。未来相当长的时期内，还需要加大改革力度，把深化改革和扩大开放作为推动发展的根本途径和手段，妥善处理好改革开放与发展的关系，才能切实保证和促进经济社会的全面协调可持续发展。

玉龙县存在资源丰而不富、区位优而无势、发展快而不足的情况，目前还不能把资源优势、区位优势转化为经济优势。回顾几十年的成败得失的经验教训，展望未来的发展前景，玉龙县各族人民需要脚踏实地、开阔视野，将县域的发展与全球一体化的经济发展大势和国家的中长期发展规划有机结合，与各民族的发展交相呼应，携手并进，共同创造美好的未来，为实现中华民族的伟大复兴而增进各民族的团结、同时奋发进取，求新求变，以实干精神实现玉龙县各项事业的发展规划和愿景。

参考文献

郭大烈、和志武：《纳西族史》，四川民族出版社 1999 年版。

郝时远、王延中、王希恩：《中国民族发展报告》（2015），社会科学文献出版社 2015 年版。

和少英：《纳西族文化史》，云南民族出版社 2001 年版。

李汝明总纂：《丽江纳西族自治县志》，云南人民出版社 2001 年版。

丽江纳西族自治县人民政府：《21 世纪宏伟蓝图：丽江纳西族自治县国民经济和社会发展第十个五年计划》，丽江纳西族自治县人民政府印行，2001 年。

丽江市统计局编：《丽江市第二次全国农业普查资料汇编》，丽江市统计局印行，2006 年。

丽江市发展改革委员会：《丽江市国民经济和社会发展第十一个五年计划资料汇编》，丽江市人民政府印行，2007 年。

丽江市统计局：《改革开放三十年的丽江经济》，丽江市统计局印行，2008 年。

丽江市玉龙纳西族自治县旅游标准化试点工作领导小组：《丽江市玉龙纳西族自治县旅游标准化试点工作材料汇编》，丽江市玉龙纳西族自治县旅游标准化试点办公室印行，2011 年。

王洛林、朱玲：《如何突破贫困陷阱——滇青甘农牧藏区案例研究》，经济管理出版社 2010 年版。

杨国清：《丽江文化旅游崛起解读》，云南人民出版社 2011 年版。

余艳红、吴学灿、杨张：《丽江老君山综合生态系统调查及管理示范研究》，云南科技出版社 2012 年版。

《玉龙纳西族自治县概况》修订编写组：《玉龙纳西族自治县概况》，云南民族出版社 2008 年版。

玉龙纳西族自治县招商引资局：《玉龙投资指南》，玉龙纳西族自治县招商引资局印行，2009 年。

玉龙县发展和改革局全面建成小康社会目标实现程度课题组：《玉龙县全面建成小康社会目标实现程度评估预测报告》，玉龙县发展和改革局，2013 年。

云南省民族事务委员会、云南省财政厅编：《云南民族经济工作手册 2012》，云南省民族事务委员会印行，2012 年。

云南省民族事务委员会、云南省统计局编：《云南民族地区十一五经济社会发展文献》，云南民族出版社 2012 年版。

云南省人民代表大会民族委员会、云南省社会科学院民族学研究所编：《民族区域自治在云南的成功实践》，民族出版社 2012 年版。

云南省社会科学院民族研究所编、郭大烈主编：《民族学》（2001），云南民族出版社 2001 年版。

政协玉龙纳西族自治县委员会编：《玉龙文史》（23—25），政协玉龙纳西族自治县委员会文史资料委员会印行，2005 年。

中国社会科学院“云南省民族团结进步边疆繁荣稳定示范区建设研究”课题组编著：《民族团结云南经验——“民族团结进步边疆繁荣稳定示范区”调研报告》，社会科学文献出版社 2014 年版。

朱伦：《民族共治——民族政治学的新命题》，中国社会科学出版社 2012 年版。

Jackson Anthony. *Na-khi Religion: An Analytical Appraisal of the Na-khi Ritual Texts*. The Hague [Noordeinde 41]: Mouton, 1979.

Mathieu, Christine. *A History and Anthropological Study of the Ancient Kingdoms of the Sino-Tibetan Borderland-Naxi and Mosuo*. Edwin Mellen Press, 2003.

Michael Oppitz and Elisabeth Hsu (ed). *Naxi and Moso ethnography: kin, rites, pictographs*. Zurich. [Switzerland]: Volkerkundemuseum Zurich, 1998.

Peter Goullart. *Forgotten Kingdom*. London, 1957.

Rees, Helen. *Echoes of History: Naxi Music in Modern China*. New York: Oxford University Press, 2000.

Rock Joseph F. *The Ancient Na-khi Kingdom of Southwest China*. Vol. I and II, Cambridge: Harvard University Press, 1947.

关键词索引

白沙壁画 165，166，177，179－181，183，186，192，194，221，226，228，229，231，249，266
白沙—黄山纳西文化带 7
白沙细乐 179，186，196，203，208，222
茶马古道 158，230
城市民族工作 5，42，43，45，48-53
城镇化 2，3，6，16，55，68，69，95，128，131，132，140，144，145，152，228，307，316
大丽高速 59，95，163，311，314
大香格里拉生态旅游区 9
大玉龙 150，215，226，231，235，237，238，266，270，275
道教 8，251，252，254-257，259-261，266
地方病防治 101，102
滇中调水 94，95
东巴古籍文献 1，221，274，279，314
东巴绘画 201-203，208，222
东巴教 208，212，279，281
东巴文 196，211，218，277
东巴文化 7，14，154，165，167，178，181，185-187，191-193，196，198，202，207-222，229，244，272-275，277，279，280，293，294，310，314
东巴舞蹈 167，202，203，205
东巴音乐 202，203，222
扶贫与移民 6，71
高山植物王国 314
工业强县 2，3，5，109，161，249，310
公共文化建设 167
古城区 1，11，13，44，134，149，165，167，211，217，245，252，254，259，260，262－264，266，268，274，289，293，298，300，301
观光农业旅游 243
广播电视村村通 173，186，191
国际精品旅游胜地 2，3，157，228
黑龙潭 9，254，266，289，290，

292，293，296-298
红色旅游 152，222，223，231，242，248，309
基本医疗保障制度 98
基督教 8，251，252，256-258，260，262，263，265
计划免疫工作 101，102
节柴灶改造 88
金沙江 1，2，7，82，89-95，97，109，110，114，150-152，163，167，179，181，183，192，221，230，242，248，249，256，283，284，286-289，294，298，300，304，309，310，314，316
经济 2-17，20，24-37，39-53，55，56，59，60，63，66-76，78-83，87-90，92，94-96，109-111，117-119，122，123，127-132，134，135，137-140，142-153，155，156，159-166，183-185，188-192，196-202，206，208，209，213-216，218，220-224，226，230-233，236，237，239，240，242，243，245-250，260，262，263，269，270，274，275，282，286，287，289，294，297，301-305，308-311，313-317
库维基金 95
拉市海 7，9，110，121，126，140，221，222，224，226-229，232，234，236，239，243，244，285，287，289，290，292，296，298，312-314
蓝莓 124-126
劳务经济 5，6，56，77，130，138-140，142-146
老君山 2，7，9，109，145，149，150，152，164，166，177，221，224，226，228-230，236，239，241-244，246-249，284，309，310，313，315，316
勒巴舞 167，175，178，186，190，193，203，206
丽江 1，3-5，8-14，47，52，66，111-114，117-126，129，131-140，142，143，145，149，154-163，165-167，171，174-181，183-185，187，190-195，198，203-223，225，226，228-231，233-239，241-245，247-264，266-275，277-279，282-300，302-307，309，312，314
丽江雪桃 83，118-125，130
丽香铁路 69，244，311，314
旅游标准化 225-227，229，233，234，237，291
旅游反哺农业 227，304
旅游强县 2，3，109，221，222，224，226-228，240，248，249，309
玛咖 112，113，115，124-127，136，288
民间信仰 256，259，260，272，

273，277，286
民族民间文化 7，46，165，167，178，181，182，187，190，194
民族区域自治法 4，12-16，304
民族区域自治制度 4，10-13，16
民族团结 2，5，13，14，19，25-29，35－37，39，40，43，46，47，49-53，76，81，260，305，308，313
民族团结示范建设 5，26，35，36
民族文化进课堂 7，203，220
民族文化旅游 7，160，195，196，216，222，226，229，241，242
民族文化特色教育 202，203
民族问题 10，16，47，52
民族专项资金 5，14，26，27，35，36，39，40
纳西东巴传承协会 210，211
纳西东巴文化学校 210
纳西古乐 48，165，166，174，178，186，192，193，196-198，222，256，275
纳西文化产业基地 2，3，157，228
纳西语言文学及东巴文化方向专业 217，219
纳西族 1-4，8，10-14，16，18，23，42，44－47，49，50，71，72，93，111，114，158，165－167，174，175，178－181，184，187，189，192，193，195－197，202－222，225，233，235，242，247，248，251－261，263，264，267－270，272－278，280，282，290－293，297，303，306－308，310，314
纳西族乡 12，210
南口工业园区 5，131，134，136-139，156，164，310，311
农家书屋 171，190，200
农民素质教育网络学校 171
农特产品加工业 5，111，112，130
农业稳县 2，3，109，161，249，309
清洁能源 80，157，162，228，316
清洁能源基地 2，3，157，228，310
区县分设 2，5，11，14，16，19，20，66，80，89，131，138，146-148，150，152，154，158，160，165，167，169，177，184－186，198，221，222，226，240，245，265，315
人口较少民族 5，26-32，34-37，39，40，42
人事人才管理 60
三“农”问题 109，144，227，232，239
三多节 16，46，47，175，178，179，182，186，187，194，235
三江并流 1，95，110，166，221，228，230，284
森林玉龙 110，303
少数民族干部 4，5，12，13，16-22，24，25，45，46，48，52
社会保障工作 6，55，56，58，61，63，65

社会问题 263，268
生态 1-4，7-9，28，33，35，39，46，66，73，74，76－79，84，85，96，109－111，114，118－122，126，127，129，133－136，138，140，154，157，160，163，174，178，180，183－187，189，190，195－197，207，209，213，215，228－231，237，239，243，244，249，250，260，274，277，282－289，294，297－301，303－307，309，312，314，315
生态补偿 9，303，304
生态产业 2，3，110，114，157，228，288
生态立县 2，3，109，110，161，249，309
生态旅游 7，9，82，154，155，160，190，209，215，216，222，228，229，242-245，285
生态农业 9，243，286
生物资源加工业 5，126，138
石漠化 9，74，283，299-302
食品药品卫生监督 104
世界文化遗产 1，7，166，221，222，227，228
世界自然遗产 1，7，110，166，215，221，222，227，228，242，284
水电开发移民 89-95，97，152
水能强县 161
天主教 251，252，258，259，261，262
文化产业 6，7，9，16，80，118，123，158-160，162，165-167，182，184，188，192，197-202，209，213，215，221，240，241，266，310，314
文化旅游业 7，188，208，216，220，221，236，240，243，245
文化兴县 2，3，9，109，161，166-168，174，182，185，188，197，199，221，249，310，313
文化遗产保护 46，167，178，179，182，186，187，194，200
五大文明建设 4
5A 级旅游景区 223，237
县域财源 6，146-149，151，152
县域经济 4，6，7，80，109，127，130，142，148，153，160，223，236
乡土教材 203，204，207
小康社会 2-4，26，27，55，67，76，80，81，109，223，232，249，315
宣明会 103，108，206
雪山水城 155，230，236，243，247，309
药材之乡 109，114，314
伊斯兰教 8，251，252，259，262，263
移民安置点 89-92，97
《印象丽江·雪山篇》183，222，227，230，314
油橄榄 126

玉龙县 1-9，11-18，20-25，27，29-31，34，36，39-51，53，55-82，85，86，89-96，98-101，103-122，124-132，134-136，138-171，174-179，181-199，202-207，212，213，217，220-250，252，254，255，259，261，262，264-267，271，283，286-289，291-294，299-304，308-310，312-317
玉龙雪山 2，3，7-9，14，109，110，118，139，145，147-150，152，164，166，169，184，185，195，197，215，221，223-233，235-239，241-244，247-250，275，277，284-293，298，304，305，309，310，313，315，316
玉水寨 154，183-186，188，192，208-216，221，222，227，229，231，266，275，277-282，284，286，294，309
《云南省纳西东巴文化保护条例》186，274
招商引资 3，6，9，117，121，128，133，134，137，138，149，150，153-164，199，224，270，309，310，312，315
沼气池 29，35，76，88，302
藏传佛教 251-255，257，259-261，271，272
中国旅游强县 7，9，222，224，227，228，232，235，242，246，247，250，309
中药材产业 5，111-113，115-118，129
自治县 1-5，7-9，11-16，18，21，45-47，50，53，55，93，109-111，114，118，146，158，165-167，179，180，184，193，205，221，225，228，233，235，247-249，254，261，264，278，291，308，310，314
宗教文物 263
宗教问题 208，273

后　记

本书稿为国家社科基金特别委托项目和中国社会科学院创新工程重大项目“21 世纪初中国少数民族地区经济社会发展综合调查”项目的子课题“丽江玉龙纳西族自治县卷”的最终成果，书稿的具体研究及撰稿分工如下：

木仕华：导言、第一章政治文明建设与政治发展、第二章民生建设与社会保障事业。白宗俊：第三章经济建设。江桥、木仕华：第四章文化建设，其中：木仕华：第一节民族民间文化资源概览，江桥：第二节公共文化建设与服务能力状况，木仕华：第三节文化建设的成功经验和做法，木仕华：第四节民族文化特色教育与纳西文化保护传承模式探索。木仕华：第五章民族文化旅游业的发展。廖旸：第六章宗教信仰与宗教管理、第七章生态文明建设与经济社会可持续发展。木仕华：第八章结束语、参考文献。由木仕华负责全书的统稿工作。

首先感谢中国社会科学院民族学与人类学研究所所长王延中先生，前副所长黄行先生，大调查办公室负责人孙懿女士在项目倡导、论证立项过程中给予的热心支持和鼓励。中国社会科学出版社编辑宫京蕾女士对书稿的初稿提出了许多十分中肯的修改意见，十分有利于书稿的完善。感谢云南省社会科学院民族学研究所郭大烈先生、古文凤女士、和红灿先生在联系专家、书稿撰写过程中收集前期资料阶段给予的支持。

其次在赴丽江市调研期间，承蒙以下单位和个人鼎力相助，有的给予协助与鼓励，有的提供相关数据材料，有的接受采访，有的为我们解决燃眉之急，及时提供了各种帮助。在丽江市调研的全过程中承蒙时任玉龙县委常委、宣传部长木根先生，宣传部李汝剑副部长，丽江市委、市政府，玉龙县委、县政府，古城区委、区政府各部委办局的具体配合与支持并提供了大量的资料和数据。在走访具体调查点和具体访谈过程中得到丽江市东巴文化研究院和东升先生、张福龙先生、赵世红先生、和丽峰先生，丽江市丽江文化研究会、纳西文化研究会长杨国清先生，丽江市政协副主席杨一奔女士，丽江市东巴文化博物馆牛增裕先生，丽江市地方志办公室主任杨树高先生，丽江市古城区人大常委会秘书长马建明先生，丽江中国大研纳西古乐会会长宣科先生，束河鼎业集团张信先生，束河茶马古道博物馆白志远先生，古城区文化局局长王建南先生，玉龙县文化局局长赵树森先生，旅游局局长李文红先生，玉龙县文管所杨志坚先生，正龙集团董事长杨四龙先生，拉市海湿地公园，玉水寨公司董事长和长红先生、和锐先生，玉龙县民宗局和洁珍先生，玉龙县地方志办公室和新贵先生，玉龙县政协文史办奚月诚先生，玉龙县鲁甸乡新主小学全体师生，新主东巴文化学校和桂生先生，新主村委会主任，玉龙县塔城乡党委、政府，塔城乡十八寨沟小学全体师生，十八寨沟村民委员会等的竭诚相助，解决了诸多困难和问题。凡此种种，均为保证我们调查组在丽江市及古城区和玉龙县的调查工作得以顺利进行，并完成书稿的撰写。

本调研项目从立项到完工，延宕数年，几经反复，有的课题组成员因多种原因未能完成撰稿任务，影响了项目的顺利进展，令人抱憾。2013年溽暑中，调查组各位成员在滇西北高原高海拔地区奔波劳顿，在玉龙大雪山下，滔滔金沙江畔，脚踏实地，不怕吃苦，深入田野，承受住种种精神压力并消耗大量体能，为本课题的完成收集了丰富的资料，均十分不易，此间给各位造成的诸多不便，作为组织者，心中十分愧疚，敬请得到有关各位的谅解。

谨此向上述各方各面给予的帮助和支持一并致谢，理当铭记心中，直至永远！

木仕华谨识

2020年4月20日 北京

中国社会科学院民族学与人类学研究所